기억하고 싶은
하나님의 사람들 I

/인천

이 책은 (사)기독교선교문화연구회·인천
기독교역사문화연구원이 인천 교회와 국
가, 사회에 영향을 크게 미친 기독교 지도
자들 발굴, 연구하는 사업의 일환으로 만
들었습니다.

인천기독교역사문화연구원

기억하고 싶은 하나님의 사람들 I / 인천

초판 발행 ｜ 2023년 12월 20일
편집 ｜ 이종전
발간위원장 ｜ 이건영
편집위원 ｜ 민돈기, 서재규, 안규석, 유화식,
　　　　　　이병문, 정원화, 홍광선, 황태식
발행처 ｜ (사)기독교선교문화연구회
　　　　　인천기독교역사문화연구원(032-441-2828)

펴낸곳 ｜ 아벨서원
편집·디자인 ｜ 조선구
등록번호 ｜ 제98-3호(1998. 2. 24)
주소 ｜ 인천광역시 남동구 구월남로 118 (인천 YMCA, 805호)
e-mai ｜ abelbookhouse@gmail.com
전화 ｜ 032-424-1031
팩스 ｜ 02-6280-1793

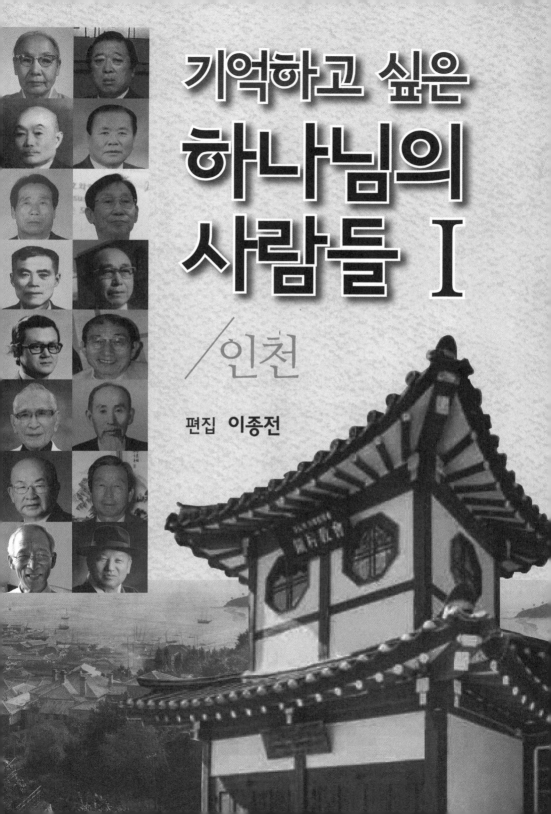

기억하고 싶은
하나님의
사람들 Ⅰ

/인천

편집 이종전

발간사

존귀하신 예수님의 이름으로 문안드립니다. 주님께서 주시는 은혜와 평강이 늘 내리는 아침이슬 같기를 소망합니다.

〈기억하고 싶은 하나님의 사람들 I〉이라는 귀한 책자를 발간하게 됨을 진심으로 축하드립니다.

특히 이 책자에 등장하시는 16명의 장로님들과 선생님들의 후손들에게 감사와 축하의 말씀을 전합니다.

그리고 이 책을 읽으시는 독자들께서 자신의 과거를 돌이켜 보시며, 자신의 미래를 다시 설계 하실 것을 기대하며 기도합니다.

나이가 들면서 동안보다는 동심이 더 중요하다고 하는데, 이 책이 신앙의 동심과 순수함, 그리고 열정을 회복하시는 데 큰 도움이 될 수 있다고 확신하기에 기대 또한 큽니다.

그동안 수고하신 집필자들, 그리고 실무진들과 사무국장 유화식 장로님, 원장이신 이종전 목사님께 진정으로 감사의 마음을 전합니다.

"너희는 옛적 일을 기억하라 나는 하나님이라 나 외에 다른 이가 없느니라 나는 하나님이라 나 같은 이가 없느니라 (사46:9)" 아멘.

2023년 12월 5일

발간위원장
인천제2교회
이건영 원로목사

축 사

　　기독교역사문화연구원에서 하나님의 사람들을 기억하고, 그들의 헌신과 봉사를 기리는 〈기억하고 싶은 하나님의 사람들 I〉을 출간하는 데 참여하신 모든 분들께 감사의 말씀을 전합니다.

　　하나님의 사람들은 우리의 믿음과 영성을 이끄는 밝은 별들 입니다.

　　그들은 사랑과 희망, 자비와 인내를 실천하며 이 세상을 더 밝게 만들기 위해 노력하였습니다.

　　이들은 우리에게 예배와 기도, 선행과 사랑의 중요성을 일깨워주며, 예수 그리스도의 사랑을 전파하는데 크게 기여 할 것입니다.

　　먼저 역사적으로 인천에 큰 자랑이 있다면 장로 대통령인 대한민국 초대 대통령 이승만(李承晩)의 주도로, 6.25 전쟁 이후 폐허가 된 조국을 재건할 인재 양성을 위해 이역만리 하와이에서 교민들이 보내온 피땀 어린 성금이 씨앗이 되어 1954년 인하대학교가 설립된 일 일 것입니다.

　　그 성금을 기념하는 의미로 인천의 '인(仁)'과 하와이의 '하(荷)'를 조합하여 '인하대학교'라는 이름이 탄생하게 되었습니다.

　　또한 우리 인천기독교의 자랑이 있다면 단연 인천장로성가단일 것입니다.

90세가 넘은 최고령자 장로님께서 함께하시는 인천장로성가단은 인기총의 모든 행사에 참여 하여서 위대하신 하나님을 전심을 다해 찬양하고 계십니다.

힘 있고 영감 있는 찬양은 듣는 이들로 하여금 커다란 영감과 울림을 줍니다.

인천기독교의 발전에 함께 하여온 장로님들의 헌신과 수고는 찬하(讚賀) 받아야 마땅하다고 생각합니다.

〈기억하고 싶은 하나님의 사람들 I〉은 그들의 아름다운 이야기를 담고 있으며, 그들이 이룩한 섬김의 삶과 신앙을 기리는 자리입니다.

하나님의 사람들은 우리에게 예배와 기도의 중요성을 상기시키며, 우리에게 삶의 의미와 목표를 상기시킵니다. 이것은 곧 우리의 믿음을 강화하고, 하나님과 더 가까워지는 기회가 될 것입니다.

우리는 이 책을 통해 하나님의 사람들을 기억하며, 그들의 헌신과 봉사를 기리고, 우리의 믿음을 더욱 굳건하게 할 것입니다.

이를 통해 우리는 하나님께 감사하며, 그의 인도하심을 경배하며, 미래를 향한 희망을 갖게 될 것입니다.

감사합니다. 이 책은 하나님의 사람들에 대한 기억과 존경의 표시입니다.

하나님께서 우리와 함께 계시는 한, 우리는 믿음과 사랑을 통해 이 세상을 변화시키는 데 헌신 할 것입니다.

2023년 12월 5일

인천기독교총연합회 총회장
진유신 목사

축 사

할렐루야!

오직예수! 모든 영광을 하나님께 돌립니다.

하나님의 특별하신 은총과 섭리가운데 복음의 성지인 인천에 (사)기독교선교문화연구회를 설립하게 하시고 선교, 문화, 교육 등 다양한 영역에서 귀하게 쓰임 받게 된 것을 감사드립니다.

특히 2001년 1월 인천기독교역사문화연구원을 개설하여 그동안 많은 연구 활동을 거쳐 아름다운 결실을 거두게 된 것을 기쁘게 생각합니다. 근래에 출판한 대표작 인천기독교135년사(그 역사와 문화) 상하권을 비롯하여 지금까지 인천서지방사(상하권), 인천기독교총연합회발전사, 연희교회 100년사, 화도교회 100년사, 계암교회 110년사, 인천기독교인물 124인선, 전동교회 60년사, 기독교회관사, 기억하고 싶은 목회자들1/인천 등 많은 책들을 집필, 발행하게 된 것은 우리의 자랑이 아닐 수 없습니다.

이어서 이번에는 〈기억하고 싶은 하나님의 사람들 I〉을 출판하기에 이르렀습니다. 지금처럼 위인을 필요로 하지 않는 시대에 교인들의 기억 속에 남아있는 위대한 신앙선배들의 생생한 모습을 기록하여 다음 세대에게 신앙의 유산으로 물려주게 된 것은 참으로 귀한 일입니다.

기독교역사문화연구원에서 발행하는 모든 기록들이 성령께서 이 땅의 교회와 성도들에게 베푸신 사랑과 은총 그리고 임재와 역사하심을 증거하는 문서가 되고 미래 세대에게 신앙의 길라잡이가 되기를 소망합니다.

이 책이 출판되기까지 헌신적으로 봉사해 주신 분들과 본 연구원 이종전 교수님과 모든 집필진에게 감사를 드립니다.

2023년 12월 5일

사단법인 기독교선교문화연구회 이사장

황규호 목사

머리말

역사는 사실에 대한 기록과 함께 보존되며, 교훈과 함께 미래를 열어가는 지혜를 더하여주는 것이기에 사실 확인과 더불어 기록으로 남기는 것은 현재를 사는 사람들의 책임입니다. 그러한 의미에서 잊기 전에 역사의 주인공으로서 기록하는 것은 인간으로서 도리입니다.

그리스도인에게 있어서는 그 의미가 더합니다. 그리스도인은 하나님의 창조와 섭리를 믿는 사람들로서 역사는 하나님의 섭리 목적을 향한 과정에서의 증언이기 때문입니다. 특별히 인천 지역의 교회들과 기관들에서 믿음으로 섬김의 삶을 살았던 분들을 발굴하여, 그분들의 신앙과 섬김의 삶이 어떠한 것이었는지? 그리고 그들의 삶을 통해서 드러난 하나님의 뜻과 영광이 어떤 것인지? 그것을 배우고 신앙의 유산으로 이어갈 수 있기 때문입니다.

〈기억하고 싶은 목회자들 I〉을 편찬한 후, 이번에 인천 지역의 교회와 기관 등에서 신실하게 섬김의 삶을 살았던 장로님들과 일반 신자들 가운데 16명의 신앙과 삶을 정리하여 〈기억하고 싶은 하나님의 사람들 I〉이라는 제목으로 엮었습니다. 필진은 모두 그 후손들이 감당해 주셨습니다. 역사의 기록은 사실성과 함께 객관적인 평가가 중요한 요소인데, 후손들에 의해서 기록되었기 때문에 고려해야 할 부분도 없지 않으리라고 생각합니다. 그럼에도 중요한 것은 16명의 평신도 지도자들이 어떤 신앙의 삶을 살았는지? 그 분들의 존재와 삶을 사실로 확인하는 것만으로도 신앙의 유산으로서의 가치가 충분하고 중요합니다.

이 책을 편찬하는 과정에서 발간 위원장을 맡아주신 인천제2교회 이건영 원로 목사님의 특별한 관심과 섬김에 감사를 드립니다. 또한 이 사업을 진행함에 있어서 처음부터 기도로 격려해주신 '기독교선교문화연구회' 이사장이신 황규호 목사님, 축사로 격려해주신 인천기독교총연합회 회장 진유신 목사님, 녹록하지 않은 여건임에도 기꺼이 집필해주신 모든 분들께 감사드립니다. 그리고 '인천기독교역사문화연구원'의 운영위원장 서재규 장로님을 비롯한 임원, 편집위원, 운영위원님들 모두의 기도와 협력이 있어서 이 책을 만들 수 있었습니다.

편집하는 과정에서 역사의 주인공인 사람을 통해서 섭리하시는 하나님의 은혜를 실감있게 체험할 수 있었다는 사실을 고백하면서 …

"모든 영광이 주님의 것입니다."

2023년 12월 5일

인천기독교역사문화연구원 원장
이종전 목사

차 례

1919년 3월 31일, 그러니까 서울에서 만세 시위가 있은 지 30일 되는 날 저녁에 모든 부락민에게 저녁을 먹고 횃불을 들고 동네에서 가장 높은 산인 백암리 방화산으로 모이라는 말을 전달했다. …… 드디어 사람들이 다 모였다. 50명 정도 되었다. 여자라고는 장로님과 한연순 선생님 둘 뿐이었다. 산꼭대기에다 모닥불을 놓은 마을 사람들은 모두가 힘을 다해 목청껏 "대한 독립 만세"를 외쳤다. 외치는 소리는 산골짜기와 온 마을로 크고 넓게 울려 퍼졌다. 목이 쉬도록 얼마나 외쳤는지 탈진할 정도였다.

기억하고 싶은
**하나님의
사람들**

김복희 장로 | 숭의감리교회

백암리 만세 운동과
유아 교육의 선구자, 김복희 장로

최조길 장로_인천내리교회

시작하면서

　김복희 장로님은 하나님 앞에 열성을 다해 봉사하였고, 국가를 위해 피 흘리며 희생과 충성하였으며, 가정을 위해 사랑의 천사로 사셨다. 장로님의 부군이자 필자에게는 장인이 되시는 전재풍 목사님을 섬기셨고, 자손들을 극진한 사랑으로 돌보신 그 모든 일들이 우리에게 큰 감동을 주었기에 막내 사위로서 이 글을 쓰게 되었다.

　김복희 장로님의 큰 며느리인 김광신 장로님이 〈우리 어머니: 김복희 장로의 일생〉(우일문화사, 1980)이라는 제목으로 김복희 장로님의 일생을 책자로 발간하였는데, 그 책을 기본으로 하여 장로님의 소중한 지난날을 쓰게 되었다.

　김복희 장로님이 교회에서 봉사하신 것과 국가를 위해 헌신하신 일, 가정에서 목사님의 사모로서 대가족을 사랑으로 이끌어오신 그 모든 인생을 필자가 쓰는 것이 두렵기도 하고, 행여 누를 끼치지나 않을까 걱정되기도 한다. 그러나 훌륭한 일생을 글로 남겨 후배들의 좋은 이정표가 되기를 바라는 마음으로 용기를 내었고, 다만 이것이 하나님께 영광을 돌리는 일이길 바라는 마음이다.

　먼저 김 장로님의 인생 동역자이신 존경하는 전재풍 목사님 약력을 소개하면 김 장로님의 일생을 이해하는 데 도움이 될 것 같아 전재풍 목사 약력을 소개한다.

전재풍(全在豊) 목사 약력

　1987년 12월 12일(음력) 서울 인사동에서 부친 전승업 씨와 모친 서 씨 부인의 장남으로 출생, 6세 때부터 한 글방에서 글을 배우기 시작하여

10여 년 동안 계속하였고, 외국어학교와 서울 감리회 협성신학교(현 감리교신학대학)을 졸업한 후 감리교 목사로서 45년 넘게 봉사했다.

서울 자교교회, 강원도 금화교회, 서울 광희문교회, 개성남부교회, 원산 중리교회, 강원도 고성읍교회, 강원도 김성읍교회, 강원도 평강읍교회, 강원도 장단읍교회, 안산 천곡교회, 충남 홍성읍교회, 천곡교회(재부임), 군자교회, 도일교회 등에서 목회하였고, 1957년에 은퇴한 후 여생을 보내다가 1965년 10월 26일 별세했다.

삶 그리고 사역

출생과 성장

김복희 장로님은 1901년 10월 20일(음력) 충청남도 아산군 백암리 구미동의 조그마한 마을에서 부친 김윤필(金允弼) 씨와 모친 박씨 부인 사이에서 태어났다. 3남매 중 위로 오라버님(김주영)이 있고 밑으로는 여동생(김복례)이 있다. 장로님 동네는 이순신 장군의 묘소가 있는 현충사 바로 근처의 동네로 한 50호쯤 되는 집들이 모여있는 조용한 마을이었다. 장로님 집은 대대로 내려오는 토박이 농가였으며, 식량 걱정은 안 해도 되는 중산층의 집안이었다. 어린 시절, 일본 사람들이 칼을 차고 이순신 장군이 쓰시던 칼과 무기를 구경하려고 현충사로 갔던 일을 기억하고 계셨다.

학교에 가다

당시의 생활이나 사회적 정서는 자녀 교육을 등한시하였고, 더욱이 여자에게는 글을 가르칠 생각조차 하지 않았다. 하지만 뜻밖에도 마을에 교회가 세워지고, 그 교회 안에 교육 기관이 마련되었다. 백암교회의 개척은 인천 내리교회의 초대 장로로 교회에 헌신하고 봉사 활동을 왕성하게 하던 최봉현 장로님의 노력과 그 결과로 이루어졌다.

마을의 농토를 많이 사들인 장지순이라는 사람의 마름(농사일을 감독하고 소작을 분배하는 일 등)을 보러와서 교회를 개척하였다. 삶이 어려웠던 당시에는 농민들이 생활을 위해서 소작을 받아야 하는데, 최 장로님은 예배를 드리는 조건으로 소작을 주는 등 지혜를 써서 예배를 드리면서 백암교회가 세워지게 되었다. 그리고 자녀들을 교육하기 위해 교회 안에 학교도 세웠다. 학교를 세우고 나서 얼마 후 전해붕 선생 내외가 와서 가르치기 시작하였는데, 학교 이름을 "영신보통학교"라고 지었다.

그때 함께 공부한 학생들로는 학교 설립자인 최봉현 장로님의 큰아들 최재환(내리교회 장로, 인천 동일방직 고문), 둘째 아들 최재유(후에 문교부장관을 지냄), 김 장로님의 외사촌 동생 박병철(배재학당을 졸업하고 일본 유학한 후 서울에서 사업을 하다 6.25동란 때 별세) 등 주로 최봉현 장로님의 자녀들과 외사촌 동생 그리고 동네 아이들과 이웃 마을의 아이들이었다.

사애리시 부인과의 만남

백암교회는 감리교회로서 당시 공주지방에 소속되어 있었으므로 공주에 계신 선교사님들이 말을 타고 순행을 오곤 하였다. 그중 한 분이 '사애리시' 선교사님이었다.

미국인 선교사 '로버트 샤프'(Robert sharp) 목사의 부인이자 선교사인 '앨리스 해먼드 샤프'(Alice Hammond sharp) 한국 이름 '사애리시'의 눈에 띈 김 장로님은 각별한 관심과 주목을 받게 되었다. 사애리시 선교사님은 말을 타고 백암교회에 순행 온 길에 며칠을 머물며 성경을 가르쳤다. 당시 성경공부는 어른과 아이들이 다 같이 모여서 했고, 공부가 끝난 뒤에는 문답 시간을 가졌다. 김 장로님은 성경공부 시간에 대답을 제일 잘하는 학생으로 꼽혔다.

사애리시 선교사님은 전해붕 선생님을 통하여 장로님이 학교 공부도 늘 1등을 하는 모범적인 소녀라는 것을 알게 되었다. 그는 장로님을 이화학당 교비생으로 추천할 테니 학교를 졸업하면 자기에게 보내라고 말했다.

이화학당! 우리나라에서 여자가 서양 학문을 가장 잘 배울 수 있는 그곳으로 시골 소녀가 갈 수 있게 되었다는 건 정말 하나님의 크신 은혜였다. 장로님이 이화학당에 가게 되었다는 사실에 어머니는 매우 기뻐하시고 또 자랑스러워하셨다. 사애리시 선교사님은 장로님의 일생에 가장 많은 영향을 주셨고 사랑을 베푸신 잊지 못할 분이시다.

어머니의 죽음

어머니께서는 장로님이 보통학교를 졸업할 즈음 산후조리를 잘못해서 돌아가셨다. 어머니는 조용한 성품의 여성이었고, 장로님은 어머니와 오빠를 교회로 인도하여 복음을 믿게 하였다. 어머니께서는 장로님이 이화학당에 가는 것을 그렇게 기뻐하시고 자랑스러워하셨는데 이화학당에 가는 걸 못 보신 채 돌아가셨다. 그 슬픔은 이루 말할 수 없었지만 하늘나라에 가셔서 영원한 삶을 누리신다고 생각하며 위로와 소망을 가지셨다. 이런 슬픔에서도 아버지는 장로님을 끔찍이도 사랑하셨다. 장로님은 매일같이 아버지께 이화학당에 보내달라고 졸라대곤 하였다. 어머니께서 살아계실 때 이화학당에 꼭 보내주신다고 약속하셨다는 것을 반복하고 강조하였다. 결국 아버지께서 허락하여 이화학당에 갈 수 있었다.

이화학당에 갈 준비

서울에 있는 이화학당에 가기 위해서는 여러 가지를 준비해야 했다. 장로님을 무척 사랑한 영신보통학교의 전 선생님의 사모님께서 장로님에게 "너 학교 가는 준비는 내가 다 해 줄 테니 아버지께 말해서 옷감이며 이부자리감을 끊어 오너라"고 하였다. 장로님이 그것을 아버지께 말씀드리자 다 준비하여 주셨다. 전 선생님의 사모님은 마치 시집가는 딸의 혼사를 준비하듯이 모든 것을 준비하여 주신 아주 자애로우신 분이셨다.

상경한 소녀

장로님은 이화학당에 입학하기 위해 짐을 가지고 서울로 올라갔다. 막상 서울역에 도착하니 나와 있기로 약속한 이화학당 사감 선생님이 보이지 않아 어찌할 바를 몰라 당황했다. 그러던 중 인력거꾼을 발견하고 인력거를 타고 이화학당 기숙사까지 무사히 도착하였다. 이때 어떤 이가 다가와 어디서 오느냐고 묻기에 충청도라고 대답하자 자기도 그렇다고 하니 매우 반갑게 맞아 주었다. 장로님은 보통학교에 들어가기 전에 이미 한글을 깨우쳤기 때문에 영신보통학교에서는 2학년부터 다니고 졸업했다. 그러나 나이가 어려서 다시 이화보통학교 졸업반 곧 4학년부터 다니기 시작했다. 그래서 이듬해가 되어서야 이화고등보통학교에 제1회 입학생으로 들어가 공부하게 되었다. 동급생들은 다 나이가 많았으나 장로님은 무척 어린 나이였다. 하지만 열심히 공부하여 늘 우수한 성적을 받았고, 1919년 3월 말 졸업 예정이었다.

● 3.1 만세운동

우리나라는 일본 제국주의의 폭정 밑에서 고통과 굴욕을 밥 먹듯이 하며 살아야 했다. 조선의 제26대 국왕이자 대한제국 제1대 황제인 고종(1852년~1919년)은 즉위 초기부터 조선을 노리는 주변국에 대응해야 했고, 급변하는 시대 변화에 적응하기에 급급했다. 그러나 갈수록 대내외적인 혼란은 가중되었고, 1895년에는 왕비(명성황후)가 일본 불한당에 의해 시해당하는 초유의 사건이 발생했다. 위기 극복을 꾀한 고종은 독립적인 나라를 만들기 위해 1897년 대한제국의 수립을 선포하고 황제에 올랐다. 그러나 결국에는 일본에게 주권을 빼앗김으로써 독립국 건설의 의지는 좌절되었다. 고종은 이러한 부당함을 세계에 알리고자 헤이그에서 열린 제2차 만국평화회의에 이준 열사 등 특사를 파견하였으나 실패로 끝났다. 그 사건을 빌미로 1907년 일본에 의해 퇴위당했다. 이후 덕수궁으로 거처를 옮겨 말년을 보냈으며, 1919년 1

월 21일 덕수궁 함녕전에서 일본에 의해 독살당해 승하하였다. 사인(死因)은 뇌내출혈로 알려졌지만, 갑작스러운 고종의 죽음은 일제의 독살설로 이어졌고, 이는 3.1민세[운동의 도화선이 되었다. 당시 우리 민족은 일본의 압제에 격앙되어 있었고, 더욱이 신학문을 배우던 당시 이화고등보통학교 학생들의 반일 감정은 날카로웠다. 대부분 17~18세 나이였던 이화고등보통학교 학생들은 일본을 극도로 혐오했다. 장로님도 유구한 역사와 문화를 가진 선량한 민족을 무단으로 점령하고, 명성황후를 잔인한 방법으로 시해하는 천인공노할 짓을 자행했으며, 고종황제까지 독살하여 시해한 일본에 말할 수 없는 분노를 느꼈다.

나라를 잃은 서러움을 곱씹으며 독립만이 우리의 살길이라고 마음 깊이 생각했다. 그러던 1919년, 장로님이 졸업반이 되던 해에 드디어 3.1독립만세운동이 일어나고야 말았다. 우리 민족의 염원인 "대한독립"이 온 국민의 마음속에서 크게 부풀어 오르다가 드디어 터지고 만 것이다. 당시 같은 학교의 류예덕은 동향인 충청도 출신이라 친하게 지냈는데, 류예덕의 사촌 동생 류관순은 1학년이었다. 그날, 우리 민족은 남녀노소를 막론하고 정말 죽기로 각오했다. 일제의 총과 칼을 조금도 두려워하지 않고 맨주먹으로 "대한독립만세"를 목이 터지도록 외쳤다. 그로 인해 많은 사람이 죽임을 당하고, 상처를 입고, 옥에 갇혔다. 이화고등보통학교 학생들도 결사적으로 만세 시위에 참여했다. 시민들도 만세를 부르며 이화학당 정문 앞까지 와서 학생들에게 만세 부르러 나오라고 했다. 그러자 기숙사에 있던 학생 300명 등 많은 학생이 학교 밖으로 나가려고 줄을 지어 섰다. 그때 교장이신 미스 프라이 선교사님은 학교 교문 앞에 두 팔을 벌리고 서서 나갈 테면 나를 이 자리에 눕히고 발로 밟고 나가라며 학생들을 제재하여 끝내 교문으로 나가지 못하게 되었다. 그러나 몇몇 학생들은 담을 넘어 밖으로 나갔는데, 일본 경찰들이 담 아래서 기다리다가 담을 넘는 학생들을 잡아끌고 갔다. 여러 명의 선생님들이 종로경찰서에 잡혀가고, 많은 학생들도 잡혀갔다. 하지만 안타깝게도 장로님은 서울에서의 만세 시위에 적극적으로 참석하지 못한 채 총독부의 학교 휴교령으로 말미암아 기숙사에 있던 학생들은 고향으로 내려가게 되었다. 장로님도 짐을 싸서 무겁고 슬픈 마음으로 고향으로 내려갔다.

낙향과 만세운동

고향으로 내려가던 때의 마음은 뭐라 말할 수 없이 괴로웠다. 망한 나라의 모습과 무참하게 시해된 명성황후, 돌아가신 고종황제, 만세 시위에 죽어 넘어간 시체들, 경찰서로 묶여서 끌려가던 선생님들과 친구들의 모습이 계속해서 눈앞에 떠올랐다. 장로님은 절대로 이대로는 있을 수 없다고 생각했다.

3.1만세운동의 전개 과정을 살펴보면 첫 번째 단계는 서울에서 독립을 선언하고, 비폭력주의를 표방했다. 민족대표들은 체포되어 운동을 이끌지 못하였고, 주로 학생들을 중심으로 시위가 전개되었다. 두 번째 단계는 만세 시위가 전국 도시로 확산하면서 교사, 학생, 상인, 노동자들이 중심이 되어 상인들의 철시 운동과 노동자들의 시위로 이어지게 되었다. 세 번째 단계는 만세 시위가 농촌으로 확산하면서 시위 규모가 확대되었다. 이때 일제의 무자비한 힘에 맞서 비폭력으로 저항운동을 전개했다. 일제는 군대까지 동원하여 평화적 시위에 무력으로 탄압했다. 제암리교회 학살사건, 이화학당 류관순의 순국 등 엄청난 희생이 있었다. 약 200만 명의 참가자 중 7천 500백여 명이 살해되었고, 4만 6천여 명이 체포되었다. 민가 715호, 교회 47곳, 학교 2곳이 불에 탔다.

고향으로 내려가기 전부터 친하게 지내던 영신보통학교의 한연순 선생님을 만났다. 시국에 대한 생각이 맞는 좋은 친구였다. 한연순 선생님은 놀라서 왜 갑자기 고향에 내려왔느냐고 물었고, 장로님은 작금의 우리나라 사정과 서울에서의 만세 운동을 이야기해 주었다. 그리고 우리 동네도 가만히 있을 수 없고 만세 운동을 일으켜 우리 민족의 자주독립을 외쳐야 한다고 상세히 말했다. 한연순 선생님은 장로님의 뜻에 적극적으로 동감했다.

그날부터 장로님과 한연순 선생님은 동네 유지들을 만났다. 그중 김상철 씨는 장로님과 자주 연락하면서 만세운동을 준비하는 데 많은 도움을 주었다. 장로님과 한 선생님은 정말 하나님께 간절히 기도하며 준비했다. 드디어 1919년 3월 31일, 그러니까 서울에서 만세 시위가 있은 지 30일 되는 날 저녁에 모든 마을 사람들에게 저녁을 먹고 횃불을 들고 동네에서 가장 높은 산인 백암리 방화산으로 모이라는 말을 전달했다. 그때 일을 지금 생각하면 장로님도 순진했고, 동네 사람들도 참 순진했다. 그저 '대한 독립 만세'를 계속해서 부르면 정말로 우리나라가 독립되는 줄 알았기 때문이다. 그래서 동네 남자들은 거의 다 마을에서 가장 높은 방화산 꼭대기에 모였다. 저마다 들고 온 활활 타오르는 횃불이 모여든 사람들의 가슴을 애국 열정으로 뛰게 했다. 드디어 사람들이 다 모였다. 50명 정도 되었다. 여자라고는 장로님과 한연순 선생님 둘 뿐이었다. 산꼭대기에다 모닥불을 놓은 마을 사람들은 모두가 힘을 다해 목청껏 "대한 독립 만세"를 외쳤다. 외치는 소리는 산골짜기와 온 마을로 크고 넓게 울려 퍼졌다. 목이 쉬도록 얼마나 외쳤는지 탈진할 정도였다.

한참 후 당시 온양 온천에 주둔하던 12헌병대가 수많은 헌병을 이끌고 몰려와서는 만세를 부르던 방화산을 포위하고, 총을 쏘며 올라오기 시작했다. 그곳에 있던 사람들은 모두 강제로 해산당하고 잡혀갔다. 이 만세운동의 주모자인 장로님과 한 선생님은 헌병들을 피하여 산을 빠져나가려고 지척을 분간하기 힘든 깜깜한 밤에 산을 타기 시작했다. 그러나 산세를 잘 몰라 헤매던 끝에 둘 다 낭떠러지에서 굴러떨어지고 말았다. 장로님은 돌밭에 떨어져 얼굴이 찢어지고, 으스러져 피범벅이 되었고, 머리는 산발이 되었다. 아픈 몸으로 거의 기다시피 하여 길가로 나왔으나 헌병과 맞닥뜨렸다. 깊은 밤중에 산발한 여자 모습이 귀신같이 보였던지 한참을 바라보다가 여자냐고 묻고 집으로 가라고 하여 어려운 지경을 모면했다. 간신히 정신을 차리고 동네까지 왔는데, 마을은 쥐 죽은 듯 조용했다. 집까지 가기에는 거리가 멀어 더 이상은 도저히 갈 수 없어서 가까이에 있는 외숙부님 댁으로 갔다. 장로님의 몰골을 본 외숙모님은 깜짝 놀라셨다. 집안으로 데리고 들어가 얼굴에 묻은 피를 씻어주시고 옷을 갈아

입히셨다. 이튿날 온양 온천의 일본인 약방에 가서 약을 사다 바르고 치료를 시작했다. 병원에 가서 수술해야 할 상처지만, 만세를 부른 조선사람을 일본인 의사가 제대로 치료해 주겠느냐 하고 약만 바르면서 자가 치료를 했기 때문에 그때 흉터가 얼굴에 영광의 상처로 남아 있다.

헌병대에서 헌병 한 사람이 병문안을 구실로 날마다 집에 나타나 동정을 살폈다. 장로님이 도망가지 못하게 지키다가 다 나으면 데리고 가려는 심산이었다. 몸이 아픈 것도 괴로웠지만 마음이 더 괴롭고 아팠다. 헌병대에서는 이번 만세 사건을 수사하기 시작하여 그 주동자가 장로님과 한연순 선생님이라는 것을 밝혀내기에 이르렀다. 함께 만세 부른 동네 남자들은 헌병대에 끌려가 심한 태형을 맞으면서 심문을 받았다. 장로님과 한 선생님에 대한 조사는 계속했다.

헌병대에 구속되다

상처가 대충 아물자 이윽고 헌병들은 잠깐 물어볼 것이 있다면서 온양에 있는 헌병대로 끌고 갔다. 거기에서 만세운동 시 방화산 낭떠러지에서 굴러떨어진 후 한 번도 만나지 못한 한 선생님을 만났다. 한 선생님도 낭떠러지에서 떨어져 몸을 다친 후 세브란스병원에 입원해 있다가 겨우 몸을 일으킬 수 있게 되자 헌병대로 끌려온 것이다. 너무나 반가웠지만 반갑게 인사할 수 없는 서로의 처지가 말할 수 없이 가슴 아팠다. 나라를 잃은 서러움이 가슴으로 복받쳐 올라왔다. 너무나 슬프고 비통했다. 그날 밤을 헌병대에서 지내고, 다음 날 아침에 헌병이 오더니 공주로 가게 되었다고 하여 밖으로 나왔다. 온양에서 천안까지는 30리쯤 되는 거리인데, 온양 헌병대에서부터 걸어서 천안역까지 도착한 후 다시 기차를 타고 조치원에 가서 그곳 헌병대 유치장에서 하룻밤을 지냈다. 그리고 아침에 금강을 건너 다시 법원과 감옥이 있는 공주에 도착했다.

미결수 시절과 재판

공주감옥에 들어가 보니 이미 류관순이 잡혀 와 있었고, 공주 출신 이화학당 학생들도 네댓 사람이 있었다. 너무나 반가웠다. 그곳에서 지내는 여러 달 동안 외롭지는 않았으나, 매일 같이 혹독한 심문을 당하며 지독한 괴롭힘을 당할 때는 정말 죽고 싶을 만큼 고통스러웠다. 만일 죄를 지어 이런 고통을 받는 것이라면 자살이라도 해야 옳았겠지만, 잃어버린 나라와 민족을 위하다가 겪는 고초였으므로 모진 마음으로 '참자! 견디어 내자!' 하면서 눈물로 기도를 드리며 참아냈다. 이 모든 원통한 일은 하나님이 갚아 주시겠지 하는 마음으로 스스로 위로했다.

죽고 싶도록 괴로운 마음을 성령님께서 함께 하심으로 견디어 나갔다. 미결수의 생활은 참으로 괴로웠다. 쇠 철장 앞에 줄을 맞춰 무릎을 꿇고, 말도 못 하고, 몸도 꼼짝 못 하는 상태로 줄곧 갇혀 있었다. 심문받으러 불려 나갈 때만 몸을 움직일 수가 있었다. 음식은 메주콩에다 메좁쌀을 조금 섞어서 밥을 해 주었는데, 속이 많이 나빠져서 도저히 그것을 먹을 수가 없었다. 한참 후에 의사가 와서 진찰하더니 쌀죽을 주라고 일러 주었다. 미결수로 감옥에 있는 동안 싸레기죽으로 겨우 연명했다.

한참 후 재판이 개시되었다. 류관순 열사는 7년 형을 받았다. 서울고등법원에 상고하였지만, 다시 7년을 언도해서 지독하게 고통받다가 세상을 떠나고 말았다. 일제는 천인공노할 고통을 대한의 딸들에게 퍼부었다. 생각만 하면 가슴이 갈기갈기 찢기는 듯한 아픔을 느꼈다. 류관순의 사촌 언니 류예덕 씨와는 절친한 사이로 학교 다닐 때도 가깝게 지냈고, 기숙사에서도 한방에서 기거했다. 또 동향 출신이므로 방학 때면 꼭 같이 고향에 내려가곤 하던 사이였는데, 미결수 시절에도 같은 감방에 있으니 참으로 묘한 인연이다. 정말 억울하고 그동안 겪은 모진 고통도 모자라서 영어의 몸이 된다 생각하니 나라 잃은 설움이 북받쳐 올라왔다.

감옥 생활

감옥생활이 시작되었다. 당시 만세운동에 관련되어 감옥에 갇힌 사람들은 그들끼리만 가두어 두고 일반 죄수와 절대로 접촉하지 못하도록 격리했다. 이런 조치는 한편으로는 다행스럽기도 했다. 기결수로 있을 때 만세운동했던 이들과 같은 방에서 계속 같이 지내게 된 것이다. 감옥 생활 중에 변한 것이 있다면 미결수 때에는 줄곧 감방 안에서 무릎을 꿇리고 앉혀 두기만 했었는데, 밖에 내보내 일을 시키는 것이다. 장로님이 배당받은 작업은 베 짜는 삼줄을 잇는 일이었다. 삼줄의 끝과 끝을 이어서 무릎 위에 올려놓고 손바닥으로 밀면 이어지는 그런 작업이다. 날마다 거의 온종일 이 일만을 계속하였으므로 얼마쯤 지나자 무릎과 손바닥에 피가 맺혀 몹시 쓰라렸다. 좀 쉬었다가 하려고 해도 감독관이 놔두지 않고 강제적으로 일을 시키므로 너무나 괴로웠다. 몸은 참으로 괴로웠지만, 정신적으로는 매우 강건하고 하나님께서 함께하신다는 믿음 속에서 평안을 유지할 수 있었다. 감방에 돌아와서는 감시가 느슨해진 틈을 타 수감된 사람들과 우리 민족의 장래를 걱정하며 이야기를 나누고 혼자 마음속으로 기도했다. 우리 민족에게 독립을 주소서!

다시 이화에 돌아오다

매일 같이 혹독한 심문을 받던 장로님은 결국 재판에서 3개월 형을 받았고, 미결수로 있었던 시기까지 합하여 총 1년여 옥고를 치렀다. 1년의 옥고를 치르고 나온 장로님은 다시 이화학당에 들어갔다. 장로님은 이화여자전문학교 보육과를 다니게 되었는데, 요시찰 인물로서 일본 헌병의 감시 아래 있었으므로 언제나 긴장되고 불편한 생활의 연속이었다. 그러나 하나님의 은혜로 마침내 보육과를 무사히 졸업하게 됨으로써 장로님의 이화학당에서의 공부는 우여곡절 끝에 모두 마치게 되었다. 돌이켜보면 이화보통학교 4학년으로 시작하여 이화여자고등보통학교를 거쳐 이화여자전문학교 보육과까지 마칠 수 있었던 것은 그 어려운 시기에 하나님의 크신 은혜였다. 그리고 사애리시 선교사님이 물심양면으로 베풀어주신 그 은혜가 아니었다면 불가능한 일이었고, 하나님께서 늘 동행하시고 역사하심을 느끼는 감사의 세월이었다.

학교 선생님이 되어

이화여전을 졸업하자 사애리시 선교사님으로부터 연락이 왔다. 선교사님께서는 충청남도 강경의 황금정에 여학교를 설립했는데, 그 학교 안에 부속유치원을 설립해 달라는 부탁이셨다. 유치원이 설립된 후 오전에는 유치원의 일을 보고, 오후에는 당시 강경만동여학교의 선생님으로 일하는 바쁜 생활을 했다. 2년이 지난 후 공주로 옮겨 영명여학교 부속유치원에서 근무하며 가르치고, 오후에는 영명여학교의 교사로 일하는 등 바쁜 하루하루를 보냈다. 하나님의 크신 축복을 충만히 느끼며 지낸 바쁘지만 은혜가 넘치는 시간이었다.

결혼

장로님은 학교에 다닐 때나 학교 선생님으로 일하면서도 결혼에 대해서는 그리 깊이 생각해 보지 않았다. 오히려 친딸처럼 아껴주시는 사애리시 선교사님이 결혼 문제에 열의를 가지고 주선해 보겠다고 생각을 했다. 그러나 장로님은 유치원을 돌보고 가르치는 일에만 전념하며 지냈다.

가깝게 지내며 사랑해 주시던 홍순호 목사님 내외분이 결혼에 관심을 쏟기 시작했다. 감리교 연회에 참석한 홍 목사님은 거기서 김인영 목사님에게서 마땅한 사람이 있다는 소개를 받으셨다. 김인영 목사님이 소개한 분은 자기와 절친한 전재풍 목사님이었다. 물론 홍 목사님도 전 목사님을 잘 알고 계신 터라 홍 목사님과 김 목사님 두 분이 이 혼사를 잘 추진하자는데 뜻을 같이하고 계획을 세우기 시작했다. 홍 목사님 자택에서 만나게 하려는 계획이었다. 장로님은 홍 목사님의 말씀을 듣고 그 혼사에 대해 완강히 거절했다. 두 분은 슬쩍 말을 바꾸어 맞선을 보자는 것이 아니고, 그분이 그냥 우연히 오시는 길이니 한번 보자는 것이라고 말했다. 사모님의 간곡한 말씀에 어쩔 수 없이 상견을 허락할 수밖에 없었다. 드디어 약속된 날에 전 목사님이 오셨고, 홍 목사님 내외분과 함께 두 분을 만나 뵈었다. 무척 영명하고 점잖고 좋은 분 같았다. 그러나 별로 호감이 가지 않았다.

그런데 거기서 간단히 끝나지 않았다. 전재풍 목사님께서 성경 말씀을 비유로 들며 두루마리에다 먹글씨로 만리장성 같이 사랑의 편지를 써보냈다. 편지를 재삼 읽어 보면서 많은 생각을 하게 되었다. 그분이 점점 좋아지는 것을 느꼈다. 그래도 결혼하겠다는 결단만은 내리기가 어려웠으므로 만일 1년을 기다려 준다면 결혼하겠다는 답장을 보냈다. 곧이어 얼마든지 기다려 주시겠다는 답장이 왔고, 그 후로는 편지가 끊임없이 오가며 서로의 사랑은 무르익어 갔다. 얼마 후 사애리시 선교사님에게 1년 후 결혼하게 되었다는 말씀을 드렸고, 선교사님은 결혼을 축복한다고 말씀하시면서 결혼준비금으로 적지 않은 돈을 주셨다. 보통학교 다닐 때 어머니를 여읜 장로님에게 그분은 어머니 노릇을 대신해 주신 참으로 고마우신 분이었다. 이렇게 하여 장로님은 1924년 3월 25일 서울 광희문교회에서 김인영 목사님의 주례로 전재풍 목사님과 결혼식을 올렸다. 전 목사님은 신학교를 졸업한 후 서울 자교교회에서 양주삼 총리사를 도와 같이 일했고, 강원도 금화교회, 서울 광희문교회, 개성 남부교회 등을 거치며 목회하시다가 장로님과 결혼한 것이다. 결혼하고 얼마 후에 목사님은 원산 중리교회로 파송을 받으셨다. 그곳에서 사모로서 목사님과 결혼 생활을 시작했다. 전 목사님은 거기서 목회하다가 강원도 금강산이 있는 고성읍교회에서 시무하였고, 다시 강원도 김성읍교회의 청빙을 받아 거기서 목회도 하고 유치원을 설립하여 발전시켰다. 그 후 강원도 철원과 장단읍에서 시무하던 중 맏아들(전의철)을 낳았다. 이렇게 강원도 내에서 계속해서 목회하다가 경기도 화성군 반월면 천곡교회로 가게 되셨다.

상록수마을 천곡교회

천곡은 농촌계몽운동의 선구자이며, 심훈의 장편소설 "상록수"에 나오는 주인공의 모델이기도 한 최용신 선생님이 계몽운동을 펼치신 곳이다. 기독교여자청년회(YWCA)에서 강습소 교사로 파송 받아 천곡에 온 최용신 선생님은 학생들과 고생하며 강습소를 지은 후 거기에서 농촌계몽운동을 시작했다. 최용신 선생님은 봉사를 더 잘하기 위해 약혼자와 함께 얼마 후 일본으로 유학을 떠날 예정이었기에 천곡교회는 새로운 강습소 교사(敎師)를 구해야 했다. 하지만 무료로 봉사할 교사를 구하기는 어려웠다. 그런데 때마침 강원도에 있는 전재풍 목사님의 사모님이 이화여전을 졸업하신 분이라고 하니 교회의 초청을 받은 것이다. 1934년 천곡교회에 파송을 받고 와서 보니 일찍이 기독교가 들어온 까닭으로 믿음 생활을 잘하는 동네였다. 지방 유지인 염석주 씨가 강습소 이사장이셨는데, 마을 사람들의 신뢰를 받고 있었다. 최용신 선생님도 모든 사람의 사랑을 받고 있었고, 같이 계시던 장명덕 전도사님도 교인들을 열심히 잘 지도하셨다.

최용신 선생님은 참 좋으신 분이었다. 장로님은 그분과 깊은 대화도 나누며 강습소를 위하여 열심히 기쁘게 같이 봉사하였는데, 얼마 후 그분은 일본으로 떠나셨다. 목사님의 목회를 돕는 일과 강습소 일 두 가지로 매우 힘들어할 때 최용신 선생님의 동생들이 찾아와 강습소 일을 돕겠다고 했다. 천군만마(千軍萬馬)를 얻은 듯한 기쁨으로 허락하여 강습소 운영을 차질 없이 잘해 나갔다. 그 시절 그들과 같이 고등교육을 받고서도 농촌으로 뛰어들던 그런 훌륭한 여성들이 있었기에 우리나라 농촌이 그나마 문명의 빛을 받을 수 있었다.

농사를 짓다

당시 전 목사님은 근처에 있던 세 교회를 순회하며 목회하셨다. 담임 목사로 천곡교회만 돌보고 시무하는 것도 중요하지만, 목회자가 없는 세 교회를 돌보는 것도 중요하고 시급한 문제였다. 힘들고 어려운 일이 있지만 세 교회를 돌보셨다. 목사님은 헌신적으로 목회하였지만 살림을 꾸려 가는 데 무척 어려웠다. 하기야 당시의 목사님들은 누구나 힘든 생활을 하면서 목회에 전념했다.

그런 상황에서 당시 수원지방 감리사 노블 선교사님은 밭을 천 평 사 주시며 교인들이 농사를 지어 목사님께 드리라고 했다. 그러나 농번기가 되면 자기 농사일도 하기 바쁜데 목사님의 농사일까지 하는 것은 거의 불 가능했다. 교인들 가운데 소를 가진 분이 틈나는 대로 밭을 갈아 주기만 하면 장로님이 직접 농사를 짓겠다고 했다. 그렇게 장로님은 거의 해 본 일이 없는 농사일을 시작하게 되었다. 거름통도 지고, 거두어드릴 때는 지 게도 지고, 임신을 해서 만삭이 되었어도 뙤약볕에 앉아서 김도 매고 하면 서 열심히 힘든 농사일을 해냈다. 목사님의 목회를 돕는 일 하나도 정말 쉬운 일이 아닌데, 어떻게 그 농사일까지 다 해냈는지 신기할 만큼 억척 스럽게 일했다. 오직 하나님과 함께한 농사일이었고, 모든 것이 하나님의 은혜였다. 아무튼 힘들었지만 부지런한 덕에 콩, 팥, 녹두, 감자, 고구마, 깨, 참외 등을 아주 풍성히 거둘 수 있었으므로 생활에 보탬이 되었다.

잠시 천곡을 떠났다 돌아오다

천곡에서 5년을 지냈다. 그때 충남 홍성에 계시던 여선교사님이 장로 님을 유치원 원장으로, 목사님을 홍성읍교회 담임목사로 청빙하여 교회를 옮기게 되었다. 홍성읍교회는 예배당도 잘 지어졌고, 주택도 훌륭하고, 유치원도 따로 지어져 있는 등 시설과 규모가 매우 큰 교회인데다가 위치 도 시내라서 생활도 무척 편리한 곳이었다. 목사님은 목회를 잘하셨고,

장로님은 유치원을 하나님의 은혜로 잘 운영했다. 그런데 하루는 목사님이 연회에 다녀오시더니 천곡교회에서 다시 오라고 하는데 어찌하면 좋겠냐고 물으셨다. 비록 농사를 짓고 지금보다 고생스럽지만 커가는 아이들을 생각하며 다시 천곡교회로 가자고 말씀드렸다. 가족은 홍성에서 다시 천곡으로 돌아갔다. 그때부터 15년 동안 천곡에서 지냈다. 거기에서 일제하의 태평양 전쟁과 6.25동란, 1.4후퇴 등을 다 겪었다. 또 대한민국 최고의 신생활 모범 부락으로 선정되어 박술음 사회부 장관에게 최우수상을 받는 등 참 많은 일을 했다. 모두 합쳐서 20년을 천곡교회에 있었으므로 교인뿐 아니라 동네 사람들과도 친부모와 형제처럼 가깝게 지냈다.

동네에서 신지식을 가르치며 우리의 얼을 일깨우는 일이 일본인들에게는 눈엣가시였다. 그들은 강습소를 못 하게 하는 것뿐만 아니라 빼앗으려 하였기에 목사님은 수원 종로교회 감리사님과 함께 변호사를 고용하여 재판을 걸었다. 재판 끝에 일본인들에게 이겨서 강습소를 계속할 수 있었다. 그 어려운 때 일본사람들과의 재판에서 이겼던 일은 오직 하나님의 은혜였기에 하나님께 감사할 따름이다.

그런 중에 너무도 가슴 아픈 일이 있었다. 일본에 가서 공부하던 최용신 선생님이 병이 들어 공부도 마치지 못한 채 귀국하여 수원 도립병원에 입원하여 투병하다가 소천하신 일이다. 오래오래 살면서 그분의 가슴속에 가득 담긴 꿈을 펼쳐 나가셨다면 얼마나 큰일을 하셨을까 하는 생각을 하니 참으로 안타까웠다. 최용신 선생님의 장례는 천곡교회에서 정성껏 잘 치렀다. 묘소는 그분의 유언에 따라 강습소가 보이는 맞은 편에 모셨다. 그분이 돌아가시고 장로님은 혼자서 어떻게 하든지 이 강습소를 유지해 나갔다. 근방의 가난한 아이들을 모아 혼자서 열심히 가르쳤다. 시골에서 태어나 충분한 교육을 받을 수 없는 환경에 있었던 장로님에게 공부할 수 있도록 기회를 주셨던 하나님의 은혜에 보답하는 마음으로 가난한 아이들에게 하나라도 더 가르치기 위해 최선을 다했다. 그런 의미에서 목사님의 사모로서, 농사꾼으로서, 강습소 교사로서 뛰어다닌 활동은 참으로 가슴 뿌듯한 은혜의 세월이었다.

해방과 대한부인회

1945년 8월 15일 마침내 일본의 식민지로부터 해방되었다. 정말로 기쁘고 감격스러웠다. 열아홉 처녀 때 만세운동을 주도하다가 1년 동안 감옥에 갇혀 온갖 고생을 했고, 출옥 후에는 요시찰 인물로 끊임없이 주목과 미움을 받은 것을 생각하면, 해방의 기쁨은 누구보다 더 감격스러웠다. 해방되고 얼마 후 대한부인회가 조직되어 활동에 들어갔는데, 많은 분이 화성군 대한부인회 회장직을 장로님이 맡아야 한다고 추천하여 결국 회장직을 맡게 되었다. 그래서 화성군수와 함께 각 면으로 다니면서 계몽운동을 펴고, 그 밖에 군이나 면에서 진행하는 여러 가지 활동에 여러 사람과 함께 봉사하면서 바쁜 시간을 보냈다. 일제하에는 요시찰 인물로 계속하여 경계와 미움을 받았지만, 해방 후에는 대한부인회 군회장으로 일하면서 군청, 경찰서를 내 집처럼 드나들었다. 군 위문을 하러 가서는 군인들이 내 자식처럼 사랑스럽고 대견하다는 마음이 들어서 감격하여 큰 소리로 운 적도 있었다.

6.25사변 발발

그러다 얼마 안 되어 6.25가 발발하였다. 공산주의자들이 온통 사람들을 죽이며 설쳤는데, 목사님은 교인들과 같이 견디겠다고 하셨다. 장로님은 대한부인회 화성군 회장으로 있었기 때문에 장로님만 아이들을 데리고 온양에 있는 친정집으로 피신했다. 그때 맏아들(전의철, 세브란스대학 1학년)은 부산으로 가서 유엔군에 입대했다. 그래서 배재고등학교에 재학 중인 둘째 아들(전의성)과 함께 친정집에 가서 걱정스러운 마음을 날마다 기도로 승화시키며 살았다. 맏아들은 유엔군과 함께 인천 상륙작전

때 인천으로 들어와 계속 북진하고 있다는 사실을 보낸 편지를 받고 알았다. 얼마쯤 지난 후에 다시 1.4후퇴가 있었다. 6.25 때 가족이 흩어져있으면서 서로 너무 고생했기 때문에 이번에는 두 아들은 같이 못 가더라도 딸셋은 함께 데리고 천곡교회로 돌아갔다. 온갖 고생을 하며 전쟁의 고비를 넘기고, 다시 천곡교회에 돌아온 후 사모의 일을 열심히 하며 목사님을 도왔고, 대한부인회 일도 열심히 돌보았다.

그 후 1954년에 목사님은 군자면에 있는 교회로 파송을 받았다. 20년 동안 정들었던 천곡교회를 떠나게 되었다. 약 45년에 걸친 목회 생활 중 20년을 천곡교회에서 보냈다. 장로님도 그곳에서 사모로서 일하랴, 강습소 운영하랴, 농사일하랴, 대한부인회 일하랴 무척 바쁘고 힘든 생활을 했지만, 그래도 가장 많은 추억이 남아 있는 고향과도 같이 정든 곳이 되었다. 군자교회에 간 후에도 계속해서 대한부인회 일은 열심히 했다. 은퇴할 때가 거의 다 되어 목사님은 도일면 사무소 뒤 언덕에 도일교회를 개척했다. 어려운 가운데 개척하여 신축하고 생애의 마지막 목회를 이어 갔다. 편안한 가운데 목사직을 은퇴하지 않고, 교회를 개척하여 목회의 마지막을 장식하여 하나님께 영광을 돌리셨다. 힘든 개척이었지만 목회의 대미를 아름답게 장식하여 오직 예수 그리스도의 복음을 전하는 일에 충성을 다하는 본을 보이셨다.

인천 숭의교회에 다니게 되다

목사님이 은퇴하자 도일교회 교인들은 교회 곁에 살기를 간청했지만, 그동안 공부하는 자식들과 너무 오래 헤어져 살았으므로 이제부터라도 자식들과 함께 살고 싶어 집도 팔고 다 정리했다. 그리고 인천기독병원 외과 과장으로 근무하는 장남(전의철 장로)과 함께 살기 위해 인천으로 오게 되었다. 인천으로 이주한 후 새로 집을 장만할 필요가 있어서 새 집터를 물색하던 중 잘 알고 지내는 김영철 목사님이 목회하시는 숭의감리교회

근처에 있는 땅을 매입하여 집을 아름답게 지었다. 그것이 장로님과 숭의
교회가 인연을 맺게 된 시작이다.

장로님이 처음 왔을 때 숭의교회는 교인이 80명가량 모이고, 여선교
회의 회원은 30명가량 되었다. 장로님은 숭의교회에 오면서부터 여선교
회 회장 일을 하며 교회 봉사에 진력하기 시작했다. 얼만가 지나 이성해
목사님이 담임목사님으로 오시고 나서부터 교회는 나날이 부흥했다. 목사
님의 부인으로서 교회 일을 해 왔지만, 교회에서는 직분이 없었는데 숭의
교회에서 권사 직분을 받았다. 그리고 1년 후에 목사님을 비롯한 여러 교
우들의 권유와 당회의 추천을 받아 지방회에서 시험을 치른 후 합격하여
장로로 피선되었다.

장로님은 하나님의 은혜로 장로의 직임을 다하고 교회에 충성하셨다.
1965년 10월 26일 숭의교회에서는 이강산 목사님을 모시고 부흥 집회를
열기로 했다. 이강산 목사님과는 절친한 사이여서 저녁을 대접하기로 했
고, 가족들은 바쁘게 준비하여 대접했다.

다음 날 아침 장로님은 부군인 전재풍 목사님과 오랜만에 단둘이서
맛있게 식사를 마친 후 목사님은 찬송가 280장 "천부여 의지 없어서"를 평
상시와 같이 낮은 음성으로 한 줄 부르고 기독병원으로 진찰받으러 나가
셨다. 그런데 얼마 지나지 않아 전화가 왔다. 돌아오는 길에 층계에서 실
족하여 떨어져 돌아가시게 되었다는 연락이 왔다. 청천벽력이었다. 목사
님은 이미 인사불성이셨다. 장로님이 목사님의 얼굴을 어루만지며 "여보
내가 왔어요"라고 소리쳐도 아무 대꾸도 못 하시고 결국 소천하셨다. 목사
님과 장로님은 이 세상에 둘도 없는 천생연분이셨고, 서로를 위로하고 이
해하고 사랑하며, 그 험난한 인생길을 살아온 가장 아름다운 부부였다.

숭의유치원을 시작하다
숭의교회가 개축하기 이전 건물에 있을 당시 여선교회가 주관하여 탁

아소를 시작하였는데, 아이들이 90여 명이나 모이게 되어 선생님을 두고 운영하게 되었다. 1964년, 이성해 목사님에게 교회에서 유치원을 설립하면 좋겠다는 말씀을 드렸다. 이성해 목사님은 흔쾌히 동의하셨고, 곧장 유치원 설립을 위한 준비에 들어갔다. 설립자는 이성해 목사님을 모셨다. 원장은 장로님이 맡아 각종 서류를 만들어 교육청에 가서 교육장에게 직접 제출하여 설립 인가를 받았다. 이렇게 하여 1965년 3월에 숭의유치원이 설립되어 문을 열었다.

제1회 유치원 원아 모집을 잘 마치고 개원하는 자리에서 장로님은 다음과 같은 인사 말씀을 하셨다. "하나님께서 가장 기뻐하시는 여러분들을 숭의유치원 학생으로 맞이하게 되어 먼저 환영하고 축하합니다. 우리 유치원의 제1회 졸업생이 될 여러분을 정성으로 잘 가르쳐서 숭의유치원의 훌륭한 기틀이 되고, 이 나라에 꼭 필요한 대들보로 성장할 수 있도록 여러 부모님과 합심하여 기도하며 교육하려고 합니다. 저의 숙원이었던 유치원 교육을 이성해 목사님을 모시고 숭의교회의 사업으로 첫발을 내디디며, 어린이의 천국을 만들게 됨을 감사드립니다. 천진난만한 어린이들 속에서 최고의 아름다움을 발견하고, 순박하게 행복을 느끼는 어린이들 틈에서 천국의 그림자를 엿볼 수 있다고 생각합니다. 이렇듯 소중한 아들, 딸을 우리 유치원에 보내주셨으니 성심을 다하겠습니다. 대단히 감사합니다."

그 이듬해 숭의유치원은 문교부 인가를 받았다. 이렇게 성장하는 유치원이 되기까지 이성해 목사님은 설립자로서 여러 가지 면에서 뒷바라지해 주셨고, 이호문 목사님은 원감으로서 열심을 쏟으셨다. 1977년 숭의유치원은 2학급 인가까지 받을 만큼 모범적으로 성장했다.

숭의유치원 원장 은퇴

유치원이 설립된 후 장로님은 79세가 될 때까지 15년 동안 무보수 원장으로서 큰 허물없이 꾸준히 유치원을 발전시켰다. 그러나 나이도 때가 되었고, 가족들의 간곡한 권유로 곰곰이 생각한 끝에 담임 목사님께 사표를 제출했다. 장로님은 이화전문학교에서 보육을 전공하고 나서 기회 있을 때마다 유치원 교육에 몸 바쳐 일해왔다. 숭의유치원을 설립하여 적으나마 힘을 기울여 온 것도 이와 같은 삶의 연장이라고 할 수 있다. 더욱이 숭의유치원은 장로님에게 각별한 의미가 있는 곳이다. 부군 되시는 목사님께서 소천하신 후 각계에서 보내주신 부의금을 "아버님을 기념하는 데 사용하기로" 합의한 가족회의 결과에 따라 그 부의금으로 숭의유치원을 설립하는 데 사용하여 유치원 설립의 기틀을 마련했다. 그래서 장로님은 숭의유치원을 전재풍 목사님 기념유치원으로 생각하며 목사님의 유업을 받아 일하고 봉사한다는 마음으로 섬겨 왔음을 솔직하게 고백했다.

80세에 이르러 그동안을 잘해보려고 몸부림쳐 온 유치원에 사표를 낼 때는 얼마나 섭섭했는지 이루 다 말할 수가 없었다. 그 나이가 되도록 참으로 자진 봉사로서 일관하였음이 얼마나 감사한 일인지 모른다. 유치원생들과 어울리는 동안 늙음을 잊고 지낼 수 있었던 것도 큰 즐거움이었다. 처음에는 형편이 딱하였지만, 지금은 그 어느 유치원보다도 손색없는 훌륭한 교육기관으로 성장한 것이 대견스럽게 생각되고, 하나님의 은혜에 감사드린다. 그리고 담임목사님과 음으로 양으로 도와주신 교회 여러 어른들의 도움은 잊을 수가 없다. 장로님의 한 부분 같기만 한 숭의유치원의 무궁한 발전을 기원하며 장로님이 지은 이 노래를 가만히 읊어 본다.

〈숭의유치원〉
꽃다운 청춘의 꿈 모아서
숭의유치원에 곱게 심었네
방글방글 웃는 열네 돌의 씨앗이 되었네
80년의 얼! 알알이 모아서 바치었네
숭의유치원 꽃밭에 깊이 숨어서
자라나는 새싹들과 함께 숨 쉬며 살리라

마무리하면서

필자는 김복희 장로님의 인생 여정을 찾아 요약하면서 한없는 은혜를 받았음을 고백한다. 이러한 집필 기회를 준 '인천기독교역사 문화연구원'에 감사드린다. 김복희 장로님은 구국 일념으로 독립만세운동의 선각자로 앞장섰으며, 1년간 옥중에서의 고통을 주님의 십자가 고난을 바라보면서 참아내셨다. 목사님의 아내로서, 교인들의 사모로서 교인들을 위로하고, 사랑하며 섬기는 일에 최선을 다하셨다. 그뿐만 아니라 선교사님이 매입한 1,000평의 농토를 몸을 아끼지 않고 땀 흘리며 일구어 목사님의 박봉 살림에 큰 보탬이 되었으며, 6남매를 훌륭하게 키웠고, 천곡교회 강습소를 운영하여 농촌계몽운동에 앞장서셨다. 8.15해방 후에는 대한부인회 화성군 최장기 회장으로 사회봉사에도 열정으로 헌신하셨다.

인천으로 이주 후에는 숭의교회 유치원을 이성해 목사님의 지도하에 설립하고 발전시킴으로 이화여대에서 전공한 유아교육을 실천하며, 신명을 다해 헌신적으로 봉사하셨다. 그리고 바쁜 시간을 내어 한국 '3.1 여성동지회' 회원으로 활동하셨다. 정말 연약한 여인의 몸으로 칠흑 같고 광풍이 몰아치는 시대를 살면서 하나님이 주신 사명을 감당한 것을 볼 때, 살아계신 하나님의 은총이 함께 하셨음을 다시 한번 느끼며 큰 감동이 된다.

김복희 장로님은 80세에 이르러 15년 동안 봉사하던 숭의유치원 원장직을 사표내고 퇴임하셨고, 이후에는 기도와 찬송으로 생활하면서 그동안 바빠서 못다 한 가족과의 사랑을 나누셨다. 그리고 1987년 2월 14일 인천시 도화동에 있는 장남 전의철 장로의 집에서 향년 86세로 하나님의 부름을 받으셨다. 2월 16일 인천 숭의감리교회 주관으로 숭의감리교회에서 교회장으로 장례 예배를 가족과 교인들의 애도 속에 은혜롭게 드렸다.

그 후 2019년 3월 1일 천안에 있는 '독립 기념관'에서 성대히 거행된

독립 선언 100주년 기념식에서 문재인 대통령으로부터 독립 유공자 대통령 표창을 수여 받았다.

이 모든 일이 다 하나님의 은혜였다.

김복희 장로님 가족

부군 전재풍 목사 사이에서 2남 4녀, 손자 13명, 손녀 8명, 증손 42명을 두었다.

장남 전의철(소천), 자부 김광신(소천), 손자 우택, 현택, 순택 / 손녀 혜인

차남 전의성(소천), 자부 박선영, 손자 유택(소천), 경택 / 손녀 혜진, 혜덕

장녀 전의경(소천), 사위 이민춘(소천), 외손자 근영(소천), 철영, 현영, 창영 / 손녀 혜영

차녀 전정신(소천), 사위 장성(소천), 외손자 영교(미) / 외손녀 영복(미), 영화(미)

삼녀 전정숙(미), 사위 유택상(미) / 외손자 준희, 동희(미)

사녀 전인자, 사위 최조길, 외손자 재황 / 외손녀 수황, 수미

전재풍 목사 약력

1887년 12월 12일 (음력)
서울 인사동에서 부친 전승업 씨와 모친 서씨 부인의 장남으로 출생.

6세 때부터 한 글방에서 글을 배우기 시작하여 10여년을 계속하였고, 외국어학교와 서울감
리회 협성신학교(현 감리교신학대학) 졸업한 후, 감리교회 목사로 45년 봉직.

서울 자교교회, 강원도 금화교회, 서울 광희문교회, 개성남부교회, 원산중리교회, 강원도 고
성읍교회, 강원도 김성읍교회, 강원도 평강읍교회, 강원도 장단읍교회, 안산 천곡교회, 충
남 홍성읍교회, 천곡교회(재부임), 군자교회, 도일교회 등에서 목회함.

1957년에 은퇴하였으며, 1965년 10월 26일에 별세함.

▲ 전재풍 목사와 김복희 장로 부부

▲ 이화여대 100주년 기념 원로 동창 120명 모교 나들이, 1986년 5월 29일.

▲ 이화여대 김옥길 총장과 교수들과 함께

▲ 김복희 장로 가족

▲ 첫째 아들 전의철 장로

▲ 팔순 잔치 때 세 딸들과 함께

▲ 팔순 잔치 때 | 필자와 전우택, 김복희 장로

최조길 장로

인천 동산고교 졸업
고려대학교 졸업

천우철강(주) 대표이사
인천내리교회 원로장로

전, 국제와이즈맨 한국협의회 의장
전, 인천기독교총연합장로회 총회장

김윤찬 장로에게 있어서 가장 큰 삶
의 목표는 선교사님들이 그랬듯이
선교, 의료, 교육이었다. 자신이 크
리스천 한의사라는 사실을 항상 기
억하고, 사회의 낮은 자리에서 고통
받는 이들을 위한 의료 선교와 구제
에 힘썼다. 한밤중에도 긴급한 응급
환자들이 자주 병원 문을 쾅쾅 두드
리곤 했다. 아파서 우는 아이를 들쳐
업고 뛰어오는 사람들, 응급으로 쓰
러진 환자를 데리고 급하게 병원을
찾아온 사람들이 꽤 많이 있었는데,
병원 건물 위층에 가정집이 같이 있
었던 터라 김윤찬 장로는 이미 잠자
리에 든 늦은 시간이라도 한 번도 외
면하지 않고 벌떡 일어나 환자들에
게 뛰어나가곤 했다.

기억하고 싶은
**하나님의
사람들**

김윤찬 장로 | 인천제일교회

사랑을 실천한 김윤찬 장로

김은미, 김은경, 김은선, 김은정, 김은희_인천제일교회, 예수소망교회

시작하면서

하나님이 삶의 전부셨던 아버지, 김윤찬 장로님
늘 베푸시며 사랑이 참 많으셨던 따뜻한 분,
어떤 순간에도 하나님을 향한 믿음의 삶으로 크리스천의 본을 보이신 분,
감사와 찬양이 늘 입술에서 끊이지 않았던 김윤찬 장로님의 이야기를
하고자 한다.

삶 그리고 사역

김윤찬 장로(1933년 4월 23일~1999년 7월 31일)는 평안남도 대동
군 출생으로 부친 김성건 장로와 모친 김순덕 여사의 장남으로 태어났다.
김윤찬 장로는 3대째 장로의 대를 이은 장로님으로서 교회와 사회에
헌신 봉사하셨다.

김윤찬 장로의 증조부, 김계현 집사

증조부이신 김계현 집사는 우리나라의 기독교 역사 초창기에 기독교
신앙을 받아들인 신앙의 선구자이셨다. 김계현 집사는 충분히 장로의 직
분에 합당한 자격과 신앙을 가지고 계셨음에도 불구하고 장로의 직분을
받지 못하셨는데, 이는 당시 엄격한 교회의 치리 제도 중 자녀 가운데 한
명이라도 기독교인이 아닌 가정과 혼인하는 경우 교회 직분을 일정 기간
박탈했기 때문이다. 기독교인이 많지 않았던 1900년대 초라는 시대적 배
경에서 신앙이 없는 집안과의 혼례는 불가피했기에, 자녀가 많았던 김계
현 집사는 이로 인해 장로의 직분은 받지 못하셨다. 이를 감안하면 김윤
찬 장로는 3대가 장로의 대를 이었을 뿐 아니라 4대가 교회의 중진으로

봉사한 한국 기독교 역사에서 흔히 볼 수 없는 귀한 믿음의 가문을 이었다고 할 수 있다.

김윤찬 장로의 조부, 김이훈 장로

조부이신 김이훈 장로(1888년 7월 21일~1970년 3월 25)는 평안남도 오류리교회의 장로로 재직했다.

기도하는 장로님, 인자한 장로님, 섬김의 본을 보이는 장로님이셨던 김이훈 장로는 주일이면 두루마기까지 갖춘 단정한 모습으로 성경책을 끼고 교회에 가곤 하셨는데, 집안의 온 가족들이 그 뒤를 줄지어 따라 교회에 가는 모습을 본 동네 사람들은 '저 집안은 예수를 잘 믿어서 복 받는다'라고 말했다고 한다.

지역의 유지셨던 김이훈 장로는 자기 소유를 들여 나라와 민족을 위해 그리고 교회를 위해 헌신하셨으며, 독립운동의 자금을 지원하고 예배당을 지으셨다. 또한 명석하지만, 형편이 어려운 이들, 특히 목사님의 자제들이 학업을 이어갈 수 있도록 돕기도 하셨는데, 그중에는 만주로 유학 가서 의사가 된 목사님의 자녀도 있었다. 어머니와 부인 역시 하나님의 사랑을 실천하여 동네에 굶는 사람이 없도록 집집마다 다니며 식량이 떨어지기 전에 곳간을 채워주니 마을의 노름꾼들이나 술주정뱅이들도 김이훈 장로와 그 부인의 말에는 순종하고 존경했다고 한다. 우리나라의 경우 일제 치하와 공산당 치하에서 두 번의 토지개혁이 있었고, 많은 지주가 쫓겨나는 상황이었지만, 김이훈 장로는 본인의 토지를 동네의 모든 소작농에게 나누어주는 등 토지개혁 당시에도 동네 사람들로부터 보호받고 존경받는 인물이었다.

장손 집안의 큰 아버지였던 김이훈 장로의 집에는 늘 친인척들로 북적였는데, 그중 가장 중요하게 여긴 집안 행사는 장로 임직, 권사 취임 등 교회 직분을 받는 날이었다. 이날은 모든 친척이 다 와서 축하해주는 큰

잔칫날이었다. 세상의 그 무엇보다 교회에서 헌신할 수 있는 직분을 받는 것을 최고의 영예로 생각했던 선조들의 믿음이라고 생각한다. 김이훈 장로의 자녀들과 친인척들은 큰아버지 신앙의 본을 따라 신실한 믿음을 가지고 신학교에 진학하여 사역자가 되거나, 장로, 권사로 하나님을 위해 충성 봉사하는 인물들이 되었다. 김이훈 장로의 후손으로는 김성주 영수 (초대교회 지도자, 평양 성화신학

▲ 조부 김이훈 장로와 부친 김성건 장로

교 졸업), 김성건 장로, 김성빈 안수집사, 김창서 장로, 이경신 전도사(부평 동부교회 원로 전도사), 이기형 장로, 이기민 장로, 이기옥 권사, 이기복 권사 등이 있다.

김윤찬 장로의 부친, 김성건 장로

부친인 김성건 장로(1911년 9월 26일–1998년 1월 31일)는 평양 도립병원 내과 과장을 지낸 의사였다. 김성건 장로는 처음에는 법을 공부했으나 전염병으로 가족들을 잃은 후 내과 의사로 진로를 변경했다. 김성건 장로는 실력 있는 의사로서 고향에서 존경받으셨다. 한국 전쟁 당시 김성건 장로는 친척이 원장으로 있던 종로에 있는 병원을 인수하기로 하고 서울로 가족과 함께 피난을 가게 되었다. 그러나 곧 서울이 함락되어 모두가 부산으로 피난길에 오르게 되었으며, 후에 인천으로 오게 되었다. 의사가 많지 않았던 당시, 평양에서 내과 의사가 피난을 와 있다는 소문을 듣고 찾아온 신태범 박사(당시 인천 경동 신외과의원)로부터 '인천지역에

내과 의사가 없으니 병원을 열어 함께 일하자'는 권유를 받아 인천 동구 금곡동에 위치한 금곡의원에서 의술을 펼치게 되었다.

모든 것을 빼앗기고 맨몸으로 타지에서의 삶을 시작했던 김성건 장로는 "땅과 재물과 모든 것은 다 빼앗겨도 머릿속에 있는 것은 빼앗기지 않는다."라고 후손들에게 자주 강조하셨는데, 그 말씀대로 나이 여든이 넘어서도 책과 성경을 손에서 놓지 않으셨던 모습이 기억난다. 김성건 장로는 평생 공부하는 의사셨다.

김성건 장로는 전쟁으로 이별한 고향에 계신 어머니와 아내, 형제들에 대한 그리움과 힘겨웠던 타향살이를 주님께 올려드리는 감사의 찬양으로 이겨내셨다. 후손들은 항상 기쁘게 찬송가를 부르시던 김성건 장로의 모습을 기억한다. 지금 생각해보면 전쟁으로 고향에 가족들과 모든 것을 두고 피난 와서 살면서 어떻게 늘 찬양하며 하나님께 감사하는 삶을 사실 수 있었을까 하는 생각이 든다. 병원 진료실에서 약을 지으면서, 또 걸어 다니며 부르시던 김성건 장로님의 찬양 소리가 귀에 생생하다.

김성건 장로는 고향 교회 목사님이셨던 박병용 목사님이 섬기던 제4교회(현 서부교회)와 제6교회(현 동현교회)에서 장로 직분을 받고 섬기셨으며, 말년에는 아들 김윤찬 장로가 섬기던 인천제일교회에서 신앙생활을

▲ 부친 김성건 장로의 병원

▲ 금곡의원 앞에서 친인척들과 함께

하다가 주님의 품에 안기셨다.

어린 시절과 한국 전쟁

훌륭한 믿음의 가정에서 모태 신앙으로 태어난 김윤찬 장로는 집안의 장남으로 태어나 어른들의 많은 사랑을 받으며 성장했다. 김윤찬 장로는 1933년 평안도 오류리 교회에서 유아세례를 받았다. 당시 함께 유아세례를 받았던 5명의 동갑 친구들은 모두 신실한 신앙인으로 평생을 함께했는데, 그들은 박영철 목사(박병용 목사님의 차남. 서울 도원동교회 원로목사), 문원보 장로(휴스턴 영락교회 원로장로). 노명준 장로(화곡동 장로교회 원로장로) 등이다.

이들은 유년 시절부터 교회 찬양대로 봉사하고, 중창단을 결성하여 피아노, 기타, 만돌린 등 악기를 연주하며 다른 마을의 교회에 가서 찬양하며 복음을 전했으며, 의형제를 맺고 한평생 귀한 믿음의 동반자로서 함께했다. 당시 교회에 도난 사건이 자주 발생하자 교회를 지키려고 친구들과 교회에 모여 밤을 새우다가 난롯가에서 잠들곤 했는데, 새벽 기도를 위해 교회를 찾은 어른들이 그 모습을 기특하게 여겨 담요를 덮어주곤 했다고 한다. 어린 시절 교회에서의 추억은 김윤찬 장로에게 참으로 소중한 기억으로 남아서 의형제인 박영철 목사, 문원보 장로, 노명준 장로와 만날 때마다 평생 고향의 교회를 그리워하고 어릴 적 교회의 추억을 나누곤 했다.

김윤찬 장로는 선교사가 설립한 평양의 명문 미션스쿨인 광성중, 고등학교를 졸업한 후 한국 전쟁이라는 큰 시련을 마주했다. 당시 인민군으로 끌려가지 않기 위해 교회 청년들과 함께 산 위에 있는 굴속에서 피신 생활을 하기도 했는데, 그 안에서 간곡히 기도하며 성경을 읽었다. 부모들이 젊은 청년들을 먼저 피난 보냈는데, 어린 아들들에게 장가갈 때 혼수로 쓰려고 모아둔 예단 봇짐을 등에 메어주고 남쪽으로 내려보냈다고 한다. 당시 김윤찬 장로의 나이는 만 17세였다.

서울로 피난 온 김윤찬 장로는 육군에 입대하여 통신병으로 복무하며, 고향에서부터 가지고 온 성경책을 가슴에 품고 한시도 놓지 않으셨다고 한다. 모든 것을 고향에 두고 온 김윤찬 장로는 하루하루를 하나님만 의지하며 견뎌내셨다. 그 당시 피난을 내려온 믿음의 성도들은 교회를 통하여 헤어진 가족들을 찾았는데, 김윤찬 장로도 교회 연락망을 통해 가족을 찾아 주님의 은혜로 남쪽으로 피난을 와 있던 할아버지와 아버지를 재회했다. 당시 할머니와 고모들은 고향을 지켰는데, 신실한 신앙인이었던 가족들이 북한의 폭압적인 박해 속에서도 끝까지 신앙을 지키다가 순교하셨을 것이 분명하기에 남겨진 가족을 생각할 때마다 항상 깊은 안타까움을 표하셨다.

▲ 아버지와 재회한 18세 청년 김윤찬
고향을 떠난 후 대한민국 국군으로 입대한 나는 소식을 몰라 궁금하던 차 소식을 알게 되어 첫 휴가, 인천에서 첫 상봉, 1951년 12월 25일 크리스마스

▲ 의형제인 고향 친구들과 함께　　　　　　▲ 의형제인 고향 친구들과 함께

지역 사회를 섬긴 의료인

　　김윤찬 장로는 부친을 따라 의료인의 길을 걸었다. 군 제대 후 경희대 한의학과에 입학하여 1958년 제7회 졸업생이 되었고, 1963년에는 서울대학교 의과대학에서 운영하는 예방의학 과정을 수료하셨다. 1969년에는 경희대학교 대학원에서 한의학석사를 취득하셨다. 처음엔 서울 신촌에 병원 터를 잡았으나 부친의 병원이 있는 인천에 함께 정착하려고 인천시 중구 신흥동에 동양한의원을 개원하여 의술 활동을 시작했다.

　　김윤찬 장로는 인천이 고향은 아니지만, 그 누구보다 인천을 사랑하고 인천 지역 사회를 위해 헌신 봉사한 분이다. 1965년에는 '인천시 한의사회' 부회장으로, 1971년에는 '인천시 한의사회' 회장으로 봉사하셨고, 1981년 인천시의 직할시 승격 당시 '인천시 한의사회' 창립준비위원회 총무위원으로, 1987년 '인천직할시 한의사회' 부의장을 역임하기도 했다.

　　김윤찬 장로에게 있어서 가장 큰 삶의 목표는 선교사님들이 그랬듯이 선교, 의료, 교육이었다. 자신이 크리스천 한의사라는 사실을 항상 기억하고 사회의 낮은 자리에서 고통받는 이들을 위한 의료 선교와 구제에 힘썼다. 한밤중에도 긴급한 응급 환자들이 자주 병원 문을 쾅쾅 두드리

▲ 경희대학교 한의학과 대학원 졸업식　▲ 한의사회 무의촌 순회진료 의료봉사

곤 했다. 아파서 우는 아이를 들쳐업고 뛰어오는 사람들, 응급으로 쓰러진 환자를 데리고 급하게 병원을 찾아온 사람들이 꽤 많이 있었는데, 병원 건물 위층에 가정집이 같이 있었던 터라 김윤찬 장로는 이미 잠자리에 든 늦은 시간이라도 한 번도 외면하지 않고 벌떡 일어나 환자들에게 뛰어나가곤 했다.

또한 그 외에 양로원 안나의 집과 요셉의 집, 부천 성가 양로원, 정신지체 장애인을 위한 시설인 자육원, 프란치스코네 집, 법무부 갱생 보호회 부천지부 등 여러 복지기관을 물질적으로 후원하고 봉사하셨다.

국제로타리클럽 활동을 통한 섬김과 봉사

'국제로타리클럽'은 전 세계 200여 개국에 퍼져있는 국제 봉사 단체이다. 회원 각자의 직업을 통하여 봉사와 세계 평화를 표방하는 실업가 및 전문 직업인들로 구성되어 있다.

김윤찬 장로는 로타리클럽 활동을 통해 지역 사회를 향한 하나님의 사랑을 실천하고자 했다. "선한 일을 행하고, 선한 사업에 부하고, 나누어 주기를 좋아하고, 동정하는 자 되게 하라…. 이것이 장차 자기를 위하여 좋은 터를 쌓아 참된 생명을 얻게 하느니라.”(디모데전서 6장 18-19절)라는 성경 말씀을 인생의 모토로 삼고 평생 동안 이를 실천하는 데 힘쓰셨다. 이 땅에서의 부귀영화가 아닌 참된 생명의 약속을 바라보셨다.

김윤찬 장로는 1971년 로타리클럽에 가입하여 약 28년간 활동하면서 인천 로타리클럽의 부회장(1984년~1985년), 회장(1985년~1986년), '국제로타리클럽' 3690지구 총재(1993년~1994년)를 역임했다. 김윤찬 장로가 '국제로타리클럽' 3690지구 총재로 활동할 당시 남긴 글을 통해 로타리클럽을 통해 나눔과 봉사를 실천하고자 했던 그분의 뜻을 알 수 있다.

> '로타리안이란, 내가 가진 것을 고마워하고, 이를 정성껏 갚아 나가는 내가 될 때 인간이 인간다울 수 있는 것임을 깨닫게 하곤 합니다. …… 많이 가진 데서 나누어주는 것이 즐거움이 되는 것이 아니라, 내가 가지고 있는 적은 것 속에서 나누어 주려는 우리들의 삶, 항상 기쁘고 즐거운 것 되도록 범사에 감사하며, 작은 일들을 통해 쉬지 않고 쌓아 올리는 일에 우리 2,300 회원 여러분들의 뜻을 한데 모아 힘차게 나아갑시다.'(로타리클럽 회보지에 실린 김윤찬 총재의 글에서 발췌)

김윤찬 장로와 부인 이숙렬 권사는 국제로타리클럽 총재로 한국을 대표하여 미국, 일본, 싱가포르, 태국, 말레이시아, 방글라데시 등을 방문하여 세계적인 친선과 평화 확립에 이바지하고자 했다.

국제로타리클럽을 통해 청소년을 위한 학교를 세우고, 직업 훈련을 시키는 직업 봉사를 했고, 해외 친선사절 장학 사업, 연구 교환단 사업, 소아마비 박멸 사업, 보건(Health)-기아 추방(Hunger)-인간 존중(Humanity) 사업을 의미하는 3-H 프로그램 등 다양한 사업을 전개했다.

김윤찬 장로가 보인 사랑의 실천과 섬김은 분명히 그리스도를 본받은 것이었다.

▲ 미국 캘리포니아주 애너하임에서 국제로타리클럽 총재 Robert R. Barth R. J. 회장 부부와 함께한 김 윤찬 장로와 이숙렬 권사, 1993년

▲ 1993년~1994년 국제로타리클럽 3690지구 김윤찬 총재 연설

總裁月信을 한데 모아
發刊에 즈음하여

國際로타리 3690地區
1993-94年度
總裁 曉明 金允燦

　1993年 癸酉年 7月 1日 3690地區 總裁로 就任하여 내 生에 奉仕活動을 좀 굵게 點찍어 보려고 決心했습니다.

　特히 癸酉年은 저희 內外의 回甲을 맞는 해 이기도 합니다.

　60平生에 23年을 Rotarian 生活에 專念했으며, 總裁로서의 責任을 다하고자 1年의 計劃을 나름대로 그려 보았으나, 호랑이를 그리려다 고양이를 그린 格이 된지 모르겠습니다.

◀ 총재 월신집 중 효명 김윤찬 글 일부 발췌

김윤찬 장로 57

다음 세대의 교육에 비전을 품은 장로

김윤찬 장로는 교육 영역에도 깊은 관심을 가졌다. 특별히 뛰어난 인재가 재정적 어려움으로 학업을 포기하는 것을 안타깝게 여긴 그는 학비 부족으로 고통받는 여러 학생에게 사비를 털어 장학금을 지원했고, 소년 소녀 가장들의 생활도 돌보았으며, 야간학교 학생들에게 의류와 식사를 제공하기도 했다.

다음 세대를 위한 봉사와 섬김은 앞서 언급한 로타리클럽 활동에서도 확인할 수 있다. 김윤찬 장로는 국제로타리클럽을 통해 특히 청소년 사업에 관심을 가졌다. 장학회를 통해 비전이 있고 우수한 학생들을 새로운 인재로 세우는 데 이바지했다. 여러 인재를 장학생으로 추천하여 기회가 있을 때마다 국제로타리클럽을 통해 국내외 명문 학교에서 공부할 수 있도록 지원에 힘썼다. 또한 국제로타리클럽 시카고 본부를 통해서 재능이 있는 한인 유학생들을 지원하도록 하는 가교 역할을 했다.

김윤찬 장로는 인성초등학교와 인성여중고를 운영하는 인천제일교회 산하 제일학원의 제7대 이사장으로 취임(1992년 1월 11일~1997년 1월 11일)하여 다음 세대 교육을 위해 헌신과 수고를 아끼지 않았다. 김윤찬 장로는 이사장의 지위를 내세우지 않고 허물없이 학생들을 대하며 친절과 사랑을 베푸셨다. 일례로 인성학원 농구부 학생들을 지극히 사랑하셨고, 농구부가 수상하면 자식이 상을 받은 것처럼 기뻐했다. 그리고 농구부 선수들이 다쳐서 수시로 치료받으러 오곤 했는데, 그럴 때마다 안타까워하며 치료해 주셨다.

항상 인성학원의 발전된 모습을 그리며 하나님의 영광을 위하여 인성학원이 귀하게 사용되도록 기도하셨다.

▲ 인천 제일학원 이사장 김윤찬 장로

인성의
발전된 모습을
그려보면서

이사장 김 윤 찬

교지 「인성」의 발간을 진심으로 축하합니다.

우리 학원은 금년으로 개교 40주년을 맞이하였습니다. 어느새 장년의 나이에 접어든 본교는 故 이기혁 목사님의 숭고한 건학 정신을 이어받아, 해마다 발전에 발전을 거듭하여, 오늘에는 명실공히 사학의 명문으로 자리잡게 되었음을 본인은 매우 자랑스럽게 생각하며 감사를 금할 수 없습니다.

▲ 인성제일학원 교지 [인성]에서 이사장 김윤찬 글 일부 발췌

인천제일교회에서의 헌신과 수고

　김윤찬 장로가 일생을 주님의 사명을 감당하며 헌신할 수 있었던 배경에는 하나님의 강권적인 은혜와 함께 그가 뿌리내리고 섬겼던 인천제일교회가 있었다. 김윤찬 장로는 평양의 고향 교회를 떠나온 후 1953년부터 제일교회에 출석하기 시작했다. 그의 나이 21세였다(당시 아내 이숙열 권사는 1947년부터 고 이기혁 목사님 권유로 가족들과 함께 인천제일교회에 먼저 출석하고 있었다). 이후 그는 46년간 인천제일교회에서 서리집사로 18년, 안수집사로 10년 그리고 48세에 장로 임직을 받아 18년 동안 장로로서 교회를 섬겼다.

　▲ 인천제일교회 장로 장립, 이기혁 목사님과 함께, 1981년

▲▶ 김윤찬 장로 인천제일교회
　　장로 장립, 1981년

오랜 기간 교회를 섬기면서 많은 일을 겪으셨지만, 그중 주요한 일들에 대해 본인이 직접 남긴 기록이 있어 이 자리를 빌려 소개한다.

아래는 김윤찬 장로가 소천하시던 해에 직접 인천제일교회 회보지에 기고한, 오랜 교회 생활을 회상하는 글에서 발췌한 내용이다.

❶ 장학회

1976년 교회 창립 30주년을 기해 제직회의 한 부서가 아닌 독립적인 장학회가 만들어졌다. 본인은 당시 당회장이셨던 김광훈 목사님과 상의하여 장학회를 조직하기로 하고, 장학위원의 조직은 이성필 전도사의 도움을 받았다. 위원장 김윤찬, 위원으로는 한태범, 최중석, 임정숙, 강대룡, 염도현, 류청영, 이영희 등으로 확정한 후 첫 모임은 아내인 이숙열 권사가 집으로 초청하여 성심성의껏 대접하였고, 장학회 결성의 취지를 설명하였다. 모인 분들은 전부 어려운 사람들을 돕는다는 뜻을 가진 장학회에 기쁨으로 찬동했으며, 화기애애한 분위기 속에서 즉석에서 장학기금 75만 원이 거출되었다. 당시의 75만 원은 오늘날의 750만 원(1999년 기준)보다 더 큰 가치를 가졌다. 그때부터 계속해서 모금에 성의를 다하였다. (김진현, 황은덕 등도 함께 참여) 교회 창립 30주년을 맞으며 첫번째 장학생에게 장학금을 전달하였다. 그 당시 개별 교회에서 장학회를 가진 교회는 전국 교회 가운데 인천제일교회가 처음이었고, 교회 재정에서 일시적으로 지급되었던 영락교회 이외의 교회에서는 엄두도 못 낼 일이었다. 제일교회는 이렇게 시작하여 장학회의 정관을 전국에서 제일 먼저 갖추게 되었고, 장학회가 안정 궤도에 오른 1977년도에 제직회 장학부로 편입하여 오늘에 이르고 있다.

❷ 안수집사회

1972년 곽선희 목사님은 혁신적으로 안수집사를 제직회의 각 부서 부장으로 선임토록 하였으며, 장로는 고문으로 하여 활기와 조화와 헌신적인 제직회를 만들었다. 1974년 안수집사회를 전국에서 최초로 조직하게 되었으며, 본인은 약 7년여의 안수집사회 회장을 맡았다.

이때 조직된 임원은 다음과 같다. 회장 김윤찬, 총무 유홍직, 회원 김덕용, 최중석, 윤무중, 소두필, 김태식, 방승기, 이창덕, 이정태, 손정인 등 11명이었다. 당시에 새 예배당(현재의 교회 건물) 건축재정은 물론, 교회의 재정은 극도의 어려움이 있었다. 심지어는 교역자들의 사례금도 3~4개월이나 드리지 못할 정도로 어려웠다. 이때 안수집사 모두는 합심하여 기도하고, 서로 도우며, 각 부서 운영에도 앞장서서 일했다. 각 부장이 희생적으로 일하다 보니 신앙생활의 본보기가 되었다. 그 당시 안수집사 11분은 인천제일교회의 부흥과 발전에 원동력이 되었다.

❸ 재정부

새 예배당 건립은 1969년 착공하여 약 5년간 참으로 어려움 속에 준공되었다. 교인 출석수가 약 650명 선에서 500여 명으로 줄었으며, 건축재정의 적자로 예배당 건립에 차질을 가지고 왔다. 교회 운영자금까지도 적자로 교역자나 직원들의 사례비를 지급하지 못하는 형편이었다.

곽선희 목사님의 과감한 교회 운영과 지도력으로 제직회 부장을 안수집사로 조직한 후 나는 재정부장을 맡게 되었다. 그 당시 "만약 이런 교회 재정 형편으로 3개월만 재정부장직을 감당하면 손끝에 장을 지지겠다"하고 말할 정도로 어려움이 있었다. 그러나 사명감을 가지고 하나님의 도우심으로 기쁘게 감당하였다. 이런 헌신을 통해 교회 발전에 기여했다면 이는 모두 하나님께 감사할 뿐이다.

재정부장 김윤찬, 회계 윤무중과 10명의 부원을 임명하였고, 재정부장과 회계의 업무 한계를 지켜 서로 협력하여 잘 지냈음은 인천제일교회의 저력이라고 생각한다.

그 후로 교회 건축, 선교교육관 건축, 기도원(강화), 청소년회관 건립 등을 통해 재정부장직을 기쁘게 감당하였다. 강화기도원(청소년 수련원) 건립을 계획하고 성도님들이 함께 기도하였다. 재정부장을 맡은 후 기도원을 짓기 위해 예산도 확보해 놓았으나 건립되지 못함을 아쉽게 생각한다. 앞으로 기도원과 양로원을 건립하여 교회와 사회에 이바지하는 제일교회의 참 면모를 갖추는 일은 우리가 기도하며 해야 할 과제라고 생각한다.

❹ 선교교육관(고 이기혁 목사 민족 복음화 기념관)

인천제일교회는 지금도 국내 선교를 위해 많은 노력을 하고 있지만, 인천의 장자 교회, 모 교회로서 많은 교회들을 개척하였고, 여러모로 도움을 주는 역할을 다했다. 예컨대 제2, 3, 4, 5, 6, 7, 8교회, 주안장로교회, 안산제일교회, 안산평안교회, 가좌제일교회, 계양제일교회 외에도 많은 교회들을 개척하거나 도움을 주었다.

1977년 홍성현 목사님이 부임한 이래 그는 교회의 부흥을 위해 많은 계획과 기도로 최선의 노력을 다했다. 그중 하나는 인천제일교회가 부흥 발전하려면 주안이나 남동구 방향으로 교회가 이전하고, 본 교회는 기념 교회로 유지하면 된다는 내용을 홍 목사님과 논의하였다. 대지는 약 2,000평 내외로 매입하고, 교회 건축을 하면 5만 명이 넘는 교회로 부흥될 것이라고 전망했다. 그때 결단을 내렸다면 제일교회의 역사가 달라졌을 것이라는 생각에 아쉬움이 남는다.

인천제일교회가 본당을 크게 건축하였지만, 선교 센터와 기도처 등 마땅히 갖추어야 하는 시설들이 없는 것을 동기 장로(김윤찬, 윤무중, 최중석, 김덕용, 최종욱)들이 장로 임직을 하면서 꼭 해야 할 일로 마음의 결정을 한 바가 있었다. 그 뒤에 홍 목사님에게 선교센터를 건축하자고 진언했다. 교회 일을 계획하고 노력하며 하나님의 일에 최선을 다할 때 신앙도 더하며 교회 발전도 더해진다고 진언하고 함께 기도 중이었다. 그 때 최승구 목사님께서 부목사님으로 부임하게 되어 같은 내용으로 말씀드렸고 실천에 옮기게 되었다.

선교교육관 건립위원으로 김윤찬, 최중석, 최종욱, 김영남 장로를 선정하고, 그 다음 날 최 목사님 자택에서 첫 모임을 갖고 예산이나 조감도의 계획을 세워보았다. 여기서 잠깐 살펴보면 선교센터는 지상 16층 건물에 방송국, 각종 세미나실, 음악실, 강당, 회의실 등 다양하게 고려해보았으며, 총 필요 자금을 당시 돈으로 약 20억 원(내자 10억 원, 외자 10억 원)으로 하여 실제로 교회에서 헌금하기도 하였다(당시의 1억 원이면 1999년 현재 기준으로 10억 원 정도의 가치가 있었다).

인천제일교회 교인들의 신앙은 두텁고도 컸다. 처음 1년간 건축헌금으로 약정된 금액이 1억 3천만 원이나 되는 놀라운 결과를 얻었다. 순조롭게 진행되던 2년 뒤 뜻하지 않은 일이 생겼는데 홍 목사님께서 개인적인 사정으로 갑작스럽게 사임하게 된 것이다.

2년여 동안 헌금액이 2억 3천만 원이었으며, 그 금액이 현재의 선교교육관(고 이기혁 목사 기념관) 건축을 위한 대지 구입비와 목사님 사택 건축비로 쓰였다. 당회에서는 건축위원장을 김윤찬 장로에게 하도록 결의하여 제일 어려운 책임을 요구했다. 그때도 재정 담당으로 수정 결의해 쾌히 승낙, 최선을 다했다. 이런 일을 할 때마다 인천제일교회 교인들의 뿌리 깊은 신앙과 저력을 볼 수 있었고, 인천제일교회는 희망적이며 믿음이 돈독함을 자랑스럽게 생각하며 하나님께 감사 기도드렸다.

❺ 선교부 (해외 선교부)

선교부 활동은 선임 장로님들이 기초를 닦아 놓은 '1불 선교회'를 시작으로 모아 놓은 선교비를 가지고 구체적으로 선교활동을 시작하게 되었다.

    이철신 목사님이 당회장으로 1993년 부임하여 많은 교회 사업을 계획하였다. 그중 첫째가 해외 단독 선교이다. 특별히 러시아, 중국에 집중적으로 선교의 초점을 맞추었고, 이집트, 모리타니아 등을 보조하였다.

    본인은 제직회 선교부 부장을 맡았고, 차장에 윤호중 집사, 김영숙 권사로 조직하였다. 먼저 선교 기금의 조성을 위해 한 구좌당 5,000원씩으로 해외 선교 기금을 모금하니 온 교인이 적극적으로 참여하였으며, 러시아(블라디보스토크)선교를 위한 헌금도 충분히 모금되어 쓰고 남음이 있었다. 하나님의 일을 함에 있어 자부심을 갖게 하며, 하나님께 감사 기도를 드리고 이를 위한 오완용 목사님의 기도를 잊지 않는다.

    일 년 후 러시아를 방문할 당시 참여했던 분들은 다음과 같다. 이철신 목사님과 사모님, 김윤찬 장로와 이숙렬 권사, 윤호중 장로와 장순분 권사, 황은덕 장로와 김영숙 장로, 박원호 장로, 고금숙 권사, 곽만식 집사, 이옥선 권사 등이다.

    또한 선교지를 방문하였으며, 굶주린 북한 동포를 위해 교회에서 성금을 보냈으며, 선교사 파송은 중국 정부가 사회주의국가로 허용이 되지

▲ 인천제일교회 교인들과 이스라엘·이집트 성지 순례 중

않아 엘림해외봉사회의 하춘실 선교사를 지원 선교사로 집중키로 하였다.

또한 성지 순례를 인천제일교회 차원에서 독자적으로 계획하여 이집 트에 파송된 김일권 선교사 사역지를 방문하였고, 핀란드, 이스라엘, 러 시아, 중국, 이집트 등을 방문하였다.

⑥ 우림성가대

나는 어려서부터 성가대와 더불어 교회생활을 해왔다. 1977년 우림 성가대 대장으로 임명받은 후 부대장 직책을 만들어 김효남 집사(현재 이 작도교회 목회 중), 총무에 백원규 집사와 함께 헌신적인 노력을 하여 성 가대원 약 80여 명을 세우게 되었다. 당시 낮 예배에 600여 명의 교인이 참석하였는데, 예배 때마다 성가대석은 50명 이상이 자리를 함께 하였다. 김광훈 목사님께서 당회장으로 시무하시면서 열심을 다했다. 그 당시 우 림성가대원은 하나가 되어 맡은 책임을 다하였으며 기쁨으로 찬양을 드렸 다. 성가대가 날로 부흥되어, 오늘날 1부, 2부, 3부 성가대로 나뉘어 충성 을 다하고 있다.

⑦ 청년회

본인은 새 예배당을 건축하는 동안 재정부장으로 교회 일에 충성과 최선을 다했다. 어려움이 많았지만, 기쁜 마음으로 신앙생활을 다 했다고 함이 옳을 것이다. 곽선희 목사님에게 이제는 재정 체계가 섰으니 청년회 를 맡고 싶다고 자원했다. 그 당시 청년회를 인계받을 때 회원이 10명 내 외였다. 회장에 김연홍(현재 수원에서 목사로 시무 중), 부회장에 배상호 집사, 지도 목사로 이희철 목사님, 이동성 목사님과 소학(현 주일학교) 담 당에 이신화 집사(현재 권사)로 조직했다. 청년회원들의 요구에 성경 공 부를 위주로 활동적인 청년회를 만들겠다고 의욕적인 반응을 보였다. 그 러나 6개월 지나도록 회원이 늘지 않고 답답한 청년회 모임이 계속되었다, 나는 부장으로 용단을 내려야 할 때가 왔다고 생각해서 새 지도자를 물색했다. 많은 사람에게 청년들을 지도할 만한 사람을 문의한 결과 이구동성으로 엄대용 집사(현재 미국에서 목회 중)를 추천했다. 엄 집사를 만나 인천제일교회 청년회를 지도해 줄 것을 부탁하니 흔쾌히 수락하였다.

본인은 청년회 부장으로서 물심양면으로 최선을 다할 것을 약속했고, 엄대용 집사도 하나님의 일에 최선을 다할 것을 약속하였다. 그로부터 1년이 안 되어 청년회원이 100명 이상을 상회하였고, 150명 선까지 바라보는 대부흥이 일어났다.

지금도 나는 그 당시의 청년회원, 10여 명의 청년들이 앞으로 우리 교회 지도자가 되어야 한다고 생각하며 기대하는 사람이다. 1년이 넘어 200명 선을 바라보니 활기찬 청년회로 제일교회의 명분이 섰다. 제일교회 역사상 청년회가 가장 활기차고 부흥했던 시기였다. 하나님께 감사할 뿐이다.

현재(1999년 당시) 엄대용 목사는 미국 뉴욕에서 목회 일에 충실하고 있다. 내가 제일학원 이사장으로 있을 때 인성여고 교장으로 추대하려고 했으나 뜻을 이루지 못했음을 섭섭하게 생각한다.

❽ 맺음말

"교인에게 있어 교회의 일, 즉 하나님의 일은 전적으로 희생을 각오하여야 하며, 특히 교회 지도자로서는 더욱 그러하다고 생각한다. 그러나 하나님의 일은 하면 할수록 보람이 있고, 기쁘고 감사한 마음을 갖게 만든다.

신앙을 모토로 한 지도자(장로, 권사, 안수집사)의 능력과 지도력에 따라 교회 발전은 좌우된다고 본다. 특히 하나님의 일은 하면 할수록 타인으로부터 찬사는 못 들어도 참으로 보람있고, 기쁨이 배로 얻어진다고 생각된다. 내가 제일학원 이사장직을 맡고 많은 발전 계획과 실천에 노력했으나 생각보다 이루지 못한 점이 많았음을 아쉽게 생각한다. 학교 발전을 위해 몇 마디 하고 싶은 말이 있으나 도움이 될까 하는 의문점을 남기며 인성학교의 앞날을 위해 하나님께 기도할 뿐이다.

얼마 남지 않은 장로직에 충성을 다할 것을 다짐하며 끝을 맺는다."

1999년 7월 인천제일교회 회보 제21호, 김윤찬 장로 글에서 발췌
1999년 7월 31일 소천하시어 김윤찬 장로님의 마지막 글이 되었다.

김윤찬 장로는 큰 사랑을 가슴에 품은 분이셨다. 그의 자택은 교우들을 초대하고 대접하는 교제의 장소였다. 안수집사회 부부 모임, 남선교회 모임, 장로님들 모임, 성가대원들, 청년부원들, 교회학교 학생들 등을 집에 초대하여 친인척들과 함께 음식을 준비하여 최선을 다해 대접하곤 했다. 만둣국, 빈대떡, 잡채, 팥죽, 계피차는 단골 메뉴였다.

김윤찬 장로는 교회뿐만 아니라 인천노회 안에서의 교회 연합을 위해 애쓰셨다. 인천노회 활동을 하시며, 부노회장과 인천노회 장로회 연합회

▲▶ 인천제일교회

회장을 역임했다. 타 교회 목사님, 장로님들과도 교제하며 연합으로 하나님 나라 확장을 위해 애쓰셨다.

인천제일교회에서 권위와 사랑을 가진 수석 장로로서 교회에 충성하였다. "하나님께 기름 부으심을 받은 목회자와 교회에 순종하고 섬김의 자세를 가지라"고 말씀하셨다.

김윤찬 장로는 48세에 장로 임직을 받고, 67세에 하나님의 부르심을 받아 천국으로 가시기까지 18년간 장로로서 충성을 다하셨다.

신앙의 본을 보이신 아버지! 넘치는 사랑을 주신 아버지!

한 사람의 진실한 모습은 그를 가까이에서 지켜본 가족들이 가장 잘 안다고들 한다. 아래는 자녀들이 기억하는 아버지로서의 김윤찬 장로에 관한 기억이다.

"지금도 아버지를 떠올리면 가슴이 뭉클해지고 그리워 눈물이 핑 돕니다."

"김윤찬 장로님은 다감하고 자상한 아버지셨습니다. 자녀들의 숙제나 시험공부도 직접 도와주고, 머리를 감겨주고, 세수도 시키고, 무릎에 앉혀 밥도 먹이고, 학교 등원도 시켜주셨습니다."

"아버지는 손님을 초대해 음식을 만들 때나 명절 때면, 가족들과 함께 둘러앉아 만두를 빚고 빈대떡을 부치며 웃음이 끊이지 않는 시간을 보내곤 하셨습니다. 외출 후 귀가할 때면 자녀들이 좋아하는 간식을 두 손 가득 사 들고 오셨습니다. 집에서는 다정다감하고 유머러스한 아버지로 가정에는 늘 웃음꽃이 피었습니다. 때로는 친구처럼, 때로는 상담가가 되어 명쾌한 답을 주시곤 하셨습니다. 사랑도 크고 책임감도 강한 아버지는 다섯 딸 모두에게 정말 최선을 다하셨습니다."

"한없이 부드러운 아버지였지만, 카리스마 넘치는 아버지의 권위에 가족들은 늘 순종하고 존경하였습니다. 가장으로서 김윤찬 장로님의 모습은 진정한 권위는 오히려 따뜻한 사랑에서 흘러나온다는 사실을 잘 보여주는 분이셨습니다."

"이렇듯 사랑이 넘치는 아버지셨지만 단 한 가지, 예배와 교회 생활에 대해서는 엄격하게 자녀들을 지도하셨습니다. 1978년부터 매주 토요일마다 가정 예배를 드렸는데, 자녀들이 예배에 집중하지 않고 장난을 칠 때면 엄격하게 꾸짖으셨습니다. 가정 예배는 아버지 김윤찬 장로부터 유치원 다니는 막내 동생까지… 세월이 흘러서는 어린 손자들까지도 예배 인도, 기도, 특송 등을 맡아 가정 예배를 드렸습니다. 예배를 위해 주보도 만들고 찬양대 가운을 사서 입고 찬양할 정도로 예배의 모습이 발전하기도 하였습니다. 매주 예배 때마다 각자 성경을 한 장씩 돌아가며 읽고, 아버지가 말씀을 전하셨습니다. 가정 예배 후에는 항상 함께 간식을 나누며 즐거운 시간을 보냈습니다. 자녀들이 연주하는 피아노 선율에 맞추어 바리톤 목소리로 멋진 노래와 찬양을 부르시던 아버지의 모습이 눈에 선합니다. 교회에서 가족합창대회가 있을 때면 가족 전체가 모여 연습하며 참가했던 즐거운 기억도 있습니다."

김윤찬 장로는 자녀들을 재울 때 자장가로 "내 주를 가까이"라는 찬

▲ 가족들과 함께

▲ 김윤찬 장로와 이숙렬 권사 환갑, 1993년

양을 항상 불러주셨다.

> 내 주를 가까이 하게 함은 십자가 짐 같은 고생이나
> 내 일생 소원은 늘 찬송 하면서 주께 더 나가기 원합니다.

찬양곡의 가사는 자장가와는 거리가 먼 내용일 수 있지만, 그 찬양의 고백이 바로 김윤찬 장로의 삶의 고백이었고, 또 자녀들에게 전하고자 했던 인생의 메시지였던 것이다.

일제 강점기와 전쟁, 분단의 아픔 속에서 본인도 실향민이었던 김윤찬 장로는 그 역사의 질곡을 오직 주님만을 의지함으로 이겨냈다.

아내 이숙렬 권사

김윤찬 장로가 이렇게 교회와 지역 사회를 섬기고 사랑으로 가정을 이끌어 간 데에는 아내인 이숙렬 권사의 신앙과 내조를 언급하지 않을 수 없다.

김윤찬 장로의 아버지 김성건 장로가 진료하는 금곡의원에 방문했던 장근실 권사(이숙렬 권사의 어머니)는 마당에서 축구를 하고 있던 훤칠한 청년 김윤찬을 보고 일찍이 사윗감으로 점찍었다고 한다. 청년 김윤찬은 이숙렬과 주님의 인도하심을 따라 1955년에 혼인하였는데, 당시 그의 나이 23세였다.

이숙렬 권사는 외조모 이정숙 권사와 어머니 장근실 권사의 믿음을 이어받아 모태신앙으로 태어났다. 어머니 장근실 권사는 그 당시 믿지 않는 가정이었던 이항배(후에 집사가 됨) 댁으로 시집을 가게 되었는데, 시어머니를 전도하기 위해 동네를 돌아다니며 전도하는 전도부인에게 시댁의 전도를 부탁했다고 한다. 장근실 권사가 시집을 간 가정은 엄격한 유교 집안으로 집안에 사당까지 두었었는데, 전도부인을 통해 하나님을 믿

게 된 후 집 안의 사당을 부수고, 제사를 지내던 모든 기물을 불태우고, 제기들을 팔아 그 당시 구하기 힘들었던 성경책을 구입했다고 한다. 그 성경책은 시어머니께서 읽다가 며느리 장근실 권사가 물려받았고, 102세를 일기로 하늘나라에 가시기 전까지 그 성경을 읽으셨다.

이숙렬 권사는 친할머니께서 5리 밖에 있던 교회까지 며느리와 손주들(이숙열 권사와 형제들)을 업고 눈이 오나 비가 오나 매일 새벽기도를 다니셨던 할머니의 굳센 믿음을 기억하며 종종 말씀하셨다.

▲ 김윤찬, 이숙렬 결혼식, 1955년 4월 21일

▲ 김윤찬 장로와 이숙렬 권사 부부

▲ 부인 이숙렬 권사와 손자들

이숙렬 권사는 가정을 복음으로 변화시키고, 신앙의 중심을 지켰던 어머니 장근실 권사와 외조모 이정숙 권사 그리고 친조모의 믿음을 이어받아 일생을 김윤찬 장로와 함께 하나님을 신실하게 섬기고, 교회와 이웃을 보살핀 기도의 어머니셨다. 그녀는 현재까지도(2023년 기준) 매일 기도와 말씀 가운데 후손들에게 믿음의 본을 보이는 삶을 살고 계신다.

미국에서의 투병 생활

김윤찬 장로는 1997년 암 수술과 치료를 위해 1년간 미국에서 지냈다. 어린 시절부터 의형제로 지낸 친구이며, 인성초등학교 교가 작곡가이자 휴스턴 한인학교 교장을 지낸 문원보 장로의 도움으로 미국 텍사스에 거주하며 암센터로 유명한 병원에서 수술과 항암치료를 받았다. 타지 미국에서의 입원 생활은 쉽지 않았지만, 감사하게도 기독교인 의사와 간호사들을 만나 많은 도움과 사랑을 받았다.

김윤찬 장로는 두 번의 큰 수술로 인해 몸과 마음이 지쳐 있던 때에도 그 입술에서 찬송을 쉬지 않았다. 자녀들은 수술 후 보조기에 의지하여 걸으면서도 웃으면서 밝은 모습으로 평소와 같이 찬송을 부르며 운동을 하시던 아버지의 모습을 기억한다. 강한 진통제를 투여받고 의식이 몽롱한 상태에서도 끊임없이 교회 이야기를 하셨고, 종종 제일교회 장로님들 이름을 부르기도 하셨다. 그가 얼마나 교회를 사랑하고 섬겼는지 알 수 있는 대목이다. 투병 생활 속에서도 평안과 찬양의 삶을 사는 김윤찬 장로의 모습에 미국 현지 의사와 간호사들도 놀라움을 표했다.

김윤찬 장로는 투병 중에도 주변에 아픈 이들을 보면 어떻게든 도움을 주고 싶어 하셨고, 미국에서도 많은 교인을 도왔다. 아픈 이들을 위해 약을 구하지 못하는 것을 안타까워하며 미국 현지에서 한인이 운영하는 한의원에 찾아가 "내가 처방한 대로 약을 지어줄 수 없겠냐"고 문의할 정도로 환자들에 대한 긍휼의 마음을 갖고 계셨다.

병마로 인한 역경의 시간이었지만, 하나님의 위로의 손길이 있었다. 특별히 어린 시절부터 고락을 함께했던 의형제들과 나눈 우정이 김윤찬 장로에게 큰 격려가 되었다.

김윤찬 장로가 미국 체류 당시 거처를 제공했던 문원보 장로는 원래 다른 주로 이사를 계획하고 집을 처분하려고 했으나, 친구 김윤찬 장로가 치료 차 미국에 머물러야 한다는 소식을 듣고는 곧장 매매를 취소하고, 그 집에 김윤찬 장로와 가족들이 거주하도록 배려해주었다. 문원보 장로와의 두터운 우정으로 김윤찬 장로의 가족들은 어려운 투병 생활이었음에도 그곳에서 은혜로운 시간을 보낼 수 있었다. 매일 저녁 예배하며 기도와 찬양 그리고 웃음이 끊이지 않았다. 문 장로가 시무하는 교회의 담임 목사님을 비롯하여 여러 교우들에게도 많은 사랑을 받았다. 많은 분들이 수시로 방문하여 말씀을 나누고 식탁의 교제도 나누었다. 김윤찬 장로와 가족들은 주일 예배는 물론 새벽 예배를 비롯한 모든 예배에 참석하고 찬양대로 봉사하기도 하며 교회를 통해 더욱 하나님을 붙잡았다. 주님께서 예비하신 교회와 성도들과의 교제를 통해 김윤찬 장로와 가족들은 힘든 시간임에도 주님의 은혜를 경험하는 시간이었다.

의형제 중 한 명이었던 노명준 장로도 친구와 함께하겠다는 이유 하

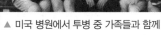
▲ 미국 병원에서 투병 중 가족들과 함께

나만으로 한국에서 미국까지 방문하였다. 세 명의 의형제는 교회에서 어린 시절에 그랬던 것처럼 몇 주간 함께 생활하며, 예배하고, 여행도 하며 어린 시절을 추억하는 귀한 시간을 보냈다. 예배 중에 어린 시절 고향 교회에서 했던 것처럼 함께 중창으로 "저 멀리 뵈는 시온성"을 부르며 하나님께 영광을 올려드렸는데, 후손들은 아름다운 화음으로 올려드린 그 멋진 찬양이 참으로 은혜로웠다고 회상한다. 태어나서부터 함께 교회 생활을 하고 하나님을 섬겼던 친구들이 생의 마지막 순간이 가까운 그때까지 함께한다는 것은 분명 하나님의 크신 은혜와 축복이 아닐 수 없다.

마무리하면서

마지막까지 하나님과 동행한 김윤찬 장로

김윤찬 장로는 한국으로 돌아와서 병이 재발했음에도 인천제일교회 수석 장로로서 교회에 마지막까지 헌신하셨고, 의료봉사활동도 쉬지 않으셨다. 매주 의료 혜택이 적은 섬이나 양로원 등 인천 곳곳을 두루 다니며 의료봉사에 힘쓰셨다. 매일 적은 일기 노트에는 어느 곳에서 몇 명을 진료했는지, 앞으로 몇 달 후에 가야 할 장소가 어디인지까지 의료봉사활동 계획이 상세히 기록되어 있다.

사랑으로 헌신하고 섬기던 김윤찬 장로는 1999년 7월 31일 67세의 일기로 이 땅에서의 시간을 마감하셨다. 그의 장례는 인천제일교회 수석 장로로서 교회장으로 은혜 가운데 천국 환송 예배가 이루어졌다.

장례 기간 내내 폭우가 엄청나게 쏟아짐에도 많은 분들이 조문해 주셨다. 모든 분들이 베푸신 큰 사랑을 가족들은 잊을 수가 없다. 인천제일교회에서 교회장으로 장로님들과 교인들이 모든 장례 절차를 맡아 주셨는데, 인천제일교회는 어려움을 당할 때 내 일처럼 나서서 돕는 깊은 사랑을 가진 교회라는 것을 다시 한번 느낀 시간이었다. 천둥 번개가 치는 폭우 속에서 장례식이 예배당에서 치러졌고, 지방에 계신 지인들이 오는 도중 폭우로 고속도로가 끊겨 참석 못하시는 안타까운 상황도 있었다. 그 빗속에서도 인천제일교회 교인들의 도움으로 은혜로운 장례 절차가 이뤄짐에 유족들은 지금도 모든 한 분 한 분께 감사의 마음을 깊이 간직하고 있다.

김윤찬 장로는 이렇게 주님의 은혜 안에서 생의 마지막까지 찬양과 기쁨의 삶을 살며 가족과 이웃들에게 큰 사랑을 베풀며 사시다가 주님의 품에 안기셨다.

여호와는 나의 목자시니 내게 부족함이 없으리로다

김윤찬 장로의 묘비에 새겨진 이 성경 말씀은 결코 쉽지만은 않았던 인생의 여정이었지만, 그럼에도 하나님과 동행하며 하나님의 보호와 인도하심 가운데 승리한 하나님의 종의 귀한 믿음의 고백이다.

3대째 장로님으로, 의료인으로, 하나님의 사랑을 사회에 실천했던 로타리안으로, 가족을 너무나 사랑했던 아버지로서의 삶은 67세를 마지막으로 끝을 맺었지만, 그분의 흔적은 아직도 자녀들의 마음속에 깊게 남아있다.

김윤찬 장로는 생전에 시편 23편 말씀을 가장 좋아하셨다. 김윤찬 장로의 삶이 바로 시편 23편의 말씀과 같이 목자되신 주님을 의지하는 삶이었기 때문이었으리라. 김윤찬 장로는 역경 속에서도 주님을 의지하셨고, 하나님께서 선하신 뜻을 따라 쉴 만한 물가로 인도하실 것을 믿으셨다. 새롭게 삶의 터전으로 삼은 인천 지역과 인천제일교회라는 신앙의 공동체를 김윤찬 장로는 하나님께서 인도하신 장소라 믿으며 교회를 사랑했고 이웃을 섬기셨다. 하나님께서 아브라함을 부르신 것처럼 하나님께서 인도하시는 곳이라면 그곳이 어디라도 하나님을 예배하고, 그리스도인의 사명을 감당해야 한다는 교훈을 김윤찬 장로는 삶으로 실천하셨다.

그러한 실천의 원동력은 바로 기도와 말씀이었다.

아버지 김윤찬 장로님은 기도의 사람이셨다. "너는 기도할 때에 네 골방에 들어가 문을 닫고 은밀한 중에 계신 네 아버지께 기도하라 은밀한 중에 보시는 네 아버지께서 갚으시리라"(마태복음 6:6)는 말씀을 따라 안 방에서나 병원 원장실에서나 시간과 장소를 구별하여 방문을 닫고 두 손 모아 간절히 기도하셨다. 자녀들은 아버지 김윤찬 장로가 기도하는 소리를 종종 들을 수 있었는데, 문을 통해 들려오는 그 기도의 제목들은 교회 와 나라를 위하여, 남북통일을 위하여 그리고 인천제일교회 원로 목사님 이셨던 이기혁 목사님의 기도 제목대로 민족의 복음화와 세계 선교를 위해서였다. 다행히 중국과 수료한 첫해 중국을 방문하셨는데, 백두산에서 무릎 꿇고 기도하는 모습이 사진으로 유일하게 남아있어 가족들에게 위로가 되고 있다.

또한 김윤찬 장로는 말씀의 사람이었다. 김윤찬 장로의 성경책을 보면 수없이 많이 하나님의 말씀을 읽은 흔적과 성경책 빈자리에 **빼곡하게** 적어 놓은 메모가 가득 찬 것을 볼 수 있다. 하나님의 말씀을 읽고 기도하는 것, 이것이 하나님 안에서 바로 설 수 있는 이유였을 것이다.

◀ 백두산 정상에서 무릎 꿇고
기도하는 김윤찬 장로님

    김윤찬 장로의 귀한 믿음의 본은 후손들에게 큰 귀감이 되었다. 현재 아버지의 뜻을 이어받아 세 명의 사위와 딸과 손자들이 의사로서 의료인의 길을 걸어가고 있으며, 모든 자손들은 하나님께서 주신 달란트대로 사회 각 분야에서 받은 사명을 잘 감당하고 있다. 그리고 각자 섬기는 교회에서 장로, 권사, 집사로 충성하며 믿음의 대를 이어가고 있다.

약 력

1933년 4월 23일	출생
1944년	평양 광성중고등학교
1950년	월남
1950~53년	육군 통신병 군복무
1955년 4월 21일	이숙렬 권사와 결혼
1958년	경희대학교 한의학과 졸업 및 동양한의원 개원
1963년	서울대학교 의과대학 예방의학 과정
1965년	인천시 한의사회 부회장
1969년	경희대 대학원 한의학과 석사
1971년	인천시한의사회 회장
1971년	인천제일교회 안수집사 (38세)
1975년	인천제일교회 안수집사회 조직 및 초대회장
1976년	인천시 한의사회 회장 (제8대)
1976년	인천제일교회 장학회 조직 및 위원장 역임
1981년	인천제일교회 장로 장립 (48세)
1984~85년	인천 로타리클럽 부회장
1985~86년	인천 로타리클럽 회장
1987년	인천광역시 한의사회 부의장
1990년	인천노회 장로연합회 회장
1990년	인천 YMCA 이사
1991년	인천 장애자재활협회 이사
1992~97년	학교법인 인천제일학원(인성 초등, 여중, 여고) 재단 이사장
1993~94년	국제로타리클럽 3690지구 총재
1994년	인천노회 부노회장
1999년 7월 31일	67세 일기로 소천

김은미, 김은경, 김은선, 김은정, 김은희
인천제일교회 · 예수소망교회 권사, 집사

"일본 놈들의 점자는 있어도 우리말 한글 점자는 없으니 안타까운 일이 아니오"...... 1920년 12월 드디어 한글의 초성(자음)인 'ㄱ, ㄴ, ㄷ, ㄹ, ㅁ, ㅂ, ㅅ, ㅇ, ㅈ, ㅊ, ㅋ, ㅌ, ㅍ, ㅎ' 14자를 3점 점자로 옮기는 데 성공한다. 그 후 맹인 문자로서의 완벽함을 기하기 위해 고치는 작업을 세 번 했고, 마침내 총독부의 승인도 떨어졌다. 이제 세상에 발표하는 일만 남게 되었다. 훈민정음과 비슷한 훈맹정음이라 이름 지어 1926년 11월 4일 세상에 발표하니 이 날이 훈맹정음의 날이다.

박두성 선생 | 인천영화학교 교장

시각 장애인의 아버지
송암 박두성 선생

박혜숙 권사_송암 박두성 선생의 손녀

"송암 박두성 선생은 암울했던 일제 강점기의 어두운 세상을 살아가던 시각장애인들에게 밤하늘에 빛나는 별과 같은 여섯 개의 점, 한글 점자를 선물하신 시각 장애인의 세종대왕이시다."

주요 저서로는 육필 원고로 「한글 점자 쓰는 법」, 「훈맹정음의 유래」, 「한글 점자의 유래」의 초고를 남겼고, 『3.1 운동』을 직접 저술하여 시각 장애인에게 역사 교육을 실시하기도 하였다. 그가 시각 장애인을 위해 점자로 보급한 책은 총 76점이다.

그리고 1991년 인천광역시 중구에 송암 생가 기념비가 세워졌으며, 1999년에 인천광역시 미추홀구 학익동 인천광역시 시각 장애인 복지관 내에 그를 기리는 송암 박두성 기념관이 건립되었다.

삶 그리고 사역

작은 섬에 빛나는 별이 떴다.
송암 박두성은 1888년 4월 26일(음 3월 16일) 강화군 교동면 상룡리 (달우물마을) 516번지에서 박기만의 6남 3녀 중 장남으로 태어났다. 지금은 이북과의 인접 경계선으로 다니기에 불편한 땅, 황해도의 연백군과 마주 보는 면적 14.4평방킬로미터의 교동도가 그의 고향이다. 송암 박두성 선생의 아버지는 평범하고도 빈한한 흔히 말하는 농사꾼이었는데, 교동도의 땅이 고온지대에다가 토질도 악성 토질이라 땅을 일구는 농사만으로는 대식구가 살고 지내기에는 무척이나 힘겨운 생활이었다.

가난과 굶주림이 함께하는 데에서도 송암 박두성의 마음은 배움을 멀리하지 않겠다는 야망과 결심으로 삼 형제가 함께 서당에 다니게 되었다.

어린 나이지만 송암 박두성은 서당에만 집념할 수 없어 아버지를 도와 농사와 밭일을 거들며 장남의 책임을 다해야 했다. 그야말로 주경야독의 나날이었다. 저녁이면 사내이면서도 어머니의 부엌일을 거들어 드리기도 했다. 섬 구석에서 남들보다 먼저 신문명과 신지식에 눈 뜬 송암 박두성의 마음은 점차 새로운 세계로 눈을 돌리기 시작했다.

가난한 가족의 비참함과 신문명에 눈뜬 송암 박두성은 참고 견딜 수 없어 외국에 나가 공부와 돈을 벌 생각을 하면서 무작정 인천으로 나아갔고, 인천에서 일본으로 가는 상선을 타고 오사카에 도착하게 되었다. 일본에 도착했지만 말이 통하지 않는 상태에서 일본인이 경영하는 상점에서 일하다가 의심 많고 까다로운 일본인과 뜻이 맞지 않아 한 달 만에 그만두게 되었다.

그 후 가난의 터 교동으로 다시 돌아온 송암 박두성은 주경야독하며 생활하던 중 그가 다니던 보통학교의 설립자 성재 이동휘 선생의 주선으로 한성부에 있던 한성사범학교에 입학하게 되었다. 교육의 중요성을 깨닫고 교육운동을 전개했던 성재 이동휘 선생은 국권 회복의 장래는 전국에 문맹을 퇴치하는 데 있다고 강조하면서 유망한 젊은이의 진학을 지원했다.

훈맹정음은?

송암 박두성 선생이 1926년 11월 4일 세상에 내놓은 한글 점자다. 서로 다른 모양의 점자 6개를 이리저리 조합해 한글의 모든 자음과 모음을 표현한다. 초성, 중성, 종성으로 이루어지는 한글의 각 글자를 이렇게 각각 조합된 자음과 모음을 이용해 표현하는 것이다.

송암 박두성 선생은 세종대왕이 백성을 위해 만든 '훈민정음'처럼 이것이 시각 장애인을 위한 글이라는 뜻에서 발음이 비슷한 '훈맹정음'이라고 이름을 지었다. 또 세종실록에서 훈민정음 반포 일로 기록한 9월 29일을 양력으로 환산한 11월 4일에 맞춰 이를 발표했다. 이날이 오늘날 '한글 점자의 날'로 지정되어 있다.

그 후 1947년 국립맹아학교에서 개정된 '한글 맞춤법'에 따라 문장 부호를 훈맹정음에 추가하고, 일부 약자를 바꾸었다. '한글 점자 통일안'은 한글 점자 연구위원회가 그동안의 개정 내용을 모두 통합해 1994년 11월 4일에 발표한 것이다

송암의 희생정신이 비로 세워지다
"남의 불행 건지려고 자기 행복 버리신 임"

서울 종로구 국립 서울 맹학교 교정에는 송암 박두성 선생의 추모비가 세워져 있다. 인천광역시 수산동에 위치한 묘 앞에도 이 비가 세워져 있다. 이 비에는 고 송암 박두성 선생의 3주기를 맞아 노산 이은상 선생이 쓴 추모시가 새겨져 있는데, 그 가운데 "남의 불행 건지려고 자기 행복 버리신 임"이라는 구절이 들어 있다. 시각 장애인들을 위한 송암 박두성 선생의 희생적인 삶을 한 문장으로 표현한 것이라 할 수 있다.

고생 끝에 훈맹정음을 완성시킨 후 중풍으로 병석에 누워 오랜 투병 생활을 하셨다. 투병 중에도 가족들과 이웃들에게 늘 "시각 장애인들을 잘 돌봐라"하는 말씀을 끊임없이 하셨다.

송암 박두성 선생은 2008년 인천문화재단으로부터 '인천 문화예술 대표 인물'로 뽑히기도 했으며, 지금은 '4월의 인물'로 선정되어 있다. (탄생일 기준)

'송암 박두성 기념관'에 가면 송암 박두성 선생이 생전에 썼던 점자 인쇄기와 점자책 등 유품과 초상화 등을 볼 수 있다.

> ● 기념관은 월요일~금요일 오전 9시~오후 6시에 문을 연다.
> ● 위치는 인천광역시 미추홀구 한나루로 357번길 105 – 19
> ☎ 876–3500 (내선 245번)

한성사범학교를 졸업한 송암 박두성은 그 해 어의동보통학교의 훈도로 취임하게 되었다. 1910년 8월 29일 한일병탄조약이 발표되고 많은 애국지사들이 이 땅을 떠나 해외로 망명하기 시작했다. 1911년 데라우치 총독 암살 미수사건에 관련 1년간 옥고를 치르고 난 성재 이동휘 선생은 북만주로 망명하게 되자 사랑하고 아끼던 박두성에게 함께 떠나자는 말을 했다. 이때 두성은 이를 거절했다.

"대경은 행동이지만, 도전은 실력 배양에 있는 게 아닐까요. 저는 남아서 후배 양성에 힘쓰겠습니다"

이때 성재 이동휘 선생은 이별을 아쉬워하며 이별의 선물로 박두성에게 아호를 지어 주었다.

"자네는 암자의 소나무처럼 절개를 굽히지 않도록 송암(松庵)이라 부르고, 남이 하지 않는 사업에 평생을 바치게"

송암(松庵)이라는 호를 지어 주고 떠난 성재 이동휘 선생의 마지막 말을 늘 가슴에 새겼고, 불우한 이웃을 위해 어떻게 헌신할까를 늘 고민하며 살았다.

송암 박두성의 아버지 박기만은 독실한 기독교인으로 믿음이 투철했으며, 가족 모두가 기독교인으로 희생하고 봉사하며 사랑의 기독교 정신을 가슴에 안고 살았다. 송암 박두성의 시각 장애인에 대한 사랑 역시 기독교 정신에 뿌리를 두고 있다고 말할 수 있다.

시각 장애인의 빛으로 시각 장애인 교육에, 복음 전도에 종횡무진할 수 있었던 이유도 그의 기독교 정신에 입각한 애맹정신, 즉 믿음과 사랑, 희생이 늘 마음속에 자리 잡고 있었기 때문이다.

송암 박두성은 한성사범학교 졸업 후 8년간 어의동보통학교에서 교편을 잡고 한일합방과 함께 점차 일본식으로 교육을 하게 되었다. 이에 총독부는 인간애와 인내가 필요한 맹아교육에 헌신할 사람을 물색하던 중이었는데, 우선 기독교 신자로 교육 자격을 갖춘 사람을 구했다. 그때 어의동보통학교에 재직하고 있는 송암 박두성을 적격자로 선발하게 되었다. 1913년 1월 6일 송암 박두성이 제생원 맹아부에 근무 발령이 떨어짐으로 송암 박두성과 맹인과의 첫 대면이 시작되었다.

교육의 어려움 속에도 서광이 보이며

제생원의 규칙에 따라 맹아 학생 16명, 농아 학생 11명, 총 27명으로 1913년 4월 1일 서부 천연동 98번지(서대문 밖)에 제생원 맹아부를 설치했다. 한국인 훈도로는 송암 박두성 선생뿐이었다. 어렵고 힘들어도 송암이란 호를 지어 준 성재 이동휘 선생의 말대로 남이 하지 않는 일, 기피하는 일에 뛰어든 송암의 의욕과 정열은 날로 더하여 갔다.

악조건과 일본인들의 야유 속에서도 "능한 목수는 아무리 굽은 나무라도 버리지 않는다는데, 당신들이 진정 우리 맹인을 위한다면 자선과 봉사를 가장한 탈을 속히 벗어야 할 겁니다"라며 맡은 일에 최선을 다했다. 이때부터 송암 박두성 선생의 기독교인으로서의 정신과 일본인 교사의 맹인 교육관 사이에 차이점이 보이기 시작했다.

일본인들과의 갈등이 계속되어 가면서도 시각 장애인들에 대한 사랑은 끊임없이 불타오르고 있었다. 시각 장애인들은 그들대로 비장애인보다 뛰어난 것들이 있었다. 시각 장애인들은 보이지 않기 때문에 모든 것을 청각에 집중시킨다. 그 덕에 기억력이 상당했다. 여러 물체의 모양, 색깔, 이름 등 한 번 일러준 물체에 대한 기억을 오래 간직한다. 그것은 처음부터 모르는 상태에서 출발하였기 때문인데, 이는 "설익은 지식인이 천당 가기 어렵다"라는 말과도 맥이 통한다.

앞을 못 보는 어려움 속에서도 자립의 정신을 키워 주기 위해 포장, 봉투 붙이기 등을 시작했으나, 이런 것들은 영구성이 없고 유동적이기에 전업할 여지가 많았다. 이런 점을 감안하여 안마, 침술, 구술(뜸질) 등에 많은 시간을 배당했다.

한글 점자 연구에 손을 대다

"일본 놈들의 점자는 있어도 우리말 한글 점자는 없으니 안타까운 일이 아니오"

안타까운 마음은 날로 더해갔다.

"뜻이 하늘에서 이룬 것 같이 땅에서도 이루어지이다"

주기도문을 외우며 하나님의 도움을 얻으려는 송암 박두성의 자세는 진지했다.

송암 박두성 선생은 14세 때 권신일(權信一) 목사에게 세례를 받았다. 이런 깊은 신앙심과 애맹정신으로 싸워나가는 송암 박두성의 작업은 그리 순탄치만은 않았다. 그러나 '노력 끝에 성공'이라는 말처럼 1920년 12월 드디어 한글의 초성(자음)인 'ㄱ, ㄴ, ㄷ, ㄹ, ㅁ, ㅂ, ㅅ, ㅇ, ㅈ, ㅊ, ㅋ, ㅌ, ㅍ, ㅎ' 14자를 3점 점자로 옮기는 데 성공한다. 그 후 맹인 문자로서의 완벽함을 기하기 위해 고치는 직업을 세 번 했고, 마침내 총독부의 승인도 떨어졌다. 이제 세상에 발표하는 일만 남게 되었다. 훈민정음과 비슷한 훈맹정음이라 이름 지어 1926년 11월 4일 세상에 발표하니 이 날이 훈맹정음의 날이다

점자를 보급하며 전인 교육까지..

"지은 집은 목수가 알고 지은 죄는 자기가 안다. 속이면 삼대를 빌어 먹느니라"

이 말씀은 후손들에게도 항상 하시는 말씀이었다. 불우한 이웃을 도와주며, 특히 장애인들에게 친절하게 대할 것을 늘 강조하셨다.

그 후 점자 통신교육을 시도하여 전국 시각 장애인들에게도 점자를 보급하여 점자로 글을 읽게 되었다. 시각 장애인들에게는 어둠의 세계에서 환한 빛을 보게 된 것이다.

송암 박두성 선생은 사람이 내일의 희망이 없다면 현실은 무의미하

다며 내세 영혼의 광명을 위해 종교에 귀의해야 할 것을 강조했고, 1927년에 신약성서의 점역을 위해 점자 아연판 제작을 착수하게 되었다. 시각장애인들에게 정신적 지주를 세우기 위해서는 성경을 읽힐 필요성을 절실히 느꼈다.

어떤 장애인은 "저의 집은 시골에서는 부자입니다. 하지만 부모들도 저런 애물은 죽어 없어져야 한다고 하니 어디 마음을 붙일 수 있겠습니까? 이런 인생을 암흑으로 사느니 차라리 영원한 암흑으로 끝맺고 싶습니다" 하며 삶과 죽음의 기로에서 흐느끼며 심정을 호소해 오기도 했다. 이런 호소에 송암 박두성 선생은 "영혼, 즉 하나님의 말씀으로 사는 것입니다. 사람이 내일의 희망이 없다면 현실은 무의미합니다. 현세는 비록 맹인으로 태어났으나 내세 영혼의 광명을 위해 종교에 귀의해야 합니다"라고 했다.

송암 박두성의 가문은 선대부터 기독교 집안이었다

송암은 인천 내리교회에 교적을 두고 시각 장애인들에게 전도하였으며, 시각 장애인들에게 정신적 지주를 세우기 위해서는 성경을 읽힐 필요성이 있다고 절실히 느꼈다. 그래서 마태복음부터 점역에 착수하게 되었는데, 일본 놈들의 감시 때문에 삼복더위에도 안으로 문을 걸어 잠그고 한증막과 같은 더위와 싸우며 점역 작업을 강행했다.

송암 박두성은 "지극히 작은 것에 충성된 자는 큰 것에도 충성되고 지극히 작은 것에 불의한 자는 큰 것에도 불의하니라"(누가복음 16:10)라는 말씀을 끝까지 붙들었다. 영양실조와 무리한 점역 활동으로 결막염이 생기고, 이로 인해 시력을 잃게 되고, 고질병인 요통까지 육신을 괴롭혔다. 시각 장애인 제자들이 안마를 해 주어도 효과가 없었으니, 기념비에 적힌 이은상 선생의 시 '남의 불행 건지려고 자기 행복 버리신 임'이 꼭 맞는 시 구절인 듯싶다.

역경을 이기고 우뚝 선 양정신 박사님

어느 시골 조그만 마을, 한 가정에서 일곱 번째 딸로 태어난 아이가 있었다.

"또 딸이냐? 갖다 버려라" 하는 어른의 말을 듣고, 강보에 싼 아이를 들고 산속으로 들어가 냇물이 흐르는 냇가에 놓고 발길을 돌렸다. 뒤돌아보고 또 돌아보았다.

"이제 갖다 묻어라" 하는 어른의 말을 듣고, 삽을 들고 어린아이를 놓았던 곳에 가보니 사흘 만에 만난 아이는 죽지 않고 꿈틀대며 살아있었다. 살아있는 아이를 두고 오기엔 발길이 떨어지지 않아 "이 아이는 죽을 애가 아니고 살 아이다" 하는 생각을 하며 집으로 데려왔다. 식구는 많고, 먹을 것은 없고, 가난이 계속되는 삶은 괴로움과 한숨뿐이었다.

어느덧 아이가 여섯 살이 되던 해, 어느 봄날 산에 가서 나물을 캐 오라는 엄마의 말을 듣고 산으로 올라갔으나 무엇이 나물인지 알 수가 없고, 거센 봄바람에 온몸이 움츠러들었다. 그때 눈앞에서 봄바람에 하늘하늘 흔들리는 연분홍빛 꽃을 보았다. 그 후로 극심한 과로와 영양실조로 앞을 못 보는 시각 장애인이 되었다. 그 꽃이 훗날까지 기억에 남는 진달래꽃이었다

삶 자체가 불편한 것은 이루 말로 할 수가 없었다. 죽으라고 갖다 버렸는데 "왜 살아서 속을 썩이냐" 하고 구박도 심했다. 지옥같이 괴로운 나날이 계속되었다. 가난도 어렵지만, 앞이 안 보이니 사는 것이 너무도 힘들고 괴로웠다.

하루는 허리에 끈을 동여매고, 무거운 돌멩이를 여러 개 매달고 목욕탕 안으로 들어갔다. 물속으로 가라앉으면 죽을 거라는 생각이었다. 그러나 자살도 맘대로 안 되고, 실패로 돌아갔다. 그 후에도 다른 방법으로 여러 번 자살을 시도해 봤으나 그때마다 실패로 끝났다.

그러던 어느 날 송암 박두성 선생을 만나게 되었다. 송암 선생은 이

소녀에게 삶의 방식을 가르쳐 주었고, 용기를 잃지 않을 것을 강조했다. 소녀는 점자로 공부를 하게 되었다. 그 후에 미국으로 건너가 신학을 공부하고 박사학위까지 받게 되었다. 그리고 다시 본국으로 돌아와 인천시 주안동 삼일교회에서 목회를 하시다가 편안히 하늘나라로 가셨다. 그분이 바로 양정신 박사님이다.

양정신 박사를 모시고 늘 곁에서 식사부터 일상생활 모두를 도와 드리던 도우미 아가씨가 있었다. 양정신 박사께서는 늘 "어려운 이웃을 내 몸처럼 사랑하라"는 말씀을 자주 하셨다고 했다.

어릴 때 산에 올라가 봄바람에 하늘하늘 흔들리는 연분홍빛 꽃은 바로 진달래꽃이었다. 처음이자 마지막으로 본 진달래꽃이다. 그래서 "내 기억에 남는 연분홍빛 진달래꽃은 잊을 수가 없다" 하고 늘 말씀하셨다.

한 생명이 실의에 차서 인생을 포기하고 싶을 때, 그의 슬픈 인생을 위로해 주시며 새로운 삶을 개척할 수 있게 해 준 송암 박두성 선생을 잊을 수가 없다고 늘 말씀하셨다.

깔끔한 차림으로 강단에서 조금도 흔들림 없이 설교하시던 담대하신 고 양정신 박사님을 존경합니다.

◀ 송암 박두성 내외와 양정신 목사(뒷줄 오른쪽)

▲ 송암 박두성 생전에 다니시던 교동교회(교동면 상용리) 사진: 이종전

시각 장애인의 별이 하늘나라로

평생을 시각장애인들을 위해 헌신하셨지만, 임종을 앞두고도 늘 시각 장애인들에 대한 걱정이 앞섰다. 병문안을 온 제자들에게도 "음…… 점자책…… 쌓지 말고 꽂아……"라고 말씀했다. 평소에도 늘 하시던 말씀을 운명 직전에도 똑같은 말씀을 하셨다.

훈맹정음 창안 때와 신약성경을 점역할 때 실명 직전의 위기에 이어 세 번째로 눈을 감으신 것이다. (1963년 8월 25일 76세)

적지 않은 연세, 그동안의 삶은 온통 시각 장애인들을 위한 헌신으로 엮어졌으며, 그 빛은 영원히 영원히 우리들의 가슴속에서 비춰질 것이다. 장수하셨으나 그래도 크신 송암의 삶을 지켜본 주위 사람들에게는 너무나 슬프고 안타까운 일이 아닐 수 없었다.

인천시 중구 율목동 25번지, 투병 생활을 하며 거주하시던 자택에서 조용히 눈을 감으셨다. 마음의 눈, 정신의 눈, 삶의 눈을 뜬 맹인들의 마음은 크신 아버지의 떠남에 가슴 저리며 진정한 눈물을 흘렸다.

1963년 8월 27일 김봉록 목사의 사회로 고별식이 시작되자 특수교육자 송암 박두성의 영결식을 지켜보기 위해 온 동네가 인파로 메워졌다. 맹인들이 부르는 애절한 고별의 찬송을 마지막으로 정든 집을 떠나 인천시 남동구 수산동 묘를 향했고, 길고 긴 장례 행렬은 연이어 이어졌다.

그 후 39주년의 점자 기념일을 맞이하여 국립서울맹학교 교정에는 〈점자의 날 노래〉가 울려 퍼졌다.

〈점자의 날 노래〉
반만년의 긴 밤이 지루하더니
새벽빛을 바라보니 이십 세길세
이 세상에 둘도 없는 귀한 보배는
우리들의 한글 점자 이것뿐일세

또 송암 박두성 선생이 꿈 속에서도 잊지 못하던 인왕산 아래 맹학교 앞뜰에는 「박두성 선생 한글 점자 창안 기념비」가 세워졌다.

〈추모시〉
노산 이은상

점자판 구멍마다 피땀괴인 임의 정성
어두운 가슴마다에 광명을 던지셨소
이 아침 천국에서도 같이 웃으시리라
남의 불행 건지려고 자기 행복 버리신 임
한 숨을 돌이켜서 입마다 노래소리
그 공덕 잊으리까 영원한 찬송 받으소서

이은상은 글을 짓고, 김충현은 글씨를 쓰고, 전국 맹인동지 및 사회 유지들의 성금을 모아 감사 이 비를 세우다.
1965년 8월 25일

마무리하면서

기독교 가정에서 자라면서 "불쌍한 이웃을 위해 무엇을 어떻게 할 것인가?", "남을 위해 무엇을 하면 좋을까?" 하는 것을 늘 염두에 두며 살다가 결국은 "앞 못 보는 이들을 위해 빛이 되어 주자"라는 생각으로 훈맹정음을 만들게 되었고, 그로 인해 많은 시각 장애인들이 점자로 공부하여 훌륭한 분들이 많이 나오고, 불우했던 시각 장애인들이 빛을 보게 되었으니 참으로 훌륭하고도 영광스러운 일이라 아니할 수 없다. 제대로 된 교육에 목말랐던 시각 장애인들에게는 너무도 뜨겁고 환한 빛을 보게 했다.

송암 박두성 선생!
이제 하늘나라 가신지 60년, 그동안 그 훌륭한 업적에 무심했던 기관이나 이웃 모두에게 섭섭한 마음을 금할 길 없으나 뒤늦게나마 송암 문화사업회가 법인으로 설립되고, 교동면 상용리에 생가를 복원(2021년 11월 23일)했다. 앞으로 송암 박두성 선생의 기념관도 설립할 예정이고, 인천 남동구 수산동에 안치된 묘지도 생가 곁으로 이장할 계획이며, 생가 주위가 문화관광 단지로 재탄생 될 것을 생각하면 마음이 뿌듯하다.
40년의 교직 생활하는 동안 늘 할아버지의 교육철학관을 염두에 두고 아이들을 돌봤다.
"어린것들을 사랑으로 보살펴라. 불쌍한 이웃을 모른 체 하지 말라"
참 자랑스러운 시간이었다고 생각하며 할아버지의 정신을 잊지 않으려고 한다.

그리고 늘 하시던 성경 말씀이 머릿속에 박혀있다.

"가난한 자를 불쌍히 여기는 것은 여호와께 꾸어 드리는 것이니 그의 선행을 그에게 갚아 주시리라"(잠언 19:17) 다시 한번 명심하고, 다짐하며…

후손들에게 항상 들려주셨던 주옥같은 말씀들!!

(1) 능한 목수는 아무리 굽은 나무라도 버리지 않는 법입니다.

(2) 공부를 열심히 해서 실력을 쌓는 길만이 내가 살아갈 수 있는 길이다.

(3) 지은 집은 목수가 알고, 지은 죄는 자기가 안다. 남을 속이면 삼대를 빌어먹느니라.

(4) 어떤 민족이 노예가 되더라도 그 언어를 잘 보존하고 있는 한 그 감옥의 열쇠를 쥐고 있는 거나 마찬가지다. 너희들이 비록 눈은 잃었으나 우리 말 우리글까지 잃어서는 안 된다.

(5) 앞 못 보는 사람에게 모국어를 가르치지 않으면 이중불구가 되어 생활하지 못합니다. 눈 밝은 사람들은 자기만 노력하면 얼마든지 읽고 쓸 수 있지만, 실명한 자들에게 조선말까지 빼앗는다면 눈도 보이지 않는데 벙어리까지 되란 말인가요?

(6) 언어란 수단이지 결코 목적은 아닙니다. 우리는 조선말만 익혀도 직업인이 될 수 있습니다. 일본말 시간을 줄이는 한이 있더라도 안마, 침구, 마사지 시간을 늘려야 합니다.

(7) 당신의 양안이 건강하다고 내일 실명하지 않는다는 보장이 있어요? 맹교육자라면 신체적인 건강보다 정신적 건강이 있어야 합니다. 맹목적인 교육자는 맹생의 육안을 밝히려 하기 전에 당신부터 개안하여 맹생들의 심안(心眼)을 밝혀야겠어요.

(8) 실명(失明)이라는 제1차적인 신체적 장애에 점자가 없음으로써 맹인의 심안(心眼)을 밝히지 못하면, 이로 인해 제2차, 제3차로 중적심화(重積深化)되는 정서불안(情緒不安), 열등감, 비사회적 행동의 부차적(副次的) 장애를 가져오게 되기 때문에 점차 이질(異質)적인 방향으로 경화(硬化)되기 쉽습니다.

(9) 이 부차적인 장애를 방어, 제기하여 완화, 회복시킬 수 있는 원리, 방법은 오직 맹인에게 문자(文字)를 주어 그들의 정서를 순화하는 길 밖에는 없습니다.

(10) 우리 사람은 살아있는 동안 문필생활을 해야 합니다. 이 문제는 맹인에도 예외가 될 수는 없으며, 신문이나 잡지를 읽거나 라디오 같은 것을 듣다가 요긴한 것이 있으면, 시간이 오래 지나기 전에 그 요지를 적어두는 습관을 지니라는 것입니다.

(11) 눈이 사람의 모든 것은 아닙니다. 중요한 것은 영혼입니다.

(12) "사람이 감당하지 못할 시험을 당하지 않게 하시고 또한 당할 즈음에는 피할 길을 내사 감당케 하시느니라" (고린도전서 10:13)

(13) 점자책 쌓지 말고 꽂아 두어라. 점자책은 쌓아두면 돌출부가 망가지니 꽂아서 보관해라(유언)

특히 가족들에게 늘 들려주셨던 성경 말씀

• "귀를 막고 가난한 자가 부르짖는 소리를 듣지 아니하면 자기가 부르짖을 때에도 들을 자가 없으리라"(잠언 21:13)

• "가난한 자를 불쌍히 여기는 것은 여호와께 꾸어 드리는 것이니 그의 선행을 그에게 갚아 주시리라"(잠언 19:17)

• "노하기를 더디하는 자는 용사보다 낫고 자기의 마음을 다스리는 자는 성을 빼앗는 자보다 나으니라"(잠언 16:32)

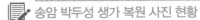

▲ 송암 박두성 생가 복원도

▲ 송암 박두성 생가 전경　　　　　　　　　　　　　　　　사진: 이종전

▲ 송암 박두성 선생 흉상 앞에서(왼쪽부터 우광덕 회장, 방제희 고문, [흉상], 박상은 이사장, 한기출 부이사장), 2021년 8월

▲ 송암 선생 생가 부지 내 전시 벽   사진: 이종전

訓盲正音

	몸 벌	아	야	어	여	오	요	우	유	으	이	몸/바침
ㄱ	가	갸	거	겨	고	교	구	규	그	기	ㄱ
ㄴ	나	냐	너	녀	노	뇨	누	뉴	느	니	ㄴ
ㄷ	다	댜	더	뎌	도	됴	두	듀	드	디	ㄷ
ㄹ	라	랴	러	려	로	료	루	류	르	리	ㄹ
ㅁ	마	먀	머	며	모	묘	무	뮤	므	미	ㅁ
ㅂ	바	뱌	버	벼	보	뵤	부	뷰	브	비	ㅂ
ㅅ	사	샤	서	셔	소	쇼	수	슈	스	시	ㅅ
ㅈ	자	쟈	저	져	조	죠	주	쥬	즈	지	ㅈ
ㅊ	차	챠	처	쳐	초	쵸	추	츄	츠	치	ㅊ
ㅋ	카	캬	커	켜	코	쿄	쿠	큐	크	키	ㅋ
ㅌ	타	탸	터	텨	토	툐	투	튜	트	티	ㅌ
ㅍ	파	퍄	퍼	펴	포	표	푸	퓨	프	피	ㅍ
ㅎ	하	햐	허	혀	호	효	후	휴	흐	히	ㅎ

약력 및 활동 내용

1888년 04월 26일	송암 출생(음 3월 16일). 인천시 강화군 교동면 상용리 516
1894년	서당입교
1895년	강화도 보창학교 입학
1905년	한성사범학교(현 경기고등학교)에서 수학하고, 졸업과 동시에 어의동 보통학교(현 효제초등학교) 교사가 됨
1911년	성재 이동휘 망명 시 동행 요구 사양함. "송암" 호를 받음
1913년 01월 06일	제생원 맹아부 발령
1913년 08월 14일	제생원 점자 제판기 도입
1913년 08월 25일	교과서(일본어 점자) 출판(한국 최초의 점자 교과서)
1919년 03월	천자문 점역 제판 완성
1920년 01월	한글 3.2점식 점자 연구 착수
1921년 03월	한글 3.2점식 점자 완성
1922년 04월	제생원 맹아부 사감 취임
1923년 07월	조선어 점자 연구 위원회 조직, 훈맹정음 연구 시작
1926년 08월 12일	훈맹정음 창안
1926년 11월 04일	훈맹정음 반포
1931년 04월 19일	신약성서 아연판 제판 착수
1931년 12월 12일	제생원 맹아부장 서리 발령
1932년 01월 09일	제생원 맹아부장 서리 사임
1933년	신약성서 점역 착수
1933년 03년 31일	제생원 맹아부 교사 사직
1935년 05월 21일	시, 부, 읍회의 면협의원 선거에 조선어 점자 투표인
1936년	인천영화학교 교장 부임
1940년	인천영화학교 교장 사임, 조선맹아사업협회 조직
1941년	신약성서 점자 원판 제작 완성, 6.25 때 성서공회 화재로 손실
1945년 08월 15일	인천시각장애인 회람지 "촛불" 발간
1952년 01월 16일	정부의 정양원에서 실명 상이장병 재활 지도
1954년	성서 점역 재개

1957년 12월 25일	신구약성서 점역 완성. 전 24권
1962년 08월 15일	국민포장 수상
1963년 08월 25일	서거, 인천시 남동구 수산동에 안장
1992년 10월 09일	은관문화훈장 추서
1997년 12월 17일	제1997-58호로 한글 점자를 시각 장애인 문자로 고시
2002년 04월	문화체육관광부, 한국문화예술진흥원 4월의 문화 인물로 선정
2020년 12월	국가등록문화재 등록, 제800-1호, 제800-2호

박혜숙 권사
송암 박두성 선생의 손녀
주안남, 석암, 주안초등학교 등에서 41년간 교사로 근무
레크레이션 및 걸스카우트 지도자 30년
교육과학기술부 장관상,
인천광역시 교원단체 총연합회장상 등 수상

결혼 후 1965년 천안의 성거산 천막 집회에서 제단으로부터 불덩어리가 가슴에 와 안기는 현상을 체험하고, 곧 결혼 패물을 팔아 기독교 서적을 구입하며 평신도 지도자의 꿈을 갖게 되었다. …… 1982년에는 오산리 기도원에서 30일 작정 기도 중 평신도 지도자 교육장 건립을 응답받고, 사회와 교계 지도층 인사들을 찾아다니며 기도로 뜻을 같이하게 되었다. 1991년 건축을 위한 총회 개최와 황인철 장로의 대지 및 헌금 1억 원 약속을 계기로 1995년 4월 기독교회관의 공사가 시작되었다. 공사가 일시적으로 중단되기도 했으나 YMCA와 합의를 이끌어 내는 등 난관을 극복하여 1997년 12월 마침내 회관을 봉헌하였다.

기억하고 싶은
**하나님의
사람들**

오계수 장로 | 인천기독교회관

기억하고 싶은 오계수 장로

오정택 교수_헨리아펜젤러대학

시작하면서

오계수 장로님은 2남 2녀 중 차남으로 1936년 8월 9일(음) 충남 당진에서 아버지 오창봉, 어머니 박인순 사이에서 태어났다. 1941년 장로님이 5살이 되는 해 온 가족이 경기도 김포로 이주했고, 이후 1954년 인천시 고잔동으로, 1979년 인천시 주안동으로, 2008년 인천시 관교동으로 이주했다. 2019년 10월 4일 하나님의 부르심을 받았다.

고 김승만 목사님의 중매로 1963년 11월 28일 최순자 권사님을 만나 결혼했고, 슬하에 자녀와 손들(자녀 2남, 자부 2명, 손주 4명, 손자며느리와 손녀사위)을 두고 신앙의 명문 가정을 이루셨다.

충남 당진에서 인천으로 이주하셨고, 8.15 광복과 함께 말할 수 없는 가난과 어려움 가운데 있었다. 아무 소망도 없는 것처럼 보였지만, 하나님의 부르심을 받아 하나님께 쓰임을 받아 감사함으로 늘 이런 신앙의 고백을 하셨다.

"맨 나중에 만삭되지 못하여 난 자 같은 내게도 보이셨느니라 나는 사도 중에 가장 작은 자라 나는 하나님의 교회를 박해하였으므로 사도라 칭함 받기를 감당하지 못할 자니라 그러나 내가 나 된 것은 하나님의 은혜로 된 것이니 내게 주신 그의 은혜가 헛되지 아니하여 내가 모든 사도보다 더 많이 수고하였으나 내가 한 것이 아니요 오직 나와 함께 하신 하나님의 은혜로라"(고린도전서 15:8-10)

장로님은 어릴 때 아버지께 "아버지가 해 준 게 뭐냐?"하고 따진 적이 있다고 한다. 그때 장로님의 아버지는 "충청도 당진에서 인천에 데려다 놓은 것을 생각하라"하고 말씀했다고 한다. 오 장로님은 그때는 이해를 못 했지만, 인생을 돌아보니 아버지의 은혜임을 알게 되었다고 고백하셨다.

삶 그리고 사역

신앙생활 시작

오 장로님은 형님(오계환 님)이 있었는데, 1950년 한국전쟁이 발발했을 때인 1951년 제주도에 친구가 있어서 방문하러 가는 도중에 군 입대 통보를 받았다. 제주도에서 신병훈련을 받고 강원도 철원의 전방 부대에 배치되었다가 전투중에 전사했다. 이 일로 국가에 대한 애국심도 커지고, 평생 유공자 가족으로 살며 현충일이 되면 어머니와 함께 형님을 추모하셨다. 형님은 제주도에서 훈련받으면서 예수님을 영접하고 교회를 나가게 되었고, 동생인 장로님께 편지를 보내 신앙생활을 권면하셨다고 한다. 형님은 동생인 오 장로님의 성품과 어려운 환경을 알기에 신앙생활을 꼭 해야 한다는 유언을 하신 셈이다.

당시 전사 소식과 함께 전도 편지를 받은 어머니(고 박인순 권사)는 즉시 교회에 나가셨다. 이후 인천고잔교회에서 오랫동안 속장으로서 속도원들을 돌보시며 목사님을 보필하는 귀한 역할을 감당하셨고, 하나님의 부르심을 받기 전까지 늘 말씀과 기도로 온 가정의 신앙의 본이 되어 주셨다. 경제적으로 어려운 때 목사님께 드리는 성미를 모으고 전달하는 역할을 맡아서 책임을 다하셨다. 손자인 오정택 목사가 목회할 때 종종 "요즘 성도들이 성미를 잘하고 있는지 확인"하셨다고 한다.

교회 생활

오 장로님은 형님의 유언과 어머니의 권유로 1954년 인천고잔교회에 등록하였고, 1954년 세례를 받고, 1966년에 권사, 1978년 장로 임직(안

병필 목사), 2009년 장로 은퇴(오영복 목사)의 과정을 거치면서 충성을 다했다. 장로 은퇴 후 2019년 10월 4일 소천하실 때까지 변함없이 교회를 사랑하고, 성도를 사랑하며, 교회의 사명을 감당하는데 모든 분야에서 최선을 다하셨다. 사역의 자리에서 충성을 다하는 보석처럼 빛나는 아름다운 장로님이셨다.

장로님은 군에 입대했을 때도 외박을 한 번도 하지 않고 군 교회에 열심히 출석하셨고, 고잔교회의 담임목사님께도 매월 2회 꼭 편지를 보내 안부를 주고받았다고 한다.

65년 이상 오직 한 교회, 고잔교회를 평생 섬기면서 교육부장과 재무부장을 맡아 충성을 다하셨으며, 교회 건축(예배당 2회, 교육관 1회)에 물질적 공헌은 물론이고, 교회가 필요로 하는 거룩한 요청(특별 선교, 버스 구입, 승합차 구입 등)에 기쁘게 헌신하심으로 인천고잔교회의 부흥과 성장에 밑거름이 되었다. 원로 장로이면서 50년 이상 속회를 인도하는 사명을 감당하셨다.

장로님은 교회를 건축할 때, 특히 32평 인천고잔교회 예배당을 처음 지을 때 쌀을 드리고, 몸으로 노력 봉사를 하셨다. 그때 하나님께서 물질의 은혜로 갚아주셨다. 장로님의 아버지께서는 바닷가에 나가 물고기를 잡을 때 잘 잡히지 않았지만, 장로님이 예수님을 믿고 교회에 나가면서 생선을 많이 잡았다고 한다. 낮에는 한국화약에 다니고, 밤에 생선을 많이 잡아 이전보다 형편이 나아지는 복을 누렸다. 신앙생활을 하면서 헌신하니 하나님이 역사하시고 복을 주시는 체험을 한 것이다.

교회 건물을 지을 때마다 하나님께서 주시는 복으로 변화가 있었다. 1975년에 두 번째 예배당이 완성될 때, 인천시 주안동에 집을 짓게 되었다. 인천 시내에서 떨어진 고잔동에서 인천 시내까지 나가서 공부하는데, 통학하기 어려운 학생들을 위해 집을 신축하였고, 시설을 만들어 학생들이 와서 공부하게끔 하셨다. 이어지는 교육관과 예배당 건축에도 둘째 아들과 함께 의논하여 최선을 다하셨다.

온유한 성품을 소유하셨고, 담임 목사님은 물론 교회와 성도들을 편안하게 해주시며, 비전을 심어주시고, 늘 웃으며 마지막까지 행복한 신앙생활을 하셨다. 주님을 사랑하시듯 교회와 성도들을 사랑하는 마음으로 성도들의 애경사를 다 찾아다니면서 위로해 주시고, 격려해 주시는 삶을 사셨다. 은퇴 이후에도 장거리를 마다하지 않고 동행하셨다.

섬기는 교회의 담임 목회자의 목회 비전에 전적으로 협력하고 헌신하셨다. 시무 장로로서 오영복 담임 목사님과 13년 이상을 함께 하면서 항상 예의를 지키면서 순종하셨다. 성도들에게는 이렇게 권면하셨다. "교회는 환경이 문제가 아니라 얻을 것만 있으면 온다. 근처에서 오는 게 아니다. 사랑하는 목사님이 능력이 있어야 한다. 기도와 사랑이 있을 때 능력이 있게 된다. 우리보다 목사님이 활동할 때 고잔교회에 놀라운 능력이 나타난다. 목사님이 하시는 수고를 생각하라. 이해하고 협력해야 한다."

오 장로님은 2019년 9월 24일 인하대병원에 입원하셨는데, 찬송가 386장 '만세 반석 열린 곳에'와 '보혈을 지나 하나님 품으로'를 불러달라고 하셨다. 이 찬송들은 가정 예배 후에 추가로 최 권사님과 두 분이 부르셨다고 한다.

오 장로님의 장례식에서 오영복 목사님은 장로님이 선물하신 양복을 입고 오셔서 설교하셨다. 보통은 장례 예배를 인도하는 목사님은 검은 정장을 하지만 푸른 양복을 입으셨기에 의아해했는데, 목사님의 설명을 듣고 모두가 장로님의 목회자 사랑에 머리가 저절로 숙여졌다. 마지막 하늘나라 부르심을 받는 순간까지 오직 하나님 찬양, 그리고 사랑하는 가족들과 사랑하는 성도들을 사랑으로 가슴에 품고 사셨다.

가정의 사명
장로님의 부인 최순자 권사님은 모태 신앙으로 어려서부터 철저한 신앙 교육을 받고 성장하셨다. 간호사로서 의료 시혜가 어렵던 시절, 어렵고 고통받는 이들을 위해 헌신적으로 사회 의료봉사에 참여했으며, 지극한 효심으로 노부모를 모셨다. 삼성생명 임원으로 20여 년을 근무하면서 자녀 교육과 가정 경제를 책임지고 감당하는 일인 다역의 역할을 묵묵히 수행하셨다. 교회에서는 은사대로 찬양과 피아노 반주로 교회를 섬기며 모범적인 신앙생활을 했을 뿐만 아니라, 두 형제를 훌륭한 목회자와 경영인으로 성장시켜 교계와 사회에 크게 기여하도록 하셨다.

장로님은 항상 교회와 가정에서 사랑과 기도의 본이 되셨다. 두 분은 행복한 결혼생활과 가정생활을 하셨다. 한평생을 사시면서 하나님을 경외하는 마음으로 언제나 사려 깊고, 정직하고, 진지하셨기에 자녀들에게 존경받는 아버지셨다.

장로님은 장남인 오정택 목사님이 1984년 감리교 신학대학에 입학할 당시 "양들에게 본이 되는 것뿐만 아니라 목회자의 본이 되어야 한다"하고 당부하셨다고 한다. 이후 모든 과정에서 기도와 후원을 아끼지 않으셨다. 첫 목회로 형제감리교회를 개척할 때도 격려하며 최선을 다하여 도왔고, 5년간 공군 군목과 3년간 서울 광림교회 부목사 생활을 할 때도 항상 기도와 사랑으로 후원하셨다. 이후 더 큰 꿈을 가지고 미국 유학까지도 적극적으로 권면하셨다. 미국 유학은 오 장로님의 아버지(오창봉 님)가 생존하셨을 때 유언이기도 했다고 한다. 결국 장남 가정은 1999년에 도미하여 미국의 명문 신학대학원인 탈봇신학대학원과 클레어몬트신학대학원에서 기독교 교육으로 석박사과정을 마치게 되었다. 하나님께 귀하게 쓰임을 받는 목회자로 세우기 위해 최선을 다하신 결과다. 현재 장남 오정택 목사님은 L.A. 근교의 밸리주하나교회(감리교 미주자치연회)의 담임목사로 지역에서 사랑받고 영향력을 행사하는 목회자로 헌신하고 있다. 또한 헨리아펜젤러대학교(전 미주 감리교신학대학교)의 교목실장과 실천신학 교수로서 신학생들을 섬기고 있으며, 비전 50 선교회의 미주 대표로서 중국과 동남아 지역의 목회자와 선교사들을 돕고 훈련하는 막중한 책임을 감당하고 있다.

자부인 조희경 사모는 이화여자대학교를 졸업했고, 두 자녀를 믿음으로 잘 키워 사회와 교회에서 귀하게 쓰임을 받으며, 미주 한인으로서 자리를 빛내고 있다. 손자인 오주현 군은 미국 구글의 소프트웨어 엔지니어로 일하고, 손자며느리는 미국 병원의 간호사로 일하고 있다. 손녀 오유진 양은 정신 심리상담사로 근무하며 코로나 펜데믹 이후 상담의 필요가 증가하는 시대에 기독교적인 심리상담을 하고 있다. 손녀사위 역시 미국 유수의 건축 회사의 엔지니어로 일하고 있다. 이렇게 모두가 교회에서 충성스러운 직분을 맡아 헌신하고 있다.

차남인 오인택 장로는 연세대학교 경영학과와 건국대학교 대학원을 졸업하고, 금융 회사를 거쳐 투자 회사의 대표로 성공한 기업인으로 자리를 잡아가고 있으며, 인천 주안감리교회 시무 장로로서 섬기고 있다. 자부인 양숙희 권사는 한양대학교 미술대학을 졸업하고 미술 학원 등을 운영하고 있으며, 교회에서는 중보기도 대원으로 특별한 사명을 감당하고 있고, 두 자녀를 신앙 안에서 훌륭하게 키워냈다. 장녀 오예진 양은 경희대학교 치과 전문대학원을 졸업하고 치과의사로 일하고 있으며, 차녀 오수진 양은 대학원에 재학 중이다. 모두가 재원으로 신앙생활을 잘하고 있다.

기독교회관 건립

오 장로님은 1955년 총기 사고로 발에 부상을 입었다. 1957년, 어려운 생활고로 인해 진학을 포기하고 한국화약주식회사에 취업하셨다. 그후 수산업을 하던 부친의 병환으로 가정이 더 큰 어려움을 당하게 되자 부친 대신 어머니와 함께 근해 바다에 나가 어업을 시작했다. 그러던 중 하나님이 복을 주셔서 그물을 던질 때마다 근해에 없던 생선들까지 잡히며 풍어를 이루는 기적을 체험하셨다.

결혼 후 1965년 천안의 성거산 천막 집회에서 제단으로부터 불덩어리가 가슴에 와 안기는 현상을 체험하고, 곧 결혼 패물을 팔아 기독교 서적을 구입하며 평신도 지도자의 꿈을 갖게 되었다. 이때 장남을 주의 종으로 바칠 것을 서원하셨다. 1982년에는 오산리기도원에서 30일 작정 기도 중 평신도 지도자 교육장 건립을 응답받고, 사회와 교계 지도층 인사들을 찾아다니며 기도로 뜻을 같이하게 되었다. 1991년 건축을 위한 총회 개최와 황인철 장로의 대지 및 헌금 1억 원 약속을 계기로 1995년 4월 기독교 회관의 공사가 시작되었다. 공사가 일시적으로 중단되기도 했으나 YMCA와 합의를 이끌어 내는 등 난관을 극복하여 1997년 12월 마침내 회관을 봉헌하였다. 이후 미국 LA복음방송과 극동방송을 통해 하나님의 위대한 능력과 도우심을 간증까지 하게 되었다. 인천기독교회관(18개 이상 유관기관 입주, http://gisunyon.hompee.com) 건립을 위한 그 고통과 수고는 이루 말할 수 없다.

　　1988년 8월에는 기독교 여성 합창단을 조직해서 전국적으로 원하는 교회와 단원들이 섬기는 교회를 찾아가 찬양 선교사역을 했다. 기독교회관 건립 후에는 기독교선교문화연구회에 소속되어 매주 월요일에 합창 연습을 했다. 사단법인 기독교선교문화연구회는 1991년 시작되었고, 장로님은 사무국장으로 활동하면서 지역 교회의 부흥을 위해 목회자와 평신도들을 교육하고 훈련하는 동시에 지역 사회를 그리스도의 사랑으로 섬기며, 세계 선교를 위해 헌신하셨다.

학력과 경력 및 포상

● 학력
1952년	인천 논현초등학교 졸업
1955년	인천사범 병설중학교 졸업
1977년	인천 제물포신학교 졸업

● 교계 경력
1978년	인천고잔교회 장로 임직
1988년~1990년	기독교대한감리회 중부연회 인천남지방 평신도 총무
1988년~1991년	인천기독교장로연합회 총무
1992년~1994년	감리교 전국장로회 서기
1991년~1995년	기독교대한감리회 유지재단 이사
1993년~1995년	인천 남동지방 장로회장, 평신도 총무
1997년~1999년	중부연회 실행 위원
2002년~2004년	기독교대한감리회 역사연구 위원, 이단대책 위원

● 일반경력
한국화약 주식회사, 성신기업, 동아운송 대표 역임
선교문화합창단 창단 및 고문.
인천 기독교사회복지회 상임 부회장
인천 선교단체협의회 회장
기독교선교문화연구회 사무국장
인천기독교총연합회 역사편찬 위원
한국 국제기드온협회 남인천캠프 회장
인천기독교인물사 편집 위원

● 상훈 관계
1984년 기독교대한감리회 감독 회장 표창

'기독교회관' 하면 언제나 오계수 장로님이 계신 곳이었기에 지금 장로님이 안 계신 기독교회관이 상상이 안 된다.

장로님은 40대부터 인천에 기독교회관을 지어야 한다는 사명을 가지고, 아무도 주목하지 않는 현실이었지만, 성령님께서 주시는 지혜와 열정을 품고 인천의 교회들과 후원자들을 찾아다니셨다. 그때마다 긍정적인 생각으로 힘을 실어주셨던 분이 김원종 장로님이셨기에 오 장로님은 마지막까지 그 사랑을 잊지 않으셨다.

인천 교계의 연합사업을 위해 여러 선교단체들을 연합하여 선교회를 조직하셨고, 그때 조직한 인천여선교합창단이 지금까지도 회관 소속으로 왕성한 활동을 하고 있음은 참으로 감격스러운 일이 아닐 수 없다.

4~5년 전, 장로님은 저에게 가장 가까이에서 오랫동안 함께 했으니 장로님에 대해서 써보라고 하셨다. 그때 썼던 글을 보시고 본인에 대해 잘 평가해 주었다고 흐뭇해하셨기에 함께 나누고 싶다.

장로님은 영적인 분이셨다. 하나님께서 이 일을 어떻게 하길 원하시는지 깊이 묵상하고, 기도하며 인도하심을 받는 분이다. 사람과의 만남과 일의 처리 과정을 다시 한번 되짚어보고, 기도하고, 주님이 주시는 감동을 세심하게 듣고, 실행하셨던 분이다. 또한 절대로 남의 험담을 듣고 싶어 하지 않으실뿐더러 그런 말을 하는 사람에게 말씀으로 권면하여 죄를 짓지 않도록 도와주시는 영적인 스승님이셨다.

어려운 선교단체를 돌아보시며 그들에게 용기와 소망을 주셨고, 그들의 마음을 헤아리셨다. 상황이 어렵다고 할지라도 앞으로 하나님의 은혜로 잘 될 것임을 바라보라고 늘 위로해 주셨다.

또 장로님은 남을 잘 세워주시는 분이셨다. 본인 때문에 상대방이 가려진다면 슬쩍 뒤로 빠져주는 섬세함이 있으셨고, 재능이 있는 사람을 적재적소에 세워주시는 진정한 리더셨다. 예리한 판단 능력으로 회관의 여러 가지 난관이 있을 때마다 탁월한 지혜로 문제를 해결하셨기에 지금까지 어려운 가운데서도 회관 운영을 멋지게 해 오셨다. 그리고 본인의 올곧은 성품을 잘 알기에 상대방을 힘들게 하지 않으려고 감정을 컨트롤하며 배려하셨다. 그뿐만 아니라 상대방의 약점을 그대로 인정하고 이해해 주신 분이셨다.

하지만 하나님께 받은 사명에 대해서는 절대로 타협하거나 대충하지 않으셨고, 늘 '하나님 앞에서'라는 마음을 가지고 일하셨다. 내게 맡겨주신 일이라 여겨질 때는 사람의 숫자나 상황에 낙심치 않고 꾸준히 밀고 나아가는 끈기 있는 분이셨다. 매사에 빈틈이 없으신 분이셨고, 기억력이 탁월하고 철저한 분으로 자신이 알고 있는 사람들은 관계를 꾸준히 지속하셨다. 늘 먼저 전화하고, 관심을 가지고 안부를 물으며, 지인들에게 인생의 선배와 멘토로서 격려하고 위로하며 상담하는 일을 가장 기뻐하셨다.

3년 전 병원에서 퇴원하시고 나서 하나님께 올려드릴 것은 오직 사랑밖에 없다고 하시며 아가페 사랑운동을 실천해야 한다고 입버릇처럼 말씀하셨다. 혼자 사시는 권사님, 요양병원에 입원하신 성도들, 돌봄의 사각지대에 있는 분들을 위로하며 섬기는 일을 보람으로 여기시는 모습을 보면서 장로님은 천국 가실 준비를 다 하셨구나 하는 생각을 했다.

올해 6월에, 모처럼 회관 식구들과 1일 수련회를 준비하시며 "나 졸업 여행 가려고 해"하시며 회관 식구들 가족까지 챙기시며 기뻐하셨던 모습이 바로 어제 일 같다. 무엇보다 하나님의 음성을 듣고, 하나님 기뻐하시는 일을 기획하고 조직하는 일에 큰 기쁨을 가지셨고, 기독교회관의 사역을 위해 끊임없이 하나님의 음성을 듣고자 자신을 내려놓는 모습이 너무나 귀하셨다.

　9월 2일 회관 정례 예배에 참석하지 못하면서도 기독교회관 내 선교기관들을 염려하며 내년 계획을 함께 의논하고 싶어 하셨고, 어려운 선교 기관이 흥왕하게 일어나길 위해 아침저녁으로 중보 기도하셨다. 식사를 전혀 못 하고, 회관에 나오기도 어려운 상황임에도 회관에 나오면 힘이 나신다며 병원에 입원하기 하루 전날까지도 회관에 나와 앞으로의 회관 운영과 사명에 대해 끊임없이 말씀하셨다.

　오 장로님의 하프 인생, 그의 생각과 마음에는 오직 기독교회관뿐이었다. 기독교회관과 함께 살고 기독교회관과 함께 죽는 삶을 사셨다. 중환자실에서 마지막으로 장로님을 뵈며 장로님의 뜻을 받들어 기독교회관을 잘 운영하겠다고 말씀드리자 고개를 끄떡이신 모습이 눈에 선하다.

　이제 이 땅에서는 장로님과 함께하지 못하지만, 평생 사랑하고 지켜온 기독교회관을 통해 힘을 잃어가는 기독교연합사역과 마지막 유업이 된 '인천기독교135년사'가 걸작으로 마무리 되도록 우리 모두 열정과 힘을 다할 것을 다짐해 본다.

　"장로님 존경하고 사랑합니다."
　"하나님 아버지 품에서 편히 쉬십시오."

오정택 교수
감리교신학대학교
연세대 연합신학대학원
미, 바이올라대학교
탈봇신학대학원
미, 클레어몬트신학대학원

공군 군목
웨스트레이크 한인교회 담임
주님의교회 담임
밸리주하나교회 담임
현, 미 헨리아펜젤러대학 교목실장및 교수

아버지는 칠흑같이 어두운 밤에 노를 저어 한참을 남서 쪽으로 가다가 비가 내리고 폭풍을 만나 배가 좌초되고, 목숨이 위태로워지자 정신을 바짝 차리고 무릎을 꿇고 하나님께 절규하는 기도를 하셨다고 한다. "하나님 아버지! 이번에 살려만 주신다면 죽기까지 교회를 지키고 주님만을 의지하겠습니다"라고 울부짖는 기도를 하고 실신하였는데, 눈을 떠보니 어느새 고향으로 돌아가고 있었다고 한다.

기억하고 싶은
**하나님의
사람들**

오재의 장로 | 고잔교회

기억하고 싶은 오재의 장로

오두석 장로_논현감리교회

시작하면서

오재의 장로님(이하 '아버지'라고 호칭)은 10대조 할아버지 때부터 인천시 남동구 고잔동에 삶의 터전을 잡고 뿌리를 내린 가문에서 선친의 신앙을 물려받아 모태 신앙인으로 성장했다. 또한 일제의 식민지와 6.25동란을 겪은 전쟁 세대의 사람이다.

삶 그리고 사역

출생과 성장

1921년 12월 1일(음)에 인천시 남동구 고잔동 333번지에서 태어나셨다(태어나실 때는 부천군이었음). 고잔감리교회 설립과 해를 같이한다.

독자인 아버지는 일제의 압박 당시 조혼의 풍습으로 21세에 어머니 유정순 권사님과 결혼하셨다. 슬하에 6남 2녀를 두셨으나, 여섯째 딸 영이는 1979년 4월 당시 고려대학교 2학년 재학 시 과(科) 친구들과 MT를 다녀오다 교통사고를 당해 먼저 하늘나라에 갔다. 아들 6명 중 4명은 감리교 장로로 피택되어 교회를 섬기고 있다. 아버지는 늘 우리 집안은 3대가 장로로 섬기는 귀한 가정이 되었음을 감사하며 자랑으로 여기셨다.

원래 한(漢)학자이셨던 할아버지 오용섭 장로님(당시 연세는 30세)은 1919년 3.1운동에 앞장서는 기독교인들을 보고 감동하여 기독교에 관심을 가지게 되었다. 1921년 가을, 당시 만수교회 여전도사님의 전도를 받았고, 추수가 끝난 후 우리집 사랑방에서 예배를 드리기 시작하여 고잔교회가 시작되었다는 고잔교회의 역사를 가르쳐 주셨다. 할아버지께서 아버지에게 간곡히 부탁한 것은 지금 가난하고 어렵지만 고잔교회를 지키면 하나님께서 대대손손 큰 복을 주실 것이라는 믿음을 가지라는 것이었다.

▲ 첫째 오형석 장로 취임식에서의 가족 찬양

▲ 셋째 오지석 장로 취임식

▲ 넷째 오두석 장로 취임식 온 가족이 함께

할아버지의 말씀이기도 하셨기 때문에 아버지는 공부하러 외지에 나가고 싶어 하셨지만, 나가지 못한 이유 가운데 하나일 수 있다. 아마도 할아버지로서는 외아들인 아버지를 잃을까봐 더 그러셨다고 생각된다. 부모로서 자식에 대한 마음은 예나 지금이나 다를 게 없다. 한번은 아버지께서 야학(夜學)으로 공부도 하고, 기술을 배워 돈을 벌어 가정에 보탬이 되겠다는 생각으로 가출하여 부천군 오류 지역(지금의 서울 오류동)의 공장에 취직해서 일본어로 센방(Milling, 밀링) 기술을 배우셨다. 그러다 할아버지에게 붙잡혀 낙향하셨고, 농사일을 하며 교회를 지키셨다고 한다. 왜냐하면 교회에 교인은 10여 명인데 담임 목사님도 계시지 않아 할아버지가 교회를 돌보셨기 때문이다. 당시에 시골교회는 대부분 그러했듯 담임 목사님이 계시지 않아 장로님이 대신 예배를 인도하는 경우가 많았다. 할아버지는 서울의 피어선성서학교에서 선교사님께 성경을 배웠고, 장로님으로서 설교까지 하시는데, 아들이 교회에 없으니 말이 안 되는 일이었단다. 그렇게 아버지는 선친이 세운 고잔감리교회의 유일한 교사로 봉사하셨다.

그 후에 할아버지와 합의가 되어 인천시청에서 근무하다 조선화약(현 한국화약)에 근무하셨고, 해방이 되어 국방부 조병창(지금의 국방과학기술연구소)에서 행정 문관으로 근무하셨다. 근무 중 6.25사변이 터지자 고잔동 반공청년회장으로 활동하셨기에 인민군에게 포섭된 자들(동네 빨갱이)에게 붙잡히면 목숨이 위태로울까 봐 야반도주하셨다.

6.25 당시 동네에서 인민군에게 부역한 집과 아버지를 잡아 넘기기 위해 찾으러 쫓아다닌 이들을 알고 있지만, 장남인 내게도 알 필요 없다고 하시며 아무런 말씀을 하시지 않아 우리 후손들은 그 당시 누구네 집안의 누가 부역했는지 전혀 알지 못한다. 이제 와 생각하니 참으로 할아버지와 아버지가 현명하셨다고 생각된다. 그렇게 하셨기에 우리 동네는 연좌제로 인해 후손들이 피해 보는 일이 없었고, 그것이 천만다행이라 생각한다. 그런 사랑이 고잔교회가 부흥하는데 밑거름이 되지 않았나 사료된다.

야반도주한 아버지는 소래다리를 건너 왕고모님(고주물 할머니)이 살고 계신 고주물(안산시 화정(花井), 물이 맑고 가뭄에도 줄지 않는 동네 우물을 '꽃우물'이라고 불러왔고, 그런 연유로 동네 이름을 '화정리'라했다고 한다. 이 꽃우물이 꼬주물, 고주물로 바뀐 것 같다)로 피했는데, 예수 믿는 조카가 이 집에 와서 숨어있다고 교회에 다니는 사람이 변절하여 신고함으로 동네 빨갱이들이 부엌 헛간에 숨어있는 아버지를 향해 죽창으로 찔렀으나 용케도 탈이 없었다고 한다.

왕고모님은 이 얘기를 하실 때마다 하나님의 도우심으로 그놈들이 사정없이 여기저기를 찔러댔으나 아버지를 피해 찌르게 하셨다며 감사의 눈물을 흘리셨다. 이 얘기를 하실 때면 죽창을 '꽉!' 내리찍을 때마다 밥솥에 불을 때시던 할머니는 소변을 찔끔찔끔 싸셨다고 힘주어 얘기하셨다. 우리는 깔깔대고 웃으며 옛날이야기를 듣지만, 그 순간이 얼마나 두려운 순간이었는지 조금은 상상이 되었다.

왕고모님은 몰래 쪽배를 구해 아버지가 서해바다를 통해 멀리 도망가도록 하셨다. 아버지는 칠흑같이 어두운 밤에 노를 저어 한참을 남서쪽으로 가다가 비가 내리고 폭풍을 만나 배가 좌초되고, 목숨이 위태로워지자 정신을 바짝 차리고 무릎을 꿇고 하나님께 절규하는 기도를 하셨다고 한다. "하나님 아버지! 이번에 살려만 주신다면 죽기까지 교회를 지키고 주님만을 의지하겠습니다"라고 울부짖는 기도를 하고 실신하였는데, 눈을 떠보니 어느새 고향으로 돌아가고 있었다고 한다. 이런 얘기를 하실 때면 히스기야의 기도를 말씀하셔서 우린 어릴 때부터 히스기야의 기도를 알게 되었고, 진퇴양난의 어려움을 겪을 때면 목숨을 건 기도란 어떤 것인지 어렴풋이 알게 되었다.

아버지는 집으로 돌아왔고 이후 우리 가족은 1.4후퇴를 했다. 국방부가 제주도로 피난을 가게 되어 군무원이셨던 아버지로 인해 우리 가족은 미군의 도움으로 제주도까지 갈 수 있게 되었다. 하지만 내 바로 아래 동생의 해산이 가까웠기에 어머니와 우리 가족은 부산항에 내렸고, 아버지만 제주도로 가셨다. 부산에 내린 가족들은 보세 창고 바닥에 자리를 잡았고, 거기서 동생이 출생했다. 그리고 이듬해 제주도에서 아버지와 만나 제주도에서 피난민으로 천막생활을 했다. 피난민들이 다 그렇듯 어머니와 누님은 낮에 한라산에서 땔감을 해오는 등 힘들게 생활했다. 한번은 땔감을 해오던 어머니가 산 밑으로 굴러떨어져 죽을 고비도 넘겼다고 들었다. 교회는 한경직 목사님이 이끄는 피난민 천막교회와 제주읍 소방서 옆 소망교회를 다녔다. 그러다가 국방부가 서울로 복귀하는 1954년 12월 23일 인천항을 통해 귀향했다.

신앙

아버지가 나에게 여러 번 들려주셨던 바와 같이 6.25 때 서해 바다 쪽배에서 하나님과 약속하신 것을 기억하고 그것을 믿음으로 지키셨다고 믿는다. 할아버지와 아버지는 초가인 우리 집을 기와집으로 개축하기 위해 필요한 참죽나무를 뒤뜰에 심었고, 나무가 다 자랄 즈음 고잔교회가

▲ 고잔교회 심령대부흥회, 1968년 1월 1일

부흥되기 시작하여 예배당을 지어야만 했다. 교회가 먼저라는 믿음으로 쌀 창고를 개조한 10평짜리 목조 예배당을 신축하여 60평짜리 붉은 벽돌 예배당으로 봉헌함으로써 고잔교회가 부흥하는 시발점이 되었다. 그 후 2년 뒤에야 우리가 사는 초가집을 조선 기와집으로 개축할 수 있었다. 이후에도 목사님 사택을 건축한 후 우리 집 바깥채를 건축할 정도로 아버지는 항상 교회가 먼저셨다.

우리 집 벽장에는 상자가 3개가 있었다. 한 개의 통은 자물쇠가 없었다. 그 통은 할아버지께서 일정 시대 때부터 벼농사 다수확경진대회에서 받아온 상장들이 들어있고, 또 하나는 교인들이 교회에 헌금한 돈과 회계 장부를 보관하는 헌금통으로서 항상 자물쇠로 잠겨있었다. 그 통은 우리 식구 누구도 만질 수 없을 만큼 엄격하게 관리하셨다. 교인 숫자도 적고 헌금액도 얼마 안 되었지만, 아버지가 재무부장, 회계, 서기인 관계로 주일날 오후엔 할아버지와 아버지 두 분이 헌금함을 열고 계수한 후 그대로 장부와 함께 자물쇠로 잠가 두셨다. 또 다른 한 통은 아버지가 봉급 타온 돈과 우리 집 생활비가 들어있는 통이라고 말씀해주셨다. 교회 헌금과 개인 돈은 확실히 구분하여 제아무리 급한 일이 있어도 교회 돈은 꺼낼 수 없었다. 한 달에 한두 번 고잔교회에 오시는 논현교회(소래 소재)와 고잔교회를 담임하시는 목사님의 사례비를 드릴 때만 그 함을 열고 처리하신다고 하셨다.

1967년 한국화약에서 유니온포리마(천안 소재)라는 회사와 한국프라스틱 서울 지점(서울 홍제동)을 신설했다. 당시 김종희 회장님(현 한화 김승연 회장의 아버지)은 아버지에게 천안의 공장장 직책과 서울의 지점장 직책 중 한 곳을 맡으라고 했다. 고민하던 끝에 직급도 더 높고 대우도 더 좋은 곳을 마다하고 홍제동 지점장으로 수평 이동하여 서울에서 대학교에 다니던 큰아들(오형석 장로)과 자취 생활을 하셨다. 그 당시 한국화약 인천공장에 상주하시는 성공회 배 신부님이 왜 그 좋은 기회를 마다했느냐고 물었을 때, 아버지는 "서울에서는 주일마다 인천 고잔에 내려와 고잔 교회를 지키겠다는 하나님과의 약속을 지킬 수 있지만, 천안은 교통 사정이 좋지 않아 많은 시간이 소요되어 교회를 지킬 수 없기 때문입니다"하고 대답했다고 한다. 그 말을 들은 배 신부님은 "역시 오 장로님은 사람이 다르군요. 당신은 신암(信岩)이라 불러도 손색이 없는 참믿음의 바위로소이다" 하고 말하며 '신암'이라는 호를 지어 주셨지만, 아버지는 신암이란 호를 받기 어렵다고 한 번도 사용하지 않으셨다고 한다. 배 신부님은 성공회 신자인 김종희 회장의 매부가 되신다. 당시에 잦은 폭발 사고로 공장 분위기가 좋지 않자 직원들의 고민을 상담해주시는 상담역을 하셨으며, 성공회와 감리교회의 차이점, 신앙 토론 등 신앙의 교제를 좋아하셨던 분이라고 기억하셨다.

1969년 교회가 부흥하면서 예배당 신축이 시급한 상황이 되었다. 건축을 위해 아버지는 땅 650평을 기증하셨으나, 고잔동이 군사 보호지역으로 묶여있어서 건축이 불가능한 상태였다. 이에 국방부와 시청을 여러 번 방문하고, 설득하여 어렵게 신축 허가를 받아 예배당 건축이 시작되었

▲ 고잔교회 봉헌 기념, 1975년

다. 당시 한국화약 총무부장으로 재직하면서 벽돌 및 건축 자재를 구입하고 운반하는 비용을 줄여 전체 건축비를 절감할 수 있도록 여러 가지로 애를 쓰셨다고 한다.

　1969년으로 기억하는데, 아버지는 독학으로 화약류 기사 1급 자격증을 취득하셨다. 서울대 화공과를 전공한 화약공장 직원 몇 분이 선물을 사 들고 집에 찾아와 어떻게 독학으로 그 어려운 화약류 기사 자격증을 취득하셨느냐고 묻자 책 2권을 통째로 외웠다고 했다. 그 말을 듣고 깜짝 놀라며 자기들도 시험을 봐서 알지만, 책만 외운다고 되는 것이 아니라고 하며 하나님께서 도와주신 기적 같은 일이라고 칭찬을 아끼지 않았다. 그러나 그 자격증 때문에 1977년 이리역 폭발 사고 때 총무부장직에 계신 아버지는 운반책임자로서 책임을 떠안고 한국화약 사장님과 함께 서대문 구치소에 가서 100일을 사셨다. 그때 저(오형석 장로)는 회사 일로 미국에 출장 중이었는데, 미국 TV에서 15분 간격으로 북한 짓이라며 방송하는 것을 보았다. 미국 교포들은 한국에 제2의 6.25전쟁이 일어났다고 걱정을 많이 했다. 유난히 추웠던 그해 겨울, 아버지는 구치소에서 경제사범 2명과 같은 방에 계셨다. 그중 예수 믿다가 떠나서 돈만 벌다가 잘못되어 구속된 한 사람을 전도하여 착실한 신자가 되도록 만드셨다. 그분은 출소 이후에 신실한 신자가 되어 아버지가 천국 가시기 전까지 매년 추석이면 집으로 찾아와 기도하고 돌아가셨다. 아버지를 만나선 "장로님 때문에 지금 제2의 인생을 살고 있다. 나도 장로님처럼 어디서든지 예수를 전하겠다"라고 다짐하며 돌아가곤 하셨다.

　가훈
　대개의 믿는 집안에는 가훈이 믿음, 소망, 사랑인데, 우리 집은 아버지가 족자에 써서 만든 후 자식에게 하나씩 나누어 주시며 각자의 집에 걸어놓도록 한 가훈이 있다.

첫 번째는 '근면'이다. "일하기 싫어하거든 먹지도 말게 하라"(데살로니가후서 3:10). 우리 집엔 1년에 봄, 가을로 2회씩 전 가족 동원령이 내려진다. 봄에는 모내기할 때이고, 가을엔 벼 수확할 때이다. 아버지는 그렇게 수확한 벼를 작은 가정용 도정기로 찧어 식구별로 몇 홉씩 먹을 테니 이만큼이면 되겠다며 계산해서 나누어 주셨다. 쌀이 떨어질 때쯤이면 전화를 해서 양식을 주시며 손수 지은 쌀의 고마움을 알게 하셨다. 물론 노력 봉사에 참여하지 않은 집은 쌀을 배급(?)해 주시지 않으셨다. 일을 잘하고 못하고는 차치하고, 공짜는 없다는 말씀을 실천하셨다.

두 번째는 '검소'다. "사치와 방탕한 생활을 하지 말라"(감리교 교리 중에서). 아버지는 감리교 창시자 요한 웨슬레 목사님의 어머니 수잔나의 검소를 본받기 위해 많은 노력을 하셨다. 당신의 옷은 교회와 행사 시 입는 양복 외에는 늘 회사 근무복을 입고 다니셨다. 오죽하면 "나팔바지"라는 별명이 붙었다고 한다. 항상 유행 지난 통바지를 입고 다니셔서 회사 직원들이 붙인 별명이라고 들었다.

세 번째는 '박애'다. "네 이웃을 네 자신 같이 사랑하라"(마태복음

▲ 아버지 묘에서, 2005년

22:39). 우리 고잔동은 이웃 5개 동(고잔동, 논현동, 도림동, 수산동, 남촌동) 중 가장 환경이 좋은 곳(논, 밭, 갯벌, 한국화약 등)으로 본인만 부지런하다면 돈을 벌 수가 있었다. 하지만 실생활은 주민들 대부분이 가난했다. 아버지는 교회에 출석하는 청년들을 교육시키고, 한국화약에 취직시켜 그들의 가정 경제가 점점 윤택해지도록 도와주셨다. 특히 타지에서 이주한 이들에겐 어머니도 모르게 식량이나 금전을 지원하셨고, 취직이나 우리 집 농토에서 일하도록 하는 등 실질적인 도움을 준 사실을 고잔교회 창립 100주년 기념예배에 초청된 어느 노(老) 권사님의 간증으로 알게 되었다.

경제 활동

가정 경제엔 그야말로 계획적이셨고 짠돌이셨다. 앞에서도 언급했듯이 요한 웨슬레 목사님 가정을 본받으려 노력하며 "돈은 가급적 벌 수 있는 한 최대한으로 벌고, 소비는 최대한 줄여야 한다"고 하셨다. 감리교 교리에 나오는 성도의 사회 생활을 그대로 본받아 실천해야 한다며 최소의 생활비 지출과 저축으로 매년 농토를 구입하여 늘려나가셨다.

1961년으로 기억되는데, 우리 동네에 소래에서 동인천까지 하루 3회 운행하는 버스 노선이 생겼다. 인천중학교 2학년이었을 때 학생 버스 요금이 3원이었다. 1주일 치 차비를 주실 때 42원을 주셨다. 6일 치 왕복 차비가 36원이고, 용돈은 6원이다. 점심시간에 우동 국물이 1원이었으니까 딱 6원이 든다. 이렇게도 철저한 계산으로 우리 집 경제를 이끄셔서 고잔동에서는 가장 농토가 많은 부잣집이 되었다.

예능과 스포츠

아버지는 만능 스포츠맨이셨다. 직장과 교회 대항 경기에선 배구선수였다. 위치는 9인조 배구에서 왼쪽 공격수셨다. 우리 동네는 넓은 운동장이 없어서 축구는 못 했고, 비교적 좁아도 할 수 있는 배구를 많이 했다. 이로 인해 교인들, 특히 젊은이들의 YMCA 운동이 자연스럽게 되었고, 선교와 스포츠가 발전하는 계기가 되었다고 생각한다. 교회 마당에 나무 기둥을 세우고 네트를 걸어두어 운동하고 싶으면 언제나 할 수 있게 했다. 젊은이들이 한국화약 직장에서 퇴근 후 자연스럽게 교회 마당에 모여 게임을 하고, 교인들과도 어울렸다. 그 덕에 동네 젊은이들이 자연스럽게 예수님을 믿게 되었고, 우리 집에서 저녁밥을 해결했다. 예전엔 지방회별 교회 대항 배구대회가 있었는 데, 고잔교회가 우승을 하곤 했다.

어느 해인가 아버지 연세가 70세가 넘으셨을 때다. 추석날 교회 마당에 동네 사람들이 모여 배구를 하던 중 우리 팀(우리 형제 6명과 아버지)과 고잔동 천주교 성당에 다니는 청장년 팀이 시합을 하게 되었다. 당연히 우리 팀이 이겼다. 아버지의 DNA를 이어받은 자식들이 함께 했으니 당연한 결과다. 아버지는 left, 동생은 right 공격수로 양쪽에서 공격하니 상대 팀은 어쩔 줄 몰라 했다. 아버지의 연세를 아니까 얕잡아봤다가 큰코다친 셈이다. 또 어느 해 겨울에는 한국화약 회사 내 연못이 얼어 야외 스케이트장이 되었는데, 점심시간에 스케이트를 타다가 어느 초보자와 부딪혀 넘어지면서 다리가 부러져 깁스를 하고 오신 적도 있다. 그렇게도 운동을 좋아하신 아버지는 인천시청에 근무하실 때 인천과 중국 청도가 자매결연을 맺고 청도에서 체육 대회가 열릴 때 참가 비용이 없어서 인천에서 잡은 대하 새우를 싣고가면 중국 사람들이 재워주고 먹여주어 운동 시합을 하고 돌아올 수 있었다고 하는 이야기를 들은 적이 있다.

아버지는 찬양을 즐기셔서 식구들이 모이면 꼭 가족 합창을 여러 곡 부르고 헤어지는 것이 거의 불문율처럼 되었고, 그 전통이 아직 우리 가정에 남아있다. 가족들이 모일 때마다 코러스를 한다. 아버지 파트는 테너이기 때문에 찬송가 어느 곡이든 아버진 테너를 하신다. 어느 때는 왜 이렇게 화음이 안 맞느냐며 꾸짖으시는 것을 보면 청음능력이 탁월하신

▲ 추수감사 주일 예배 가족 찬양 후

것 같다. 우리 집 지정곡은 찬송가 559장 '사철에 봄바람 불어 잇고'이다. 아버지는 목청이 좋고 찬양을 잘 부르는 사람을 예뻐하셨다. 오계수 장로님 부인 최순자 권사님(오정택 목사님 어머니)이 결혼하여 고잔교회 교인이 되셨을 때, 예배 시간에도 자주 특송해 주시길 요청했고, 특송하실 때면 "아멘! 아멘!" 하며 은혜 넘치는 시간이 되게 하셨다. 권영국 담임 목사님 시절엔 가족 찬양이 많아 서울에 사는 우리 가족도 자주 불려 다니며 찬양하고, 은혜받으며 즐겁게 보낸 것이 추억으로 남아있다.

1968년에 할아버지(오용섭 장로님)의 발인 예배 때는 찬송가 490

장 "주여 지난밤 내 꿈에"를 독창을 한 적도 있다. 아버지 지정곡은 찬송가 508장 '우리가 지금은 나그네 되어도'이다. 아버지가 독창하실 때면 꼭 508장을 부르셨다. 가족 전통처럼 지금도 우리 가족이 모이면 3대가 어우러져 합창을 한다. 제수씨의 반주에 맞추어 형제들부터 손주들에 이르기까지 4성부의 코로스로 찬양을 부르다 끝나는 것이 우리 가족 모임이다.

이렇듯 아버지는 예체능에 탁월하셨다. 그래서인지 타지에 나가 있는 고잔교회 출신들을 만나면 배구시합을 하던 것, 가족 찬양하던 것 등 그때를 추억하며 그때로 돌아가 이야기꽃을 피우곤 한다.

'고잔교회' 하면 고향, 또는 제2의 고향으로 생각하는 이들이 많다. 그

▲ 칠순 및 금혼식, 1991년 3월 2일

▲ 칠순 및 금혼식 때 온 가족이 한자리에

들은 고잔교회 교인이었음을 자랑으로 생각한다. 2012년 고잔교회의 홈 커밍데이(home coming day) 때는 전국에 흩어져있는 교인들이 먼 길을 마다하지 않고 모였다. 각지에서 온 수많은 성도가 모여 은혜로운 찬양 예배를 드린 적도 있다. 그리고 모인 이들은 고잔교회 하면 떠오르는 오 재의 장로님을 기억하고 안부를 물으며 잠시 그때 그 시절로 돌아가는 이 들이 대부분이었다.

사회 및 교계 활동

반공정신이 투철했던 아버지는 기독교청년반공연맹에서 반공운동을 펼치기도 했으며, 인천시청과 국방부 행정문관, 한국화약주식회사에서 근무했고, ㈜오성전기 회장을 역임하셨다.

아버지는 교계에서도 봉사하기를 즐거워하셔서 감리교총회 실행위원 과 교육국, 평신도국 등 각 부서에서 활동한 바 있으며, 총회 본부 감사와 중부연회 실행위원, 중부연회 남선교회연합회 회장, 중부연회 인천남지 방 장로회 회장 등을 역임하셨고, 감리교 전국연합장로회 부회장, 감리교 전국 남선교회연합회부회장, 인천기독교연합장로회 회장을 역임하셨다.

▲ 한국기드온남인천캠프 창립, 1991년 6월

▲ 남선교회 전국연합회 평신도 지도자 하계수련회

▲ 감리교 장로회 전국연합회 하계수련회(중부연회)

마무리하면서

아버지의 유언

주님의 말씀대로 소금과 빛의 생활을 하고자 했던 부모님은 이웃에게 덕을 끼치는 말과 행동을 하여 하나님께 영광 돌리는 삶을 살고자 노력하셨다. 부모님은 자신들뿐만 아니라 자녀인 우리에게도 이를 따르도록 가르치셨다. 또한 우리의 삶은 주님께 영광 돌릴 때 가치가 있고, 그것이 본래 인간의 의무이며, 그리스도 안에서 선한 목표를 세우고 그 뜻을 성취하고 실천하는 생활이 바로 인생이라고 말씀하시며, 그것을 실천하는 생활을 하셨다. 우리 자녀들도 그러한 아버지의 유지를 받드는 삶을 살고자 노력하고 있다.

아버지께서 그렇게도 사랑하셨던 고잔교회는 2013년에 무리한 증축으로 인해 과도한 빚을 지면서 결국 2020년에 매각되어 다른 곳으로 이전하게 되었다. 한편으로는 이단으로 예배당이 넘어가지 않아 다행이라 생각하지만, 부모님께서 기증하신 땅과 교회가 없어진 지금은 신앙의 고향을 잃은 것만 같다. 또한 아버지의 유언인 "고잔교회를 지키라"는 말씀을 지키지 못한 것에 대한 죄책감도 든다. 하지만 현재 각자 섬기고 있는 자리에서 할아버지와 아버지의 신앙을 본받아 하나님께 영광 돌리는 삶을 살고자 한다.

"자랑스러운 내 아버지!"
"죄송합니다, 죄송합니다"
"많이 사랑하고 보고 싶습니다!!"

▲ 할아버지 오용섭 장로님 묘

▲ 아버지 오재의 장로님 묘

오두석 원로장로

단국대학교 공과대학 전기공학과 졸업
인천대학교 경영대학원 졸업(경영학 석사)
한국산업기술대학교 대학원 졸업(경제학 박사)

서인천 청년회의소(JC) 회장 역임
한국전기공사협회 인천회장 역임(5, 6대)
인천전문대학 전기과 겸임교수 역임
법무부 인천구치소 교정위원장 역임
현, 인천경찰청 범죄피해자 보호협의회 위원장
현, 논현감리교회 원로장로
현, (주)오성전기 대표이사

두 번째 가족회의가 장시간 계속되었다. 아이들의 장래를 위해 가야 한다는 아내의 주장, 특히 미국의 형님은 한국에서 고생하는 이 못난 동생을 항상 측은히 생각하며 한 주일이 멀다 하고 국제전화를 하셨고, 벌써 우리 식구들이 살 집과 직장도 다 준비해 놓은 상태였다. 그런 중에도 아이들은 아버지를 이해하려고 무척이나 애썼다. 나는 인천장로성가단에 대해 많은 이야기를 했다. 드디어 아이들이 아버지가 좋으시다면 한국에서 살자고 했다. 그 말을 듣는 순간 눈시울이 뜨거워졌다. 함께 무릎을 꿇고 기도드렸다.

기억하고 싶은
**하나님의
사람들**

오재섭 장로 | 인천장로성가단

일평생 하나님을 찬양한 오재섭 장로
"호흡이 있는 자마다 찬양하여라!"

오효숙_전, 한국초등여교장협의회 회장

시작하면서

아버지의 신앙 간증

"1977년 미국 이민을 준비하고
있던 어느 날, 극동방송합창단을 함
께해 온 고일록 장로님이 인천장로성
가단 구성을 제안했다. 나는 그때 가
족들의 염려에도 불구하고 '인천장로
성가단 결성이 주님이 원하시는 일'이
라는 생각이 들어 결국 미국 이민을

▲ 오재섭 장로

포기하고, 오직 믿음으로 그렇게 하기로 결심했다. 지금 돌이켜 보면 내
리교회에서 성장하여 한국 최초로 메시아 전곡 연주를 한 경험 극동방송,
정훈합창단, 음악협회를 거치도록 한 것이 결국은 인천장로성가단을 창단
하기 위한 하나님의 사전 계획이었음을 확신하게 되었다.

주님은 내게 찬양을 통한 특별한 달란트를 허락하셨다. 특히 1992년
104개국, 4,000여 명 관중이 모인 워싱턴 세계방송인대회에서 곡 중 솔
로를 부르게 하신 영광이나 2005년 12월 인천문화종합예술회관에서 23
번째 메시아를 연주할 때의 감격은 평생을 통해 잊을 수가 없다. 음악을
제대로 배우지도, 잘 알지도 못하는 나에게 기쁨과 감사와 찬양으로 80년
음악 인생을 살게 하신 하나님께 감사와 영광을 드린다."

삶 그리고 사역

할아버지의 신앙을 이어받다

아버지는 1928년 3월 9일(음력) 부천군 부내면 구산리 62번지에서 9

남매 중 다섯 번째, 아들로는 4남 중 네 번째로 태어나셨다.

아버지의 아버지, 즉 나의 친할아버지 오봉근 씨는 그곳에서 밭농사를 크게 하시며 매일 새벽 밭에 나가서 밤늦도록 일하시는 성실, 근면하신 분이셨다. 할아버지 나이 20세 때에는 구산리에서 신앙 동지 3명(최도경, 이규환, 최덕원)과 함께 초가 6칸을 건축해서 항동교회를 설립하였으며, 45세에는 신천 전도사 교육을 받고, 부평과 부천 구역 책임자로 임명받으셨다. 53세에는 인천 내리교회 전도사로 파송을 받았으며, 중부연회 인천동지방에서 웨슬레 회심 200주년 부흥기념위원을 맡아 일하기도 하셨다.

구산리에 사시던 할아버지께서는 1935년 일본 군부대가 구산리 일대의 토지를 수용하자 결국 인천으로 이주하시게 되었다. 인천으로 이주하신 후에도 신앙생활을 철저히 하시던 할아버지는 전도사님으로 사역을 하시다가 1941년 별세하셨다. 인천동지방회의록에는 오봉근 전도사님 추도식 예배 순서가 나와 있기까지 하다.

교회를 세우시는 열정까지 지닌, 신앙심이 깊은 할아버지 밑에서 자란 아버지는 말 그대로 모태 신앙인으로 죽는 날까지 그의 생활은 철저히 교회를 중심으로 이루어졌으며, 주님께 찬양하는 기쁨으로 일생을 보내셨다. 할아버지가 인천으로 이주를 하자 11살 정도였던 아버지는 첫발을 들여놓은 내리교회에서 교회학교와 중고등부를 거치면서 주님을 뜨겁게 영접했고, 중창단과 성가대원 그리고 교회학교 교사로 봉사하며 열심히 신앙생활을 했다. 당시 내리교회에는 청년부 조직이 없어서 부득불 창영교회에 가서 청년부를 2년간 출석하다가 다시 내리교회로 돌아와 신앙생활을 계속했다.

구산리에서 인천으로 이사를 한 후 아버지는 인천부평동초등학교, 부평동고등과 2년 졸업, 인천중학원 4년을 수료했다.

내리교회에서 청년기 그리고 결혼

구산리에서 어린 시절을 보낸 아버지는 인천으로 이사를 한 후에는 내리교회를 다니며 19세인 1948년부터 성가대원으로 봉사하셨다. 1948년 내리교회 성가대원 중 김흥례 씨가 오빠(김흥룡 장로)의 처제를 아버지께 소개했다. 그녀는 오빠의 처제가 착하고 예쁘며, 믿음 생활을 잘해 아버지와 잘 어울릴 것이라고 생각을 했기 때문이었다. 아버지는 잠깐 본 그녀가 둘째 형수님과 비슷하게 생겨 마음에 들었다고 했다. 그해 12월 29일 두 분은 결혼을 하고, 인천시 동구 송림동 79번지에 있는 주택에서 살며, 그곳에서 5남매를 낳아 기르셨다.

내리교회 역사책에 의하면, 내리교회 성가대는 1954년 대한민국 최초로 헨델의 메시아 전곡을 연주했다. 헨델의 메시아는 보통 대원 100명 이상과 오케스트라가 함께 연주하게 되는데, 지휘자와 반주자를 포함하여 단 39명이 연주를 하였다. 그 당시 성가대장을 큰아버지인 오귀섭 권사님이 맡고 계셨을 때이며, 아버지는 성가대원으로 계실 때였다. 아버지께서

▲ 오재섭, 김선례 결혼 사진

▲ 인천 율목교회 성가대(지휘: 윤학원)

는 그 당시 메시아 전곡을 연주하신 데 대해 여러 차례 우리에게 말씀하셨다. 적은 인원의 대원들이 헨델의 메시아 전곡을 합창했다는 것은 지금 생각해 보아도 정말 대단한 일이 아닐 수 없다.

1955년 10월, 기독교대한감리회 안에서 위헌 시비로 내리교회에서 율목교회가 분리되게 되었다. 이때 내리교회 성가대원들은 거의 모두 율목교회로 가서 율목교회 창립 교인이 되었다. 물론 아버지께서도 함께 나와서 율목교회 창립 멤버가 되셨다. 아버지께서는 율목교회 창립 시부터 성가대원으로 봉사를 하셨으며, 둘째 큰아버지가 성가대장으로 한참을 봉사하시다가 아버지께서 이어서 성가대장을 맡아 봉사하셨다. 이 기간에 인천시립합창단의 지휘자인 윤학원 씨도 성가대원으로 봉사를 하면서 자신의 진로를 바꾸게 되었으며, 또 후에는 지휘자로 활동을 하셨다. 윤학원 씨는 아버지 덕분에 음악의 길로 들어서게 되었다고 TV나 라디오 등에서 여러 차례 간증하셔서 아버지께서는 늘 고맙고 자랑스럽게 여기셨다.

믿음의 본으로서 자녀를 양육하심

아버지의 생활 자세는 그야말로 모범생이라고밖에는 표현할 수 없다. 술, 담배, 도박이라는 것은 우리 집에서는 볼 수가 없었다. 심지어 노래방이라는 곳도 가족들이 함께 가 본 적이 거의 없다. 언젠가 한 번 가족들이 모처럼 노래방에 간 적이 있었는데, 아버지께서는 '고향의 봄'을 너무도 엄숙하게 부르셔서 우리는 웃지도 못하고 서로 눈짓만 했다. 가족들이 모이면 다른 가정에서는 고스톱을 친다고도 하는데 우리 집에서는 한 번도 쳐 본 적이 없다. 고작해야 어머니가 선물을 준비하셔서 함께 윷놀이를 했던 것이 유일한 우리 가족의 오락이었다고 생각된다. 우리 가족들은 지금도 전 국민의 오락이라고 하는 고스톱을 하지 못한다.

아버지는 대학교나 어떠한 기관에서도 전문적으로 음악 공부를 하지 않았지만, 베이스로 음색도 좋으시고, 성량도 풍부해서 성악을 전공한 사람 누구에게도 뒤지지 않을 정도였다. 1964년 아시아에서는 처음으로 일본에서 세계올림픽 경기가 열렸다. 아마도 그때, 확실하지는 않지만, 기독교협회에서 복음을 위한 문화 사절단으로 합창단을 일본에 파견했다. 1개월간 일본의 여러 곳을 순회하며 공연하는 프로젝트였는데, 김천애 교수를 단장으로 하여 단원들 전체가 한국 음악계에서 내로라하는 음대 교수 또는 음악 전공자들이었다. 아버지께서는 음악을 전공하지는 않았지만 뛰어난 가창력을 인정받아 함께 참여하게 되었다. 더욱이 그 합창단에서 신앙부장의 역할을 맡아 일하기도 하셨다. 당시 유치원에 다니고 있던 나와 초등학교에 다니고 있던 누님들은 아버지께서 노래하기 위해 일본에 한 달간이나 다녀오셨다는 사실에 아버지가 매우 훌륭한 분이라고 생각했던 기억이다. 그 당시는 우리나라에서 외국에 가는 것이 무척이나 드문 일이었던 때이었기 때문이다.

아버지는 인천의 베이스왕이라고 불릴 만큼 실력과 아울러 열정을 지니셨던 분이었는데 하나님께서 주신 달란트가 컸지만, 그 뒤에는 그에 못지않은 노력이 있었다. 아버지께서 운전하시는 차를 타게 되면, 우리는 늘 아버지가 직접 녹음하신 찬양곡들을 들을 수 있었다. 아버지께서는 차를 운행하실 때는 늘 찬양곡을 틀어 놓고 수십 번, 수백 번을 연습에 연습을 거듭하셨다. 또한 합창곡에서 베이스 파트 부분만을 직접 악보로 그려 집중적으로 연습하시곤 하셨다. 아버지의 책상 위에는 늘 직접 그린 악보와 성경 필사를 하신 노트들이 놓여 있었다. 아버지가 노래를 잘하셨던 것은 천부적으로 타고난 음성도 좋았지만, 거기에는 남다른 노력이 늘 뒤따랐음을 우리는 알 수 있었다.

아버지의 노력과 성실함은 이민을 가기로 결심하신 이후 영어 방송을 들으시던 일에서도 볼 수 있다. 아버지는 매일 아침 라디오에서 나오는 5분 영어를 들으시며, 카세트에 녹음하여 수십 차례씩 되풀이하여 듣고 공부하시던 모습도 생각이 난다. 아마도 우리 자녀들이 지닌 성실한 자세가 있다면, 그것은 분명히 아버지의 모습에서 보고 배운 것이라고 생각된다.

아버지는 우리들의 교육에 관심이 많으셨다. 특히 음악 교육에 관한 관심도 커서 큰 누님을 초등학교 3학년 때부터 피아노 개인 교습을 받도록 해 주셨다. 지금에야 피아노를 배우는 것이 너무도 일반화되었지만, 그 당시에 피아노를 배운다는 것은 정말 큰 결심이 아니면 엄두도 못 낼 일이었다. 더욱이 우리 집안이 경제적으로 그리 넉넉한 편이 아니었기 때문에 피아노를 배우게 하는 것은 가정 경제에도 영향을 미칠 수 있었을 것이다. 우리 5남매가 모두 다닌 인천 창영초등학교에서 피아노를 치는 학생은 우리 누님을 포함하여 단 2명밖에 없었다. 그 덕분에 누님은 교내 합창대회가 열리면 모든 학급의 반주를 맡아 하느라 무척 바빴다. 누님은 고등학교 때부터 교회에서 반주를 맡아서 했다. 교육대학에 진학해서도 기악반에서 피아노를 맡아 연주하였으며, 전도사님과 결혼을 한 후에는 매형이 시무하는 교회에서 으레 반주를 도맡아 했다. 매형은 신도감리교회, 인천 연희교회, 부천 오정교회, 서울 염창교회의 담임 목사로 시무하다가 별세하셨다. 큰 누님은 매형이 돌아가신 후에는 안국교회에서 반주도 하고, 중창단을 맡아 지도하기도 했다. 아버지의 신앙을 본받아 큰 누님 역시 교회를 중심으로 한 삶을 살았다.

또 아버지께서는 둘째 누님이 공부를 잘한다고 여겨서인지 누님이 다니는 학교에 자주 방문하여 담임 선생님과 상담하시곤 하셨다. 그 당시만 해도 치맛바람이란 말이 있을 정도로 대부분의 가정에서는 어머니가 자녀교육에 큰 관심을 가졌으나 우리 집에서는 어머니보다도 아버지가 자녀들의 교육에 관심이 더 크셨다. 세 명의 누님들에게 과외를 받게 할 정도로 교육에 열성이셨다. 아마도 그 덕분에 둘째 누님이 공부에 뛰어났던 것이 아닌가 하는 생각이 든다. 둘째 누님은 서울교육대학을 졸업 후 교육계에 42년간 있으면서 초등학교 교장, 서울시교육청 과장, 서울 강남교육청 학무국장, 서울학생교육원 원장 등을 지냈다. 은퇴 후에는 양평에서 살면서 교회 찬양대 대원으로, 교장선교합창단 단원으로 활동하며 아버지가 찬양하시던 모습을 그리며 살고 있다.

셋째 누님은 가톨릭의과대학 간호학과를 우수한 성적으로 졸업한 후 바로 명동 성모병원에 취직하였으며, 명동 성모병원이 여의도로 이전을 한 후까지 근 30여 년을 간호사로서 성실하게 근무했다. 셋째 누님은 초등학교에서부터 병원 간호사로 근무하는 동안 단 한 번의 결근이나, 지각, 조퇴 등도 없이 그야말로 근면 성실한 자세로 살아왔다. 셋째 누님은 불교 신자였던 시부모님들을 모시고 사는 동안 교회에 다니기가 무척 힘들었다. 하지만 시부모님들이 돌아가신 후에는 그에 대한 보상이라도 하는 듯 새 신자 접대 및 안내, 성전 미화 봉사, 성경 공부 등에 열심을 다하고 있다. 매일 새벽기도회에서 기도하면서 이웃들에게 주님을 증거하는 기쁨을 누리고 있다. 다행히 셋째 매형도 누님 덕분에 예수님을 영접하고 뒤늦게나마 믿음의 확신을 가졌던 것은 매우 고마운 일이다.

하나밖에 없는 동생은 목원대학교 신학대학원을 졸업한 후 한국에서 목사 안수를 받고, 미국에서 16년간 목회를 하였다. 2007년부터는 한국의 감리회 본부 교육국에서 근무하다가 삼남연회 내 울진의 백암온천교회를 12년간 섬겼다. 그리고 다시 지난 2021년 미국으로 건너가 LA 남쪽 얼바인감리교회에서 담임 목사로 섬기고 있다. 막내라서 늘 어리다고만 생각했었으나, 하나님께서 들어 쓰시는 그릇이 된 것은 아버지 신앙의 본이 되는 모습을 보고 배운 데다가, 아버지의 간절한 기도가 있었기 때문이라고 생각한다.

얼마 전 나는 우리 가족의 신앙의 뿌리를 찾아 '디딤돌'이라는 책을 발간하였다(2022년 6월 30일). 나의 할아버지로부터 시작된 믿음이 후손들에게 축복의 통로로 이어지기를 바라는 마음에서 디딤돌 역할을 다하겠다는 결심에서였다. 지나고 보니 나만큼 아버지에게 많은 영향을 직접적으로, 간접적으로 이어받은 사람도 없다는 생각이 든다. 아버지께서 운영하시던 인쇄소를 물려받아 도서출판 '햇빛과 단비'로 발전시켰으며, 섬기는 교회에서 찬양대장으로, 1986년부터 지금까지 인천남성합창단원으로 꾸준히 활동해 오고 있는 나의 모습은 바로 아버지의 모습과 많이 닮아있다는 생각이 든다. 미국으로 이민 가기 위해 의료기술자격증을 따는 것이 좋다는 큰아버지의 충고대로 물리치료학을 전공했던 나는 아버지께서 인천장로성가단 창단을 계기로 미국 이민을 포기하심에 따라 나의 인생 항로 역시 완전히 바뀌어 버렸다. 이 또한 만물을 주관하시는 주 하나님의 인도하심이 아니겠는가?

확신에 찬 예수 그리스도 증거

우리 집은 경제적으로 그리 넉넉한 편이 아니었다. 물론 그 당시에는 대부분 어렵게 살았고 우리보다 훨씬 힘들게 사는 가정들도 많았다. 그러나 어머니께서는 음식 솜씨가 좋으셨고, 늘 다른 이들을 대접하는 데 넉넉했기에 아버지의 친구분들은 물론 누님들이나 내 친구들이 끊이지 않았다. 우리가 친구들을 데리고 와서 함께 식사하고 있으면 아버지께서는 늘 그들에게 같은 질문을 하셨다.

"너 교회에 다니니?"

안 다닌다는 대답을 들으면 아버지께서는 예수님의 사랑과 구원에 관해 말씀하셨다. 결국 그 친구는 아버지에게 교회에 꼭 다니겠다는 약속을 하곤 했다. 누님들의 친구 중에는 아버지의 전도로 신앙생활을 열심히 하게 된 분들이 몇 명 있다.

아버지의 구원에 대한 확신은 다른 이들을 전도하지 않고는 못 견디게 하는 절박함이 있지 않았나 싶은 생각이 든다. 아버지께서는 주님을 증거하는 용기와 믿음을 주님께서 주신 은사로 생각하시고, 늘 믿지 않는 이들을 전도하는 데 힘을 쓰셨다. 그 결과 130여 명을 전도하셨다. 아버지께서 늘 기쁘게 말씀하시곤 하셨던 것은 서울 음대 출신의 김원근 장로님을 주님께로 인도한 사실이었다. 그 장로님께서는 불신자였지만 아버지의 전도로 신앙생활을 하게 되었다. 그분은 이후 더욱 열심히 신앙생활을 했고, 나중 된 자가 먼저 된다는 말처럼 그분의 아드님을 목회자로 키워 내기까지 하셨다. L.A 셀레토스교회 담임 목사로 목회하다가 2014년 L.A 얼바인 베델한인교회로 부임하여 목회하고 있는 김요한 목사님이 바로 그분이다.

또 한 분은 인천 송림동에서 천광한의원 원장이셨던 조영환 장로님이다. 아버지께서는 불신자였던 그분을 와이즈멘에 입회시켜 12년 동안 전도와 중보 기도를 통해 주님을 영접하게 하여 교회에서도 큰 일꾼으로 일하고 계시는데, 현재 영광한의원(구월동 예술회관 앞)을 운영하고 계신다.

인천장로성가대 창립 단원으로 새로운 찬양의 세계를 창조하다

아버지의 찬양에 대한 열정은 아버지의 인생을 완전히 바꾸어 놓았다. 삶 자체가 전도와 찬양으로 일관되었던 아버지의 생은 인천장로성가단을 창립하는 일로 새로운 전환기를 맞게 했다.

아버지의 바로 위 형님은 아버지가 경제적으로 좀 더 넉넉해지기를 바랐다. 개척정신이 강하신 셋째 큰아버지께서는 간호사로 근무하고 있던 큰딸을 미국으로 이민 보내셨다. 큰아버지는 인천기독병원의 이사로 활동하시는 등 인천 지역사회 유지로서 많은 일들을 하셨지만, 이승만 정권 시 증권 파동으로 많은 재산을 잃은 후에는 넓은 세상으로 가야 하겠다는 생각이 깊어지셨다. 그래서 큰딸을 간호학교에 보내고, 간호사로 근무를 하던 중 미국으로 이민을 보낸 것이다. 그리고 큰딸이 미국 시민권을 얻게 되자 큰아버지 댁은 온 가족이 모두 미국으로 이민 가셨다.

큰아버지 역시 율목교회의 장로로 신앙심이 깊고, 성가대 대장으로 오랫동안 활동을 하셨다. 큰아버지께서 성가대장을 맡으셨을 때에는 연습 시간에도 철저하게 출석하셨는데, 사업상 부산에 가셨을 때는 저녁 연습 시간에 참석하기 위해 비행기를 타고 올라오시는 일까지 있을 정도로 열성적이셨다. 지금에야 비행기를 타는 일이 너무도 흔한 일이지만, 1950년대에만 해도 비행기를 타는 일은 매우 특별한 사람이 특별한 경우에만 탄다고 여겨졌던 때이다.

큰아버지는 미국으로 이민 가신 후 동생인 아버지도 미국으로 이민 갈 수 있도록 여러 방면으로 도우셨다. 마침 아버지께서 하시던 사업이 좀 힘들어지자 아버지는 형님의 권고에 따라 미국 이민을 결심하셨다. 아버지는 미국에 가실 준비를 하기 위해 아침이면, 동아방송에서 나오는 생활 영어를 연습하시며 큰 소리로 따라 외우기도 하셨다. 얼마나 열심히 하셨는지 곁에서 듣고 있던 우리도 따라 할 정도였다. 결혼한 누님을 제외하고 온 가족이 미국 이민 준비에 맞춰 생활하게 되었다. 나 역시 미국에서는 물리치료가 인기 있다는 큰아버지의 조언에 따라 대학에서 물리치료를 전공했다.

하지만 하나님이 계획하신 일은 인간의 생각과는 다른 것이었나 보다. 아버지는 1977년, 3년 가까이 준비해오시던 미국 이민을 포기하셨다. 서울 안기부에 가서 교육까지 받고 막 미국으로 떠나기로 한 바로 그때였다. 그 당시 일에 대해서 아버지께서 자세히 적어 놓은 글이 있다. 그 글을 그대로 옮기고자 한다. 아버지에게 있어서 인천장로성가단은 그의 중년기 이후 삶 그 자체이기도 하기 때문이다.

 인천장로성가단 창단 20년을 회고하며   오재섭

❶ 창단과 감격의 첫 찬양

1977년 입추가 지났지만 한낮의 해가 따가운 어느 날, 교파가 달라 자주 만나지는 못했지만 서로 잘 알고 지내던 고일록 장로님이 찾아오셨다. 장로들만으로 구성해 하나님께 찬양과 영광을 드리는 성가대를 만들면 어떻겠느냐고 제안을 하는 것이었다. 평생을 성가대원으로 찬양과 함께 살아온 나는 이를 매우 기쁘게 생각하며 찬성하고, 구체적으로 단의 운영 방침을 상의하며 단원 확보에 나서게 되었다. 평소 믿음 안에서 가까이 지내던 장로들에게 취지를 설명하며 권하니 하나같이 기쁜 마음으로 동참하여 1977년 8월 29일 첫 모임을 엘림음악원에서 갖고, 첫 찬양곡 '평화의 기도'와 '기도의 시간'을 부름으로 역사적인 인천장로성가단이 창단하게 되었다.(지휘: 윤영진, 단원: 이인영, 이화춘, 이준경, 전의철, 홍기표, 김윤신, 고일록, 오재섭)

나는 지금도 첫 곡을 부르던 그때의 그 감격과 기쁨을 잊을 수 없다. 우리 모두 하나 되어 아름다운 하모니가 이루어지며, 기쁨으로 불렀던 찬양은 단원 모두의 진정한 신앙고백이며 기원이었던 것이다. 그 귀한 찬양을 부르는 마음들이 결속되어 열심히 뒤따랐으며, 나아가 단원을 확충하

는 일로 이어져 갔다.

❷ 미국 이민을 포기하면서

그 무렵 나는 미국에 계신 형님의 초대로 3년 전부터 준비해온 이민 수속을 다 마치고, 이민 교육까지 받고 온 가족 여섯 식구가 곧 출국을 앞두고 있었다. 이러한 사정을 안 단원들은 하나같이 장로성가단을 창단해 놓고 바로 이럴 수가 있느냐며 만류를 하였다. 솔직히 모여 기쁨으로 찬양을 하고 돌아올 때면 이렇게 격의 없이 주 안에서 한 형제 된 단원들, 만나면 즐겁고, 헤어지기 아쉬워하며 시간 가는 줄 모르고 부르는 찬양의 시간을 이민 생활에서는 다시 갖지 못하리라고 생각하니 서운함으로 가득 차 착잡한 마음 금할 길이 없었다.

가족회의가 진지하게 시작되었다. 당시 운영하던 인쇄업도 좀 어려운 형편이었고, 오랫동안 계획해온 일이라 가족들을 이해시키며 이민 계획을 바꾼다는 것이 쉬운 일이 아니었다. 며칠 후 아무래도 출국을 해야겠다고 말했더니, 지난번보다 더욱 강경히 만류했다. 특별히 고일록 장로님은 친구 몇이 도우면 오 장로 사업 하나 유지 못 시키겠냐며 함께 살자는 말을 할 때 참으로 고맙게 생각되었다. 돈으로 살 수 없는 진정 어린 친구들의 우정, 이 귀한 우정을 어찌 저버리며, 이 세상 어디 가서 찾을 수 있을까? 또한 평생을 찬양과 더불어 살아온 내가 인천장로성가단으로 인해 더욱 보람과 기쁨의 삶이 되었는데, 미국 어디에 가서 이러한 기쁨을 이어 갈 수 있을까? 내 마음은 더 없이 갈등으로 흔들리고 있었다.

두 번째 가족회의가 장시간 계속되었다. 아이들의 장래를 위해 가야 한다는 아내의 주장, 특히 미국의 형님은 한국에서 고생하는 이 못난 동생을 항상 측은히 생각하며 한 주일이 멀다 하고 국제전화를 하셨고, 벌써 우리 식구들이 살 집과 직장도 다 준비해 놓은 상태였다. 그런 중에도 아이들은 아버지를 이해하려고 무척이나 애썼다. 나는 인천장로성가단에 대해 많은 이야기를 했다. 드디어 아이들이 아버지가 좋으시다면 한국에서 살자고 했다. 그 말을 듣는 순간 눈시울이 뜨거워졌다. 함께 무릎을 꿇고 기도드렸다.

"이제껏 인도해 주신 하나님께 모든 것을 맡깁니다. 주님이 부르시면 어차피 다 두고 갈 이 세상 것에 집착하지 않게 하시고, 저 하늘의 것을 사모하게 하시옵소서."

이렇게 해서 미국으로의 이민을 포기하고 더욱더 보람과 기쁨으로 인천장로성가단과 더불어 하루하루를 감사함으로 살게 되었다. 당시 단원들은 한 주일에 한 번 있는 연습에 빠지는 일이 거의 없었다. 얼마나 열심이었으면 수술 후 입원 중이면서도 연습 날 의사에게 간청하여 링거병을 달고 연습에 나왔을까? 단원이 증가하면서 모이면 찬양으로 하나 되어 기쁘고, 헤어지면 만나고 싶은 사랑의 공동체가 되었다. 음악을 전공한 단원은 없어도 기도와 신앙고백으로 드리는 우리들의 찬양은 천사의 나팔 소리 같다며 교회의 초청이 계속되었고, 성도들과 함께 찬양으로 은혜를 나누는 날들이 이어져 갔다.

▲ 인천장로성가단 정기연주회, 지휘: 윤영진 장로

아버지는 1977년부터 2016년 89세까지 39년간 인천장로성가단 단원으로 활동하셨다. 인천장로성가단은 매주 토요일 오전 6시에 모여 연습했는데, 아버지께서는 40여 년간 단 한 번 연습에 빠지셨다. 그것은 어머니께서 돌아가셨을 때인데, 그때도 연습에 참여하시겠다고 하는 것을 누님들의 만류로 어쩔 수 없이 빠지셨던 것이다. 심지어 병원에 입원하셨을 때는 링거 주사기를 팔에 꽂은 채 택시를 타고 가서 연습에 참석하신 일도 있었다.

아버지의 노년기

아버지는 요양원으로 가시기 전인 90세까지 인천 참기쁨교회 찬양대원으로 활동하셨다. 말년에는 귀가 잘 안 들려 보청기를 사용하기도 했다. '호흡이 있는 자마다 주를 찬양하라'는 말씀은 아버지의 삶 그 자체였으며, 찬양만큼은 아버지의 살아있는 이유였다. 아버지께서는 요양원에 들어가신 후에도 요양원에서 함께 드리는 예배 때 특송을 하기도 하셨다.

아버지는 어머니가 돌아가신 후 믿음이 좋다고 주위에서 추천한 분과 재혼을 하셨다. 하지만 어머니의 헌신적인 봉사만을 받으셨던 아버지는 재혼하신 분과 계속 지내지를 못했다. 옛날 어머니께 대하던 태도로 새로 만난 분을 대하니 그분은 무척 힘들어하시다 결국은 헤어지게 되었다. 아버지는 우리에게 '재혼하신 분께 하는 것의 십분의 일만 했어도 돌아가신 어머니께서 정말 좋아하셨을 텐데'라는 말씀을 가끔 하셨다. 어머니가 돌아가신 후 아버지가 어머니께 쓰신 편지를 읽게 되었는데, 구구절절 살아 계실 동안 잘해 드리지 못한 것에 대한 회한이 넘치는 글이었다.

아버지는 혼자 지내는 동안에도 늘 찬양과 성경 읽기로 시간을 보내셨다. 아버지 댁에 가보면 좋아하는 성경 구절을 메모하고 외우시던 흔적과 곡조와 가사를 외우느라 찬양 테이프를 틀어 놓고 수없이 반복해 들으

시던 모습을 보곤 했다. 또한 늘 가지고
다니던 가방이나 옷 주머니에서는 성경
말씀이 적힌 메모지가 발견되곤 했었다.

▲ 특송 하시는 모습

아버지는 90세가 넘어 치매 증상이
조금씩 나타났는데 시간에 대한 개념이
확실하지 않으셨다. 어느 날에는 늦은 밤
인데도 불구하고 아파트 밖에 나가서 아
버지를 모시고 교회에 가시던 집사님을
기다리고 앉아 계신 적이 있었다. 한번은
밤 10시경, 거주하시는 인천 송림동에서 혼자 택시를 타고 아버지가 섬기
는 논현동에 있는 참기쁨교회 예배당에 가서 불을 켜놓고 예배가 시작되
기를 기다리고 계신 적도 있었다. 아버지의 삶은 교회에서 찬송하고 기도
하며, 하나님만을 바라보는 믿음의 모습으로 일관하셨다. 치매 증상 역시
하나님만을 바라보는 삶의 자세가 그대로 나타나 보였다.

마무리하면서

아버지가 가신 후

아버지가 돌아가시고 나면 모든 사람들이 여러 가지 회한으로 슬픔에
잠기기 마련이다. 하지만 그러한 슬픔 속에서도 우리 형제들은 하나님만
을 찬양하고, 확신을 갖고 예수 그리스도를 전도하며 일생을 살아가신 아
버지의 축복된 삶에 감사하며, 또한 부러워하기까지 했다.

아버지의 일생은 '찬양과 전도' 이 두 단어로 집약된다. 19살 때부터
인천 내리교회 성가대 대원으로, 89세까지 39년간 인천장로성가대 단원으
로, 그리고 92세까지 섬기던 교회에서 성가대 대원으로 헌신을 다하셨다.
그리고 주위에 하나님을 영접하지 못한 사람들을 안타깝게 여기며 주님을

증거하여 130여 명을 전도하셨다. 세상의 큰 명예나 넉넉한 재물은 없었어도 한 알의 밀알로서 주님을 증거하고 찬양하며 보낸 하나님의 자녀로서의 일평생은 늘 우리에게 삶의 자세에 관한 깨우침을 주셨다.

말년에는 요양원에서 2년간 지내시면서, 또한 COVID-19로 인해 지켜보는 자녀들도 없이 조용히 주무시듯 하늘나라로 가시게 되어 너무도 마음이 아팠지만, 그곳에 가서도 힘차게 찬양하실 아버지의 모습을 그리며 우리는 마음을 추스를 수 있었다.

아버지는 '나 죽으면 묘비에 일평생 하나님을 찬양한 사람'이라고 써달라고 하셨다. 글을 쓰고 있는 지금도 아버지가 환한 표정으로 입을 크게 벌리고, 가장 좋아하는 찬송가 '주님의 마음을 본받는 자'를 힘차게 찬양하시는 모습이 떠오른다.

▲ 가족사진 (둘째 누님 댁에서)

약 력

인천 해군정훈합창단 총무 3년 역임(지휘 최영섭 선생)
– 인천시민의 날 문화상 수상 / 김정렬 시장

1951년 1.4후퇴 때 연합성가대 조직
  (내리교회, 제일장로교회, 창영교회, 가톨릭교회, 지휘/최영섭)
  부산에서 국회합창단, KBS합창단, 자유의소리합창단 단원으로 활동
  (이승만 대통령 생신 축하공연, 워커대장 장례식 조가, 병원 및 부대 위문공연)
  KBS부산 방송국에서 나운영 교수를 주축으로 연주 활동
  (남성 4중창단/김진영, 후라이보이 곽규석, 홍기표, 오재섭)

1954년	내리교회 성가대 대한민국 최초로 메시아 전곡 연주(1~53번/2시간 30분)
1958년~1961년	인천음악협회 총무 역임 (회장 안승호 선생)
1961년~1963년	극동방송합창단 총무 역임 (단장 허브랜드, 지휘 윤명호 선생)
1964년	복음합창단 (단장 김천애 교수) 신앙부장 역임
	(세계올림픽경기 시 1개월간 일본 순회 공연, 교수와 대학원생 등 총 33명 참가)
1977년	인천장로성가단 창단. 창단 멤버.
	(세계 최초의 장로성가단으로 장로성가단의 효시)
1992년	인천장로성가단 세계 104개국 방송인대회에서 연주. 곡 중 솔로
	(워싱턴 쉐라톤호텔/빌리 그레이엄 내외, 부시 대통령 내외 등 참석)
	(관객 첫날 5,000명, 둘째 날 4,500명)

그 외

1973년 03월	인천서지방(율목교회)에서 장로 임직
1985년	감리교 연회 및 총회 대표(7회)
1994년~1996년	국제기드온 인천캠프 회장 역임
1996년~1997년	감리교 전국남선교회 음악선교부회장
1997년	기독교대한감리회 중부연회(850교회) 장로회장 역임
1997년~2021년	감리교총회 실행위원

Y's멘 20년간 활동
국제기드온협회 28년간 봉사
감리교 전국원로장로회 고문(2011년~2021년)

오효숙
서울교육대학,숙명여대교육대학원 졸업

서울 소의초, 장월초 교장
서울강남교육청 학무국장
서울시교육청 초등교육정책과장
서울학생교육원 원장
한국초등여교장협의회 회장
학교안전공제회 이사 역임

1973년 6월에 마니산기도원 건축위원회가 구성되었다. 아버지 유경실 장로님도 건축위원회 한 사람으로서 봉사부 분야에서 수고하셨다. 1975년 드디어 모든 어려움을 다 해결하고 마니산기도원이 건립되었다. 여름이면 연합부흥회를 위해 유명한 강사를 초빙하고, 교회별로 천막을 치고, 각 교회 담임 목사님도 함께 참석하는 은혜의 동산에서 천국잔치를 한다는 것이 너무나 행복했다. 두 개 지방이 함께 연합하여 은혜를 받는 중에 마니산 중턱에 마니산 기도원을 건축하도록 하나님께서 섭리하신 줄을 믿는다.

기억하고 싶은
**하나님의
사람들**

유경실 장로 | 강화온수감리교회

유경실 장로가
걸어가신 작은 발자취

유도열 목사_인천시온감리교회 원로목사

시작하면서

아버님!!

믿음의 한평생을 오직 예수님만 바라보시며 자랑도, 불평도 한마디 없이 묵묵히 조용하게 살아가신 장로님의 발자취, 아들 유도열 목사가 유년 시절부터 눈으로 보고, 귀로 들어가며 마음 밭에 깊이 새긴 아버님의 복음적인 한평생을 기도하는 마음으로 감히 펜을 들어 기록에 남기고자 합니다.

유경실 장로님의 성품

아버지의 첫인상은 남에게 거부 반응을 일으키는 부담스러운 인상이 아니고, 언제나 자연스럽고 웃음이 가볍게 깃든 인상이다. 한마디로 착하고, 순진하시며, 인자하신 어린이와 같은 겸손한 성품이다. 같은 마을에 살면서 세상 친구는 없고, 교회와 가정 예배를 중심으로 살아오셨다.

세상과 하나님의 세상을 엄격하게 선을 긋고 살아가심

예전에는 불신자를 외인 또는 이방인이라고까지 부르던 시절이 있었다. 세상적인 시간보다 하나님의 시간을 기뻐하셨고, 아까운 시간을 낭비하며 뜻 없이 시간을 보내는 것을 싫어하셨다. 아버지는 일생을 이웃과 함께 장기판도, 바둑판도, 화투치는 것도 전혀 없이 사셨다. 우리 집이 운영하는 상점에서는 화투가 세상 속물이라고 생각하며 판매조차 하지 않았다.

유청소년 시기

아무리 어촌이고 가난해도 자녀를 초등학교 정도는 보내는 것이 기본인데, 그렇게 할 수가 없어서 초등학교도 다니지 못해 기초적인 공부도 못

하셨다. 또 동네 아이들과 함께 놀지도 못하고 매일 일을 해야만 하는 형편이었다. 고아처럼 홀로 서야만 하는 고독하고 외로운 소년기를 보내셨다.

유경실 장로님의 신앙생활

장로님은 새벽기도 대장이라는 이름이 붙을 만큼 성경 읽기와 영적인 묵상 시간을 깊게 하셨다. 성경 말씀을 사모하여 상점에서도 시간이 허락되는 대로 성경을 읽었기 때문에 성경을 거의 손에서 놓지 않았다.

1915년 이후 정윤화 속장이 인도했던 장봉도 옹암교회 기도회를 긍정적으로 보시며 해방 이후 15년간 열심히 참석하셨다. 6.25동란도 지나고 1960년대에 이르러 장봉기도회 회장직을 10년 동안이나 계속해서 감당하셨다.

하나님께서는 꺼져가는 등불을 끄지 않으신다(사 42:3). 장봉기도회와 연결된 마니산 철야기도회를 이어 오는 중 강화 남지방과 서지방이 연합하여 해마다 여름 집회를 개최했고, 시간이 지난 후 마니산 참성단 중턱에 마니산기도원을 건축하게 되었다.

삶 그리고 사역

출생과 성장 그리고 입양

장로님은 1904년 4월 5일 경기도 강화군 길상면 선두리 874번지에서 아버지 유영서의 3남으로 출생하셨다. 길상면 선두리 어촌 갯벌과 연결된 작은 어촌에서 출생하셨으며, 그곳에서 너무나 바쁘게 일해야 했기 때문에 친구하고 놀지도 못 했다고 말씀하셨다. 학교는 산을 넘고 또 넘어가면 일정 시대에 세운 길상공립보통학교가 있었는데, 학교가 있어도 집의 일 때문에 부모님은 아들의 입학을 생각지도 않으셨다. 완전히 학교와는 단절되었다.

그러나 더욱 가슴 아픈 것은 15세가 되었을 때, 초등학교 입학은 고사하고 북도면 신도섬 고남리에 분가하여 살고 계신 둘째 아버지(仲父) 집의 양자로 들어가라는 것이었다. 할아버지의 말씀이 3형제들과 충분히 의논하였으니 걱정하지 말고 가운데 아버지 집으로 가라는 것이었다. 둘째 아버지는 자식이 없기 때문에 장차 너를 잘 돌보아 주실 것이니 입양을 가라고 재차 말씀하셨다. 매우 가슴 아픈 결정이지만 마음을 크게 먹고 새로 출발하라는 것이다. 처음에는 아버지도 크게 당황하였고 마음도 아프고 울음이 나왔다고 한다. 그러나 할아버지의 말씀에 순종하셨다.

"풍세를 살펴보는 자는 파종하지 못할 것이요 구름만 바라보는 자는 거두지 못하리라"(전도서 11장 4절)

북도면 사무실의 소사일

아버지는 학교에 다니지 못했고 다른 배움의 기회가 없었지만, 한글은 터득이 쉽고 외우기 좋아서 노력하면 될 것 같았다고 한다. 단지 살아남기 위하여 할아버지의 말씀에 순종하여 1917년 15세 나이에 강화도 본섬보다 더 작고 낯선 부천군 북도면 면사무소에 들어가 소사로 일을 하게 되었다.

처음 한 일은 편지를 배달하는 우체부 역할이셨다. 두근거리는 마음으로 편지 겉봉투부터 보니 이름 석 자가 모두 한문으로 적혀 있었으며, 읽어 본 적이 없는 한자 이름만 적혀 있었다. 눈 뜬 소경이 된 것이다. 첫 근무부터 당황하셨다. 그러나 옥편을 들고 마을로 다니면서 차분하게 한문으로 이름이 적힌 편지 봉투를 하나씩 하나씩 모두 배달했다. 그렇게 2년이 지나자 어느 날 문득 생각이 떠올랐다. 이왕에 양자가 되었으니 내 자신의 어떤 새로운 꿈을 가져야 하겠다는 강한 결심이 서게 되었다. "더 이상 나는 편지 배달부가 아니다" 하면서 사표를 제출하고 면사무소를 떠났다고 하셨다.

"보라 나중 된 자로서 먼저 될 자도 있고"(눅 13:30)

북도면 면사무소에 소사로 들어간 지 2년 만에 사표를 내고, 양아버지께 사정을 자세하게 말씀을 드렸더니 기쁘게 승낙하셨다. 너무나 작은 소망이지만 감사한 결단의 선물을 하나님께서 주신 것이다. 그동안 집안일 때문에 배움의 길이 막히고 앞이 보이지 않는 상황에서 더 이상은 아니라고 생각하며 '나는 늦었으나 지금이라도 배워야 산다'라는 새로운 각오와 결심을 하게 되었다.

첫 번째로 북도면 고남리에 거주하시는 한학자 어르신을 무조건 찾아가 배움을 요청했다. 정월부터 약 5개월간 한학을 충실하게 수업받았다. 다음에는 구노지 마을에 있는 차원이 다른 강습소를 찾아갔다. 나이는 계속 먹어가고 있었으나 조금도 당황하지 않고 신학문과 구학문을 공부했다. 드디어 맹자 3권을 수업하고, 일본어와 산술, 주산 등 그 밖에 과목을 1년 이상 차분하게 배웠다.

할아버님께서는 양아들이 비록 많이 늦게 시작한 공부지만, 과거에 배우지 못하고 놓쳐버린 기회를 그렇게라도 시작하여 힘을 다해 공부하는 모습을 보며 시작이 반이라는 생각을 하고 차분하게 용기와 의지를 북돋아 주시며 후원해 주셨다.

네 시작은 미약하나 네 나중은 창대하리라(욥기 8장 7절)

아버지는 1917년 15세에 신도섬에 들어가 2년이 지난 후 공부를 위해 그립던 친가 강화도 선두리 고향으로 다시 돌아오게 되었다. 강화도에 도착해 무작정 김두성 어르신께 찾아가 4개월간 신학문 기초를 닦았다. 그리고 다니고 싶었던 길상공립보통학교에 17세가 되어 3학년으로 월반하며 입학하셨다.

학문의 꿈

이제는 보이는 것이 바다가 아니라 학교이며, 이제는 일감이 보이는 것이 아니고 학교 모자를 쓴 학생들이 보이기 시작했다. 수년간 잃어버린 시간을 되찾아야 하는 과제가 보였던 것이다. 스스로 독립하여 뒤떨어진 학문과 큰 꿈을 갖고 지난 17년간 두 섬에서 가난과 양자라는 높은 두 파도를 만났으나 오히려 파도를 넘고 또 넘어서 학문의 길이 열림으로 합력하여 선을 이루게 되셨다.

1923년 19세에 서울 중동중학교 속성과에 입학하여 1년간 수업을 끝내고, 그 이듬해 1924년에 배재학당 본과에 입학하기 위해 예과 과정 1학년과 2학년을 수료하셨다. 이러한 끈기와 용기와 담력은 성경에 나오는 요셉이 형들에게 노예로 팔려 가 난감한 처지에 봉착했으나 가는 곳마다 하나님의 손길이 함께 하신 것처럼, 결국은 하나님께서 아버지의 기도를 응답해 주셨다고 생각한다. 이제부터는 하나님께 더욱 매달려야 할 기도의 목표가 보이기 시작했다.

1925년에는 대망의 배재학당 본과에 정식으로 진급하여 열과 성의를 다하여 1학년, 2학년, 3학년 과정을 수료했으나, 안타깝게도 질병에 걸려서 더 이상 진학을 하지 못하고 학문의 꿈을 접게 되셨다.

평신도의 길을 택하심

"큰 집에는 금 그릇과 은 그릇뿐 아니라 나무 그릇과 질그릇도 있어 귀하게 쓰는 것도 있고 천하게 쓰는 것도 있나니"(디모데후서 2:20)

비록 가슴 아프게 배재학당의 길은 중도에 포기했으나 그동안 서울에서 두 학교에 다니는 동안 학문의 중요성과 서적에 대한 인식을 새롭게 하면서 시골에 가서는 독학을 해야겠다고 결심하고 기독교 서적을 상당히 많이 구입하셨다. 학교나 다름없이 독학으로 기독교의 기초적인 학문을 상당하게 터득해 가셨다. 시간이 지나서는 교회에서 설교나 청장년을 위한 성경반을 맡아 평신도 지도자로서 충실한 교사의 사명을 감당하며 기쁨과 보람을 찾으셨다. 당시 교회에는 지도자가 절실하게 요구되고 충성스러운 청지기 필요한 때였고, 아버지는 이런 사명을 감당하시게 되었다. 모든 일이 너무나 기쁘고 감사한 하나님의 섭리라고 믿는다.

필자가 아직 유년기 시절에 대청마루에 놓인 도서들을 보고 당시에는 아무런 관심도 없었기에 그냥 책으로만 보았을 뿐이다. 그러나 신학교에 입학하여 다시 살펴보니 상당히 준비된 기독교 서적들이었다. 진열된 서적은 영어사전을 비롯하여 신구약 주석집, 설교집, 예화집 등 설교 준비에 크게 도움이 되는 기독교 서적이었다. 오히려 양자로 가셨기에 도서를 구입할 수 있으셨다. 분명히 아버지의 앞에는 목회자의 길과 평신도의 길이 놓였을 터이나 평신도의 길로 가셨다. 하나님께서 택하여 쓰시는 장로가 되셔서 존경받고 사랑받는 교회 평신도 지도자가 되셨다.

유경실 장로님의 상점 경영과 주일성수

아버지는 길상면 온수리 장마당의 가장 좋은 위치에 자리를 잡고, 해방되기 전부터 새 가게를 크게 건축하여 상점 이름을 창신상회(昌新商會)라고 지으셨다. 길상면을 비롯하여 화도면, 내가면, 불은면 등 4개 면에서 많은 장꾼이 모이는 데, 아버지는 장마당에 오는 손님들에게 할 수 있는 한 갖가지 필요한 잡화를 골고루 준비하여 빈손으로 가는 걸음이 없도록 하셨다. 그래서 온수백화점이라는 소문까지 났다고 한다.

창신상회는 개업하면서부터 주일날은 절대로 가게 문을 열지 않았다. 상점은 문을 닫고 주일을 지나 월요일 아침이 되어야 문을 열고 판매를 시작했다. 주일 하루는 출입이 불편해도 살림하는 대문을 이용해야 했다. 주일이면 상점 문을 모두 닫고 판매를 금지하니까 온 식구가 마음과 정신이 하나로 집중되어 주일성수를 위해 처신을 바르게 했다. 그래서 예배드리는 날은 상점 문을 닫고 안식하는 날로 식구들이 어려서부터 지키게 되었다. 주일이 되면 창신상회는 상점 문을 닫고 온 식구가 예배를 드리러 간다는 인식이 동네에 깊이 박히게 되었고, 새 신자들도 주일성수 교육을 자연스럽게 배우게 되었다.

장날과 주일날이 겹치는 날은 의당 상점을 닫는다는 의식이 장마당과 동네 전체와 오는 장꾼들도 다 알고 있었다. 그러나 시험에 빠지기 쉬운 장날이 1년에 세 번은 찾아왔다. 하나는 추석 대목이고, 다음은 구정 대목, 그리고 마지막은 성탄절 대목이었다. 시골 장사는 1년에 몇 번 안 되는 대목을 기다리며 장사한다고 해도 과언이 아니다. 아버지는 장사를 시작한 날부터 한 번도 주일을 범하면서 상점의 문을 열어 본 적이 없다.

주일 아침에 온 식구가 식사하는 중인데 가게 문을 노크하는 소리가 들렸다. 식사를 중단하고 작은 변지문을 열고 주일은 물건을 팔지 않는다고 말한 후 문을 닫으려는데 손님이 사정했다. "제가 10리 길을 걸어서 왔는데, 갓난아기가 엄마 젖이 모자라 우유를 먹이려고 합니다. 고무로 만든 젖꼭지가 다 낡아서 도저히 우유를 빨 수가 없으니 사정을 좀 봐주세요"라며 부탁하는 것이다. 손님의 처지가 이해되어 아버지께 사정을 말씀드렸더니 깊이 생각을 한 후 허락을 해주셨다. 필자도 철이 들면서 주일날 물건을 파는 일이 처음이라 마음에 심히 부담되었다. 아버지께서는 아마도 마태복음 12장 11절과 12절 말씀을 기억하시고 허락하셨으리라 생각한다.

"예수께서 이르시되 너희 중에 어떤 사람이 양 한 마리가 있어 안식일에 구덩이에 빠졌으면 끌어내지 않겠느냐 사람이 양보다 얼마나 더 귀하냐 그러므로 안식일에 선을 행하는 것이 옳으니라"(마태복음 11:11-12)

강화지방의 교회마다 온수교회 유경실 장로님의 주일성수 예화가 널리 퍼지고 있다는 말을 들었다. 강화지방에서 수년간 목회를 하신 목사님들이 십계명의 네 번째 계명, 주일성수 설교를 시작할 때면 강화 온수교회 유경실 장로님의 예화를 전하며 은혜를 받는다는 소식을 전해 들었다.

6.25사변 이후 모두 가난과 빈곤으로 힘들게 살 때이다. 당시 미군부대의 통조림은 배고픈 우리에게 먹고 싶은 식품 중 하나였다. 그러나 군수품 거래는 사적으로 매매를 할 수 없게 법으로 규정되어 있었다. 그럼에도 불구하고 흔하게 불법적으로 유통되고 있었다. 아버지는 영문도 모른 채 상품으로 생각하시고는 군수품을 받아 상점에 보관하셨다. 예배를 드리고 집에 오니 들리는 말이 장로님의 집은 역시 대단 하다는 것이다. 이유인즉 방금 강화읍에서 경찰이 나와서 장터에 진열한 모든 군수품을 압수해 차에 싣고 갔다는 소식이었다. 우리 집은 주일이 되어 상점을 닫고 주일예배를 드린 것이 일단 화를 피하는 길이 되었다. 이 일이 마음에 새로운 깨달음을 갖게 하는 이유는 하나님의 보호가 무슨 뜻인가를 깊이 생각해 보는 기회가 되었다.

필자는 학창 시절, 인천에서 고등학교 재학 중 여름과 겨울에 방학이 되면 고향에 계신 부모님을 찾아뵙고 인사를 드렸다. 도착하자마자 옷을 갈아입고 겨울이면 겨울대로, 여름이면 여름대로 부모님의 일손을 돕기 위해 조금도 망설이지 않고 남겨 놓은 일감들을 열심히 도와 드리면서 방학을 보냈다. 방학이 끝나고 인천으로 출발하기 전에 아버지는 학비가 담긴 봉투를 주시면서 딱 한마디 하시는데, 그 말씀은 열심히 공부하라는 말씀은 없고 오직 주일성수 하라는 말씀이 전부셨다. 아직도 내 귀에 쟁쟁하게 들리는 것 같다.

유경실 장로님의 교회력과 온수교회

유경실 장로님의 신앙 경력
아버지는 1921년 17세에 강화군 길상면 길직교회에서 윤희일 목사님께 세례를 받고 입교하셨고, 이진형 담임 목사님께 신앙생활 지도와 등급사경회와 특별반까지 이수하셨다. 1932년 28세에 길직교회에서 이익모 감리사께 권사직을 받으셨고, 1934년 3월 인천지방회 내리교회에서 장로로 임명받으셨다. 1938년 온수교회를 신축하고 본처 전도사직을 김현오 감리사님으로부터 위임받으셨고, 1944년 6월 25일 35세 때 온수교회에서 신흥철 목사님께 장로 안수를 받으셨다.

유경실 장로님의 교회사랑 정신
아버지가 온수교회의 장로로서 열심히 사역하실 때 필자는 형님이신 유세열 목사님과 함께 아버지께 우리 가정이 인천으로 이사하면 여러 모양으로 발전할 것 같으니, 인천으로 이사 가면 좋겠다고 정중하게 건의를 드렸다. 그러나 아버지는 첫마디에 안 된다고 거부하셨다. 그 이유는 온수교회가 시작할 때부터 누구보다도 더 교회를 사랑하셨고, 현재와 미래에 하나님께서 부르실 때까지 온수교회가 나의 예배 처소요, 나의 기도하는 집이라고 생각하며, 온수교회 성도와 함께 일생을 살아온 영혼의 뿌리와 같은 교회이기에 절대로 떠날 수가 없다고 하셨다. 현재도 소천하신 부모님의 뼈가 온수교회의 묘지에 안장되어 계신다.

가정 예배와 십일조 준비
아버지는 주일 저녁과 수요일 저녁을 제외하고 언제나 변함없이 365일 가정 예배를 드리셨다. 어떤 날은 저녁 예배가 길어지면 그냥 잠이 들었다가 주기도문을 외울 때 눈을 뜨고 일어나던 일도 생생하게 기억이 난다. 저녁 예배가 끝나면 언제나 하루 종일 상점에서 판매한 금액을 주판으로 모두 계산하셨고, 하루의 십일조를 꼭 떼어서 양철로 된 십일조 통에 넣으셨다. 그리고 한 달이 되면 정확하게 구별하여 드리셨다. 특히 대목 장날 십일조가 많이 계산되면 흐뭇해하시는 아버님의 표정은 잊을 수가 없다. 아버지는 돈을 버는 재미보다 십일조가 쌓여 사랑하는 하나님께 드리는 일을 더욱 기뻐하신 것 같다.

유경실 장로님의 목회자 사랑

온수교회를 담임(1959년)하셨던 오지섭 목사님의『나의 목회 한평생』242쪽에는 아버지에 관한 이야기를 기록하고 있다. "유경실 장로는 기도 대장이요, 의로운 사람이었다"고 했다. 교회에서 봉사하실 때는 아무런 흔적 없이 봉사하시고, 사람들에게 공치사하며 드러내지 않았다는 것이다.

오지섭 목사님이 온수교회에 부임하고 2개월이 지났을 때, 강단에 무명으로 드린 헌금 봉투가 있었다. 봉투에 기록된 내용을 보니 오지섭 목사님의 자녀 교육비로 드린다는 내용이었다고 한다. 오지섭 목사님의 자녀가 여럿이라 교회 사례비로 교육비를 충당하기는 매우 힘들다는 것을 아시고 아버지께서 드린 것이다. 이후로도 아버지는 매월 첫 주일이면 무명으로 5년이 넘도록 봉투를 준비하여 하나님께 드렸다고 한다. 이러한 아름다운 소식이 전해지면서 어느 장로님도 마음에 감동을 받고, 무명으로 오지섭 담임 목사님의 자녀 교육비를 후원하는 뜻으로 헌금을 드리게 되었다는 기록을 읽었다. 이심전심 목회자를 사랑하는 마음이다.

6.25사변 때 두 번이나 사지에서 하나님의 구원의 손길이 나타난 사건

"여호와는 나의 요새이시요 나의 하나님은 내가 피할 반석이라"(시편 94:22)

인민군이 강화도를 처음 점령할 때는 조금도 본성을 드러내지 않다가 후퇴가 시작되니, 그리스도인들을 색출하여 잡아가기 시작하였다. 아버지 유경실 장로님도 예외가 아니었다. 그러나 하나님께서 지혜를 주셨다. 아버지가 상점과 함께 붙여서 지은 물품을 보관하는 광이 있는데, 그곳은 전기 시설이 없으므로 항상 캄캄했다. 천장에는 짚으로 엮은 빈 가마니와 새끼 뭉치가 가득하게 쌓여 있었다. 아버지께서는 바로 그 천장에 조용히 숨어 계셨다. 가족들도 처음에는 아버지가 숨어 계신 것을 알 수 없었다. 어느 날 마을 빨갱이 두 명이 갑자기 와서 아버지를 색출하러 이리저리 살피다가 광으로 들어가더니 여기저기 살피며 돌아보더니 그냥 나가버렸다. 필자는 그걸 보면서 계속 가슴이 조이고 초긴장되는 순간이었다. 천장으로 연결된 사다리도 있었고, 통에는 아버지가 보신 소변과 인분이 반이나 담겨있었다. 그런데 이상한 것은 그 두 사람의 눈이 가리어졌다는 것이다. 컴컴한 광에 인분통이 있는 것을 처음부터 세밀하게 생각하지 않고, 더러운 것을 우선 피할 생각만 했다고 본다. 장로님만 찾다가 사람이 없는 것이 당연하지 하는 생각으로 문을 열고 나간 것이다. 이 사건은 분명하게 하나님께서 간섭하시고, 하나님께서 그 두 사람의 생각과 눈을 완전하게 가린 것이라 믿는다. 당시에는 필자도 그렇게 생각을 못 했으나 시간이 지나면서 깨달은 것이다.

1.4후퇴 시 군산항을 피란의 은신처로 생각했다. 강화도 동검섬에서 마을 이웃과 가족 약 25명이 승선한 배는 경기만을 지나 순풍에 태안반도를 지나기 전 서산 근처를 항해했다. 그런데 갑자기 폭풍과 함께 높은 파도

로 배의 키가 부러지면서 배가 방향을 잃고 좌우로 흔들리며 위태로운 지경에 빠지게 되었다. 배 안쪽 중심부에는 동네 부녀자들이 자리를 잡았고, 앞쪽은 불신자들이, 그리고 뒤쪽으로는 젊은 사람들과 서울에서 신학교에 재학 중인 형님이 함께 계셨다. 배의 안전 상태가 매우 위태롭게 되자 형님은 갑자기 공포에 놀란 사람들에게 "여러분 우리가 탄 배가 지금 갑자기 강한 폭풍을 만나 배를 운전하는 키가 부러졌습니다. 점점 배가 위태로워 갑니다."하고 큰 소리로 말했다. 그리고 다시 큰 소리로 배에 탄 사람들에게 "하나님을 찾고 살려달라고 기도하시기 바랍니다."하고 소리쳤다. 객석에는 불신자와 남녀노소가 한마음이 되어 기도했고, 처음으로 기도하는 사람도 있었지만 기도로 하나가 되었다. 필자도 난생처음 하나님께 손을 들고 "하나님 살려주세요"하고 부르짖었다. 너무나 무섭고 허무하며 죽음의 공포로 목이 찢어지도록 기도를 드렸다. 당시 필자의 나이 14세였다.

계속해서 손을 들고 부르짖는 기도를 드리는데, 배 위에서 쿵쿵하는 소리가 들렸다. 선장이 뛰면서 작업을 하는데, 긴 발판에 말뚝을 가로대고 동아줄로 단단하게 매는 작업을 했다. 우리가 하나님께 합심하여 부르짖을 때 하나님께서 선장에게 지혜를 주신 것이다. 갑판에서는 선장이 부러진 키를 복원하며, 배 밑에서는 기도 소리가 계속되는 순간에 하나님께서 선장에게 부러진 키를 임시로라도 복구할 수 있도록 지혜를 주셔서 배가 무서운 험지 바다를 벗어날 수 있게 하신 것이다. 그리고 배는 마침내 서산 안흥만 항구에 정박하여 온 식구가 생명의 건짐을 받게 되었다.

"환난 날에 나를 부르라 내가 너를 지키리니 네가 나를 영화롭게 하리로다"(시편 50:15)

교통사고 – 평생 3번째 생명을 구출하여 주심
1953년 3월 23일 대전에서 열리는 대전연회와 총회 대표들이 모이는 전국감리회 연합연회를 마친 후 대표회원들과 함께 버스로 귀가하는 중 전의역 근처에서 건널목을 통과하는데 열차와 충돌했다. 연회 회원인 목사님 네 명이 그 자리에서 사망했고, 여섯 명이 중상을 입는 대형 교통사고가 발생했다. 잠깐 사이에 일어난 열차와의 충돌로 아비규환이 되었다. 아버지도 버스 뒤쪽에 앉아 계시다가 앞머리가 부딪혀 많은 피가 쏟아지며 위험스러운 지경에 처했고 중환자실에 입원하셨으며, 당시 신문 기사에는 사망자 명단에 아버지 유경실 장로님도 포함되어 있었다.

아버지께서 돌아가셨다는 소식에 우선 생각한 것은 이제 고등학교는 다 다녔다는 절망적인 생각이었다. 필자는 가슴이 철렁했고 주저앉으며 슬퍼했다. 그러나 이번에도 열차와 충돌한 대형 교통사고의 사망 소식은 번복되고 아버지는 살아계시다는 소식으로 바뀌어 전해졌다. 아버지는 일생에 3번째 찾아오는 생명의 구출이 되었다.

"여호와는 나의 요새이시요 나의 하나님은 내가 피할 반석이시라"(시편 94:22) "아멘"

유경실 장로님의 신유 은사

아버지는 강화 온수교회가 세워지기 전인 1921년 17세에 강화군 길상면 길직교회에서 세례 입교하셨다. 교회에서 부흥회를 열면 많은 은혜를 체험하시고, 기사와 이적이 일어나는 신령한 체험의 소식을 주일학교 때 부모님을 통해 들었다. 그 후에 온수교회가 건축되고, 1928년 심령부흥회를 개최 할 때 강사로 김익두 목사님이 초빙되어 부흥회를 인도하셨다. 아버지를 비롯하여 온수교회 교인들이 많은 은혜를 체험했다. 특히 아버지는 전통적으로 개최되는 장봉기도회에 참석하시면서 더욱 기도의 힘을 얻으셨다. 동네에 마귀 들린 사람이 있으면 의당 유경실 장로님을 모시곤 했다. 밤샘 철야기도를 통해 마귀를 쫓아내고, 온 가족이 교회로 나오는 기적이 많이 일어났다.

신유은사로 담임 목사님과 한 번도 충돌이 없었다는 것을 잘 알고 있다. 구제도 "오른손이 하는 것을 왼손이 모르게 하여"(마태복음 6:3)라는 말씀처럼 이름도 빛도 없이 겸손하게 오직 주님께서 주신 달란트를 땅에 묻지 않고 주님의 양 떼를 돌볼 뿐이셨다.

장봉기도회와 마니산기도회 (1915년~1960년)

장봉도 기도회는 부천군 북도면 장봉 옹암리교회에서 평신도 정윤화(1871년~1926년) 속장이 인도하는 집회였다. 기도회에는 오순절의 역사와 비교는 못 해도 성령의 기사와 이적이 다양하게 일어났다. 정윤화 속장은 강화도 불은면 출생이고, 교회 출석은 화도면 내리교회를 출석했다. 성경 통독으로 성경을 거의 외울 정도였다.

●1915년 5월 정윤화 속장이 장봉도 옹암교회에서 인도한 봄 집회에 일어난 성령의 역사

5월 10일(월)	회개의 역사가 일어남. 참가 인원 39명
5월 11일(화)	김유리 씨는 성령에 사로잡혀 성도 3인에게 회개를 촉구함. 참가 인원 59명
5월 12일(수)	낮에는 마을 전도와 새로 믿는 집에서 우상을 제거하고, 우상에 사용하던 상을 교회에 기증하여 전도용 상으로 사용함. 참가 인원 62명
5월 13일(목)	새벽 기도회 시 김순서, 차청산이 정윤화 속장에게 지시받지 않고 찬송 인도 중 책망을 받음. 이날 저녁에 신유 은사의 역사가 일어나 창병, 뇌병, 요통, 풍증, 눈의 티 등이 고쳐지는 역사가 일어남.
5월 14일(금)	밤에 정윤화 속장은 전도 상 위에 좌정하고 집회를 인도함. 이재술이라는 신도가 강사에게 불려 나와 죄를 책망받고, 이재술의 죄를 예수 이름으로 대신 하겠다는 두 사람에게 베드로와 막달라 마리아라는 이름을 붙여 주었다.

● 정윤화 속장이 인도한 강화군 화도면 내리교회 집회

5월 15일(토)	• 옹암교회 집회를 마친 정윤화 속장은 강화도 내리교회로 출발. • 장봉교회 교인 12명과 함께 배를 타고 가는 중 풍랑이 심했고, 강화에 도착하니 폭우가 쏟아짐. • 길 가는 중에 3번 멈추며 일행에게 영적인 생수를 불어 넣어주었고, 밤중에 내리교회에 도착함.
5월 22일 (토)	성령의 역사가 강하게 강화도 여러 교회에 전달되면서 옹암교회, 길직교회 교인이 참석했으며, 정윤화 속장이 지금은 은혜 세대요, 의의 세대 시작이라고 선포하고, 모든 믿는 자가 내리교회로 올 것이라고 하며 이곳이 낙원이라고 선포함.
5월 23일(주일)	• 이날은 주일인데 내리교회 교인과 길상면 교인이 참석하고 참석 인원은 165명 임. • 정윤화 속장이 의심 없이 성신이 강림하실 줄 믿는 자는 아멘하라고 하니, 회중이 아멘하니 순간 성신이 강림하여 통회 자복하고 기뻐하며 뛰었다고 함. • 이날 밤은 화도면 내리교회를 중심으로 하여 길상면, 양도면, 북도면, 옹암교회, 모도교회, 신도교회 등이 가득하게 모였으며, 특히 이날은 교역자가 중심이 되었다. 윤희일 전도사(강화서구역), 김종우 전도사, 조종열 전도사 등 전도사(목회자) 중에서 설교와 모든 순서를 담당했다.

● 마니산기도회 시작

5일 24일 월요일 새벽 기도회를 정윤화 속장이 인도하는데 치유의 이적이 일어나고, 다루지교회 황용근에게 천국 열쇠를 허락한다고 했다. 아침 식사를 한 후 "주"가 "참성단으로 가자!" 하는 이 소리가 주의 소리로 믿고, 몇 사람이 참성단으로 올라가기 시작한 것이 결국 마니산 참성단기도회의 출발이 된 것이다.

가는 중에 모도교회 박나혈은 두 손을 벌리고 "회개하세, 회개하세, 우리 인생 천국이 가까움"이라 외치며 앞장서고, 교인들은 걸어가다가 중간중간에 멈추어 기도드리며 갔다고 했다. 결국 대한민국 민족의 개국 역사가 깊이 깃들어 있는 참성단을 향한 영적인 첫 발걸음이 시작된 것이다. 그 전날 5월 23일 주일예배 인원 165명은 하나님의 깊은 영적인 능력을 사모한 성도들의 열매라고 생각한다. 겨자씨와 같이 작은 장봉도 옹암교회에서 정유라 속장을 통해 시작된 집회가 강화 마니산집회로 번져갔다. 따라서 강화군의 신자들은 매년 음력 3월 28일이면 열리는 이 부흥집회에 참석해서 기도와 함께 은혜를 받았다.

참고: 1915년 정유라 속장이 인도하는 장봉부흥회 둘째 날, 음력 3월 28일(5월 11일 화요일) 저녁 집회 때, 정유라 속장과 김유리 씨에게 이적이 함께 일어남. 회중들이 회개의 역사가 일어난 날을 장봉기도회 날로 정함.

필자가 초등학교 시절부터 가정에서 익숙하게 귀에 입력된 것은 장봉도에 관한 이야기이다. 그 이유는 장봉도에 친척이 살고 계셨으며, 부모님도 배재학당 3년을 수료하시고 1년간 장봉도 옹암리 사립 강습소에서 어린이들을 가르치셨기 때문이다. 따라서 장봉도 옹암교회와 교인들과 마을 사람들과의 친분이 매우 깊었다.

어느 날 필자는 아버지의 고향 길상면 선두리 큰아버지 댁에서 하루 쉬었는데, 아침 일찍부터 근처 바다에서 박수 치는 소리와 함께 찬송 소리를 듣게 되었다. 풍선을 타고 오듯 찬송 소리가 바람을 타고 들여오는데, 매우 힘차고 은혜로우며 기쁨이 넘치는 소리였다. 알고 보니 장봉도 옹암교회에서 넘치는 은혜를 받고, 배를 전세 내어 강화도 본섬에 도착하는 일행들이었다. 아버지도 함께 은혜받고 도착하셨다. 장봉집회는 해마다 마지막 순서로 마니산 참성단에 올라가 금요 철야기도회로 마무리를 했다.

돌이켜 생각해 보는 장봉기도회와 마니산기도회

산상수훈적인 말씀 중심의 설교와 오순절적인 성령의 임하심의 그 근본은 예수그리스도이다. 예수와 그리스도가 서로 물고 찢고 싸운다면 마귀에게 넘어지는 어리석고 부끄러운 일이다. 성령이 강하게 영적으로 역사할 때 누구든지 이성을 망각하고, 절제를 망각하면 마귀에게 틈을 주는 것이다(엡 4:27).

"믿음이 강한 우리는 마땅히 믿음이 약한 자의 약점을 담당하고 자기를 기쁘게 하지 아니할 것이라"(로마서 15:1)
"그런즉 형제들아 어찌할까 너희가 모일 때에 각각 찬송시도 있으며 가르치는 말씀도 있으며 계시도 있으며 방언도 있으며 통역함도 있나니 모든 것을 덕을 세우기 위하여 하라"(고린도전서 14:26)

정윤화 속장이나 김유리 씨나 장봉기도회 기간 중 자칭 '쥬'(주)라고 표현했는데, 머리는 차고 가슴은 뜨거워야 덕이 되리라고 생각한다. 속도를 내는 차에는 안전을 위해 상대적으로 브레이크도 준비되어 있다.

장봉기도회와 마니산기도회 회장직을 해방 후 유경실 장로님께서 마지막으로 수락하심
정윤화 속장이 장봉기도회를 이끌어 왔으나 세월이 많이 지나며 문산교회 박희은, 박기천 목사님을 거쳐 온수교회 유경실 장로님이 1960년대 초까지 10년 넘게 장봉기도회 회장직을 계승하셨다. 장봉기도회는 1915년 처음 시작할 때부터 평신도 정윤화 속장이 주관하여 영적으로나 정신적으로 이끌어 왔으며, 교회의 목회자가 중심되거나 어느 평신도가 개입하여 일을 분담하거나 개입할 처지가 되지 못했다.

아버지께서 장봉기도회 회장이 되시면서 필자도 목회자로 시무 중에 장봉기도회와 마니산집회를 3년간 참석하며 많은 은혜를 받게 되어 목회 사역에 큰 힘이 되었다. 해마다 장봉기도회가 정해진 음력 3월 28일(양력 5월 10일)을 기억하며, 봄이면 장봉기도회가 계속되어 오다가 1960년 이후에 마니산 중턱에 강화동지방과 강화서지방이 연합하여 여름 연합부흥회를 개최했다. 하나님께서 더 높고 더 넓은 그리고 대자연 속에서 철야기도로 마음껏 부르짖으며 기도드릴 수 있도록 장소를 이동해 주신 것으로 믿는다. 할렐루야!

1973년 6월에 마니산기도원 건축위원회가 구성되었다. 아버지 유경실 장로님도 건축위원회 한 사람으로서 봉사부 분야에서 수고하셨다. 1975년 드디어 모든 어려움을 다 해결하고 마니산기도원이 건립되었다. 여름이면 연합부흥회를 위해 유명한 강사를 초빙하고, 교회별로 천막을 치고, 각 교회 담임 목사님도 함께 참석하는 은혜의 동산에서 천국잔치를 한다는 것이 너무나 행복했다. 두 개 지방이 함께 연합하여 은혜를 받는 중에 마니산 중턱에 마니산 기도원을 건축하도록 하나님께서 섭리하신 줄을 믿는다.

어느 누가 이러한 역사적인 발상을 제시했을까? 그 뿌리가 1915년 장봉도 옹암교회에서 시작된 성령의 역사이며 증거이다. 지금은 긴 세월이 흘러 장봉기도회와 함께 역사의 기록으로 남겨졌을 뿐이다.

마니산기도원을 건축할 때 수십 개가 되는 창문 일체를 아버지가 손수 유리를 잘라가며 며칠 동안 유리창 작업을 완수하셨다. 또한 아버지는 장봉도 옹암교회를 잊지 않으려고 교회 종을 기증하셨다. 장로님의 막내가 예비군 근무하다가 사고를 당해 세상을 떠났다. 누구보다 착하고 진실한 강화 온수교회 주일학교 교사였는데, 아버지께서는 사랑하는 아들을 기념하는 뜻으로 장봉교회에 종을 기증하셨다.

계시의 섬 밧모섬처럼 작은 섬 중 하나인 장봉도 옹암교회와 민족의 개국 역사가 깃든 마니산기도회가 107년의 역사를 지나왔다. 다시 성령의 불길이 장봉도 옹암교회와 마니산 연합집회에 재점화되어 대한민국에 구원의 역사가 새롭게 일어나기를 소원한다.

마무리하면서

아버지!!

"한평생 이름도 빛도 없이, 자랑이나 시기도 하시지 않고, 특히 목회자를 조금이라도 마음 상하게 하지 않으시고 기도로 풀어 가신 아버지! 삶의 중심이 오직 성령의 교통과 성령의 위로를 사모하시며, 순박하고 순진하며 어린이처럼 겸손하셨던 아버지의 얼굴을 다시 바라본다. 41년간 오직 온수교회를 위하여 죽도록 충성하시며 이름도 빛도 없이 조용하게 소천하신 나의 아버지, 유경실 장로님!"

아버님께 이 글을 드리며 마감하려고 한다. 감사합니다.

유경실 장로님 가문의 목회자
장남 유세열 목사: 열우물교회 담임(소천)
손자 유재구 목사: 열우물교회 담임
차남 유도열 목사: 시온감리교회 원로 목사
삼녀 유신애 사모: 조건해 목사 광성교회(소천)

참고서적
1. 『강화 기독교 100년사』 이덕주, 조이제
2. 『나의 목회 한평생』 오지섭 목사 (1959년, 온수감리교회 담임)
3. 강릉 유경실 장로 약사

약 력

1904년 4월 5일	강화 출생
1917년	부천군 북도면사무소 근무
1926년	결혼
	강화 창신상회 창업
	길상공립보통학교 졸업
	서울 중동중학교 수료
	배재학당 3년 수료
1921년	길직감리교회에서 세례 입교식
1938년	강화 온수교회 본처전도사 임명
	온수교회 장로 안수
	장봉도 옹암교회와 마니산 금요철야기도회 진행

유도열 원로목사

경기도 강화군 길상면 온수리 512 출생
인천고등학교 졸업
감신대학교 졸업
감신대학교 선교대학원 졸업
인천시온감리교회 원로목사
중부연회 원로목사회 회장 역임
중부연회 실버미션찬양단 단장

1985년 12월 31일 숭덕여자고등학교의 인가를 받고 교장으로 취임하여 주님의 가르침 속에서 성실, 협동, 봉사의 교훈으로 24년 동안 교사와 학생이 한마음으로 뭉쳐 오늘의 일류 숭덕학원을 키워나가는데 기초를 만들었다고 하셨다. 교육 인생의 절반을 숭덕학원에서 보내고, 성장해가는 숭덕을 보며 주님을 위해 일한다는 즐거움과 보람으로 가득한 나날을 보내셨으며, 때때로 몰아치는 비바람이 장로님을 곤욕스럽게 했으나, 장로님을 이끄시는 주님이 계시기에 아무리 힘든 고통과 어려움에도 넉넉히 이겨낼 수 있었다고 하셨다.

윤두표 장로 | 숭덕학교

기억하고 싶은 윤두표 장로

강두환 장로_단국대학교 명예교수

삶 그리고 사역

출생과 어린 시절

윤두표 장로님은 1920년 12월 30일 황해도 몽금포에서 태어나셨다. 당시 기미년에 일어났던 3.1독립만세운동의 여파로 전 국토가 유래를 찾아 볼 수 없을 정도로 야만적인 일본의 탄압 아래 놓여 있던 때였다. 장로님의 아버지는 사업을 하셨는데, 식민 통치하의 여러 가지 불리한 여건으로 인해 파산하시고 많은 어려움을 겪으셨다.

윤 장로님은 4남 3녀 중 막내로 태어나 위로 형님과 누님의 많은 사랑을 독차지하며 자랐고, 11세가 되던 해 황해도 송천에 소재한 기독교 학교인 해서제일학교에 입학해 수학하셨으며, 졸업할 당시에 이미 결혼한 동급생이 3명이나 있었다고 하셨다. 송천(松川)은 우리나라 최초의 교회가 세워진 곳이다. 1884년 서상륜 씨가 만주에서 로스(John Ross) 목사에게 전도를 받고 개종한 다음 로스 목사의 성경번역하는 일에 동참하였고, 성경(쪽복음서)이 출판된 후 그것을 가지고 국내에 복음을 전하도록 파송을 받아 동생인 서경조 씨와 함께 송천으로 오게 되었는데, 그곳에서 그분들은 송천교회(소래교회)를 세우시고 전도사역을 시작했으며, 1887년에 언더우드 목사님이 거기에 오셔서 7명에게 세례를 주신 곳이기도 하다. 송천교회가 있는 구미포는 고종 황제 말년에 미국 선교사 휴양지로 지정해 줄 만큼 물이 맑고 깨끗한 해수욕장이 있는 곳으로도 유명하다.

어느 날 골프백을 메고 저녁에 늦게 들어오니 아버지께서는 골프가 재미있는 운동이라고 하시면서 "나는 해서제일학교 3학년 때 구미포에 있는 봉대해수욕장 주변의 골프장에서 교회 모범생으로 추천받아 방학 동안에 캐디로 일한 적도 있고, 아르바이트해서 받은 돈으로 중학교에 진학하는 데 많은 도움을 받은 적이 있다"고 말씀을 해주신 적이 있다. 어쩌면 우리나라에서 제일 처음으로 캐디 일을 하신 분이 윤 장로님이 아니신가 하는 생각이 든다.

아버지가 처음 교회에 나가게 된 것은 구미포로 이사 온 지 두 달쯤 되었을 때 옆에 사는 강병술이라는 학생의 인도를 받아서 주일학교에 등록하면서부터였으며, 그때가 아홉 살이라고 하셨다. 교회에서는 매주 출석 2점, 요절 암송 2점, 연보 1점을 매기며, 성탄절에 총점을 내어 성적이 제일 좋은 학생에게 특상을 주었다. 장로님은 5학년과 6학년 2년간 특상을 받으며 교회에 더욱 열심히 나가게 되었다고 하셨다. 당시에 특상을 받는 것은 굉장한 영광이었고 자랑이었으므로 모든 학생들이 전도와 요절 암송, 연보에 열심이었다고 하셨다. 특별히 장로님은 주일학교 교사들과 목사님의 사랑을 많이 받았다고 한다. 언젠가 대학생들이 방학 때 와서 성경학교를 열고 가르치면서 너희들이 커서 성공하려면 근면한 정신으로 열심히 배우라고 했던 말이 지금까지도 기억에 남는다고 하시는 말씀을 들은 적이 있다.

일본 유학

학교를 마치고 용호도 수산학교에 진학하기 위해 공부하던 중 정영주 선생께서 넓은 세상으로 나가 많은 것을 보고 공부하는 것이 어떻겠느냐 하시며, 일본으로 유학 가기를 권하여 관부 연락선을 타고 동경 유학길에 오르게 되었다고 하셨다. 그 당시 일본으로 가는 도항증을 얻는 것이 쉬운 일은 아니었다고 하셨다. 먼저 재정보증인이 있어야 했고, 사상적으로 문제가 없다는 보증인, 그리고 공부를 마친 후에 훌륭한 황국시민이 되겠다는 서약서를 쓴 다음에 경찰서장의 허락을 받아야만 도항증을 얻을 수가 있었다고 하셨다. 이 모든 것을 준비해서 유학을 할 수 있도록 준비해 주신 분이 장로님의 멘토였던 정영주 선생이었는데, 6.25사변 때 월남을 하지 못해 아직도 생사를 모르고 지내는 것이 무척 안타깝다고 하셨다.

1938년 3월 동경역에 도착해 대합실에서 마중 나오기로 했던 친구가 나오지 않아 두려움에 떨고 있는데, 낯선 대학생 두 명이 나타나 어디서 왔으며 누구를 만나려 하는지 물었다고 한다. 이런저런 자세한 여정을 묻더니 더 기다릴 것 없이 자기를 따라오라고 하여 불안하고 의심은 들었지만 대합실에서 밤을 새우는 것보다는 나을 것 같아서 따라가셨다고 한다. 그 사람은 장로님을 YMCA 식당에 데리고 가 저녁 식사를 시켜주고, 하숙집까지 안내해주었다고 하셨다. 나중에 알았지만 이들은 YMCA회원으로 한국에서 오는 유학생들이 친구를 만나지 못해 객지에서 당황하는 일이 많아서 그런 학생들을 보호하기 위해 매일 당번제로 역전에 나와 안내를 해주는 학생들이었다. 그 당시만 해도 애국심 하나로 봉사와 헌신을 하는 좋은 학생들이 많이 있었다는 것을 말씀해 주시곤 했다. 아이들을 미국에 유학을 보내고 마음고생하고 있던 우리 부부에게 세상의 인심이 그때와는 너무나 많이 달라져 안타깝다고 하시며 위로를 해주던 것이 엊그제 같은 생각이 든다.

동경에서 학교생활을 하는 동안 처음에는 교회에서 소개해준 집사님 댁에서 하숙을 하다가 나중에는 교회 친구였던 오수창 씨가 대학을 졸업하고 귀국하면서 본인이 쓰던 5평 남짓한 아파트를 장로님께 인계해 주어 거기서 자취생활을 하게 되었는데, 자취하는 동안 취사는 공동 취사장에서 밥을 해 드실 수 있었다고 하셨다. 밥하는 것이 서툴기도 하고 부끄럽기도 해 제대로 하지도 못할 때 옆집에 살던 미요꼬 부인이 장로님을 가엾게 생각하고 항상 많은 도움을 주셨다고 한다. 자취생활을 하는 동안 고향의 어머니께서 김을 몇 톳씩 소포로 보내주셨는데, 한 톳을 미요꼬 부인에게 주면 그렇게 좋아할 수가 없었다고 하셨다. 언젠가 필자가 일본 학회에 가면서 친구 교수에게 무엇을 선물할까 고민하던 차에 아버지께서 일본사람은 김을 제일 좋아한다면서 공부할 때의 경험을 말씀해 주신 것이 생각나 김을 선물했는데, 교수님들이 김 선물을 받고 정말로 좋아했던 생각이 난다.

귀국과 취업

장로님은 일본에서 공부를 마치고 고향으로 돌아오는 중 반일사상으로 감옥에 갇히셨다고 한다. 1943년 2월 9일 아침에 수감생활을 하는 중 형사가 와서 취조를 시작했는데, 큰 성경책을 펴놓고 너는 이 성경책을 하나님 말씀으로 믿느냐고 물었다고 한다. "예 하나님 말씀으로 믿습니다"하고 대답했더니, 이번에는 창세기 1장 1절에 태초에 하나님이 천지를 창조하셨다고 하는데, 일본도 네가 믿는 하나님이 창조하고, 일본사람도 하나님이 창조한 것이냐고 물으며 얼굴을 빤히 쳐다봤다고 한다. 말을 못하고 머뭇거리고 있으니 몽둥이로 얼마나 때렸는지 기절하여 한참 후에야 깨어날 수 있었다고 하셨다. 두 달이 넘게 유치장 생활을 하면서 육신은 극히 쇠약해졌는데, 그때 마산교회 여 집사님들이 죽든지 살든지 오직 주님만을 의지하여 강하고 담대하게 하라는 내용의 찬양을 했고 그 찬양 예배를 통해 극복해 나갈 수가 있었다고 하셨다.

장로님이 일본에서 공부를 마치고 집으로 돌아와 금융조합에 이력서를 넣었더니 출근하라는 연락이 왔는데, 그때 대구 공립초등학교 로노 교장 선생님으로부터 이력서를 지참하고 학교로 오라는 연락을 받게 되었다. 1944년 6월 29일 금융조합보다 학교로 가는 게 좋겠다고 결정하고 교사로서 첫발을 디딘 것이 일생 동안 교직 생활을 시작한 계기가 되었다고 하셨다. 그 당시에는 교원으로 근무하게 되면 지원병이나 징용이 면제되므로 젊은이들에게는 대단한 인기였으며, 대학교 졸업생 대부분이 응시하여 교원이 되는 게 결코 쉬운 일이 아니었다고 하셨다. 교원으로 발령을 받고 받은 월급이 미혼 수당까지 합하여 45원 정도 되었는데, 그 당시 군서기의 월급이 18원 정도였으니 일반 공무원 월급의 배 이상의 대우를 해 준 것이다. 전시에도 교육 공무원을 특별 대우를 해 준 일본과 오늘날 우리의 현실이 너무나 비교된다고 말씀해 주셨다. 오늘날 일본이 세계적 경제대국이된 것이 결코 우연한 일이 아니라고 하시며, 우리나라도 교원들의 사기를올려주어 긍지를 가질 때 경제대국이 될 수 있다고 말씀하셨다.

해방과 월남

북한에서는 1947년 초부터 공산주의자들의 세상이 되어 가면서 동조하지 않으면 요주의 인물로 찍혀 모든 행동의 자유를 박탈당한 채 살아가야만 했기에 월남하기로 계획을 세웠다고 하셨다. 1947년 6월 10일 저녁식사도 못 하고 급하게 떠나면서 장모님과 당시 2살이던 어린 딸 혜경이를 남겨둔 채 월남하셨고, 남한에서 자리를 잡고 장모님이 내려오시도록연락해 다시 만날 수 있게 되었다고 하셨다. 그 후 장모님(백선애 권사)이월남하실 때 너무나 많은 고생을 하셔서 그 어려움을 말로 다 표현할 수없었다고 하셨다. 아버지 윤 장로님과 백 권사님, 그리고 딸 혜경이, 이렇게 가족이 모여 주님께 감사 예배를 드리고 부른 찬송이 '사철에 봄바람불어 잇고'였는데, 지금까지도 온 가족이 모여 가정예배를 드릴 때면 이찬송을 부르고 있다.

인천 정착과 교직생활

윤 장로님이 부임하여 근무한 신흥초등학교는 인천 지역에서 처음 교직을 시작한 곳이며, 그 후 양곡중학교를 맡아 학교 운영을 시작하게 되었다고 하셨다. 양곡중학교는 1954년 김포에 주둔한 해병대 군목으로 계시던 반병섭 목사님이 해병대 원조를 받아 설립한 학교라고 하셨다. 초대 교장으로 양곡장로교회 이휘문 목사님이 취임해 학교를 운영했으나 2년 만에 재정난에 봉착했다. 제2장로교회 오종칠 장로님이 인천공업고등학교에서 교사로 근무한 경험이 있어서 학교를 인수하고 교장에 취임했으나, 역시 2년 정도 후 학교 운영 미숙 등의 이유로 재정이 어려워졌다. 이 후 인천제2교회 이승길 목사님이 아버지를 찾아오셔서 학교를 정상화시켜 줄 것을 간곡하게 부탁하여 이를 승낙하고, 1959년 3월 1일에 부임하게 되었다고 하셨다. 학생들에게는 생활 교육을 강화하여 질서 있는 교내 생활을 유도하고 학력 향상에 힘썼고, 교직원에게는 급료도 정해진 날짜에 지급하는 등 정상화를 위한 여러 일을 하셨다. 시간이 지나면서 학교는 빠르게 정상궤도에 들어가 당시 경쟁률이 높았던 인천여상과 김포여상, 통진고등학교에 100% 합격률을 나타냄으로 일류 학교로 변모할 수가 있었다고 하셨다.

안성 안청중학교 교장

장로님은 학교의 사정으로 경기도 중등교육과의 소개로 안성읍에 있는 안청중학교에 부임하기로 했다. 김태영 이사장을 만나 인사를 나누고 학교 연혁을 듣게 되었는데, 새로 오신 교장 선생님이 교회를 열심히 다니고 신앙생활을 잘 하신다는 말을 듣고 본인이 원하는 사람을 제대로 잘 만났다고 하시며 기뻐하셨다고 한다. 부임 후 첫째는 실력 향상, 둘째는 학생들의 생활 지도를 통한 교풍을 바로 세우고, 셋째는 교직원들이 일치단결하여 존경받는 스승상을 세우는 것, 넷째는 학교 주변의 미화 작업을 통한 아름다운 학교 만들기 등을 구상하여 교원 연수를 수시로 실시하셨다. 모두가 목표를 향해 일치단결하여 매진해 나아감으로써 지역 사회의 인식도 나날이 달라졌고, 주위에 있는 우수한 고등학교에 많은 합격자를 냄으로써 큰 발전을 가져올 수 있었다고 하셨다. 안청학원에서의 7년은 장로님의 평생 교육행정을 해 나가는데 밑거름이 되었으며, 그곳이 항상 아버지 마음의 고향이 되었다고 하셨다.

숭덕여자중학교 설립과 교장

아버지가 여러 학교에서 교장으로 재직하면서 꼭 해 보고 싶었던 일은 기독교 교육을 실천하여 주님의 복음을 전할 수 있는 학교를 설립하는 것이었다고 한다. 그 당시 제6교회에서 운영하고 있던 성신고등공민학교를 인수해 중학교를 설립해보라는 제의가 있어서 제6교회 이기은 목사님을 만나 학교 설립에 관한 말씀을 듣고 학교 설립에 관한 결정을 내렸다고 하셨다. 그리하여 교지는 제6교회 대지 500평, 인성학원 수익재단 대지 2,000평으로 확정하고, 재단 이사는 설립자 측에서 윤두표 교장, 김성건 금곡병원 병원장, 이한석 교장, 송기훈 장로 등 4명, 제6교회 측에서 제6교회 이기은 목사, 제1교회 이기혁 목사, 최혜운 장로 등 3명, 이사장은 제6교회 시무 목사로 하고, 운영은 연합으로 하기로 약정했다. 1966년 5월에 김성건 원장님의 제안으로 숭덕학원 숭덕여자중학교로 11월 19일에 가인가를 받고 운영을 시작하게 되었다고 한다. 학교를 운영해 가는 동안 학교 운영에 어려움을 겪으면서 장로님은 어릴 적 봉대해수욕장에서 만나 골프 캐디를 했던 옥호열(Harold Voelkel, 玉鎬烈) 선교사님의 기념학교로 운영하시겠다고 하셨다. 이에 홍석련 장로님께서 인수 의사를 밝혔고, 이사님들의 찬성을 얻어 제2대 이사장으로 오시게 되었다.

1969년 9월 장로님은 안청중학교 교장직을 사임하고 당신께서 설립한 숭덕여자중학교의 교장으로 부임하셨다고 한다. 부임하신 후 학교의 열악한 환경에서도 특수반을 조직하여 별도의 보충 수업을 실시했고, 1973년 학교평준화정책 실시 이후 고등학교에 첫 입학시험을 치르는데, 인천 명문 여고에 60여 명이 합격하여 불안해하던 학부형들의 마음을 안정시켰다. 더욱이 인성여고 홍창기 교장 선생님은 어떻게 교육했기에 지원자 전원이 합격했느냐고 전화를 해주셨다고 했다. 고등학교 평준화 실시 전 2년간은 인천 지역에서 진학률이 가장 우수한 학교로 인정받아 숭덕여중에 배정을 받으면 '울고 들어왔다 웃고 나간다'는 말이 유행할 정도라고 하셨다.

1985년 12월 31일 숭덕여자고등학교의 인가를 받고 교장으로 취임하여 주님의 가르침 속에서 성실, 협동, 봉사의 교훈으로 24년 동안 교사와 학생이 한마음으로 뭉쳐 오늘의 일류 숭덕학원을 키워나가는데 기초를 만들었다고 하셨다. 교육 인생의 절반을 숭덕학원에서 보내고, 성장해가는 숭덕을 보며 주님을 위해 일한다는 즐거움과 보람으로 가득한 나날을 보내셨으며, 때때로 몰아치는 비바람이 장로님을 곤욕스럽게 했으나 장로님을 이끄시는 주님이 계시기에 아무리 힘든 고통과 어려움에도 넉넉히 이겨낼 수 있었다고 하셨다.

더욱이 윤 장로님은 음악을 좋아하셔서 교회의 성가대로 봉사하셨으며, 우리나라 최초로 설립된 인천장로성가단에 입단하여 별세하실 때까지 교회 초청이나 특별행사로 세계 각국의 초청을 받아 해외 연주에 다녀오기도 하셨다. 모든 대원들이 성령 충만하여 공연하는 모습을 보고 감격해 눈물을 흘리는 교인을 보며 장로님 역시 하나님의 은혜를 체험하는 시간이 되었다고 하셨다. 우리를 사랑의 도구로 택하신 하나님의 넓은 뜻을 생각하며 목이 아픈 줄도, 힘이 드는 줄도 모르고 열창했다고 하셨다.

윤 장로님께선 일생 동안 교직과 교회 생활, 그리고 찬양을 통해 생활해 오셨다. 일생 동안 "오직 성령의 열매는 사랑과 희락과 화평과 오래 참음과 자비와 양선과 충성과 온유와 절제니 이같은 것을 금지할 법이 없느니라"(갈라디아서 5:22-23)하는 말씀을 항상 가슴속에 새기고 생활의 지표로 삼아 살며, 주님의 모습을 담고자 노력해 왔으나, 미흡하고 부족한 능력으로 지나온 길들이 주님 보시기에 항상 부끄러울 따름이라고 하셨다. 언제나 나의 생명은 나의 것이 아니고 주님의 것이기에 아무리 어렵고 힘들더라도 주님을 의지하여 담대히 나아가라고 해주시던 말씀이 엊그제 같다.

교회 활동

이제 윤 장로님의 교회 활동에 대해 기록하고자 한다. 아버지는 1952년 전까지는 가족과 황해도 송천에서 살다가 연평도로 나와 거기서 생활하다가 그해 4월에 인천 신흥초등학교로 기동 배치 발령을 받고부터 인천에서의 삶이 시작되었다고 하셨다. 그 이후로 하나님의 부르심을 받을 때까지 인천에 사셨으니, 완전한 인천 사람이라고 할 수 있겠다. 아버지가 인천에서 생활하면서 처음으로 인연을 맺은 교회는 제3교회였다. 당시 제2교회에 이승길 목사님이 시무하고 계셨는데, 아버지는 이 목사님을 어려서부터 잘 알고 계셨고, 연평도로 월남하여 용현초등학교에서 교편을 잡고 있을 때 학교 바로 옆에 장로교회를 개척해서 함께 신앙생활을 해온 인연이 있는 목사님이라고 하셨다. 그런 인연으로 인천에서 다시 만나니 너무나 반가웠고, 당시 거주지에서 가까웠던 제3교회를 소개받아 새로운 인연을 맺게 되었다고 한다. 그 당시 제3교회 목사님은 한승직 목사님이셨는데, 너무나 반가워하며 바로 주일학교를 맡아 달라고 하여 인천에서 주일학교 부장으로 교회 생활을 시작하게 되었다고 하셨다. 당시 주일학교 학생 수는 120여 명 정도 되었으며, 그 후로 청년회장, 성가대 대장, 건축위원장 등으로 많은 봉사를 했다고 하셨다.

1953년 휴전이 되자 피난민들이 많이 모여들었고 학교에 입학하지 못한 학생들이 교회로 몰려와 초등학교 과정인 공민학교와 중학교 과정인 고등공민학교를 인가받아 운영하게 되었다. 학교의 교장직을 맡고 계셨던 한 목사님께서 아버지께 교감을 맡아 운영해 주기를 부탁하여 어려운 가운데서도 이를 수락하셨다. 공민학교 200여 명, 사무엘고등공민학교 120여 명이 되는 학교를 운영하게 된 것이 처음으로 학교를 운영하게 된 계기였다고 말씀하셨다.

고등공민학교 교사는 대학교에 재학 중인 학생 중에서 선발했는데 최광복, 전오장, 이경천 선생님이셨다. 선생님들은 거의 무보수로 헌신적으로 학생들을 위해서 봉사해 주셨다고 했다. 그 후에 이들은 모두 기관의 장으로, 훌륭한 교장 선생님으로 활동했다고 하셨다.

학교 규모가 커지자 학교 교실을 신축하기로 당회에서 결정했고, 아버지께서 건축위원장을 맡아 온 교인들이 전부 나서서 벽돌과 흙을 나르며 교회학교를 건축했다. 아버지가 야간 고등공민학교 교감을 맡고 있을 때는 저녁을 굶는 일이 대부분이었으며, 5년간 그 일을 하면서 교통비 한 푼 받지 않고 봉사했다고 하시면서 그래도 그때가 가장 보람되고 그립다고 하셨다.

아버지께서 양곡중학교 교장으로 부임하면서 교회 직분을 그만두게 되었고, 그 뒤 고일록 장로님께서 오셔서 헌신적으로 봉사해 주시어 오늘날 제3교회와 같은 큰 교회로 성장하는 계기가 되었다고 하셨다. 특별히 제3교회의 터전을 잡는데 애쓰신 한승직 목사님, 이정봉 목사님, 임인환 목사님 등 모두 다 미국으로 이민가셨지만, 그분들의 뜻은 오늘의 제3교회에 아직도 그대로 남아 있는 것 같다고 하셨다.

아버지가 제3교회에서 동현교회로 이적한 것은 1963년 4월 숭덕중학교를 설립하기 위해서였다고 하셨다. 당시 제6교회(동현교회의 옛 이름)에서는 제3교회와 마찬가지로 공민학교와 고등공민학교를 운영하고 있었는데, 동현교회 이기은 목사님과 제1교회 이기혁 목사님의 학교 설립 권유를 받아 고등 공민학교를 인수해 숭덕중학교를 설립하게 되었다고 하셨다. 학교법인은 앞에서도 설명한 바와 같이 동현교회에서 기증한 부지, 인성학원 재단이 기증 땅과 김성건 장로님이 운영하던 병원, 필자의 처외삼촌 백현채의 집 한 채, 그리고 이한석 교장 선생님의 김포 논 3,000평으로 학교법인 설립 인가를 받고 교회와 연합하여 학교를 설립하였다. 교사는 반드시 동현교회에 출석하는 것을 원칙으로 할 만큼 신앙의 끈을 단단히 하여 교회는 나날이 부흥되어 갔고, 학교 역시 설립 10년 후에는 27

학급, 학생 1,500명, 교사 40여 명의 규모로 발전되었다.

이기은 목사님이 오류동 교회로 옮기시고 뒤이어 김석순 목사님이 부임하셨는데, 부임한 지 1년도 안 되어 교회를 건축해 달라고 하셨다. 하지만 교회에서 기증한 500평은 학교 설립 당시 공동으로 운영하기로 한 것이어서 매각하는 데 많은 어려움이 있었다고 하셨다. 이 문제로 교회와 학교 사이에 불편한 관계가 계속되다가 결국은 교회에서는 기증한 땅을 되돌려 받기 위해 소송까지 가게 되었으나 잘되지 않았다. 그러자 이제는 학교를 매도하라고 압박했는데, 그때 김계홍 장로님의 중재로 김 목사님이 서울의 교회로 떠나게 되면서 해결되고, 1971년 10월에 안영석 목사님이 부임을 하셨다. 안 목사님이 부임한 지 8년 만에 교회 장로님과 마찰이 일어났는데 그 이유는 교회 재산을 환원하라는 일이었다. 윤 장로님은 학교 측 교장의 입장에서 중재를 시도했으나 서로의 감정싸움까지 겹쳐 해결이 안 되었고, 오히려 그 당시 국보위에 학교가 마치 불법이나 저지르고 있는 것처럼 고발을 해서 감사까지 받아야 했다. 그 당시의 고통은 이루 다 말할 수 없다고 하셨다. 그때 일들을 생각하면 안타깝고도 가슴 아픈 일들이 너무나 많았는데, 하나님의 선택받은 자녀로 더욱 넓은 이해와 사랑으로 서로를 감싸고 용서해야 할 텐데 인간의 부족한 면을 보는 것 같아 씁쓸하다고 하셨다. 그 당시 시무장로는 윤 장로님(1973년 11월 4일 장로 안수)을 비롯하여 최계홍 장로님, 이형운 장로님 세 분이었다.

1980년대에 들어오면서 학교 부지와 교회 부지가 도시계획으로 수용령이 내려 이전하게 되었는데, 그때 인천신문사에서 신축을 하다가 5공화국의 언론 통폐합령에 의해 폐사가 되자 그 건물을 매입하게 되었다. 대지 300평, 건물 360평 그리고 내부 수리비 등을 합하여 1억 4천만 원을 주고 예배를 드릴 수 있도록 수리까지 한 후 도화동으로 이전하게 되었다고 하셨다. 그 당시 동현교회에서는 교회 신축을 위해 10년간 적립한 돈이 2천만 원, 그리고 학교 부지 500평의 대가로 학교 재단에서 6천만 원 정도 마련되었고, 그 나머지는 은행 대출로 어렵게 마련하여 입당했다. 입당 후 처음 드린 눈물의 예배를 결코 있을 수가 없다고 하셨다.

안 목사님은 교회가 이전한 지 5년 만에 소천을 하시고, 뒤이어 최정성 목사님께서 부임해 오셨다. 오랜 교회 생활을 해 오면서 아버지께서는 장로와 권사와 같은 중직자가 서로 비판하고 갈등을 일으켜 교회에 해를 끼치는 일을 하는 것은 극히 삼가야 할 일이라고 하시며, 사소한 일 들을 서로 이간질해 원수가 되게 하는 일은 하나님을 믿는 자의 모습이 아니라고 하셨다. 아버지께서는 항상 갈라디아서 5장의 성령의 열매에 관한 말씀을 생활의 지표로 삼고 살아오셨으며, 주님을 닮은 삶을 살고자 노력하셨다. 하지만 미숙하고 부족한 능력으로 주님이 보시기에 부끄러운 삶을 살아오셨다고 항상 우리에게 말씀하셨으며, 우리도 이 말씀을 항상 명심하고 실천하며 주님 보시기에 칭찬받는 삶을 살아가기를 권면하셨다.

아버지께서는 1991년 11월 1일 동현교회 창립 39주년에 장로 은퇴를 하시고, 1993년 12월에 한국전파신문사를 창립하여 회장으로 재직하시면서 한국에서 무선 이동전화를 처음으로 보급하기 시작할 때 이를 일반인에게 소개하고 정착시키는데 크게 기여하셨다. 이후 2003년에 퇴임하신 다음 기도 생활을 해 오시다 2012년 12월 14일 하나님의 부르심을 받고 소천하셨다.

윤두표 장로님의 걸어온 길

원적: 황해도 장연군 대구면 구미리 784번지
주소: 인천광역시 중구 신흥동 1가 18번지

● 학력

1937년 03월 25일　　황해도 대구 해서제일학교 졸업

1943년 12월 25일　　일본 동경 스가모상업학교 졸업

1944년 05년 30일　　일본 동경 스가모상업고등학교 1학년 중퇴

1944년 08월 15일　　황해도 교원 시험 3종 합격

1956년 03월 14일　　홍익대학교 법정학부 졸업

1965년 08월 30일　　서울대학교 교육행정원 수료

● 경력

1944년 05월 30일　　황해도 대구공립초등학교 교원

1944년 10월 02일　　옹진군 용연초등학교 교사

1950년 11월 30일　　옹진군 봉구초등학교 교감

1952년 04월 16일　　인천 신흥초등학교 기동 배치 발령

1957년 04월 01일　　인천 사무엘고등공민학교 교감

1959년 04월 01일　　김포 양곡중학교 교장

1962년 11월 19일　　학교법인 숭덕학원 이사

1969년 09월 01일　　인천 숭덕중학교 교장

1983년 09월 29일　　대한교육연합회 이사(문교부)

1984년 06월 20일　　학교법인 안청학원 이사장

1986년 03월 01일　　인천 숭덕여자고등학교 교장

1993년 12월 16일　　한국전파신문 발행인(공보처)

1993년 12월 22일　　한국전파신문사 회장

● 상훈

1981년 11월 04일　　대통령 국민훈장 목련장

1970년 06월 04일　　문교부 장관 표창장

1979년 11월 21일　　문교부 장관 표창장

1985년 05월 07일　　인천시 교육위원회 교육감 표창장

1978년 11월 21일　　사단법인 대한체육회장 표창장

1982년 06월 15일　　인천사립중고등학교 회장 공로패

1986년 12월 17일　　인천직할시 교육회장 표창패

▲ 구정을 맞아 가족이 함께 모여

▲ 인천 장로성가단 캐나다 선교여행, 나이아가라호텔 로비에서, 1993년 7월 30일

▲ 장녀 윤혜경 청주대학교 첫 출근 기념

▲ 한국전파신문 회장 취임 기념

◀ 국민훈장 목련장을 받고, 1991년 12월 5일

강두환 장로
단국대학교 교수, 석좌교수
현, 명예교수
전, 한국체육시설공업협회 회장
인천동현교회(통합) 은퇴장로

음악가로서, 신앙인으로서. 그가 불의의 사고로 숨을 거둔 순간의 마지막 장면이 그것을 대변해준다. 그가 길가에서 차에 치일 때, 그가 허리춤에 끼고 있던 한 무더기의 악보들이 길가에 널리 흩뿌려졌는데, 그 악보에는 "주 예수보다 더 귀한 것은 없네"라는 제목이 붙어 있었다. 그가 합창곡으로 편곡한 찬송가의 악보였다. 주 예수 그리스도를 음악으로 널리 전하려 했던 그의 온 삶을 압축적으로 보여 주는 상징적 장면이었다. 하나님께서는 그렇게 그를 불러가셨던 것이고, 그의 삶은 그것으로 완성된 것이었다.

이동훈 선생 | 작곡가, 지휘자

교회음악으로 하나님께 향기로운
제사를 드린 지휘자, 이동훈 선생

이수영 목사_새문안교회 은퇴 목사

시작하면서

1974년 11월 14일, 한국 음악계와 기독교계는 충격적인 비보를 접했다. "한국 합창음악의 선구자", "한국 교회음악의 뿌리"라고 불리던 음악가 이동훈이 불의의 교통사고로 세상을 떠났다는 소식이었다. 그의 향년이 불과 52세였기에 그 소식을 들은 모든 이들은 더 망연자실하지 않을 수 없었다. 이동훈, 그는 누구였고 어떤 삶을 살았으며 무엇을 남겼는가?

삶 그리고 사역

어려서부터 드러난 음악가로서의 천부적 재능

이동훈은 1922년 5월 26일 평북 의주군 고진면 서제동 남산교회 사택에서 장로교 목사의 장남으로 태어났다. 그 후로 그의 호적상 본적은 줄곧 그의 부친을 따라 평안북도 용천군 용암포읍 운흥동 49번지였다가 한 차례 인천제일교회의 주소인 인천광역시 중구 송학동 2가 18번지로 바뀌었다.

그는 1927년 평북 선천의 명신소학교에 입학했고, 신의주의 공립동중학교를 1940년에 졸업했으며, 음악을 공부하기 위해 일본으로 건너갔다. 그는 어린 시절부터 지능과 예술적 감성뿐 아니라 각종 재능이 뛰어났다. 그가 중학교에 입학할 때 그의 나이가 입학적령에 미달한 상태였기 때문에 남들보다 4과목 더 많은 8과목에 걸친 검정시험을 20명과 함께 쳐서 1등으로 조기 입학했다. 중학생 때는 일본, 독일, 이탈리아 3개국 학생미술대회에 참가해 3등에 입선하기도 했다. 그는 사진기를 조립하기도 하고, 사진을 찍고 현상과 인화를 직접 하기도 했다. 그러나 무엇보다도 그가 좋아한 것은 음악이었다. 그는 소학교 시절 남달리 아름다운 목소리로 노래했으며 음악 점수를 늘 만점을 받곤 했지만, 특히 그의 관심을 끈 것은 바이올린이었다. 그는 여섯 살 되던 해 옆집에 사는 사람이 바이올린을 켜는 것이 부러워 한 손으로 자기 코를 잡고, 다른 한 손으로 활을 긋는 시늉을 하곤 했다. 그 모습을 본 부친이 장난감 바이올린을 사주자 그것을 친구 삼아 가지고 놀던 그는 조금 더 성장해서는 그것으로 만족하지 못하고, 뛰어난 손재주를 발휘해 직접 나무를 깎아서 줄을 매어 장난감보다는 조금 더 바이올린에 가까운 것을 만들어 연주하는 흉내를 내곤 했다. 그것을 지켜보던 부친은 그가 어린 나이에 신의주 동중에 조기 입학하자 목회자의 넉넉지 못한 경제적 여건에도 불구하고 그에게 선물로 진짜 바이올린을 구입해 주었다. 그러나 그에게 바이올린을 가르쳐줄 선생님이 없었기 때문에 그는 홀로 열심히 연주하는 법을 깨우치고 익혔다.

이처럼 남달리 뛰어난 여러 가지 재능을 지닌 그였지만, 그에게서 그무엇보다도 중요한 것은 그의 철저한 신앙이었고, 신앙과 일치하는 성품과 생활이었다. 목회자이신 부친과 올곧은 성품의 모친으로부터 어릴 적부터 받은 엄격한 신앙교육 때문이기도 했겠지만, 그는 학생 시절부터 불의와 타협할 줄 몰랐다. 신사참배 강요가 극에 달했던 시절이었음에도 불구하고 그는 단호하게 신사참배를 거부했다. 난처해진 학교는 그를 퇴학시킬 수 있다며 엄포를 놓고, 회유도 하고, 강당에 불러 체벌도 했지만 소용이 없었다. 결국 이동훈은 정학 처분을 받았다. 재학시절 내내 성적이 우수했던 그였기에 학교에서도 졸업은 하게 해주어야 하지 않겠느냐고 결론을 내리고 정학 처분으로 그친 것이다. 그가 정학 처분을 받고 집에 돌아왔을 때 그의 부친은 아들을 칭찬했다. 그렇게 그는 그의 학교에서 끝까지 신사참배를 하지 않고 졸업한 유일한 학생으로 남았다.

일본 유학

중학교를 졸업하고 대학에 진학하는 문제가 나왔을 때, 그의 모친은 그가 의과대학에 가서 의사가 되기를 원했지만, 그는 부모에게 끈질기게 간청하여 음악학교에 가는 것을 허락받았다. 그가 음악을 너무나 좋아하기도 했지만, 신앙을 증언하고 복음을 전파하는 하나님의 나라 일을 위해서는 음악이 더 크게 쓰임 받을 수 있다는 생각을 일찍이 가졌기 때문에 돈 버는 일과는 상관없는 음악의 길을 택한 것이다.

아무도 가르쳐주는 이 없이 순전히 독학으로 바이올린과 성악을 익히다가 1940년 일본으로 건너간 이동훈이 동경제국음악학교에 입학하게 된 것은 기적이 아닐 수 없다. 그가 시험을 칠 때 심사위원 교수들은 그가 그 누구도 사사하지 않고 시험에 응한 사실에 놀라워하며, 그의 재능과 장래성을 인정하여 예과를 거치지 않고 곧바로 본과에 입학하도록 허락했다. 거기서 그는 바이올린을 배우는 사람이라면 누구나 아는 스즈키 교육법을 개발한 당대의 유명한 스즈키 신이치(鈴木鎭一) 교수의 사사를 받으며 열심히 공부하여 1943년 졸업할 때는 많은 경쟁자를 물리치고 신인 연주회에 출연하여 호평을 받았다. 그래서일까? 훗날 이동훈은 제대로 된 바이올린 교칙본을 구하기 힘들었던 한국음악계에 초급에서부터 중급에 이르는 체계적인 바이올린 교칙본들을 차례로 펴내 오랜 세월 한국에서 바이올린을 배우는 이들은 모두 그가 펴낸 교칙본으로 바이올린을 배웠다.

결혼

동경제국음악학교 1학년 때 이동훈은 여름 방학을 맞아 귀국하여 교회에서 예배 시간에 바이올린 연주도 하고 독창을 하기도 했는데, 그러기 위해 반주자가 필요했다. 서울도 아닌 지방에서 피아노를 치는 사람이 흔하지 않을 때 그가 만난 여인이 그 후에 그와 결혼하게 된 세 살 위의 김병숙이다. 평양에서 자란 그녀는 피아노를 전공한 음악가는 아니었으나, 금광과 냉면집 경영으로 돈을 벌어 경제적으로 여유가 있을 뿐만 아니라 생각이 깨어있고 열려있었으며, 맏손녀인 그녀를 특별히 사랑했던 조부의 배려로 일찍이 피아노를 배웠고, 보육전문학교를 졸업한 후 유치원에서 보모의 일을 하고 있었다. 연주자와 반주자로 만난 그들은 함께 교회에서 연주하고 찬송하는 가운데 사랑을 싹 틔웠다. 일찌감치 결혼을 생각하게 된 이동훈이 부모에게 김병숙과의 혼인 의사를 내비치며 허락을 구하자 그의 부모는 노하여 공부 집어치우고 돌아오라며 학비도 보내지 않았다. 그는 학비를 벌기 위해 개인교습소 간판을 걸고 성악, 바이올린, 기타를 가르치는 한편 공장에 나가 노래를 가르치기도 하고, 도쿄의 유명한 소녀 가극단에서 엑스트라 반주도 하며, 교회 찬양대에서 지휘를 하기도 했다. 그들의 만남과 사랑의 교제는 계속되었지만 그들의 혼인이 성사되기는 힘들었다. 그녀의 부모들도 풍각쟁이에게 시집가면 평생 가난하게 고생만 할 것이라는 이유로 완강히 반대했고, 이동훈 쪽에서는 특히 모친이 반대했다. 의과대학에 안 간 것도 속상한데 졸업도 하기 전에 결혼 이야기를 꺼내니 좋아할 리가 없었다. 그래도 두 사람의 사랑은 그 어떤 난관도 헤쳐 나갈 각오를 할 만큼 확고해져 있었다. 그런 가운데서도 김병숙에게는 언제나 그녀의 편인 조부모님이 계셨고, 이동훈에게는 부친 이기혁 목사님이 있었다. 늘 아들을 믿고 그의 선택을 존중했던 이 목사님은 결국 그의 결혼까지도 허락했다. 하지만 유학 문제뿐 아니라 결혼 문제로 모친의 마음을 아프게 한 죗값(?)을 치르라며 결혼식 전날 밤 회초리를 들었다. 그는 모친 앞에서 아들의 종아리를 걷게 하고 때렸다. 그뿐 아니라 아들 교육을 잘못했다며 자신의 종아리에도 회초리를 가했다. 이동훈은 눈물을 쏟았지만, 그 눈물은 아픔의 눈물이라기보다는 사랑의 승리를 거두었다는 환희의 눈물이었다.

태평양전쟁과 해방

1943년 12월 7일 용암포제일교회에서 결혼식을 올린 이동훈은 곧 머리를 깎고 일본이 일으킨 태평양전쟁에 징집되어 신체검사를 받기 위해 평양으로 떠나야만 했다. 3년여 만에 겨우 허락을 얻어 부부가 된 지 9일 만의 일이었다. 그러나 놀라운 일이 일어났다. 이동훈은 신체검사 결과 갑종 합격을 받았음에도 불구하고 용기를 내어 시험관에게 자기는 음악을 하는 사람이고 군사 훈련은 전혀 받아본 적이 없다는 사실을 참작해달라고 요청했다가 일언지하에 거부당했지만, 다시 한번 용기를 내어 최고 심판관을 찾아가 설득한 끝에 귀가하라는 허락을 받아냈다. 전쟁터에 끌려가면 죽을지 모르는 사람을 하나님께서 훗날 한국교회와 복음 사역을 위해 쓰시려고 살려두고자 하시지 않았다면 일어날 수 없는 일이었다.

그러나 집에 돌아와 지내는 기간이 길지는 않았다. 얼마 지나서부터 경찰서에서 조사를 나오기 시작한 것이다. 안심할 수 없다고 여긴 이동훈은 다시 도쿄로 건너가 동경제국고등음악학교 연구 과정에서 합창음악과 실내악 합주를 더 공부하려 했다. 하지만 막상 가보니 거기도 마음 놓고 있을 수 있는 곳이 아님을 안 그는 중퇴하고, 다시 귀국하여 1944년 6월부터 1945년 2월까지 여러 음악인과 함께 중국과 동남아시아 여러 도시를 순회하며 연주 활동을 했다. 그가 순회 연주에서 돌아왔을 때는 한반도 주변의 국제 정세가 극도로 불안정하고 혼란스러울 때였다. 그는 많은 생각 끝에 서울로 가서 새 보금자리를 마련하기로 결단하고 먼저 서울에 갔을 때 8.15 광복을 맞았다.

꺾이지 않은 음악의 열정

이북에 두고 온 아내와 두 살도 안 되는 아들이 온갖 위험을 무릅쓰고 천신만고 끝에 남북을 가른 38선을 넘어 서울에 옴으로 비로소 안정된 가정을 이루고, 행복한 생활을 할 수 있게 된 이동훈은 본격적으로 음악가로서의 활동을 시작했다. 그는 1946년 5월부터 1949년까지 고려교향악단의 제1바이올린 연주자 겸 운영위원으로 활약했다. 그는 바이올리니스트로서 음악가의 활동을 시작했지만, 일찍이 합창음악에도 관심을 가졌다. 그는 뛰어난 바이올리니스트였으면서도 하나님께서 지으신 사람의 목소리를 능가하는 악기는 없다고 여겼고, 그것도 한 사람이 부르는 성악보다는 여럿이 함께 부르는 합창이 최고의 음악이라고 생각하며 합창에 더 많은 관심을 기울였다. 그래서 그의 음악 활동은 세월이 갈수록 더 바이올리니스트로서의 활동보다는 합창지휘자로서의 활동에 무게를 더해갔고, 합창음악의 저변확대와 활성화에 열심을 냈다.

1949년 6월에는 새한교향합창단을 창단하여 단장 겸 지휘자로 있으면서 합창 활동에 정열을 쏟기 시작했다. 그때 합창단원으로는 조상현, 정재동, 오현명, 안형일, 김신환, 황철익, 이남철, 김노현, 김옥자, 채리숙 등 쟁쟁한 성악가들과 음악인들이 있었다. 그 당시 새한교향합창단은 한국에서 단원들에게 월급을 주는 유일한 합창단이었다. 그렇지만 그의 합창 활동은 그에게 경제적으로는 큰 짐이 되지 않을 수 없었다.

1949년 12월 새한교향합창단은 크리스마스 연주회를 열었다. 2일간 낮과 밤 4회의 공연을 했는데, 공연장은 입추의 여지 없이 초만원을 이루는 대성황이었고, 음악적으로는 대성공이었지만 재정적으로는 적자였다. 그 당시만 해도 사람들이 음악은 좋아하면서도 표를 사서 음악회에 오는 사람은 극히 적었기에 음악회를 주최하면 빚을 질 수밖에 없었다. 마지막 연주회가 끝나는 날 밤, 이미 적자를 예상한 회장과 총무는 일찍 자리를 피했고, 단원들도 다 가버린 채 지휘자 홀로 남았으며, 출연자들의 출연료를 비롯해 대관료 등 일체의 경비를 지불해야 하는 일이 그를 기다리고 있었다. 이동훈은 공연장 측에 집을 팔아서라도 모든 비용을 정산해주리라고 약속하고, 담보로 그가 지휘할 때 입었던 연미복을 벗어 맡기고 와

이셔츠만 입고 집으로 돌아왔다. 그리고 얼마 안 있어 그는 실제로 집을 어느 음악인에게 시가보다 싼 값에 팔아넘기고, 연주회로 발생한 모든 빚을 청산하고는 남은 돈을 가지고 보다 작은 집으로 이사해 전세살이를 시작했다. 그럼에도 불구하고 평생 이동훈은 매년 몇 차례씩 반드시 연주회를 했다. "음악가가 연주를 하지 않으면 음악가가 아니다"하는 그의 신념 때문이었다. 그 결과로 그의 가족은 평균 6개월에 한 번씩 이사를 해야 했다. 그래도 그는 음악가로서 연주하며 살 수 있다는 사실에 행복했다.

그가 그렇게 행복할 수 있었던 것은 그를 전적으로 신뢰하며 언제 어떤 상황과 여건에서도 그와 함께 고와 낙을 나누는 아내와 그의 네 자녀가 있었기 때문이다. 이동훈은 아내와 네 자녀 모두에게 바이올린을 가르쳤기에 자연스럽게 가족합주단이 만들어졌고, 또 온 가족이 합창단원이 되어 함께 공연하며 다녔다. 그의 장남은 음악대학에서 바이올린을 전공하여 그의 대를 이었고, 큰딸은 피아노를 전공하여 그가 세상을 떠나기까지 반주자로서 그를 도왔다.

6.25사변과 기적적인 생존

이동훈이 광복 후 서울에서 누릴 수 있게 된 행복한 가정생활과 의욕 넘치는 연주 활동은 그리 오래 지속되지 못했다. 1950년 6월 25일에 터진 전쟁으로 그의 음악 활동은 한동안 중단되지 않을 수 없었다. 그뿐 아니라 그는 순식간에 서울을 점령한 공산군들에게 잡혀서 가족들도 모르게 북한으로 끌려가게 되었다. 전쟁을 일으킨 김일성은 남한을 침략하여 유명한 음악인들을 모두 잡아가 아시아 최고의 교향악단을 만들겠다는 야심을 품고, 미리 체포할 음악가들의 명단을 작성해서 내려왔다고 한다. 이것만 봐도 6,25전쟁은 치밀하게 계획된 북한의 남침이었음을 알 수 있다.

북으로 끌려가던 이동훈은 춘천쯤에서 함께 끌려가던 첼리스트와 용변을 보겠다는 핑계를 대고 잠시 대열에서 빠져나왔다가 숲으로 도망쳐 어떤 폐가에 숨어 지냈다. 숨어 지내던 어느 날 밤 굶주림을 해결하기 위해 두 사람은 몰래 근처 콩밭에 가서 콩을 구워 먹었는데, 돌아와서 보니 잠시 사이에 어느 쪽의 야간 공습 때문인지는 몰라도 기총 소사를 받아 그들이 숨어 있던 곳은 벌집이 되어 있었다. 하나님께서 그를 또 살려주신 것이다. 다시 남하하기 시작한 그들은 임진강을 넘어오다가 이번에는 국군에게 붙잡혔다. 북쪽에서 내려오고 있었기에 신분을 의심받아 다른 많은 사람과 함께 어떤 창고에 갇히게 되었다. 그러나 또 어떻게 될지 모르는 상황에서 이동훈은 군인 중 학교 동창을 만나게 되었고, 그의 도움으로 차에 실려 어딘가 끌려가기 직전에 첼리스트 친구와 함께 탈출할 수 있었다. 간신히 서울로 돌아왔지만, 고난은 끝난 것이 아니었다. 이번에는 종로경찰서에서 그를 소환해 갔다. 월북하려는 예술인들을 색출한다며 피난 내려가지 않은 사람들을 잡아다가 심한 고문까지 했다. 이동훈도 연일 심한 고문을 받았지만, 그가 철저한 기독교 신자이고, 목회자의 아들이며, 체질적으로 빨갱이가 될 수 없는 사람이라고 변호해주는 사람이 나타나 석방되었다.

피난생활과 음악활동

1.4후퇴 시 이동훈은 대구로 내려가 몇 개 월간 국방부 정훈국 관현악단을 지휘하다가 그해 봄 부산으로 피난을 갔다. 대신고등학교 운동장 한구석에 마련된 대형 군용 천막 두 개에서 여러 목사님 가족들과 함께 피난 생활을 해야 했다. 춥고 배고픈 부산에서의 천막생활은 참으로 혹독했지만, 그 어느 것도 이동훈의 음악으로의 열정을 꺾을 수는 없었다. 그는 새한교향합창단을 다시 시작했고, 여자고등학교에서 합창을 가르치기도 했으며, 천막 아래 이불 속에 웅크리고 작곡에 몰두하여 1952년 6월에 교성곡 〈자유찬가〉를 완성하고, 7월에는 연주 발표도 하는가 하면, 그해 가을에는 제1회 바이올린 독주회를 가졌다.

휴전과 음악활동

끔찍했던 전쟁이 휴전 상태로 들어가자 이동훈은 1953년 10월 가족들을 데리고 서울로 돌아와 본격적인 음악 활동을 재개했다. 1954년 9월부터 1958년 9월까지는 경희대학교 음악대학에서, 1958년 9월부터 1970년 5월까지는 숙명여자대학교 음악대학에서 현악과 합창과 지휘법을 강의했고, 음악대학이 없는 숭실대학교에서도 음악을 가르쳤다. 그는 1954년 동요집 〈애기별〉을 출판했고, 또 1955년부터는 바이올린 교칙본과 연주곡집 11종을 편저 출판하는 한편, 1968년 3월부터 수년간 한국합창연맹 총무이사로 활동하기도 했다.

교회음악에 열정을 쏟은 후반기의 삶

이동훈은 일제 강점기 말기에 바이올리니스트로서 음악 활동을 시작했지만, 광복을 맞은 20대 초반부터는 이미 교회음악가로서의 활동을 병행하기 시작했다. 그는 영락교회의 찬양대 초대 지휘자였으며, 1946년 9월부터 1950년 6월까지는 중앙신학교에서 강사로, 1948년 4월부터는 대한신학교에서 조교수로 교회음악과 찬송가학을 가르쳤다. 부산에서의 피난 생활 중에도 교회를 위한 음악가로서의 그의 사명감에는 중단이 없었다. 사실 그가 합창 음악을 중요하게 여긴 가장 큰 이유는 합창이 교회에 모여 예배드리며 함께 찬양하는 하나님의 백성에 더 어울리는 것이고, 하나님께서 가장 기뻐하실 음악이라고 생각했기 때문이다. 그는 다시 교회에서 찬양대를 지휘하기 시작했고, 1951년 7월에는 한국교회음악협회의 창립을 주도하고 지도위원과 연구부장으로 활동했으며, 4차례나 총무에 연임되었다. 그는 전쟁의 참화와 고난 속에서도 감사절을 위한 곡들로 〈은혜를 찬양함〉 외 10여 곡을 작곡하여 1951년 9월 작곡집 『실로암 물가의 흰 백합』을 출판하기까지 했다. 그렇게 그는 비록 암울했던 시기이고, 자기 자신도 엄청난 고난을 겪었지만, 그러기에 더더욱 찬양을 통해 사람들에게 복음의 힘을 증명해 보이려 했다.

　　이동훈이 찬양대를 지휘한 교회는 영락교회, 성도교회, 한양교회, 동신교회, 후암교회였지만, 그의 삶에서 특별히 의미 있는 활동은 서울 용산에 자리 잡고 있던 주한 미8군 사령부 내 교회에서 필그림합창단과 함께 주일예배를 섬긴 일이라고 할 수 있다. 부산에서의 피난생활을 청산하고, 1953년 10월 서울로 돌아온 그는 당시 정동교회를 빌려 예배를 드리던 미군들의 예배에 참석했다. 예배 후 그는 군목을 만나 그가 지휘하는 합창단이 그들의 예배 시간에 찬양하면 어떨지를 물었다. 군목은 합창 말고 바이올린을 해주면 좋겠다고 대답했기에 이동훈은 한번 가서 아내의 반주로 바이올린을 연주했더니 군목은 매 주일 와서 연주해달라고 했다. 그러자 이동훈은 그러지 말고 자신이 지휘하는 합창을 한 번 꼭 들어보라고 했고, 그가 동의해서 합창으로 찬양할 기회를 얻었다. 그때 그 찬양을 들어본 군목은 아주 잘한다고 하면서 매 주일 와서 찬양하면 좋겠다고 했고, 합창단 이름을 이동훈합창단으로 하라고 했다. 그러나 이동훈은 이를 거절하고 합창단 이름을 필그림으로 하겠다고 했다. 그래서 필그림합창단이 출범하게 되었다.

　　그는 왜 그가 세상 떠날 때까지 지휘할, 그의 분신이라 해야 할 합창단의 이름을 하필 순례자라는 뜻의 필그림(Pilgrim)으로 했을까? 그 이유는 그의 평생의 삶 자체가 말해준다. 그는 이 세상에서 사는 동안 단지 이 세상을 순례하는 나그네로 살았다고 할 수 있다. 그에게서 궁극적인 고향은 하늘나라이기에, 그 나라를 바라보며 지나갈 이 세상에 뭔가를 쌓으려는 욕심 없이 오직 하나님께서 그에게 맡기신 달란트인 음악으로 하나님의 뜻을 이루며, 그에게 영광 돌리는 삶을 살려 했기 때문이라고 말해야 할 것이다.

이동훈은 1953년 10월 정식으로 미8군 군목실 음악감독(Musical Director)이 되었고, 매주 필그림합창단을 지휘하며 미8군 교회 예배의 찬양을 담당하게 되었다. 이동훈은 이렇게 1953년 창단된 필그림합창단을 1974년 소천하기까지 지휘하며 합창 운동의 토대로 삼았다. 필그림합창단의 활동은 매 주일 미8군 교회인 'Main Post Chapel'과 'South Post Chapel' 두 군데 예배에서 찬양하는 봉사 외에도 매년 4회 이상의 미군 부대 위문 연주, 4회의 정기 합창발표회를 비롯한 비정기 연주회, 지방 순회 연주회 등 30회 이상의 연주회와 주한미군을 위한 방송인 'AFKN'(American Forces Korean Network)의 TV 방송과 라디오 방송의 출연이었다. 필그림합창단의 이러한 활동은 미군 교회를 드나드는 주한미국인들의 주목을 받기 시작했고, 음악을 아는 사람들은 필그림합창단을 당시 미국 최고의 합창단으로 널리 알려진 '로버트 쇼 코랄'(Robert Shaw Choral)과 '로저 와그너 코랄'(Roger Wagner Choral)에 비교하곤 했다. 그들은 필그림합창단의 합창을 듣고는 연주 스타일 면에서 필그림합창단이 그 두 합창단의 중간쯤 된다는 평을 많이 했다.

이동훈이 주한 미8군 군목실과 협력하게 된 것은 한국교회의 성가 합창 발전에 적지 않은 영향을 주었다고 평가할 수 있다. 매 주일 예배 때마다 필그림합창단의 찬양을 들은 역대 주한 미8군 군목실장들 가운데는 미국에서 새로 나오거나 미국에서는 자주 부르는데 한국교회에서는 잘 알려지지 않은 찬양곡 악보들을 들여와 이동훈에게 건네주는 이들도 있었다. 그는 그 새 악보들을 받을 때마다 직접 우리말 가사로 번역할 뿐 아니라 직접 그 악보들을 등사지를 철판에 대고 철필로 일일이 그려서 등사기로 등사해 악보를 만들었다. 오늘날처럼 인쇄기나 복사기가 없었을 때 일본말로 "가리방을 긁어서"라는 이 등사 방법이 널리 사용되었다. 그렇게 한국에 소개된 찬양곡들은 필그림합창단이 처음 부르기 시작하고, 그 악보들은 다른 교회에서 지휘하는 필그림합창단의 단원들에 의해 국내 여러 교회 찬양대로 퍼지고, 그 곡들이 한국교회 찬양대들이 즐겨 부르는 찬양곡들이 되었던 것이다. 그의 집에는 별다른 세간살이는 없어도 그런 악보들로 가득 찼었다. 그가 집을 옮길 때마다 짐수레나 짐차에 실리는 이삿짐의 대부분은 악보였다. 그는 가정의 생활비가 바닥이 날 때마다 그 악보들을 한 보따리 싸서 그가 잘 아는 악기사나 악보사에 들고 가서 맡기고 돈을 빌리곤 했으며, 빌린 돈을 갚으면서 그 악보들을 되찾아오곤 했다.

이동훈은 필그림합창단과 함께 한국합창음악계에서 최초로 아카펠라(무반주) 합창을 시도한 독보적인 음악가였다. 그는 성정이 온유한 사람이었고 가정에서 네 자녀와 지낼 때는 친구 사이처럼 다정다감했지만, 일단 지휘자로서 합창 단원들 앞에 서면 엄격했다. 그는 음악을 만들어내는 작업에 관한 한 철저했고 적당주의가 통하지 않았다. 연습 때 그의 모습은 예리하고 카리스마가 넘쳐흘렀다. 그가 지휘하는 필그림합창단의 단원으로 노래한 8년간을 포함해서 20여 년간 가까이서 혹은 멀리서 그의 지휘를 지켜보았고, 수없이 많은 다른 지휘자들을 보아온 필자의 생각으로는 합창 지휘에 있어서 그를 능가할 사람은 한국에서뿐 아니라 외국 그 어디에도 없다. 우선 그는 탁월한 음악성의 소유자였다. 그가 지휘하며 연주한 그 어떤 곡도 그보다 더 정확하게 해석한 지휘자는 없었을 것이라고 확신한다. 필자가 보기에는 지휘하는 그의 자세와 표정은 진지하면서도 그가 읽고 해석해내는 음악과 시종 일치했고, 그의 어깨, 두 팔, 두 손 그리고 열 손가락 하나하나의 움직임은 물론 가끔 한 발짝씩 앞으로 나왔다 들어갔다 하는 발동작까지도 한 치도 더하고 뺄 것 없이 정확하기 그지없었으며, 그의 몸동작에 따라 가볍게 혹은 크게 물결치는 그의 멋진 머리카락과 함께 그 자체가 예술이었다. 따라서 그를 바라보며 노래하는 합창단원들은 그가 지휘하는 모습에 압도되고, 그의 손길에 완전히 빨려들지 않을 수 없었다. 자연히 필그림합창단은 그 당시 활동하던 모든 합창단 중 최고의 합창단으로 자타가 공인하는 합창단이 되었고, 그는 한국에서 합창 지휘의 대명사처럼 되었다. 그의 이름 앞에 "대합창지휘자"라는 수식어가 괜히 붙은 것이 아니었다. 수많은 합창지휘자가 누구에게 영향을 받았느냐는 질문을 받을 때 이동훈과 필그림합창단을 말하곤 할 만큼 한국에서는 그를 빼놓고는 합창과 교회음악을 논할 수 없는 신화 같은 인물이 되었다.

합창과 교회음악을 이야기하다 보면 자연스럽게 이동훈에게로 돌아가곤 했기 때문에 그에게는 "신화 같은 인물"이라는 말과 함께 "뿌리", "근원", "원류"라는 수식어가 붙었다. 그래서 필그림합창단의 공연 때는 장소가 시민회관이든, 국립극장이든, 이화여대 대강당이든 항상 만원일 정도였다. 그런데 필그림합창단이 연주하는 곡목에는 드물게 비성가곡이 들어있긴 했지만, 대부분은 성가곡이었다. 성가곡을 주로 부르는 합창단 공연에 그토록 많은 관객이 몰려들곤 했다는 사실은 그저 놀랍기 짝이 없는 일이라 하겠다. 그에게서 합창은 사람들의 귀를 즐겁게 하기 위한 것이 아니라 하나님을 찬양하기 위한 것이었고, 그렇게 필그림합창단에서 훈련받은 단원들 가운데 남자 단원들 대부분은 국내 여러 교회의 지휘자들로 불려갔다.

이동훈은 바이올리니스트로 음악 활동을 시작했고, 합창 지휘로 그의 음악 활동의 영역을 넓혀갔지만, 작곡가로서의 업적도 무시할 수 없다. 그는 1954년 4월에는 합창조곡 〈피난처〉의 발표회를 가졌으며, 1956년 4월에는 여성합창곡집을 편집 출판했고, 그해 9월에는 합창조곡 〈삼손의 이야기〉를 작곡 발표했다. 그는 다수의 독창과 합창을 위한 예술가곡, 동요, 성가곡 등을 100편 넘게 작곡하는가 하면, 미완성으로 그친 오페라 〈욥〉의 작곡에 착수하는 등 꾸준히 작곡가로서의 작업을 계속했다. 그가 작곡한 성가곡들은 대부분 1999년 기독교음악사에서 펴낸 『여호와는 나의 목자』(이동훈 성가 작곡집)에 수록되었고, 비성가곡들 역시 1999년 기독교

음악사에서 출간한 『여호와는 나의 목자』(이동훈 성가 작곡집)에 성가곡들과 함께 수록되어 있다.

　　이동훈이 작곡한 곡들로 합창단원이나 찬양대원들이 아닌 일반 신자들에게 더 많이 알려진 곡들은 다름 아닌 찬송가다. 그가 29세 때인 1951년 9월 첫 찬양곡집 『실로암 물가의 흰 백합』를 낼 때도 전쟁의 참화와 피난 생활의 고난 속에서 추위와 배고픔에 떨며 천막 안에서 이불을 뒤집어쓰고 작곡을 해야 했지만, 그가 오늘날의 한국교회 찬송가집에 실린 찬송을 작곡할 때도 그의 평생 두 번째로 힘든 시기였다. 이동훈은 너무도 착한 마음씨와 동정심, 남을 의심할 줄 모르는 성격 탓에 항상 손해 보고 고생을 겪어야만 했지만, 그와 그의 가족에게 말로 다 할 수 없는 손해와 고통을 안겨준 사람들까지도 미워하지 않고 도리어 불쌍하게 여기며 그들을 위해 기도하는 사람이었다.

　　6.25사변 전 새한교향합창단 크리스마스 연주회 때문에 집을 잃은 그가 1964년 그의 평생에 두 번째 장만한 집은 한남동 산 중턱에 자리 잡은 꽤 넓은 잔디마당도 있는 20평 정도의 단층 단독주택이었다. 그러나 그 집에서의 삶 또한 1년도 채 가지 않았다. 자칭 발명가라는 서울 시내 모 교회의 안수집사라는 사람이 발명품을 특허 출원해서 큰돈을 벌면 주님의 일을 하려고 하는데 돈이 부족해서 못 하고 있다는 말을 듣고는 이동훈은 그에게 각서나 차용증 하나 받지 않고 집문서와 인감까지 빌려주었다. 그 집사가 그 집문서를 가지고 무엇을 했는지는 모르나 그로부터 얼마 후 그 집과 피아노 등 돈이 될 만한 모든 물건에는 차압 딱지가 붙고, 아내와 자녀들은 일시에 집 밖 길가로 쫓겨나는 일이 벌어졌다. 불시에 집을 잃은 그의 가족은 할 수 없이 서대문구 적십자 병원 앞 평동에 있는 그 집사의 한옥으로 들어가 그 집의 대청마루에서 임시로 지낼 수밖에 없었는데, 결국 3년을 살게 되었다. 대학생 아들 둘과 고등학교 3학년과 중학생이던 두

딸과 더불어 여섯 식구가 겨울이면 찬 바람이 쌩쌩 불어 올라오는 단칸방 마룻바닥에서 지낸 3년은 부산의 천막에서 지낸 피난 생활과 비슷했다. 그러나 돌이켜보면 그때 또한 놀라운 은혜의 기간이었다. 두 번째 집을 잃은 1965년 이동훈은 한국교회 전체가 연합해 매년 12월에 여는 메시아대연주회 제2회 공연의 지휘를 맡아 감격적인 연주를 했다. 또한 그는 피아노도 차압당하고, 남은 게 바이올린 하나밖에 없어서 바이올린 줄을 손으로 튕겨 음을 내어가며 찬송가를 작곡하기에 여념이 없었다. 부산 피난 시절 천막의 이불 속에 웅크리고 작곡하던 때와 흡사한 상황이었다. 그러나 그의 삶 중에서 두 번째로 가장 큰 시련의 시기에 작곡한 그 찬송가들이 한국교회의 성도들이 오래오래 애창할 찬송가가 되었다. 이동훈은 고난 앞에서 더 강해지고 시련 앞에서 오히려 더 창작의 에너지를 얻곤 했다.

한국교회 찬송가

교회음악에 대한 사명감을 가지고 활동하던 이동훈은 한국교회가 사용하는 찬송가의 발전에도 중요한 역할을 했다. 각 교단이 별도의 찬송가를 사용하던 한국교회에 한 중요한 전환점이 된 것은 1949년 통칭 〈합동찬송가〉의 발행이었다. 장로교, 감리교, 성결교 세 교단이 각각 그전까지 사용하던 찬송가들을 하나의 찬송가로 펴낸 것이다. 이후 한국교회는 찬송가의 관리, 수정 및 출판을 위한 항구적 찬송가위원회 설치의 필요성을 인식했고, 그 결과 1956년 초에 기독교대한감리회, 기독교대한성결교회, 대한예수교장로회 세 교파에서 파송 받은 위원들로 '한국찬송가위원회'가 조직되었다. 이 찬송가위원회는 1949년부터 사용하던 합동 찬송가를 개편할 필요성을 느껴 새로 한국기독교장로회에 위원 파송을 요청함으로써 4개 교단에서 파송한 위원들로 구성된 위원회가 되었고, 1963년 3월 5일 개편작업을 착수했다.

이동훈은 바로 그 시점인 1963년 3월 4일자 〈기독공보〉에 찬송가 개편에 대한 기고에서 "우리는 선교 70년의 역사를 가진 자주 독립국의 교회로서 만방에 자랑할 수 있는 문화민족이며, 우리의 고유한 민족정신을 지닌 국민으로서 이루어지는 교회이므로 외래의 찬송가라 할지라도 우리의 정서를 기준으로 하여 취사선택할 수 있을 뿐만 아니라 우리의 것을 만들어 가져야 하겠다"하고 주장하며 찬송가 개편에 있어서 음악 전문가들의 관여가 긴요함을 강조했다. 이에 찬송가 개편 작업이 본격적으로 시작될 때 이동훈은 곽상수, 박재훈, 서수준, 장수철 등과 함께 음악위원으로 위촉받아 한국교회를 위해 보다 좋은 찬송가를 만드는 데 크게 기여했다. 그 결실로 1967년에 나온 찬송가가 통칭 〈개편 찬송가〉였는데, 이것은 한국교회 찬송가 역사에서 가장 획기적인 성취의 하나라고 평가할 수 있다.

그때 개편의 중요한 원칙 중 하나가 한국인 기독교 시인들과 교회음악인들이 작사하고 작곡한 순수 우리 찬송가를 보강한다는 것이었는데, 이를 위해 위원회에서는 먼저 기독교 문인들로 하여금 가사를 응모하게 하였고, 엄선된 가사를 공개하여 교회음악인들이 원하는 가사에 얼마든지 곡을 붙여 응모하게 한 후 모든 곡을 누구의 작품인지 알지 못하게 하고 심사위원들 앞에서 연주하여 각 가사에 응모된 작곡 중 가장 좋은 곡을 투표로 선정하게 했다. 그런데 그 결과 놀라운 일이 벌어졌다. 다른 작곡가들의 경우 대부분 한두 편 선정된 데 반해 이동훈이 제출한 곡이 열 개의 가사에서 선정된 것이다.

그러나 놀람과 기쁨은 잠시였다. 어느 날 위원장이었던 강신명 목사가 이동훈을 찾아와서 다른 작곡가들의 사기와 교회 연합정신을 배려해서 열 곡 중 절반인 다섯 곡은 양보해줄 수 있겠느냐는 것이었다. 이동훈은 흔쾌히 수락했다. 오로지 한국교회와 교회음악의 발전을 위하는 마음에서였다. 그래서 그가 곡을 붙인 김재준 작사의 〈교회의 노래〉(212장), 고황경 작사의 〈복음의 씨〉(214장), 김활란 작사의 〈외로운 배 한 척〉(321장),

남궁억 작사의 〈일하러 가세〉(402장), 반병섭 작사의 〈부름받은 젊은이〉(565장)가 1967년 발행된 〈개편 찬송가〉에 처음 실리게 되었다. 이 〈개편 찬송가〉에 수록된 한국인의 창작 찬송은 총 27편이었는데 그중 다섯 편이 이동훈의 곡이었다.

그 후 1983년 한국교회는 모든 교단에서 함께 사용하는 〈통일 찬송가〉를 내게 되었는데, 거기에는 〈개편 찬송가〉에 실렸던 27편의 한국 창작 찬송가 중 17편만이 수록되었다. 이동훈이 작곡한 두 편의 찬송가도 알 수 없는 이유로 빠지고 세 편의 찬송이 가사의 첫 마디가 제목이 되어 〈통일 찬송가〉에 수록되었는데, 〈어둔 밤 마음에 잠겨〉(261장), 〈가슴마다 파도친다〉(303장), 〈캄캄한 밤 사나운 바람 불 때〉(461장)이다. 그리고 2006년 새로 바뀐 찬송가에서는 이 세 곡이 다시 각각 582장, 574장, 345장으로 장수를 달리해 수록되어 있다.

복음화운동과 하나님의 영광을 위한 마지막 몇 년의 삶

1969년은 이동훈의 삶에서 새로운 전환점이 이루어진 해였다. 그의 가족은 남의 집 마루방에서 3년간의 고통스러운 세월을 살았지만, 집 문제를 해결해줄 능력도, 의지도 안 보이는 그 집 주인으로부터 한 푼도 받지 못하고 그 집을 나왔다. 그러면서도 그는 그 사람을 도리어 불쌍히 여기며 그를 위해 기도해야 한다고 가족들에게 말했다.

그런데 그다음 해 이른 봄, 그는 갑자기 한쪽 다리에 걸을 수 없을 정도의 심한 통증을 느끼게 되었다. 과로로 인한 것이겠지 하며 잠시 쉬면 나을 줄 알았지만 통증은 더욱 심해졌고, 그는 움직일 수 없게 되었다. 연주회가 다가오고 있을 때였고, 그는 하나님께 간절히 매달릴 수밖에 없었다. 그러던 어느 날 그는 다리가 깨끗이 낫는 꿈을 꾸었다. 꿈을 깬 그는 꿈에서처럼 일어나 다리를 움직여보았다. 아무런 통증을 느끼지 못한 그는 너무 기뻐서 이리저리 다리를 움직여보았으나 여전히 조금도 아프지 않았다. 그는 옆에 누워있던 아내를 흔들어 깨워 깨끗이 나은 다리를 보여 주고 함께 큰 소리로 울며 감격의 기도를 올렸다. 그리고 그는 통행금지 시간이 해제되지도 않았는데 옷을 입고 일어나 나갔다. 어떤 기도의 동지를 만나기 위해서 그가 살고 있는 집을 몇 시간이나 걸어서 간 것이다. 그이를 만난 그는 그간에 있었던 사건의 자초지종을 이야기하고 하나님께서 기적처럼 자기의 다리를 낫게 해 주신 체험을 나누며 그와 함께 무릎 꿇고 기도하고 다시 걸어서 집으로 돌아왔다. 1969년 3월 6일 아침이었다.

이동훈이 복음화 운동에 더욱 깊은 관심을 갖고 음악으로 그 운동에 참여할 구체적인 계획을 세우기 시작하게 된 것은 바로 이때부터였던 것으로 보인다. 거기에는 그의 부친 이기혁 목사님의 영향이 컸을 것이다. 이 목사님은 인천제일교회에서 목회하면서 전국복음화운동을 제창했고, 그가 속한 교단의 총회장을 지내면서 본격적으로 그 운동을 전개했으며, 1966년 원로 목사로 추대되며 목회 일선에서 물러난 후에는 더욱 전국복음화운동에 전념하고 있었다.

그는 서울에 올라올 일이 있을 때는 늘 아들의 집에 머물곤 했는데, 그때마다 둘이는 밤을 새우며 복음화 운동 이야기와 교회음악 이야기를 나누곤 했다. 그 부자는 그 대화를 통해 함께 전국복음화의 꿈을 키우며 서로 희망과 위로와 용기를 주고받았다. 그들은 밤을 꼬박 새우고도 피곤한 줄 모를 뿐 아니라 오히려 얼굴이 환해지곤 했다. 그러면서 이동훈은 앞으로의 삶을 음악으로 복음화와 선교 사역에 온전히 바쳐야겠다는 뜻을 더욱 확고히 했으리라 여겨진다. 그런데 개인적으로는 젊어서부터 여러 교회에서 찬양대 지휘도 하고 중앙신학교, 대한신학교, 장로회신학대학교, 영락여자신학교와 숭실대학교에서 교회음악과 찬송가학을 가르치는 등 교회음악가로서의 활동을 계속해온 그를 전국 차원에서의 복음화 운동에 실제로 뛰어들게 한 일은 한국대학생선교회 총재 김준곤 목사님과의 만남이었다.

　김준곤 목사님을 만난 이동훈은 한국대학생선교회에서 음악책임자로 있으며 합창 지도를 하게 되었는데, 김 목사님은 그와 함께 할 더 큰 일을 구상하고 있었다. 1974년 서울에서 〈엑스플로(성령 폭발) 74〉라는 초대형 전도대회를 여는 것이었다. 평소에 민족 복음화를 자신에게 지워진 십자가로 여기던 김 목사님은 그 민족 복음화를 위해 〈엑스플로 74〉가 필요하다고 생각했다. 그는 세계대학생선교회 총재인 빌 브라이트 목사님을 초청해 여의도 광장에서 그 전 해에 같은 장소에서 열린 빌리 그레이엄 목사님의 부흥 집회를 능가하는 전도대회를 계획했다. 대학생선교회 내부에서도 반대가 심했지만 김 목사님은 물러서지 않았고 그 대회를 위해 1973년 여름부터 이동훈에게 음악분과위원장의 책임을 맡아줄 것을 요청했다. 크나큰 부담을 주는 직책이었지만 그는 기꺼이 수락했다. 민족 복음화가 이미 그에게 음악을 하는 동기가 되어 있었기 때문이다.

　그가 직접 담당해야 하는 일은 크게 두 가지였다. 하나는 5~600명의 찬양대를 조직하고 연습시켜 〈엑스플로 74〉 서전 메시아대연주회를 개최하는 것이고, 다른 하나는 전도대회 기간 내내 매일 찬양을 담당할 1만 명의 연합찬양대를 구성하여 훈련시키고 지휘하는 것이었다. 그런 대규모의 찬양대를 성공시키기 위해서는 이동훈이 그때까지 쌓아온 음악가로서의, 합창지휘자로서의 모든 역량을 다 쏟아 부어야 했다. 그런데 모두가 불가능하다며 고개를 저은 그 일을 그는 해냈다. 그러나 그 과정은 험난했다.

　그는 먼저 기도와 묵상으로 그 준비에 들어갔고 서울 시내의 각 교회에 찬양대원들을 참여시켜줄 것을 요청하는 공문을 보냈다. 그러나 〈엑스플로 74〉가 교단 차원의 연합행사가 아니고 대학생선교회라는 단체가 주관하는 행사여서 그런지 반대하거나 무관심한 교회가 많았다. 결국 큰 교회의 찬양대들은 참여하지 않았고, 150여 변두리 작은 교회들이 참여하게 되었다. 그런데 이들 중에는 〈메시아〉 연주를 해 본 사람들이 별로 없었고, 악보를 읽을 줄 모르는 이들도 많았다.

처음부터 연습이 잘 될 리가 없었다. 크게 낙심되는 상황이었지만 이동훈은 좌절하지 않았다. 그는 이미 숱한 역경을 헤치고 살아온 사람이었다. 역경 속에서 오히려 놀랍게 역사하시는 하나님의 은혜를 체험한 사람이었다. 그는 헨델의 〈메시아〉를 부르는 사람이 가장 많은 나라, 그 곡을 가장 즐겨 부르는 나라를 만드는 것을 사명처럼 여기며 〈메시아〉를 가르치고 연습시키는 데 온 힘을 쏟았다. 오직 하나님의 영광만을 위해 기도로 간절히 매달리는 그의 모습을 본 단원들에게 그의 신앙심과 간절한 기도가 전해지기 시작했고, 온 단원이 일치된 마음으로 열심히 기도하며 연습에 연습을 거듭했다. 연주회가 임박했을 때 그들이 부르는 합창의 완성도는 놀라운 수준에 올라가 있었다. 단원들 자신도 그 변화에 놀라고 있었고 감격하고 있었다. 그들은 눈물로 기도하며 연습을 시작하고 연습하면서도 울었다. 특히 "세상 죄를 지고 가는 어린 양을 보라" 하는 곡에 와서는 눈물 때문에 찬양을 할 수가 없을 정도였다. 연주회가 시작되기 전 무대에 선 단원들 앞에서 이동훈은 마지막 간절한 눈물의 기도를 드렸다: "오늘 밤 저희가 하나님께 영광을 돌리게 해주십시오". 그와 함께 온 단원이 울며 마음으로 기도했다.

그날 밤 연주는 대성공이었고 연주회장인 이화여자대학교 대강당은 감동의 도가니가 되었다. 〈메시아〉를 한 번도 불러본 적이 없고, 악보도 제대로 읽지 못하던 단원들이 그런 합창을 부른 것은 한마디로 기적이었고, 지휘자와 단원들이 혼연일체가 되어 눈물의 기도로 올린 간구를 하나님께서 들으시고 응답하신 은혜의 역사가 아닐 수 없다. 마지막 곡을 부르고 난 후 터져 나오고 그칠 줄 모르는 박수와 갈채를 받으며 단원들은 벅차오르는 감격에 모두 흐느껴 울었다. 이런 감동은 협연을 맡았던 교향악단 단원들에게도 전해졌다. 그들 가운데는 비신자들도 많았는데 이미 여러 차례 〈메시아〉 연주에 협연해봤지만 이런 〈메시아〉 연주는 처음이라며 아주 숙연한 자세로 진지하게 연주에 임해주었다. 찬양은 기술로 하는 것이 아니라 기도로 하는 것임을 이동훈은 여실히 보여준 것이다.

〈엑스플로 74〉 대성회 자체에 대해 부정적이고, 그 〈메시아〉 연주회에 비협조적인 태도를 보이면서도 어떻게 하나 보자고 하며 연주회에 참석했던 많은 이들이 큰 감동을 받고 그를 찾아와 "이 선생님, 죄송합니다. 회개했습니다" 하며 악수를 청했다. 1974년 부활절에 있었던 이 〈엑스플로 74〉 서전 메시아대연주회는 한국교회에서의 〈메시아〉 합창 운동의 확산에 크게 기여했다고 평가되고 있다.

그날 밤 이동훈은 집에 돌아와 쓰러지고 말았다. 몇 달 동안의 과로로 그는 자리에 눕고 만 것이다. 그러나 〈엑스플로 74〉 대성회의 연합찬양 준비를 시작해야 하는 그는 다시 일어났다. 세계 기독교 역사에 유례가 없을 1만 명 찬양대는 상상이 안 되는 일이었지만 그것도 이루어졌다. 〈엑스플로 74〉 서전 메시아대연주회의 대성공은 4개월 후에 열린 대성회의 1만 명 찬양대 구성에 힘을 실어주었던 것이다. 이때는 지방에서도 찬양대원들이 올라와 함께했다.

여의도 광장에 마련된 찬양대석은 한쪽 끝에 앉은 단원과 다른 쪽 끝에 앉은 단원이 서로 보이지 않을 정도로 거대했다. 다시 지휘봉을 잡은 이동훈은 그 스탠드 중앙으로부터 상당한 거리를 두고 마련된 지휘석에서 지휘해야 했다. 1만 명 찬양대를 지휘하는 그의 모습은 구약성경에서 이스라엘 백성을 약속의 땅 가나안으로 이끌고 가는 모세 같았고, 바알 제사장들에 맞서 하나님만 믿고 홀로 싸우는 엘리야 같았다.

대회 기간 중 한번은 장대비가 쏟아졌다. 그는 주최 측 진행자들이 올라가 앉는 강단의 지휘자석에 앉아있었다. 다른 순서를 맡은 이들은 주최 측에서 급히 마련해 갖다주는 우산을 받아 썼지만, 그는 앉은 그대로 비를 맞으며 미동도 하지 않았고 1만 명 찬양대원들도 그를 따랐다. 그들이 지휘자와 함께 비를 맞으며 찬양하는 것 또한 특별한 감동을 주는 광경이 아닐 수 없었다. 빗줄기가 지휘자와 찬양대원들의 얼굴과 온몸과 악보에까지 흘러내려 흠뻑 적시는 가운데 부른 찬양은 단순한 음악 이전에 1만 명의 신앙고백이었고 가슴 찢음이었다. 이때의 찬양은 여의도광장을 가득 메운 온 청중에게 뜨거운 감동과 회개의 눈물이 솟구치게 하지 않을 수 없었다. 1만 명의 찬양은 불가능하다며 팔짱을 끼고 비웃던 이들 앞에서 이동훈은 사람에게 불가능이 하나님께는 가능임을 여실히 보여주었던 것이다. 그 뜨거웠던 8월, 1만 명의 찬양대가 부르는 찬양을 들으며 〈엑스플로 74〉 대성회에 참석한 이들은 연인원 655만 명이나 되었다.

신앙과 음악으로 하나님께 바쳐진 향기로운 제사

〈엑스플로 74〉 대성회에서의 연합찬양의 지휘는 이동훈이 그때까지 살면서 지켜온 신앙과 음악을 함께 뭉쳐 한국교회를 위해 하나님께 바친 제사와도 같았다. 어쩌면 하나님께서 그 향기로운 제사를 받으시려고 그를 한국 역사의 그 격동과 고난의 시대를 거치며 그때까지 살아있게 하시고 지켜주셨는지 모른다. 성회는 끝났지만 이동훈은 그가 심혈을 기울여 훈련시킨 연합찬양대가 그대로 흩어지게 할 것이 아니라 계속해서 복음화 운동의 도구로 쓰임 받을 선교합창단으로 재출발하는 것이 좋겠다는 생각을 가졌다. 그가 그 뜻을 대원들에게 밝히자 100여 명이 동참 의사를 밝혔다. 그래서 〈한국선교합창단〉이 출범하게 되었고, 11월 18일에 창단기념 연주회를 갖기로 결정하고 연습에 들어갔다. 모두가 열심이었고 선교합창단인 만큼 단원들부터 모두 그 연주회에 불신자 한 사람씩을 데리고 나오기로 했다. 그러나 하나님께서 이동훈을 들어 쓰시는 것은 거기까지였다.

창단기념 연주회 4일 전 연습을 마치고 돌아오던 이동훈은 집 가까운

대로변에서 버스에 내려 길을 건너던 중 어둠 속에서 질주해온 차에 치여 그의 파란만장하고 치열했던 삶을 마감했다. 그리고 4일 후에 계획되었던 〈한국선교합창단〉 창단기념 연주회는 그를 추도하는 눈물의 연주회로 돌변하고 말았다. 그러나 짧은 기간이었지만 그와 고락을 같이하며 믿음과 기도로 하나 되었던 모든 이의 애도의 탄식과 눈물 속에서 하나님께서는 향기로운 제사를 받으셨다고 믿는다. 이동훈의 삶은 신앙과 음악으로 하나님께 바쳐진 향기로운 제사였던 것이다.

순례자로 산 이동훈

이동훈이 세상을 떠나고 난 바로 다음 달 나온 〈월간음악〉에서는 그를 기리는 기사를 실으며 〈이동훈 교수의 생애: 미완성의 나그네 같은 여정〉이라고 제목을 달았다. 그가 창단하고 이끈 합창단의 이름을 필그림(순례자)으로 정했듯이 그의 삶이 나그네 같은 여정이었다는 것은 맞는 말일 것이다.

그러나 그의 삶이 과연 미완성이었을까? 결코 아니다. 물론 그가 더 긴 세월을 살았다면 그는 더 많은 일을 했을 수 있다. 그러나 모든 사람의 수한은 하나님 손에 달린 것 아닌가? 중요한 것은 길든 짧든 각자에게 주어진 삶을 하나님 앞에서 얼마나 성실하게 살았는가 하는 것이라면 이동훈은 결코 미완성의 삶을 살지 않았다고 말해야 할 것이다. 왜냐하면 그는 하나님께서 그에게 허락하신 삶의 전 기간을 마지막 순간까지 그에게 주신 사명대로 달려갔기 때문이다. 음악가로서, 신앙인으로서. 그가 불의의 사고로 숨을 거둔 순간의 마지막 장면이 그것을 대변해준다. 그가 길가에서 차에 치일 때 그가 허리춤에 끼고 있던 한 무더기의 악보들이 길가에 널리 흩뿌려졌는데 그 악보에는 "주 예수보다 더 귀한 것은 없네"라는 제목이 붙어 있었다. 그가 합창곡으로 편곡한 찬송가의 악보였다. 주 예수 그리스도를 음악으로 널리 전하려 했던 그의 온 삶을 압축적으로 보여

주는 상징적 장면이었다. 하나님께서는 그렇게 그를 불러가셨던 것이고, 그의 삶은 그것으로 완성된 것이었다.

이동훈은 비록 그의 부친보다 10년 먼저 부르심을 받았지만, 10년 후 그의 부친이 그러할 것과 꼭 같이 그의 생의 마지막 순간까지 그에게 주어진 사명을 수행하며 달려갈 길을 온전히 달려간 것이다. 그의 부친 이기혁 목사님도 마치 아들과 약속이나 한 듯이, 그 약속을 지키려고 한 듯이, 평생을 복음화 사역에 온전히 바치고 86세의 나이에 하나님의 부르심을 받기 바로 전날까지 있는 힘을 다 쏟으며 복음화를 역설했기 때문이다. 서울의 영락교회에서 있었던 고별 예배에서 설교를 맡은 한경직 목사님은 "이동훈 교수야말로 한국에 있어서의 진정한 음악 선교사였다"라고 말하며 그의 업적을 높이 평가하고 그의 죽음을 애도했다.

1974년 11월 18일 영결식이 끝나고 이동훈의 운구 행렬은 인천으로 내려가 그가 교가를 작곡해준 인성여자중고등학교 교정을 한 바퀴 돌고 인천제일교회 묘지로 향했으며, 그의 시신은 거기에 안장되었다가 그 주변 일대의 재개발사업 때문에 인천제일교회가 대토로 받은 충남 충주시 진달래 메모리얼파크 내 인천제일교회 묘역에 이장되어 오늘에 이르고 있다. 찬양이 곧 삶이었던 이동훈이 평소에 자주 하던 말이 있다. "하늘나라에 가면 더 이상 기도도 없고 성경 공부도 없을 것이다, 오직 찬양만이 영원히 있을 것이다". 지금 그는 하나님 앞에서 기쁨으로 찬양의 삶을 이어가고 있으리라 믿는다.

76세에 사랑하는 52세의 맏아들을 잃은 이기혁 목사님이 겪은 슬픔은 단순히 아들의 죽음 때문이 아니라 가장 소중했던 복음화 운동의 동지를 잃었기 때문이었다. 그는 주위의 사람들에게 두고두고 이렇게 말했다. "자식을 잃은 마음이야 이루 말할 수 없지만, 복음화 동지를 잃은 것만큼 비통한 것이 또 어디에 있겠는가?"

이동훈의 죽음으로 가장 큰 충격과 비통함에 빠진 이들은 물론 그의 가족과 부모님이었겠지만, 그들 못지않게 말로 다 할 수 없는 충격과 비통함에 빠진 이들이 있었다. 김준곤 목사님 말고도 후암교회의 담임 목사 조동진 목사님이 그중 한 사람이다. 이동훈이 마지막으로 찬양대 지휘를 한 교회가 후암교회였는데, 그는 그때 단순한 찬양대 지휘자가 아니라 조동진 목사님의 둘도 없는 복음화 동지로서 그와 함께 원대한 선교의 꿈을 꾸고 있었기 때문이다. 그의 장례식에서 조동진 목사님은 조사를 맡아 하며 내내 울먹였다.

"나는 50 평생 수많은 죽음을 보았습니다. 나는 목회 25년 동안 여러 가지 시신 앞에 섰습니다. 그러나 이처럼 충격적이고 단장의 슬픔을 경험하기는 처음입니다. 나는 나의 가장 가까운 신앙의 동지 한 사람을 잃었습니다. (중략) 그는 자신의 영달을 꿈꾸거나 사리와 사욕이나 탐욕을 가져 본 일이 없습니다. 그는 어떻게 음악으로 복음을 전하며 하나님을 찬양하는 일로 이 민족을 그리스도에게 인도할 것인가에만 집념이 있었습니다. 그의 체구는 가늘고 여위었어도 그의 꿈은 웅대하고, 그의 뜻은 우주적이며, 그의 심정은 세계적이었고, 그의 호흡은 전 인류적이었습니다. 그는 꿈의 사람이었습니다! 그는 환상의 사람이었습니다! 그는 신앙의 사람이었습니다! 그는 전도자였습니다! 그가 음악을 사랑하였지만, 복음 때문에 사랑한 것입니다. 그가 감으로 한국 교회 음악계에 너무도 큰 자리가 났습니다. 바위를 떠낸 자리처럼, 그가 떠나고 난 후에 쓸쓸하고 허전함은 한 교회나 합창단의 상처가 아닌 한국교회의 신앙과 음악과 전도의 한 모퉁이가 크게 비어 버린 것입니다. 어쩌면 그렇게도 그의 아버님의 꿈과 그의 환상이 일치하고, 어쩌면 그렇게도 하나님이 나에게 주신 꿈과 환상이 그의 소망과 일치되어 나의 말동무요, 복음의 동지요 그리고 주님 사역의 동역자로 길이 함께 일하자고 다짐하더니 갑자기 먼저 가고 말았습니다".

충주의 진달래 메모리얼파크에 새로 세워지기 전 인천에 처음 세워진 이동훈의 묘비 앞면에는 다음과 같은 비문이 새겨져 있었다.

이동훈 1922~1974
영감이 넘치는 맑고 섬세한 음악인으로
경건하고 단정한 신앙의 사람으로
그리고

구령의 뜨거운 열정을 지닌 전도인으로
높고 웅장한 꿈속에서 일생을 살다 가신 아버님을 추모하며
삼가 이 돌을 세웁니다.
아버님 돌아가신 후 첫 번 생일에.
수철, 수영, 정희, 정옥.

이 비문은 이동훈의 네 자녀의 이름으로 되어 있지만, 실제로 그 비문을 작성해준 이는 바로 조동진 목사님이었다. 그 묘비 뒷면에는 이동훈이 마지막으로 작사, 작곡한 찬송곡인 〈네가 주를 사랑하나〉의 악보가 새겨져 있었다. 그가 직접 쓴 가사만을 보면 다음과 같다.

네가 주를 사랑하나 기쁠 때나 슬플 때
네가 주를 잊지 않나 세상 일이 바쁠 때
주여 내가 당신을 잊을 수 있사오리까
주여 내가 언제나 주를 사랑합니다.

골고다로 갈 수 있나 주가 너를 부를 때
십자가를 질 수 있나 주가 부탁할 때에
주여 내가 당신을 거역할 수 있으리까

주여 내가 언제나 주를 따라가오리

주가 세상 떠났을 때 세상 어두웠으나
주가 다시 사셨을 때 광명 다시 찾았네
주여 내가 당신이 다시 오실 때까지
주여 내가 언제나 주를 위해 힘쓰리

이 가사는 이동훈이 어떤 마음과 생각으로 그의 삶을 살았는지를 여실히 보여주는 신앙고백적인 글이다.

이동훈의 이 마지막 찬송곡의 제목을 그대로 제목으로 해서 나온 책이 있다. 그의 아내 김병숙 권사님이 남편을 회고하며 쓴 책『내가 주를 사랑하나』이다. 이 책은 읽는 이마다 한번 읽기 시작하면 다 읽을 때까지 손을 놓을 수가 없다고 한다. 그 책에 그의 둘째 아들 이수영 목사가 붙인 머리글 또한 이동훈의 삶의 일면을 잘 보게 해 준다.

"아버지는 너무나 고생을 많이 하시다가 너무 일찍 가셨다. 완숙의 경지에서 한참 일하시며 절정의 인생을 살기 시작하실 나이 오십삼 세에 갑자기 하나님의 부르심을 받으신 것이다. '아까운 분, 세상을 잘못 만나셨다'는 것이 아버지를 아는 많은 사람들이 하는 얘기다. 그래서 아버지 생각을 하면 가슴이 저려오고 코끝이 시큰해지며 눈가에 이슬부터 맺히곤 한다. 돌아가신 지 삼십칠 년이 지났는데도 여전히 그렇다. 하물며 어머니는 말해 무엇 하랴. 그 어머니가 아버지를 회고하는 글을 쓰셨다. 세상 떠나시기 전에 꼭 남기고 싶으셨던 것 같다.
어머니에게는 예나 지금이나 한결같이 아버지는 천재시다. 그보다 더 음악성이 뛰어난 사람은 없다. 그뿐 아니라 아버지는 그림 솜씨, 글솜씨

등 운동만 빼고 모든 면에서 뛰어나셨다. 천성이 깨끗하고 강직하며 아부할 줄 모르셨고 욕심이 없으셨다. 그러니 세상 말로 출세하기는 틀린 분이셨고 고생만 많이 하셨다. 음악가셨으니 연주회를 늘 하셔야 했다. 연주회를 안 하는 음악가는 음악가가 아니라는 것이 아버지의 지론이셨다. 돈 안 생기는 교회음악만 하셨으니 연주회를 한 번 할 때마다 우리는 매번 이사를 가야 했다. 조금 더 싼 집으로, 점점 더 변두리로. 가족을 함께 고생시킨다는 생각 때문에 아버지는 마음고생이 크셨을 것이다. 그래도 우리는 아버지가 살아계실 때 가장 행복했다. 가난했어도 온 식구가 다 모이는 저녁 시간부터 자정이 넘기까지 우리 집안은 노래와 웃음판으로 늘 즐거웠다. 우리 온 식구가 할아버지가 설교하시는 교회에서 특별 출연하여 악기로 연주하고 노래로 찬양하며 다닐 적이 가장 그립다.

아버지에게는 교회음악가로서 고고하게 살려고 할 때 오는 온갖 고난을 이겨내게 한 가장 큰 힘이 두 가지 있었다. 하나는 그의 신앙 곧 하나님 사랑이었고, 다른 하나는 어머니와의 사랑이었다. 아버지는 어머니를 너무나 사랑하셨고 어머니 또한 아버지를 절대적으로 믿고 사랑하셨다. 하나님 사랑과 어머니 사랑이 아버지를 그 고난의 생애 속에서 끝까지 버텨준 힘이었다. 어머니가 아버지를 처음 만나셨을 때부터 오늘까지 칠십여 년 동안 조금도 변함없이 마음에 간직해온 아버지에 대한 사랑과 신뢰와 그리움을 글로 담아 남기셨다. (이하 생략)"

이 책은 2012년 3월 28일 출판되었다. 김병숙 권사님은 이 책을 받아 보고 빨리 하늘나라에 가서 남편에게 보여주려는 듯 단 사흘 후인 3월 31일 병상에서 조용히 눈을 감았다. 이제 해야 할 일을 다 했다는 안도와 만족과 기쁨과 감사 속에서일 것이다.

마무리하면서

　이동훈의 음악가로서의 삶과 신앙인으로서의 삶은 그대로 그의 후손들이 물려받아 이어가고 있다. 그의 생전에는 온 가족이 합창단원으로 그와 함께 하나님을 섬겼고, 그가 떠난 후에는 각자가 연주자로, 지휘자로, 찬양사역자로, 전도인으로 활약하고 있다.

　이동훈의 아내 김병숙 권사님은 남편의 소천 후 30여 년간 그를 따라다니며 익힌 음악성과 지휘법을 사장시키지 않고 그녀가 속했던 영락교회의 여전도회성가대를 지휘했으며, 교회에서 은퇴하면서는 에스더구국기도회의 〈에스더선교합창단〉의 지휘자로 20여 년간 활약하며 남편 이동훈이 추구하던 찬양 선교의 정신을 이어갔다. 한국교회여성지휘자협회 이사장도 역임한 바 있는 그녀는 찬양을 통한 선교를 위해서는 죽으면 죽으리라는 각오로 92세에 이르기까지 정정하게 무대에 서서 열정적으로 지휘함으로써 여성합창 지휘자들이 흠모하며 본받고 싶어 하는 모델이 되었다. 이동훈이 없었더라면 이런 지휘자로서의 그녀는 없었을 것이다. 그녀는 남편으로서의 이동훈에게서 삶으로 음악을 배우기도 했지만, 3년간 영락여자신학교를 다니며 거기서 교회음악을 가르치던 교수 이동훈으로부터도 많은 것을 배워 사실상 남편보다 더 긴 세월을 성가합창지휘자로 활동할 수 있었다.

　이동훈처럼 바이올린을 전공한 장남 이수철은 서울대학교 음악대학 기악과 재학 시절 한국에서의 본격적인 실내악단의 효시인 바로크합주단의 악장과 독주자로 활약했다. 졸업 후에는 서울시립교향악단의 단원으로 연주 활동을 시작했고, 미국에서의 유학과 교수 생활과 연주 활동 후 귀국해서는 음악대학에서 가르치는 한편 〈세바스챤 실내악단〉을 창단하고 음악감독 겸 독주자로 활발한 연주 활동을 펼쳤다. 그리고 그 역시 음악으로 주님을 위해 쓰임 받고자 했던 뜻을 따라 부친 이동훈의 뒤를 밟으며 일찍이 새문안교회, 영락교회, 갈보리교회, 충현교회에서 찬양대를 지휘했고, 마지막에는 주안교회에서 장로로서 찬양대 지휘자와 음악감독으로 활약하는 한편, 이동훈이 오랜 세월 열정을 바치며 주도적으로 섬겼던 한국교회음악협회의 이사장을 역임하는 등 교회음악 발전에 많은 힘을 쏟기도 했다.

이동훈의 장손, 즉 이수철의 아들인 이시원 역시 바이올린을 전공하고 일찍이 17세의 나이에 뉴욕 카네기홀에서 열린 이스라엘 건국과 이스라엘 필하모닉 창단 50주년 기념연주회에서 세계적인 바이올리니스트들인 아이작 펄만과 핀커스 주커만이 지휘하고 연주하는 비발디의 〈사계〉 공연에서 그들과 함께 독주자로 무대에 섬으로써 그 실력을 인정받았고, 바이올리니스트로서, 실내악단 지휘자로서 왕성한 연주 활동을 펴고 있다. 그리고 그에게도 어려서부터 하나님의 영광과 하나님 나라의 확장을 위해 자신의 달란트를 헌신하겠다는 결심이 있었고, 현재 미국에서 음악대학 교수로 재직하면서 주일에는 교회에서 찬양대 지휘를 해오다가 최근에는 신학을 공부하여 목사 안수를 받고 겸직으로 교회에서 목회도 하고 있다. 음악과 함께 복음을 전하는 일에 헌신하려는 선조들의 신앙의 열정이 그의 핏속에서도 뜨겁게 흐르고 있는 것을 보여주고 있다.

이동훈의 장녀인 이정희는 피아노를 전공하고 오랜 세월 교회 반주자로, 합창 지휘자로서의 삶을 이어갔고, 미국으로 이주해서는 〈필그림선교합창단〉을 창단해 합창을 통한 복음 전도 사역에 힘을 쏟았다. 그녀는 첼로를 전공한 그녀의 첫째 딸, 바이올린을 전공한 둘째 딸과 함께 세 모녀 3중주단을 만들어 많은 연주 활동을 하며, 그들이 거주하던 미국 오레곤주에서 음악 가족으로 명성을 떨쳤다. 그중 둘째 딸은 현재 프랑스 남부의 큰 도시 뚤루즈(Toulouse)의 시립교향악단에서 연주 활동을 계속하고 있으며, 어려서 한때 역시 바이올린을 배우던 셋째 딸은 신학 공부를 한 후 현재 목사 사모로서의 삶을 살고 있다.

이동훈의 신앙과 교회를 위한 사명감은 다른 모양으로 그의 차남 이수영이 물려받았다. 그 또한 어렸을 때 부친에게서 바이올린을 배웠지만, 그는 끝까지 음악의 길을 가지 않고 철학을 거쳐 신학의 길을 갔다. 이동훈이 하나님의 부르심을 받을 때 장로회신학대학교 신학대학원 졸업을 앞두고 있었던 그는 졸업 후 프랑스 유학을 마치고 돌아와 장로회신학대학교 교수를 16년간 역임하고, 새문안교회의 담임 목사로 16년여 목회하며 한국교회를 위한 사역을 감당했고, 그의 자녀들도 교육전도사로, 찬양사역자로 열심히 교회를 섬기고 있다.

이동훈의 차녀 이정옥 또한 목사의 사모로서 영남신학대학교와 서울장신대학교 총장을 지낸 남편을 성실히 내조해 오면서 한편으로는 쉬지 않고 합창단원으로서 활동하고 있다. 그녀는 모친, 즉 이동훈의 아내가 지휘하던 〈에스더선교합창단〉에서 30년 넘게 찬양하며 다년간 단장으로 섬기기도 했고, 지금도 단원으로서 찬양을 통한 선교 활동을 계속하고 있다.

이렇게 음악가 이동훈의 피와 신앙인 이동훈의 피는 아직도 식을 줄 모르고 그의 후손들 가운데 소중한 유산으로 흐르고 있다. 이동훈의 삶은 결코 미완성이 아니라 현재진행형이라 말해야 할 것이다.

참고자료

〈월간음악〉 1974년 12월호(통권 제49권), p.64~65
〈교회음악〉 1975년 가을호(통권 4호), p.41~46
〈기독음악저널〉 1997년 5월호(통권 19호), p.8~12
〈기독음악저널〉 1999년 11월호(통권 49호), p.9
〈한국교회여성지휘자협회보〉 제15호, 2008년 2월, p.7~9
김병숙, 〈네가 주를 사랑하나〉, 서울, 홍림, 2012, p.267
조숙자, 한국 개신교 찬송가 연구, 장로회신학대학교출판부, 서울, 2003, p.406
CHOIR & ORGAN Korea, July 2007, Opus 78, p.14

▲ 이동훈 부부(아내 김병숙)

▲ 30대 이동훈

▲ 40대 이동훈

▲ 50대 이동훈

▲ 아내의 영락여자신학교 졸업 축하 가족사진

▲ 미8군교회 군목들과 주일예배 후 찍은 필그림합창단원들

▲ 숙명여자대학교 합창단 공연

▲ Explo74기념 메시야 대연주회

▲ 이동훈 교수의 추도음악회가 되어버린 한국선교합창단 창단 기념공연 무대에 서서 슬픔에 젖어있는 단원들

이수영 목사

새문안교회 담임목사
장로회신학대학교 교수
한국칼빈학회 회장
아시아칼빈학회 회장
세계칼빈학회 중앙위원
한국로잔위원회 의장
정신학원 이사장
서울여자대학교 이사장 등 역임
현, [그의백성운동] 대표

전교인의 가정을 심방하여 열악한
형편을 몸소 파악하고 최선을 다해
도왔으며, 온화한 음성으로 기도하
고 말씀을 전해 감동을 주고 위로를
주셨다. 빈촌 중에도 빈촌(옛 수도국
산)에 사는 가정에 심방 차 갔을 때
문 앞에서 놀던 그 집 어린 아들이
장로님을 보자 "엄마, 하나님 와요
~" 하며 뛰어 들어가던 모습이 지금
도 기억에서 사라지지 않아 미소 짓
게 한다.

기억하고 싶은
하나님의
사람들

이종청 장로 | 도원교회

기억하고 싶은 이종청 장로

김요환 목사_토론토 한인성결교회 담임목사

삶 그리고 사역

이종청 장로님은 평안북도 초산군 성서동에서 1922년 10월 17일 부친 이원엽 씨와 모친 최 씨의 6남매 중 2남으로 출생하셨다. 그가 22세 되던 1944년 4월 1일에 입교하여 1947년 10월 7일 서울 성남교회 박오봉 목사님의 집례로 세례를 받고 신앙생활에 진력하였다. 그 후 부산 동광교회와 군산 중앙교회, 그리고 인천 도원교회에서 신앙생활을 했으며, 1967년 11월 8일 45세의 젊은 나이에 인천 도원교회에서 장로 안수를 받고 주님의 일에 더욱 충성하셨다.

이종청 장로님은 인천에서 한국유리공업회사의 업무부장과 군산에서 한국유리 협력사 청광산업 이사장으로 근무했다. 한편 바쁜 사회생활에도 인천지역 복음화를 위해 인천지역 장로총연합회 구성의 필요성을 주장하여 연합회를 조직하고, 기드온협회 인천캠프 신앙부장 직책을 맡아 복음전도에 힘썼다. 또 그는 소속 교단인 기독교대한성결교회 인천지방회 부회장으로도 수고했다.

1981년 12월 28일 캐나다로 이주한 그는 피터보로의 바울선교교회와 토론토한인성결교회에서 봉사했으며, 미주성결교회 제9회 총회와 제10회 총회에서 두 차례나 부총회장(1987년~1989년)을 역임했다. 1995년 11월 5일에는 토론토한인성결교회의 원로 장로로 추대되었다.

이종청 장로님은 '일등 장로'라는 특이한 별명을 갖고 있었다. 이 별명은 지역 교회에서 목회하는 목사님들이 붙여 준 명예스러운 별명이었다. 그가 '일등 장로'라는 별명을 갖게 된 데는 세 가지 이유 때문이다. 첫째, 그는 목회자의 사역에 적극적으로 협력했을 뿐 아니라, 목회자의 생일 때나 성탄 때에는 축하 카드와 함께 정성스러운 선물을 제공하므로 목회자의 노고를 위로하셨다. 둘째, 그는 교회의 일에 언제나 다른 신자들에게 모범이 되었다. 자신이 출석하는 교회의 일에 앞장서는 것뿐만 아니라 이웃 교회의 필요에도 힘껏 봉사하셨다(1974년 인천송현교회 성전 건축 시 교회 창문 유리를 기증함). 셋째, 온유하고 겸손한 성품의 소유자인 그는 교회 안에서 상반된 의견이나 다툼이 있을 때는 인내를 가지고 양쪽을 설득하여 원만하게 은혜 가운데 일을 이루는 화해의 사람이셨다.

일본군 강제징용

이 장로님의 이런 성품과 주님의 일에 대한 절대적인 충성은 우연히 된 것이 아니라, 그의 삶 속에서 하나님의 보호하심으로 죽음의 고비를 여러 차례 넘기며 구원받은 은혜를 깊이 체험했기 때문이다. 그 일화를 몇 가지 소개하면 이종청 장로님은 일제 강점기에 학도병으로 차출되어 일본군으로 중국에서 보급부대에 배속되어 근무했다.

한번은 군수품을 일선에 보급하기 위해 기차로 수송하는 임무를 맡게 되었다. 평소 모든 일에 성실히 일하는 그를 아끼는 일본인 선임자가 그에게 조언을 했다. 만주로 가는 그 노선에는 팔로군이란 마적 떼가 출몰하여 기차를 정지시키고 군수품을 노략질하고 생명까지 노리니, 만일을 위해 군복 안에 민간인 복장을 하고 있다가 팔로군을 만나면 일본 군복을 빨리 벗어버리라고 했다. 이 장로님은 이 임무를 수행하던 중 정말로 일본인 선임자가 말하던 대로 팔로군을 만났다. 그는 군복을 벗어버려서 민간인 복장을 하고 있었지만 군화는 신은 그대로였다. 팔로군이 기차에 탄 모든 승객들을 마당 한군데 모아놓고 한 사람씩 대면하며 일본인, 중국인, 한국인을 구별하여 분리하는 데, 이 장로님은 한국인 무리에 속하게 되어 생명을 보전할 수 있었다고 한다.

중국에서 해방을 맞다

중국에서 해방을 맞이한 그는 북경에 살고 있는 고모 댁을 방문했다.

일제 강점기에 북경에 사는 고모부는 일본인과 동업하여 큰 벽돌공장을 운영하고 있었다. 일본인과 동업하므로 신분 노출에 위험이 적었던 고모부는 사업으로 번 돈을 은밀하게 광복군 군자금으로 보내고 있었다.

해방이 되자 일본인 동업자는 급히 일본으로 돌아갔고 사업체는 모두 고모부의 소유가 되었다. 중국인에게 사업체를 판 고모부는 큰 부자가 되었다. 사업체 매매 소문이 나자 고모부 집은 밤마다 도둑이 들었다. 사업체를 팔아서 받은 현찰은 집 안마당에 추운 겨울을 대비해 산같이 쌓아놓은 석탄 더미 안에 숨겨 두었다. 고모부는 그에게 일을 부탁하셨다. 23세의 젊은 그가 하는 일은 매일 아침 산타클로스 할아버지처럼 보따리에 현찰을 가득 넣고 역전으로 가서 오고 가는 조선인(한국인)을 만나면 고국으로 돌아가는 여비로 쓰라고 돈을 한 묶음씩 주는 것이었다. 고모부가 돈이 많았으므로 오랫동안 그와 같은 일을 하셨다. 이 장로님은 그때의 일을 회상하며 '아무리 재벌이라고 해도 본인처럼 많은 현찰을 그렇게 많은 사람들에게 조건 없이 기쁜 마음으로 나누어 주고 얻는 행복감을 느낀 사람은 없을 것'이라고 이야기하곤 하셨다. 아마 이런 경험을 통해 세상 물질에 대한 유혹을 물리칠 수 있는 힘을 얻을 수 있었던 것이 아닐까.

6.25사변과 구사일생

이종청 장로님은 6.25동란을 겪으며 다시 한번 하나님의 보호하심과 크신 은혜를 체험하게 된다. 해방 후 서울에서 정봉심 권사님과 결혼하고 국방부 해군 본부 군속으로 일하고 있을 때 6.25사변이 일어났다. 인민군이 서울에 들어오고 미처 피난하지 못한 이 장로님은 가족과 함께 숨어 살았다. 하루는 원효로에 사는 나이 드신 고모님의 안부가 궁금해 방문하기 위해 홀로 집을 나섰다. 그때 부상병을 들것에 싣고 이동하는 인민군에게 붙잡히게 되었다. 처음에는 단거리만 이동하면 된다고 하여 붙잡힌 다른 사람과 둘이서 부상병이 누운 들것을 들고 걷기 시작했다. 하지만 계속

북상하며 한없이 끌려갔다. 상황을 판단한 이 장로님은 탈출할 것을 마음속으로 계획했다.

한편 서울에서는 며칠이 지나도 돌아오지 않는 남편에게 변고가 생긴 것으로 여기고, 아내는 장례라도 치르겠다고 그 당시 길거리에 버려진 많은 시신의 얼굴을 들쳐 보며 며칠 동안 확인하러 다녔다. 특히 서대문 형무소 앞에는 양손이 묶인 채 죽은 시신이 엄청나게 많았다고 한다. 북으로 끌려가던 이 장로님은 갑자기 나타난 미군 전투기가 기총 사격하는 어느 밤에 동료와 함께 탈출을 시도했다. 그리고 인민군을 피해 남으로 남으로 숨어가며 이동했다. 어느 날 아침에 아내는 문밖에 어떤 거지 차림의 남루하고 왜소한 체격의 낯선 남자가 서 있는 것을 보았다. 그 남자는 북으로 끌려가다가 구사일생으로 살아 돌아온 이 장로님이었다. 더욱더 놀라운 일은 그날은 그의 생일날이었다.

아들의 시련과 하나님의 역사

이종청 장로님은 2남 1녀의 자녀가 있었는데, 3남매 중 막내아들이 고등학교 3학년 때의 일이었다. 그가 추운 겨울 수능시험을 대비하여 열심히 공부한다고 건너 골방에서 공부하다가 연탄가스(이산화탄소)에 의한 중독으로 완전히 실신한 것을 아침에 발견하여 병원으로 옮겼다. 모든 응급 처치를 했지만 코마 상태에서 깨어나지 못했다. 담당 의사가 이 장로님에게 환자가 언제 깨어날지 모르겠고, 혹시 깨어난다고 해도 시간이 많이 경과되어 두뇌가 심하게 손상되어 정상적인 생활을 할 수 없으니 포기하라고 했다. 청천벽력 같은 주치의의 말에 온 가족은 어두움에 싸였다.

이 장로님 내외는 즉시 금식 기도하며 하나님께 매달렸다. 소식을 들은 도원교회 성도들도 모두 함께 조를 편성하여 24시간 릴레이로 하나님께 생명 구원을 위해 간절히 기도했다. 병원에 입원한 후 코마 상태에서 26일이 지난 이른 아침, 산소치료기 안에서 치료 중이던 막내아들이 갑자기 온 병원이 떠나가도록 큰 우레 같은 소리를 지르며 코마에서 깨어났다. 할렐루야!

한동안은 말을 하지 못하고 손짓 발짓으로 의사를 전달했고, 조금 후에는 글로 써서 표현했다. 그는 하나님의 은혜로 죽음의 문턱을 넘어 살아 돌아왔다. 그가 많이 회복된 후 교회에 나와 온 성도들 앞에서 감사 찬송을 부를 때 모든 성도들은 기적의 산증인으로서 눈물로 하나님의 역사하심에 감사하며 경배드렸다. 주치의는 두뇌의 문제를 걱정했지만, 지금까지 건강하다. 전능하신 하나님께서 치유해 주신 것이다.

어쩌면 막내아들을 잃을지도 모르는 상황인데, 이 장로님은 항상 미소를 짓고 있어서 교인들은 이 장로님이 좀 이상하다. 혹 실성한 게 아닌가 하는 오해도 했다. 그러나 사실은 하나님께서 그에게 하늘의 평화를 주셨기 때문이다. 그는 전능하신 하나님께 무의식 상태에 있는 아들의 생명 구원을 위해 간절히 간구하였지만, 모든 결과는 전적으로 하나님을 신뢰하고, 하나님의 뜻에 맡기고, 의지했기에 마음에 평안을 얻었던 것이다.

막내아들은 이종청 장로님이 하나님께 서원한 대로 캐나다와 미국에서 신학 공부를 하고 목사가 되었다. 그는 모든 일에 전적으로 하나님만 의지하며 살고 있다.

이 장로님은 이런 역경과 환난 중에도 더욱더 하나을 믿고 의지하는 생활을 하며, 하나님의 은혜에 보답하는 마음으로 충성하게 된 것이다. 아내 정봉심 권사님과 슬하에 아들 이경태, 이성태, 딸 이성순을 두신 이종청 장로님은 캐나다 토론토에서 2011년 8월 12일 하나님의 부르심을 받고 89세를 향수하고 마침내 주님의 품에 안기셨다.

아들 이경태 장로

그의 아름다운 헌신의 삶은 아들 이경태 장로님에게 그대로 전달되었다. 이경태 장로는 1985년 토론토 한인성결교회에 출석하면서 37년 동안 찬양대 지휘로 봉사하고 있으며, 1995년 11월 5일에 43세의 젊은 나이에 장로 안수를 받고, 27년 동안 봉사하다가 2022년 4월 24일에 원로 장로 추대를 받았다. 이경태 장로도 그의 선친 이종청 장로처럼 제30회 미주성결교회 총회에서 부총회장(2009년~2010년)을 역임하면서 교단 발전과 부흥에 힘썼다. 또한 그는 토론토 지역 사회에서 한국 기독교 음악계의 아버지 박재훈 목사님을 보좌하여 토론토 한인합창단 총무를 오랫동안 역임했고, 토론토 장로성가단 단장도 역임하면서 찬양으로 복음 전파와 자선 활동을 하며 어려운 이웃 돕기 등 사회 봉사에 힘썼다.

"네가 죽도록 충성하라 그리하면 내가 생명의 관을 네게 주리라"(요한계시록 2:10)

김요환 목사
서울출생
인천고등학교 졸업
서울신학대학 졸업
토론토 낙스신학대학원 수학
서울 현안교회 전도사
인천 도원교회 부목사
기독교 대한성결교회 68년차 총회 목사안수
제1 야전포병단 군목(대위 예편)
서울 상도교회 부목사
토론토 한인성결교회 담임목사
미주성결교회 26대 총회장
온타리오 한인교회협의회 7대회장

6.25사변 후, 부산에서 살던 이종청 장로님은 한국유리 사업부장으로 인천으로 전근하게 되어 온 가족과 함께 이사하게 되었다. 섬길 교회를 정하려고 여러 교회를 방문하여 예배에 참석하고 목사님들을 만나셨다. 당시 도원교회를 담임하셨던 이종규 목사님은 그런 이종청 장로님을 매우 건방지고 교만하게 생각해서 훈계하셨는데, 오히려 이종청 장로님은 그날로 도원교회로 마음을 정하고 등록하셨다고 이종규 목사님의 아들이신 이창구 권사님으로부터 이야기를 들었다.

1965년 연말사무총회에서 이종청 집사님은 장로로 피택되셨다. 이때 이종규 담임 목사님은 교회를 부흥시키려고 최선을 다하는 중 사모님의 소천과 목사님 본인의 건강(간경화) 문제로 인해 1966년 2월에 사임서를 내셨다. 그 후에 구라선교회와 수정성결교회의 새벽기도를 인도하는 등 헌신하시다가 1969년 47세의 나이로 하나님의 부르심을 받아 도원교회와 교계에 큰 슬픔을 안기셨다.

이종규 목사님 사임 후 1966년 3월 김상하 목사님이 부임하셨다. 목사님은 목회에 대한 과도한 열정과 성전 건축에 대한 추진으로 인하여 젊은 집사님들과의 마찰이 계속되었다. 그때 장로로 피택되었지만 자신의 부족함을 이유로 장로직을 사양하고 계셨던 이종청 집사님을 재차 설득해 장로로 세우셨으며, 이종청 장로님의 설득과 노력으로 젊은 집사님들과의 마찰이 해소되었다. 하지만 다시 청년들과의 마찰이 불거지며 교회 출입문을 봉쇄하는 불상사까지 생겼다. 이에 지방회의 도움을 받아 김상하 목사님은 인천중앙교회로 가시고, 당시 인천중앙교회를 시무하시던 김성추 목사님이 도원교회로 오시게 되었다.

    김성추 목사님의 훌륭하고 인자하신 성품과 이종청 장로님의 동역자로서의 헌신으로 인해 목사님 부임 후 3년 만에 도원교회 성도 수는 배나 성장을 했다. 이종청 장로님은 한국유리에 근무하시면서 교회 젊은이들의 취업을 알선하고, 퇴근 후에는 어려운 가정과 이사한 가정을 심방 하셨다. 담임 목사님보다 성도님들의 형편을 더 잘 알고 계셨기에 목사님과 이야기하며 물심양면으로 교인들의 가정을 도우셨다. 명절날에는 교회 성가대원들과 주일학교 교사들을 집으로 초대해 진수성찬을 베풀며 친목을 나누면서 좋은 교회를 세워갔다.

    이종청 장로님은 출근할 때 만나는 경비실 분들과 말을 하지 않아서 처음에는 교만한 분으로 소문이 났다. 그러던 어느 날, 조회 시간에 "나는 회사에 출근하면서 기도하고, 하나님 말씀을 보기 전에는 어떤 사람과도 말을 하지 않는다"하는 신앙생활을 공개하셨고, 사람들은 교만한 사람이라는 오해를 풀었다고 한다. 그리고 회사의 다른 중역들과의 술자리에서 예수님을 믿기에 일체 술을 거절하셨고, 이후로는 예수님을 정말로 믿는 사람이라고 인정을 받으셨다. 유류 파동으로 회사가 어려워져 직원들을 다수 정리 해고해야 할 때 당시 회사 중역 간부셨던 장로님은 본인이 스스로 사임하는 것으로 하여 일반 직원들의 정리 해고를 대신 하셨다고 한다.

    1975년 4월 김성추 목사님이 갑자기 소천하시자, 후임 목사님을 청빙하는 과정에서 부목사님을 비롯한 교회 혁신 그룹과 마찰이 생겼다. 교회 성도가 쪼개지는 아픔 속에서도 일 년 가까이 성도들을 권면하며 흔들림이 없이 교회를 이끄셨다. 후임 목사님으로 목포 북교동교회에서 시무하시던 임현수 목사님을 청빙하고자 목포에 내려가 임현수 목사님과 면담을 청했을 때, 임현수 목사님은 "이종청 장로님과 같은 믿음과 인품의 동역자라면 한번 같이 목회를 해보고 싶다"하고 말한 후 가족들과 이야기하고 도원교회 청빙에 응하셨다는 이야기를 나중에 임현수 목사님의 사모님께 전해 들었다.

1976년 9월 임현수 목사님의 부임 이후 교회 부흥의 불길은 전교인 수련회에 더하여 목사님의 구령과 열정 그리고 이종청 장로님의 헌신에 힘입어 1979년 4월에 새로운 성전 기공 예배를 드렸다. 그러나 기공 예배를 드린 지 한 달도 안 되어서 임현수 목사님이 하나님의 부르심을 받고 하늘나라로 가셨다.

이종청 장로님은 임현수 목사님의 소천 후 후임 목사님을 위해 밤낮 없이 기도하시던 중 군위교회 백장흠 목사님을 청빙하기 위해 만난 자리에서 도원교회 성전 건축의 어려운 상황을 설명하며 꼭 백 목사님 같은 목사님이 오셔야 한다고 간청하셨다. 이때 백 목사님은 이 장로님이 인자하시고 믿음이 큰 분이라고 느끼셨다고 한다. 임현수 목사님과 백장흠 목사님을 모실 때도 이종청 장로님의 믿음과 인품은 두 분 목사님들이 도원교회로 오시는 큰 이유가 되었으며, 지금의 도원교회로 성장할 수 있는 원동력이 되었다.

이 장로님의 수첩에는 교회 성도님들의 생일, 결혼기념일은 물론 성도님들의 부모님 추도 예배일까지 메모가 되어 있었다. 기념할 날이 되면 해마다 잊지 않고 편지를 보내고, 직접 심방하는 일 또한 빼놓지 않으셨다. 편지를 보내시는 일은 캐나다로 이민 간 후에도 계속되었고, 인천 지방에서 함께 활동한 목사님들과 장로님들에게도 똑같이 위로와 권면과 축하의 서신을 보내셨다. 목사님이나 장로님이 캐나다에 방문하면 항상 이 장로님이 찾아 주시며 캐나다 여행을 함께 하셨다. 그뿐 아니고 많은 편지와 카드 등을 고국의 성도님들에게 보내서 안부를 전하고 중보기도를 하셨고, 도원교회 중요 행사나 장로 임직 행사 시에는 반드시 귀국하셨으며, 오실 때마다 항상 커피와 각종 의약품들을 큰 여행 가방에 가득 담아

오셔서 집집마다 다니며 예배드리고 선물 보따리를 풀어 주셨다. 새로 임직을 받는 신임 장로들에게는 사명을 수행하기 전에 반드시 기도해야 하는 것과 목사님과 성도님들을 모시는 겸손을 강조하여 가르치셨다.

지금까지 도원교회는 이종청 장로님의 훌륭한 섬김이 안병순 장로님, 안상렬 장로님, 김만기 장로님으로 대를 이어 내려가며 믿음의 작은 산맥을 이루어 가고 있다.

장봉수 장로
인천고 졸업
숭실대 졸업
자동차노조 교선부장
버스공제조합 상무이사
서울법대 전문과정 이수
도원성결교회 장로 피택
성결교인천서지방 부회장
성결교회 전권위원
성결교회 공제회 부이사장

존경하는 李宗淸 장로님에 관하여 기억하는 행적 일부와 일화 몇 가지를 상기해 적어본다.

장로님은 온후하신 인성과 원만한 인격을 갖추셨을 뿐만 아니라 1960년대 말 오메가 명품 시계를 차신 멋스러운 분이셨다(선물 받은 것이라 함). 고아와 과부를 사랑하라는 말씀을 실천하셨고, 약자에 대한 긍휼한 마음이 많아 전후 극심한 빈곤 시대에 어려운 가정을 심방하며 복음을 전하고, 물심양면으로 도우셨다. 빈촌에 세워진 도원교회, 가난하고, 배경 없는 사람, 못 배운 신자들을 위해 行政的인 문제 즉 병역, 세금, 취업에 관한 모든 신고, 접수 등을 시, 구, 동 사무소에 직접 다니며 해결해 주셨다. 신자들은 억울한 일을 당하거나 어려운 문제가 생길 때마다 장로님을 찾아가 도움을 받곤 했다.

현재 광성학교 자리에 6.25 전쟁 고아 수용소 성동원이 있었다. 그곳 출신(김만기, 김광남 등) 청소년과 지방에서 올라온 어려운 젊은이를 자신의 직장에(한국판유리주식회사) 사무직으로 또는 노무직으로 취업시키셨다. 그들 여럿(김순용 외)은 모두 신앙으로 중직을 맡아 충성했고, 그로 인해 전도의 뿌리를 뻗고 가지를 쳐 교회 부흥에 발판을 이루었다.

열악한 교회 財政을 맡아 책임지셨고, 절기 헌금 시에는 예산 미달분을 사비로 충당하고 하나님 은혜로 예산에 딱 맞게 도달했다고 보고함으로 성도들에게 감사하다고 격려하고 희망을 주셨다.

연중행사로 봄, 가을 부흥 집회나 강의가 있을 때는 강사님을 장로님 댁에 유숙하게 하시고 정성껏 후히 대접하셨으며, 계절에 따라 전교인이 野外 예배에 나가면 선물과 상품 등을 전부 사비로 준비해 주셨다.

장로님은 성가대와 교사를 특히 사랑하시고 청년들을 사랑하셔서 매년 한두 차례씩 모두를 자택으로 초청해 융숭한 식사로 대접하고, 귀가할 때는 신권을 마련해 넣은 금일봉을 한 사람 한 사람에게 수고했다고 칭찬하며 나누어 주셨다.

그 당시에는 생소했던 기드온협회 인천 캠프에서 대외 활동도 많이 하시고, 직장 선교 차원으로 판유리회사 조례 때마다 말씀을 증거하며 많은 사람들을 전도한 분이 우리 교회의 장로님이셨냐고 그 회사의 직원인 지인에게 들은 적이 있다.

1976년 김성추 목사님의 병세가 심각해지고, 교회 전체가 침통해 있을 때 젊은 전도사와 결탁한 몇 명의 집사와 일부 극성 신자 때문에 소란이 생겼다. 연로한 목사님이 돌아가시면 젊고 활기찬 전도사님을 목사로 세워 후임으로 모시겠다는 주장과 작지만 역사가 있고, 나름대로 관록이 있는 교회인데 아무리 병 중이지만 아직 생존하신 목사님 앞에서 그런 논의는 부당하고 청빙도 절차를 밟아서 진행해야 한다는 두 주장 나뉘었다.

끝내 목사님이 영면하시고, 그 전도사는 일부 신자를(거기에는 우리 교회 제일 부자인 여집사, 의사 부인 집사, 사업하는 회계 집사가 주동) 이끌고 분리해 나갔고, 부자 집사의 창고에서 개척했노라 큰소리쳤다. 그 중에 회계 집사가 교회 재정을 몽땅 쥐고 나간 후 풍비박산이 된 교회를 수습하고 되돌리려고 장로님이 홀로 외운 길을 가셨다. 그 집단의 사람들을 일일이 찾아다니며 빌다시피 설득하며 다 제 잘못이라고 호소했으나 그 사람들의 고집을 꺾지는 못했다.

노력 끝에 그들이 가지고 간 재정을 6:4로 나누는 것에 합의해 겨우 60%를 찾아오는 데 그쳤다. 그 일로 장로님은 깊은 고뇌와 피로감으로 위장병을 얻어 한동안 고생하셨다. 사건 이후 총회에서는 전도사가 목사 안수받고 외부에서 2년 이상 사역한 후에 본교 목사로 청빙 받을 수 있다는 法을 마련했다는 이야기를 들었다.

장로님을 중심으로 험난한 고비를 눈물과 기도로 극복하고 우리 교회는 일취월장했다. 두 번째 예배당 건축 때는 소유하신 땅을 매각하여 거액의 헌금으로 본을 보이시고, 전교인의 가정 형편에 맞게 헌금액을 책정하여 한 사람도 불평 없이 함께할 수 있도록 했다. 헌금을 한 번에 못 하면 여러 번으로 나누어 성의껏 드렸고, 중간에 빚진 상황에서는 조금 형편이 나은 일부 집사들이 자택을 담보로 대출해서 돕는 등(집 담보 1호 한옥희 권사님) 모두가 합심했고, 피 나는 기도와 전도로 마지막에는 건축비가 남는 기적을 낳았다.

1987년에는 부부들로 구성된 성가대를 창설하시고, 성가대장으로서 그 기틀을 다지고 후원을 아끼지 않는 등 교회 발전을 위해 최선을 다하셨다. 이 부부성가대는 후에 에덴성가대로 명하고, 현재도 하나님께 찬양을 드리며 예배를 섬기고 있다.

전교인의 가정 가정을 심방하여 열악한 형편을 몸소 파악하고 최선을 다해 도왔으며, 온화한 음성으로 기도하고 말씀을 전해 감동을 주고 위로를 주셨다. 빈촌 중에도 빈촌(옛 수도국산)에 사는 가정에 심방 차 갔을 때 문 앞에서 놀던 그 집 어린 아들이 장로님을 보자 "엄마, 하나님 와요~" 하며 뛰어 들어가던 모습이 지금도 기억에서 사라지지 않아 미소 짓게 한다.

인자하신 성품과 깊은 애정으로 사랑받고 의지하고 기댔던 장로님이 미주 캐나다로 이민을 가게 되었다. 고락을 같이하며 함께 섬기던 교회와 성도들을 두고 떠나는 아쉬움에 눈물을 참으며 환송식에 함께 하셨다(2000년).

떠나실 때 사무실에서 신자들의 생년월일을 수첩에 적어 가서 그날에 맞추어 생일 카드를 보내셨다. "여기 계실 때는 내 살기 바빠서 몰랐는데, 그곳에서도 보잘것없는 저를 위해 기도하시고, 매번 생일 카드까지 보내주시니 몸 둘 바를 모르겠다"라고 말하는 어느 권사님의 말을 들었다(김정섭 권사님, 이진 권사님의 증언). 비록 우리 곁을 떠나셨지만, 하늘 아래 어느 곳에서나 母教 도원교회와 도원의 가족을 위해 끝까지 기도하신 장로님이셨다.

　필자의 아들 김성근 장로 장립을 축하해주시고, 대 선배 장로로서 장로가 갖추어야 할 지침서를 자필로 깨알같이 써서 소책자(小冊子)로 만들어 주신 참으로 본이 되신 장로님이고 존경하는 장로님이셨다.

　移民 가신 후 필자에게도 계속 성탄 카드와 장문의 자필 서신을 보내주시고 때로는 두 내외분 사진도 보내주셨다. 나도 답장과 함께 교회 주보를 매달 모아 보내드렸는데, 멀리서도 그리운 소식을 환히 알 수 있어서 고맙다는 말씀을 누누이 전하셨다. 중환으로 소천하시기 전까지(약 15년쯤) 서신 왕래가 이어지다가 어느 날 訃音을 접하고, 도원의 큰 어른을 잃은 슬픔이 너무나도 크고 충격적이었다. 얼마 후 유족들이 귀국해 전교인과 함께 존경하는 장로님을 기리는 추모 예배를 드리며 유족을 위로했다.

　李宗淸 장로님에 관한 이야기를 몇 가지 간추려보았으나 기록에 남을 만한 자료가 될지 모르겠다. 하지만 과거를 추억해보는 계기가 되었으니 감사하다.

최전엽 권사

전남 순천 출생
성결교단 인천 서지방 여전도회연합회 회장
성결교단 인천 서지방 권사회연합회 회장
2006년 시인 등단 "지구문학" 신인상 수상, 2011년 제9회 지구문학상 수상
현, 한국문인협회 회원, 지구문학 작가회의 이사, 인천새얼문화 문예창작부 고문
시집 "멀리 보이는 숲이 아름답다" 등 5권의 시집 출간

약 력

한국유리공업(판유리)회사 업무부장
군산한국유리협력회사 청광산업 이사장
인천장로총연합회 조직
국제기드온 인천캠프 신앙부장

▲ 부인 정봉심 권사님과 한때

▲ 도원교회 원로 장로님들과 사모님들이 함께 남산에서

그는 훌륭한 사랑방 교장이었고, 겸손하고 헌신적인 장애인들의 친구였지만, 무엇보다 먼저 예수 그리스도를 배우고 그분을 닮기 위해 몸부림쳤던 믿음의 사람이었다는 사실이다. …… 선명고등공민학교를 이끌어 갈 때도, 장애인 복지단체에서 일할 때도, 그는 결코 개인적인 경건생활과 교회 생활을 게을리하지 않았다. 진지하고 신실하게 예수 그리스도를 믿고, 배우고, 따르는 것은 그에게 다른 어떤 것보다도 소중한 삶의 우선순위였다. 교회 생활이 없었다면 그의 사회적 봉사와 헌신도 없었을 것이고, 하나님과 교통하는 기도의 시간이 없었다면 그의 강의도 연설도 없었을 것이다.

이흥운 장로 | 사랑방 교장

'사랑방 교장' 이흥운 장로

이현호 목사_버지니아주 화이트 메모리얼(White Memorial) 연합감리교회

시작하면서

　인천기독교역사문화연구원이 『기억하고 싶은 목회자들』에 이어서 『기억하고 싶은 하나님의 사람들』 발간을 준비하면서 필자의 아버지 이흥운 장로님에 관한 글을 써달라는 부탁을 받았다. 한편으로는 참 반갑고 감사했다. 지난 2022년 1월 16일, 일편단심 하나님 나라와 그의 의를 위하여 "선한 싸움을 다 싸우고 달려갈 길을 마치고"(디모데후서 4:7) 주님의 부르심을 받으신 아버지의 생애 영적 유산을 정리하고, 다른 이들과 나눌 수 있는 기회라 생각했기 때문이다.

　하지만 다른 한편으로는 약간의 주저함이 없지 않았다. 그 이유는 비록 필자의 아버지 이흥운 장로님의 삶이 우리 가족과 그분의 제자들, 그리고 그분을 만났고 기억하는 많은 이들에게는 크나큰 인생의 지표요, 신앙의 교훈이었음이 분명하지만, 생전 그분의 말씀대로, 그분의 삶은 그저 하나님 나라의 더 큰 결실을 위하여 이름 없이 빛도 없이 땅에 떨어진 수많은 '한 알의 밀알'에 불과했을 수도 있기 때문이다. 또한 여러 해 전에 부모님이 고향인 논현동으로 다시 이사하는 과정에서 두 분께서 평생을 바쳐 섬기셨던 선명고등공민학교나 이후에 일하셨던 재활원과 관련된 많은 자료들과 사진첩들이 분실되었기 때문이다. 지금도 기억에 생생한 검은색 표지의 옛 사진첩들에는 두 분의 땀과 기도, 기쁨과 눈물이 어우러져 빚어낸 귀한 역사적인 사료들이 고이 보관되어 있었다. 그러나 살다 보면 옛 사진첩을 잃어버리는 것보다 더 큰 아쉬움이 얼마든지 있음을 알기에 그저 안타까운 마음을 달랠 수밖에 없었다.

　비록 이흥운 장로님의 인생 여정에서 가장 중요한 부분에 해당하는 자료들은 사라졌지만, 그분이 남겨주신 참으로 소중하고 빛나는 삶과 신앙의 교훈은 나의 기억 속에 – 그리고 그분에게서 가르침을 받은 수많은 학생들의 기억 속에 – 아직도 생생하게 자리하고 있다. 그러므로 오로지 그 마음속 기억과 추억들에 의존해서라도 그분이 걸어가신 길을 이 글을 읽으실 여러분과 함께 따라 걸어보고 싶다.

삶 그리고 사역

출생과 성장

이흥운 장로님은 1933년 10월 1일 인천시 도원동 18번지에서 부친 이영식과 모친 박도라의 슬하에서 7남매 중 여섯째로 태어났다. 부친은 개성 송도고등보통학교(현 송도고등학교)에서, 모친은 개성 호수돈여고 (현 대전 호수돈여고)에서 수학하셨다. 이 사실에서 알 수 있듯이 이흥운 장로님은 한국 초기 미션스쿨을 대표하는 기독교 사립고등학교에서 학업 과 신앙 교육을 받은 양친의 슬하에서 기독교 신앙 교육을 받으며 성장하 셨다. 특별히 모친 박도라 집사님은 인천 내리감리교회의 집사로서 일곱 자녀를 신앙으로 양육하는 데에 큰 역할을 담당했다. 이흥운 장로님은 동 교회에서 유아세례를 받았으며, 교회에서 운영하는 영아원에서 영적으로 양육을 받으며 자랐다.

이후 인천 도원동 대하초등학교 재학 중 병약하신 모친의 요양 차 부 모님을 따라 인천 논현동 은봉이란 마을로 이주했다. 수인선 기찻길이 지 나가고, 멀리 소래 염전이 내려다보이는 작은 마을 은봉에서 유년 시절을 보낸 후 1951년 한국 전쟁 중에 수원농림고등학교 축산과에 진학했다. 일 찍이 청소년 시절부터 영농(營農)에 관심을 가진 것을 알 수 있는 대목이 다. 하지만 대학 진학을 놓고 고민하던 이흥운 장로님은 당시 육군 군목 이었던 둘째 매형 김상기 목사님의 지속적인 권유로 1954년 서울 감리교 신학대학 신학과에 진학하여 목회자의 꿈을 키웠다.

그러나 1950년대 초중반에 발생한 소위 '총리원(현 기독교대한감리

회 본부) 사태'로 일컬어진 감리교단 내의 정치 싸
움과 분열 – 감독 선출을 둘러싼 '성화파'와 '호헌
파'의 갈등과 분쟁 – 에 크게 실망한 이흥운 장로
님은 목회의 꿈을 접고, 1956년 초교파 신학교였
던 중앙신학교(현 강남대학교) 사회복지학과에 편
입했다. 그곳에서 당시 민족의 정신적 지도자요
큰 사상가였던 유영모, 함석헌, 그리고 민중신학
의 주창자였던 신학자 안명무 등의 영향을 받으며
목사로서의 삶 대신에 한국 사회와 교회에 헌신할

▲ 중앙신학교 졸업

수 있는 대안으로서 사회복지학을 학습하고 실질적인 사회 봉사와 개혁의
길을 모색했다.

1958년 중앙신학교 졸업 후 지도 교수의 추천으로 민간외교 기관인
서울 사단법인 한국 노르웨이 협회와 인천 기독교사회관(현 인천기독교종
합사회복지관) 간사로 사회에 첫발을 내디뎠다. 하지만 한국전쟁 당시 인
민군에게 처형당한 부친(당시 법률사무소 사무장)이 별세한 후에 점차 병
약해지신 모친을 간병하기 위해 제2의 고향인 인천 논현동 은봉마을로 낙
향했다. 은봉에 머무는 동안 밭을 일구고 닭, 토끼, 양 등을 키우며 고등
학교 시절 품었던 농촌에 대한 애정을 회복하는 기간을 보냈다. 그 기간
은 또한 일제 강점기와 한국전쟁 이후 더욱 피폐해진 농촌 현실을 직접 체
험하고, 특별히 농촌의 청소년들과 젊은이들에 대한 관심을 키우는 시간
이기도 했다.

농촌 계몽운동의 첫발을 내딛다

1958년 11월, 이흥운 장로님은 부인 이옥자 권사님과 백년가약을 맺
었다. 연애 기간 중 알게 된 사실이지만, 두 사람 모두 인천 내리감리교회
에서 자라났다. 위에서 언급한 대로 이흥운 장로님의 가정은 내리교회를

모교회로 삼아 신앙생활을 했고, 이옥자 권사님의 부모님 역시 같은 교회의 신실한 교인들이었다. 이흥운 장로님과 마찬가지로 이옥자 권사님 역시 내리교회에서 유아세례를 받고, 같은 영아원에 다녔다는 것을 두 사람은 훗날 알게 되었다. 흔히들 말하는 대로 '천생연분'이었을까? 두 사람이 처음 만나 사랑에 빠진 것도 내리교회였다. 1956년 여름 두 사람이 처음 만났을 당시 이옥자 권사님은 이화여대 약학과에 재학 중이었고, 내리교회에서 주일학교 반사(교사)로 봉사하고 있었다. 모교회를 떠나 중앙신학교에 재학 중이던 이흥운 장로님이 어느 날 교회를 방문했을 때, 훗날 아내가 될 이옥자 권사님을 만나게 되었고, 두 사람은 2년여의 연애 끝에 마침내 1958년 11월 28일 부부로서, 평생 동지로서, 새로운 인생 여정을 시작했다.

결혼 후 이흥운 장로님과 이옥자 권사님은 당시 배움에 대한 갈망은 있으나 가정 형편상 정규 중학교 과정에 진학하지 못하고 소래 지역 염전에서 뜨거운 햇빛과 싸우며 일하던 몇몇 소년들을 알게 되었다. 그들을 위하여 신혼집을 개방하여 '창생원'(蒼生院)이라는 이름으로 야학을 시작한다. 인천 YMCA에서 얻어온 긴 의자 몇 개를 사랑방에 놓아 교육의 장을 만들어 놓고 향학열에 불타는 어린 학생들의 빛나는 눈동자에 힘을 얻으며 부부는 열과 성을 다해 가르쳤다. 이후 인근 여러 마을(소래, 고잔, 도림, 수산, 동막, 포리, 군자 등)에서 학생들이 창생원으로 모여들기 시작했고, 이흥운 장로님과 이옥자 권사님은 농악대를 조직하고, 인천시에서 텐트 2동

▲ 인천 내리감리교회에서의 결혼기념

을 지원받는 등 학생 모집과 시설 확충을 꾀하면서 배움에 굶주린 더 많은 청소년들을 위해 중등교육 과정을 제공했다. 그렇게 농촌 계몽운동이라는 막연한 꿈과 열정은 차근차근 젊은 부부의 현실이 되어갔다.

1960년 12월, 창생원은 '생활농민학원'(교육위원회 인가)으로 변모하였다. 학교 건물 건축을 계획하고 국가 원조처의 도움으로 학원을 신축할 자재를 확보하였으나 완공을 위한 재정이 충분치 않았다. 젊은 부부 교사는 이흥운 장로님의 부모님이 물려주신 50평 한옥을 팔아 학교 건물을 완공하기로 뜻을 모았고, 마침내 사무실 1동, 교실 3동을 갖춘 어엿한 학교 시설을 완공한다. 이흥운 장로님은 운동장에서 교실에 오르는 야트막한 비탈길을 시멘트로 포장하고, 그 위에 "농토는 나의 어머니"라는 슬로건을 새겨 넣기도 했다.

위와 같은 헌신과 희생을 통하여 인천 변두리 지역의 가난한 학생들에게 교육의 기회를 제공하고, 또한 농촌 지역 사회의 계몽에 힘쓴 공로를 인정받아 이흥운 장로님은 1964년 5월 26일 문화공보부장관이 수여하는 '농촌계몽 향토문화공로상'(상록수상)을 수상했다. 이것은 그에게 단지 세상의 명예가 더해지는 일이 아니라, 아내 이옥자 권사님과 함께 일궈가

◀ 향토문화공로상 수상,
왼쪽에서 두 번째

는 더 좋은 세상을 위한 노력에 대한 힘찬 격려가 되었다.

사랑방 교장
❶ 선명고등공민학교의 시작

1968년 3월, 생활농민학원은 다시 '선명고등공민학교'(문교부 인가)로 재설립되었고, 이홍운 장로님은 초대 교장으로 취임했다. 교장 취임과 더불어 손수 교가를 작사하였는데, 그 내용은 다음과 같다.

오봉산 바라보며 오롯이 앉은 우리의 배움터 논밭이라네
피 끓는 마음 배움의 터를 찾아오는 젊은 꿈 날로 자라네
하늘의 부름 받아 나선 우리 길러내는 진리의 동산
참 삶의 횃불은 타오른다
영원히 빛나거라, 선명의 집

'오봉산'은 학교가 위치한 은봉 마을 왼편(학교를 기준으로)에 우뚝 서 있던 다섯 봉우리의 산 이름이다. 교가의 가사 내용에서 얼핏 엿볼 수 있듯이 이홍운 교장은 학생들에게 단지 중등교육 과정을 제공하여 상급 학교에 진학하도록 돕는 일에만 힘쓴 것이 아니다. 1960년대 당시 한국 사회에 불었던 농촌 계몽운동의 정신을 학생들의 마음에 불어넣어 주고, 또한 기독교 신앙으로 젊은이들을 변화시켜서 개인적인 행복뿐만 아니라, 사회의 발전과 변혁을 위한 일꾼을 양성하는 일이 그가 추구했던 교육 이념이었다.

❷ 교육과 신앙의 조화

특별히 이홍운 장로님이 추구했던 교육 이념의 중심에는 예수 그리스도에 대한 그의 신앙이 자리하고 있었다. 그가 만난 예수님은 단지 이 세

상의 죄를 짊어지고 십자가의 길을 걸어간 영적 구원자만이 아니라, 구체적으로 이 땅의 가장 낮은 자리에 성육신하여 가장 낮은 자들을 섬기고, 그들의 벗이 되어주신 삶의 개혁자셨다. 이런 신앙을 인생의 바탕으로 삼고 살아간 그는 늘 가족들에게나 학생들에게 '생활 신앙' 혹은 '신앙 실천'을 강조했다. 삶 속에서 선한 행동과 실천으로 열매 맺지 못하는 믿음은 그에게는 단지 '잎만 무성한 무화과 나무'(마가복음 11:13)에 불과했다. 예수께서 친히 말씀하신 대로 "나더러 주여 주여 하는 자마다 다 천국에 들어갈 것이 아니요 다만 하늘에 계신 내 아버지의 뜻대로 행하는 자라야 들어가리라"(마태복음 7:21)하는 것이 그의 믿음이었다. 야고보의 말씀대로 "영혼 없는 몸이 죽은 것 같이 행함이 없는 믿음은 죽은 것"(야고보서 2:26)이라는 것이 그의 확신이었다.

이흥운 장로님은 스스로 신앙 실천, 혹은 실천하는 신앙인의 본이 되고자 노력하셨다. 학교의 설립자이자 교장이라는 타이틀이 그에게는 벼슬이나 완장이 아니라 섬김의 크기였으며, 모범적인 삶의 동기였다. 그는 언제나 다른 교사들이나 학생들보다 먼저 빗자루와 삽과 망치를 잡았고,

▲ 학교 역사를 담고 있는 사진첩은 전부 분실되었지만, 가족 중에 간직하고 있던 사진이 몇 장 있다. 그 중에서 1970년대 초반에 학생들과 찍은 사진이다. 선명학교 건물의 일부 윤곽과 이흥운 교장의 소탈하면서도 다정한 면모를 엿볼 수 있다. 참고로 사진 속의 둘째 아들(이윤호, 오른쪽)과 셋째 아들(이현호, 왼쪽) 모두 목사가 되었다.

어느 누구보다 더 많이 땀을 흘렸다. 입학식이나 졸업식과 같은 특별한 행사에는 그의 트레이드 마크였던 곤색 한복 두루마기나 검소한 양복을 말끔하게 차려입었지만, 대부분의 시간에 그의 복장은 늘 작업복이었다. 학생들과 함께 노동을 하던 밭과 목장에서뿐만 아니라, 교장으로 업무를 보던 교무실에서도, 학생들을 가르치던 교실에서도, 조회 때 훈시를 하던 운동장에서도, 그는 대부분 작업복 차림이었다.

학생들이 하교한 후에도 이흥운 교장에게는 퇴근이 없었다. 밭에서 학생들과 함께 마무리하지 못한 노동이 이어졌고, 목장에서 젖소와 염소와 닭과 토끼를 돌보는 일이 그의 저녁 시간을 기다리고 있었다. 학생들의 실습뿐만 아니라 학교 운영을 위해 경영하는 목장에서 생산한 우유를 학교 인근 마을 주민들에게 판매하기 위해 손수 우유를 가공하고, 포장하고, 배달하는 일은 연중 끊이지 않는 그의 일과 중 하나였다. 이흥운 교장은 다른 교사들이나 학생들에게 이런 거친 일들을 절대로 떠맡기지 않았다. 그것은 항상 자신의 몫이었고, 그와 한집에서 살고있는 부인 이옥자 권사님과 다섯 아들의 몫이었다. 모범을 보이지 않는 지도자는 아무도 따르지 않는다는 그의 신념과 섬김의 실천이 없는 사랑은 울리는 징이나 요란한 꽹과리에 불과하다는 그의 신앙은 이흥운 교장 자신뿐만 아니라 가

◀ 조회 시간에 학생들과
교가를 제창하는 이흥운 교장

족들에게도 노동의 가치를 일깨워주었다.

이흥운 장로님은 매주 드려진 '전교생 금요 예배'를 통하여 자신과 모든 학생들이 예수님의 삶과 교훈을 지속적으로 마음에 새기도록 했다. 무엇보다 금요 예배는 자신과 교직원들과 학생들이 예수님을 배우는 시간이었고, 예수님을 본받기를 결단하는 시간이었다. '길'이신 예수님을 거울삼아 스스로의 인생을 돌아보는 시간, '진리'이신 예수님의 교훈을 내면 깊이 되새기는 시간, 그리고 '생명'이신 그분을 생각하며 삶의 본질에 다가서는 시간이었다.

다른 한편, 교과 외 활동을 통해 학생들과 함께 밭에서 땀 흘려 일함으로써 하나님의 창조 질서에 순응하는 삶, 정직한 노동의 소중함 그리고 협동의 가치를 학생들에게 일깨워주기 위해 힘썼다. 이렇듯 학문(머리)과 노동(몸)과 신앙(마음)이 조화를 이루는 바르고 건강한 그리스도인을 양성하는 것이 선명고등공민학교가 추구하는 교육 이념이요 방향이었다. 그렇게 교육받고, 훈련받은 학생들이 훗날 사회에 나아가 이웃을 섬기고 세상을 변화시키는 것이야말로 이흥운 장로님이 부인 이옥자 권사님과 함께 추구했고 꿈꾸었던 일이다.

선명고등공민학교를 거쳐간 수많은 졸업생들이 잊지 못하는 것 중 하나가 바로 '점심시간'이다. 그것은 단지 학창 시절 친구들과 삼삼오오 모여 도시락을 먹는 추억을 말하는 것이 아니다. 선명학교의 모든 교사들과 학생들은 미국의 원조로 들어온 옥수수 가루를 지원받아서 점심으로 옥수수죽이나 옥수수빵을 함께 만들어 먹곤 했다. 교장을 비롯한 선생님들과 학생들은 학교 목장에서 함께 키운 염소와 젖소에서 생산된 우유도 곁들였다. 때로는 학교 농장에서 함께 수확한 고구마를 쪄먹기도 했다. 이것은 당시 도시락을 챙겨올 수 없을 만큼 가난했던 학생들을 위한 배려였을 뿐만 아니라 다른 한편으로는 작은 것이라도 함께 나눌 줄 아는 사랑, 함께 먹을 것을 만들고 식탁에 둘러앉아 식사를 나누는 공동체 정신, 가진 자나 갖지 못한 자가 더불어 살아가는 공존과 평등의 정신을 교육하는 교실 수업의 연장이었으며 신앙 훈련의 일환이었다.

❸ 학교의 성장과 발전

농촌 야학 '창생원'에서 '생활농민학원'으로, 그리고 '선명고등공민학교'로 성장시킨 이흥운 교장과 이옥자 권사님의 꿈은 1970년대에 이르러 더욱 무르익었다. 1964년 생활농민학원 제1회 졸업생을 배출한 이후 학생 숫자가 점점 늘어나 1972년에는 제8회 졸업생 35명을 배출했고, 1977년에는 제13회 졸업생 51명을 배출하기에 이르렀다.

처음에는 설립자 부부가 유일한 교사였다. 초기에 이흥운 교장은 영어를, 아내 이옥자 권사님은 수학을 주로 가르쳤고, 그 외의 과목들도 부부가 일인다역을 하면서 소화해야 했다. 이옥자 권사님은 때때로 어린 자녀를 업고 수업을 하기도 했다. 요즘 말로 하면 '1세대 워킹맘'이었다. 말이 그럴듯해서 워킹맘이지 가정 살림과 학교 살림, 자녀 양육과 교사 생활, 그리고 남편 이흥운 교장과 함께 꾸려나간 밭농사와 축산의 노동은 도시의 부유한 가정에서 자라 당대 최고의 대학 교육을 받은 젊은 여성이 쉽게 감당할 수 있는 일이 결코 아니었다. 하지만 아내 이옥자 권사님은 기꺼이, 그리고 묵묵히 그 거친 일들을 감당해 갔다.

시간이 지남에 따라 학생 수가 증가했고, 그에 따라 더 많은 교사들이 필요했다. 궁핍한 학교 살림에 교사를 확보하는 것은 쉽지 않은 일이었다. 1970년대 후반, 마침내 일곱 명의 교사를 확보할 수 있었다. 물론 학교 시설이나 교사 숫자만 보아서는 일반 중학교와는 비교할 수 없는 환경이었고, 월급도 터무니없는 수준이었지만, 선명학교에 모여든 교사들이 보여준 학생들을 향한 교육 열정과 애정은 다른 어느 학교와 비교할 수 없는 것이었다. 학생들이 보여준 향학열 역시 마찬가지였다. 선명학교에 온

▲ 가족들에게 남은 몇 안 되는 학교 관련 사진 중 졸업기념 사진

학생들은 모두 단순히 의무교육 차원에서가 아니라 참으로 배움에 대한 갈망을 가진 이들이었다. 그런 교사들과 학생들이 모인 교실에서는 늘 한 가지라도 더 가르치려는 열정과 하나라도 더 배우려는 갈망이 만나 강렬하고 아름다운 시너지를 일궈내곤 했다.

학교 살림도 여의치 않았고, 개별 학생들의 형편도 어려웠지만, 이흥운 교장은 학생들에게 여행의 기쁨과 더 넓은 세상에 대한 체험을 제공하기 위해 매년 '수학여행'을 계획했다. 늘 좁디좁은 농어촌의 울타리를 벗어나지 못하던 피 끓는 학생들에게 수학여행은 참으로 '값지고 즐거운 일탈'이 아닐 수 없었다. 이흥운 교장은 가정 형편이 어려워 귀한 체험 학습 기회를 놓치는 일이 없도록 모든 학생이 수학여행에 참여할 수 있게 최선을 다했다. 비록 도회지에 있는 다른 학교들처럼 풍성하고 다채로운 여행은 아니었지만, 학교가 위치한 인천의 변두리에서 최대한 먼 곳으로 학생들을 데려가곤 했다. 충무공 이순신의 고향인 온양 온천이나 여주 신륵사 등이 단골 여행지였고, 한 해는 설악산까지 다녀온 적도 있었다. 인천 변두리의 작은 고등공민학교로서나 가정 형편상 도시의 정규 중학교 과정에 진학하지 못하는 학생들로서는 참으로 귀한 체험 학습이었다.

1970년 8월 15일, 학교를 차근차근 성장시
키고 발전시키던 기쁨 위에 또 하나의 큰 기쁨
이 더해졌다. 선명고등공민학교의 설립자요, 교
장이요, 교사로서 이흥운 장로님이 보여준 헌신
을 대한민국 정부가 인정하여 대통령상 국민포
장을 수여한 것이다. 그것은 비단 이흥운 교장
개인에게 돌아간 영광만이 아니었다. 청춘을 바
쳐 그와 함께 학교를 지켜온 부인 이옥자 권사
님과 개교 초기부터 박봉을 마다하지 않고 학생

▲ 대통령상 국민포장 수상

들을 가르쳐온 교사들, 선명학교를 물심양면으로 지원하고 응원해 온 지
역 주민들과 인근 교회들, 그리고 꿈 많은 청소년기의 나이에 가정 형편
을 탓하지 않고 교육의 마당으로 찾아와 준 모든 학생들에게 돌아간 훈장
이자 응원이자 격려였다.

1977년, 당시 KBS, MBC와 더불어 텔레비전 방송 3사 중 하나였던
TBC(동양방송)가 제작 방영했던 휴먼 다큐멘터리 교양물『인간만세』는 〈사
랑방 교장〉이라는 제목으로 선명고등공민학교 이흥운 교장과 부인 이옥
자 선생의 헌신적이고 눈물겨운 학교와 학생 사랑 이야기를 전국에 소개
했다. 이를 계기로 두 사람의 교육을 통한 농촌 계몽의 귀한 뜻이 한국 사

▲ TBS 인간만세 "사랑방 교장"에 나온 이흥운 교장과 이옥자 교사

회에 널리 알려지게 되었고, 각지로부터 수많은 격려와 감사의 메시지가 답지했다. 지난날 거칠고 고단했던 세월을 이렇게 인정받는 일도 큰 기쁨이었지만, 무엇보다 사랑방 교장 이흥운 장로님 내외의 헌신과 기독교적 교육 이념이 세상 사람들에게 큰 울림을 주고, 메시지를 전했다는 사실이 더없이 귀한 것이었다.

❹ 역사의 뒤안길로

그렇게 날로 발전하고 널리 알려지던 선명고등공민학교는 1981년 2월 제16회 졸업생을 마지막으로 역사의 뒤안길로 사라지게 되었다. 1960년 농촌 야학 '창생원'으로 시작해서 그해 말 '생활농민학원'으로, 또 8년 후 '선명고등공민학교'로 변모와 발전을 거듭하던 사랑방 교장 부부의 교육 일념은 21년 동안 2천여 명의 졸업생을 배출한 것을 끝으로 사명을 다하게 된 것이다.

주변의 친구들과 목회자들은 외부의 자본을 유치해서 학교를 명실상부한 사학재단으로 발전시켜가라고 적극적으로 권했다. 그러나 사랑방 교장 부부는 결국 자진하여 학교를 폐교하기로 결정했다. 세월이 변하고 한국 사회가 많이 발전한 결과 논현동 같은 변두리의 청소년들도 이제는 대부분 정규 중학교에 진학할 수 있게 되었다. 가난한 농어촌 청소년들을 위해 시작한 선명고등공민학교가 계속 존립해야 할 이유가 희미해진 것이다. 물론 학교를 그럴듯한 사학재단으로 전환하여 교육 사업을 지속하는 것에 또 다른 의미를 부여할 수도 있었겠지만, 두 사람은 자칫 이윤 추구의 목적으로 기업화될 수도 있는 사학재단의 길을 택하는 대신 지난 21년간 품어왔던 가난한 농어촌 청소년들을 위한 뜻깊은 헌신의 정신을 역사의 흔적으로 남겨둔 채 학교 사업을 접기로 결심한 것이다.

그렇게 선명고등공민학교와 사랑방 교장은 학교 교가의 가사에 묘사되었던 "오봉산 바라보며 오롯이 앉은 우리의 배움터 논밭"과 "피 끓는 마음 배움의 터를 찾아오는 젊은 꿈"들을 뒤로한 채 역사의 뒤안길로 사라졌다. 20년 넘는 결코 짧지 않은 기간 동안 논현동 은봉 마을의 작지만 귀한 배움터를 거쳐 간 수천 명의 졸업생들은 한국 사회 곳곳에서 예수 그리스도의 마음으로, 실천하는 신앙의 정신으로 살아갔을 것이다. 교가의 마지막 대목처럼, 사랑방 교장 이흥운과 그의 평생 동지 이옥자 권사님이 교실에서 학생들에게 가르쳐주고, 생활 속에서 몸소 보여준 값없는 섬김과 나눔의 기독교 정신은 "참 삶의 횃불"로 계속 타오를 것이다. 그렇다. "영원히 빛나거라, 선명의 집!"

장애인을 위한 섬김과 헌신

❶ 성린직업재활원에서

선명고등공민학교를 통해 실천되었던 이흥운의 섬김의 삶은 학교를 정리한 후에도 멈추지 않았다. 21년간의 교육 사업을 마감한 후에 몇 년간의 휴식기를 거친 그는 신학교 시절 공부했고 꿈꾸었던 사회복지사업에 여생을 바치기로 결심한다.

이흥운 장로님이 사회복지사로 첫발을 내디딘 곳은 인천 부평구 십정동에 위치한 '성린직업재활원'이었다. 이 직업재활기관은 1972년 시작되어 한국 사회에서 최초로 장애인이나 질병으로 인해 일시적으로 또는 영구적으로 직업을 수행하는 데 어려움을 겪는 사람들이 사회에 적응하고, 경제적으로 독립할 수 있도록 돕기 위해 다양한 직업 재활 프로그램을 제공하는 기관이다. 1985년 3월 그곳에 '사회사업부장'으로 일을 시작한 '전직 사랑방 교장' 이흥운 장로님은 야학을 시작하고, 선명고등공민학교를 이끌어가던 때와 똑같은 마음으로 장애인들을 위한 섬김의 사역을 시작했다. 월 20만 원이라는, 그의 이력에 결코 견줄 수 없는 저임금을 마다하지 않는, 말 그대로 하나의 직업이 아닌 섬김의 사역이었다.

성린직업재활원에 들어가서 이흥운 장로님이 가장 먼저 한 일은 그곳에 기숙하는 장애인들과 숙식을 함께하는 일이었다. 장애인과 비장애인 사이에 존재하는 보이지 않는 벽을 허물기 위해서는 하늘에서 땅으로 성육신하신 주님을 본받아 자신이 섬겨야 할 이들의 생활 속으로 들어가는 일이라는 것을 이흥운 장로님은 누구보다 더 잘 알고 있었다. 부인 이옥자 권사님의 동의와 지원하에 이흥운 장로님은 자신의 삶의 자리를 기꺼이 자신이 돕고 섬겨야 할 장애인들의 집으로 옮겼다.

　　이후 이흥운 장로님은 재활원 곳곳에 낙후된 시설을 복구하고 재건하는 일에 자신의 시간과 힘을 쏟아부었다. 1970년대 초반 지어진 건물 한편의 낡은 부엌을 장애인들과 자원 봉사자들이 편리하고 청결하게 사용할 수 있도록 현대식으로 수리하고 개조했다. 갈라지고 틈이 벌어져 여러 장애인들에게 '장애물'이 되어버린 건물 곳곳의 바닥을 말끔히 정비했다. 비만 오면 진흙탕이 되어버리는 재활원 마당에 모래를 깔아 더 이상 차량이나 휠체어에 지장을 주지 않도록 한 일이나, 건물 주변에 꽃과 나무를 심어 생활 환경을 개선한 것도 그가 흘린 땀의 결실이었다. 함께 생활하는 장애인들에게 적절한 직장을 구해주기 위해 인천 지역 사업체 이곳저곳을 분주하게 찾아다니는 일도 그의 중요한 일과 중 하나였다. 규정에 따라 더 이상 재활원에 기숙할 수 없어 퇴소한 이들을 위해 재활원에 기증된 쌀이나 기타 식료품 중 여유분을 그들의 집에 손수 배달한 일도 마음을 흐뭇하게 한 일이었다. 재활원 소유 차량을 이용해 여러 장애인들과 이곳저곳으로 여행을 다닌 일도 빼놓을 수 없는 그의 섬김이었다. 그렇게 눈코 뜰 새 없이 분주한 일상에서도 시간을 쪼개어 자기 계발을 게을리하지 않았던 이흥운 장로님은 1987년 9월 국립사회복지연수원 사회복지사업 종사자 교육과정을 수료하셨다.

❷ 한국장애인재활협회에서
　재활원 현장에서 얻는 경험과 연륜을 좀 더 폭넓게 사용하기 위해 사

회복지사 과정을 수료한 이홍운 장로님은 1990년 4월 성린직업재활원을 사직하고, 같은 해 5월 사단법인 한국장애인재활협회 인천시지부 사무국장으로 취임했다. 본 협회는 한국전쟁 직후인 1954년 '한국불구자협회'로 설립되었고, 초대 회장은 백낙준 박사님이었다. 이후 지속적으로 국내 장애인들의 처우개선과 복지, 취업 등을 위한 노력을 기울였다. 1980년대 초부터는 '전국장애인기능대회'와 '전국장애인체육대회' 등을 개최했고, 같은 해 '국제장애인기능대회'에 선수단을 파견하는 등 해외의 장애인 지원 단체들과의 교류에도 힘써 왔다.

한국장애인재활협회 인천시지부 사무국장으로 활동을 시작한 이홍운 장로님은 다양한 협회의 활동 중에서 특별히 두 가지 사업에 집중했다. 첫째는 장애인 자신뿐만 아니라 장애인을 가진 가정에 대한 사회적 편견이 두려워 국가 기관이나 여타의 사회복지기관에 등록하지 않고 숨어서 살아가는 장애인들과 그들의 가정을 찾아 격려하고 지원하는 일이었다. 이홍운 장로님은 평소에 장애인과 비장애인의 차이는 활동 능력의 차이일 뿐 인간으로서의 존엄성의 차이는 절대 아니라는 굳건한 소신을 갖고 살아왔다. 그런 그가 사람들의 편견 어린 시선에 대한 두려움으로 국가가 제공하는 사회복지 시스템에 편입하지 않는 장애인들과 보호자들을 손수 찾아가서 그들에게 더 나은 삶의 기회를 제공하는 일과 보다 더 인간다운 삶을 살도록 지원하는 일은 그에게 주어진 다른 행정 업무보다 훨씬 더 값진 일이었다.

그가 중점을 둔 또 다른 사업은 일상생활이 어려워 집에 머물며 살아가야 하는 소위 '재가 장애인'을 위한 복지 서비스 프로그램의 개발과 실행이었다. 이런 찾아가는 복지 개념으로서의 재가 복지 서비스가 요즘은 많이 정착했다. 하지만 1990년대 초만 해도 사정은 전혀 달랐다. 이홍운 장로님은 장애인 복지의 사각지대를 최대한 해소하여 더 많은 장애인들에게 더 적절한 서비스를 제공하기 위해 인천시 내의 재가 장애인 실태조사를 하고, 장애인들에게 요청되는 복지 프로그램을 개발하는 일에 많은 시간과 열정을 쏟아부었다.

또한, 1990년 9월에는 대한예수교장로회 총회신학 인천 캠퍼스(야간)의 사회복지학과 주임교수로 임명되었다. 이흥운 교수는 중앙신학교와 국립사회복지연수원에서 배운 사회복지 이론과 재활원과 재활협회 현장에서의 경험을 씨줄과 날줄로 엮어 신학교에 찾아온 사회복지사 지망생들을 가르쳤다. 사랑방 교장에서 신학교 교수로 옷을 갈아입은 이흥운 교수의 강의실에는 사회복지학을 전공하는 학생들뿐만 아니라 다른 학과의 학생들까지 모여들며 늘 활기 넘치는 강의가 이루어졌다. 더욱이 그가 선강단이 신학교에 속했고, 그의 강의실에 모여든 학생들이 대부분 목회자 후보생이거나 기독교 신앙을 바탕으로 사회복지사업에 헌신할 사람들이었기에 사회복지 이론과 예수 그리스도의 신앙 실천의 삶이 조화롭게 어우러진 그의 강의는 젊은 학생들에게 큰 관심과 주목을 끌기에 충분했다.

더 나아가 이흥운 교수는 1992년 2월부터 평생교육 차원의 사회교육 진흥을 위해 국가 등록 비영리 평생교육기관인 '한국사회교육원'의 강사로서 활동하기도 했다. 그것은 그가 가난한 청소년들을 위해 설립한 학교 현장에서, 장애인들을 섬기는 복지 현장에서, 그리고 교회와 신학교에서 쌓아온 자신만의 사상과 철학, 경험과 지혜를 한국 사회 다양한 계층의 사람들에게 나누는 좋은 기회가 되었다.

1994년 5월, 이흥운 장로님은 한국장애인재활협회 사무국장직을 사직하고, 뒤이어 1995년 2월 총회신학교 사회복지학과 주임 교수직도 내려놓았다. "가야 할 때가 언제인가를 분명히 알고 가는 이의 뒷모습은 얼마나 아름다운가"라고 읊었던 한 시인의 말처럼, 이흥운 장로님은 이제 1960년부터 1995년까지 35년 동안 쉼 없이 달려온 섬김과 봉사의 여정에 마침표를 찍었다. 혈기 왕성했던 젊은 농촌 계몽 운동가에서 사랑방 교장으로, 다시 장애인들의 친구로, 신학교 선생으로 그렇게 섬기고 헌신하며 살아온 여정을 뒤로 하고 평범하고 조용한 은퇴의 삶을 시작했다.

교회의 신실한 일꾼이요 지도자

이홍운이라는 인물의 생애와 사상을 설명할 때 결코 간과해서는 안 될 부분이 하나 있다. 그는 훌륭한 사랑방 교장이었고, 겸손하고 헌신적인 장애인들의 친구였지만, 무엇보다 먼저 예수 그리스도를 배우고 그분을 닮기 위해 몸부림쳤던 믿음의 사람이었다는 사실이다. 서두에서 언급했듯이 그는 기독교 신앙의 가정에서 태어나고 자랐다. 한때는 목회의 꿈을 꾸기도 했다. 선명고등공민학교를 이끌어 갈 때도, 장애인 복지단체에서 일할 때도, 그는 결코 개인적인 경건 생활과 교회 생활을 게을리하지 않았다. 진지하고 신실하게 예수 그리스도를 믿고, 배우고, 따르는 것은 그에게는 다른 어떤 것보다도 소중한 삶의 우선순위였다. 교회 생활이 없었다면 그의 사회적 봉사와 헌신도 없었을 것이고, 하나님과 교통하는 기도의 시간이 없었다면 그의 강의도 연설도 없었을 것이다.

그가 인천 내리감리교회에서 유아 세례를 받고 교회에 속한 영아원에서 자랐지만, 병약하신 모친의 요양 차 부모님을 따라 인천 논현동의 작은 마을 은봉으로 이사한 후부터 출석한 논현감리교회가 이홍운 장로님의 실질적인 신앙생활의 요람이었다. 이홍운 장로님은 유년 시절 이후 줄곧 그 교회에서 신앙 교육과 훈련을 받았고, 교회의 일꾼으로 봉사했다. 축산 농가의 꿈을 품고 수원농림고등학교에 다니던 시절 친구들과 함께 학교 주변의 여러 교회에 다녔을 때를 제외하고는 줄곧 논현교회에 머물렀다.

특별히 감리교신학교나 중앙신학교 시절에는 청년부 회장직을 맡아 같은 또래의 청년들을 이끌었다. 당시 이홍운은 '가나안 농군학교' 김용기 교장의 가르침에 깊이 심취되어 있었다. "한 손에는 성서를, 다른 한 손에는 괭이를"이라는 신념을 바탕으로 1962년 김용기 장로에 의해 경기도 광주군(현 하남시)에 설립된 가나안 농군학교는 교육과 노동, 신앙 훈련과 농촌 계몽을 통해 한국 사회에 선한 영향력을 끼쳤던 대표적인 한국 사회 초기 NGO 단체였다. 그 학교의 교육은 빈곤을 이겨내기 위한 농업 생산 기술부터 정신 교육, 조직 교육, 생활 교육을 아울렀다. 청년회장 이흥운은 논현교회의 고등부와 청년부 학생들을 데리고 여름 수련회를 대신해서 가나안 농군학교에 가서 바른 정신, 바른 신앙, 바른 실천을 훈련받고 오곤 했다. 이후에 부인 이옥자 권사님과 함께 농촌 계몽운동에 투신하고, 가난한 농어촌 청소년들을 위한 학교 사업을 시작한 것도 이 시기 김용기 교장의 영향력에 기인한 것이라고 보아야 할 것이다.

그의 헌신과 지도력은 교회에서도 인정을 받아 이흥운은 30대 초반이라는 젊은 나이에 권사로 임명을 받았다. 이후 계속해서 주중에는 선명학교의 교장으로서 학생들을 가르치고, 주말에는 젊은 평신도 지도자의 한 사람으로서 고등부, 청년부, 남선교회를 위한 성경 공부와 신앙 강좌 그리고 농촌 계몽을 위한 강연을 지속했다. 그 외에 남여선교회 회원들과 함께 정기적으로 교도소를 방문하여 위문하고 예수님의 말씀을 전하는 '교도소 선교'에도 열심이었다. 또한 위에서 언급했듯이 선명고등공민학교 학생들과 교직원들에게 다양한 영적 메시지를 들려주기 위해서 모교회인 논현교회 뿐만 아니라, 인근의 고잔교회, 도림교회 등 여러 교회의 목회자들을 초청하여 금요 예배를 드리기도 했다.

이와 같은 교회 내외에서의 지도력과 헌신을 보여준 이흥운 장로님은 무엇보다 개인적인 경건생활을 절대 게을리하지 않았다. 부인 이옥자 권사님과 함께 매일 새벽기도회에 참석하는 것이 그의 일과의 시작이었다. 학생들을 가르치고 학교를 운영하는 바쁜 일정 중에서도 성경을 통독하거나 필사하는 일, 주일에 작성한 설교 노트를 정리하는 일, 개인 기도문을 작성하는 일, 교회 내 중고청년부들을 위한 신앙 강좌를 준비하는 일 그

리고 때에 따라 학교 채플 시간에 전할 설교를 준비하는 일을 게을리하지 않았다. 그의 소박한 유품 중에는 생전에 개인적으로 얼마나 경건에 이르기를 힘썼는지 보여주는 노트들이 여러 권 있다.

개인의 경건 생활을 위한 이흥운 ▶
장로님의 노트들. 그가 작성한
기도문과 설교 노트 등을 볼 수 있다.

　　30대 초반의 젊은 나이에 권사가 된 이흥운은 교회의 중추적인 평신도 지도자로서, 지역 사회를 위한 학교의 설립자요 교장으로서 많은 이들의 존경을 받았다. 그에 따라 교회에서도 당연히 장로 후보 1순위가 되었으나, 그는 오랜 기간 장로직을 극구 사양했다. 그렇게 고집 아닌 고집을 부리던 이흥운 권사는 마침내 1998년 66세의 나이에 늦깎이 장로로 피택되었다. 그렇게 30년 넘게 고집스럽게 거절하던 장로직을 수락한 이유는 너무 싱겁다. 그의 조카들과 제자들 중 먼저 장로가 된 이들이 작은아버지 혹은 교장 선생님을 교회에서 권사로 뵙는 것이 마음에 불편하다는 항의가 빗발쳤기 때문이다. "중요한 것은 직분을 받는 것이 아니라 본분을 다하는 것"이라고 늘 주장해왔던 그가 '아랫사람들' 마음을 편하게 해주기 위해서 어려운 결단(?)을 내린 것이다.

　　이흥운 장로님은 66권 성경 중에서 특별히 잠언과 전도서를 좋아했다. 그가 가정에서나 학교에서 자주 인용하는 성경 구절들 대부분이 잠언

▲ 장로 취임식에서
부인 이옥자 권사님과 함께

과 전도서의 말씀이었다. 그중에서 특히 자주 인용하던 구절들을 살펴보는 것도 의미가 있을 것 같다.

"모든 지킬 만한 것 중에 더욱 네 마음을 지키라. 생명의 근원이 이에서 남이니라."(잠언 4:23)

"손을 게으르게 놀리는 자는 가난하게 되고, 손이 부지런한 자는 부하게 되느니라."(잠언 10:4)

"입을 지키는 자는 자기의 생명을 보전하나 입술을 크게 벌리는 자에게는 멸망이 오느니라."(잠언 13:3)

"마음의 경영은 사람에게 있어도 말의 응답은 여호와께로부터 나오느니라. … 너의 행사를 여호와께 맡기라. 그리하면 네가 경영하는 것이 이루어지리라."(잠언 16:1-3)

"마른 떡 한 조각만 있고도 화목하는 것이 제육이 집에 가득하고도 다투는 것보다 나으니라."(잠언 17:1)

"그가 모태에서 벌거벗고 나왔은즉, 그가 나온 대로 돌아가고 수고하여 얻은 것을 아무것도 자기 손에 가지고 가지 못하리니."(전도서 5:15)

"초상집에 가는 것이 잔칫집에 가는 것보다 나으니, 모든 사람의 끝이 이와 같이 됨이라. 산 자는 이것을 그의 마음에 둘지어다."(전도서 7:2)

"너는 청년의 때에 너의 창조주를 기억하라."(전도서 12:1)

위와 같은 지혜서의 말씀들 외에 그가 또 자주 인용했던 말씀은 겸손에 관한 바울의 가르침이 담겨 있는 고린도전서 10장 12절의 말씀이다. "그런즉 선 줄로 생각하는 자는 넘어질까 조심하라."

다른 한편, 이흥운 장로는 자녀들과 학생들에게 기회가 있을 때마다 한국의 두 위대한 순교자 주기철 목사님과 손양원 목사님의 이야기를 들려주곤 했다. 영화 '저 높은 곳을 향하여'를 통하여 대중에게 더욱 알려진 주기철 목사님은 일제의 압제와 탄압 속에서 끝내 신사참배라는 우상 숭배에 무릎 꿇지 않고 수차례의 투옥과 혹독한 고문 끝에 옥에서 순교한 분이다.

영화 '사랑의 원자탄'의 주인공 손양원 목사님 역시 주기철 목사님과 마찬가지로 일제 강점기에 신사참배를 거부하다가 옥고를 치른 인물이다. 해방과 더불어 석방된 이후 한센병 환자들을 돌보는 여수 애양원교회에서 목회를 하던 중 1948년 여순반란사건 때 반란군 중 한 명이었던 안재선에 의해 손 목사님의 두 아들 동인과 동신은 총살을 당했다. 그러나 손 목사님은 자식들을 죽인 안재선이 훗날 체포되어 사형을 받게 되자 그를 찾아가 용서의 사랑으로 끌어안고, 더 나아가 그를 양아들로 입적했다. 그 후 애양원교회에서 한센병 환자들을 돌보며 목회를 계속하던 손양원 목사님은 한국전쟁 발발 후 피난을 가지 않고 애양원 가족들을 계속 돌보다가 공산군에 체포당해 혹독한 고문을 당한 후 끝내 총살을 당하셨다.

이흥운 장로님은 개인적으로 그와 같이 그리스도인이자 목회자로 신앙의 결기와 용서와 사랑의 본을 보여준 두 위대한 순교자들의 삶을 흠모하고 존경했으며, 그분들의 아름다운 순교 정신을 자녀들과 학생들에게 기회가 닿는 대로 전해주셨다. 두 거룩한 순교자들의 믿음과 실질적인 모습이야말로 이 장로님에게는 세상에 둘도 없이 귀한 신앙 교육과 정신 계몽의 지향점이었던 것이다.

앞에서 살펴본 바와 같이, 일평생 교회에서 신실한 그리스도인이요 평신도 지도자로서 헌신했고, 학교에서는 가난한 청소년들을 위하여, 재활원에서는 사회에서 소외당하는 장애인들을 위하여 섬김과 희생의 삶을 살았던 '사랑방 교장' 이흥운 장로님은 하나님의 무르익은 때를 맞아 2022년 1월 16일 주일 새벽에 하나님의 부르심을 받았다. 이 글을 읽으신 분이라면 짐작할 수 있듯이 그의 노년의 삶은 차분하고 조용했으나, 그의 지상에서의 마지막 길은 결코 외롭거나 쓸쓸하지 않았다. 그의 곤색 두루마기 한복과 작업복을 기억하는 수많은 제자들, 근엄한 그의 모습에서 도저히 나올 것 같지 않은 유머와 장난기 어린 행동을 추억하는 이들, 찬송가 다음으로 애창했던 "하숙생"(최희준 님)을 베이스 저음으로 멋지게 소

◀ 평생 섬겨온
논현감리교회에서의 마지막 예배

화하던 그의 소탈한 모습을 그리워하는 이들, 그리고 무엇보다 그가 나누었던 인생과 신앙의 교훈을 아직도 마음에 새기고 살아가는 많은 이들이 찾아와 그의 죽음을 애도했고 존경을 표했으며, 또한 하늘나라에서 새로 시작된 그의 또 다른 여정을 축하해주었다.

영적 유산

이미 앞에서 언급한 이흥운 장로님의 삶의 이야기들 속에 그가 평생 추구했던 뜻과 그를 만난 수많은 사람들에게 유언과 무언으로 전해준 삶과 신앙의 교훈이 들어있다. 그럼에도 불구하고 굳이 그가 남긴 신앙의 유산을 정리해본다.

❶ 시대 인식과 사명

아래에 소개되는 두 개의 사설은 이흥운 장로님이 당시의 시대를 어떻게 인식했는가를 잘 보여주는 사례들이다. 이 글들은 이흥운 장로님이 선명고등공민학교의 사역을 마치고 잠시의 휴식기를 거쳐 1980년대 중반부터 인천 성린직업재활원에서 장애인들을 섬기는 일을 시작한 이후 쓴 글들이지만, 단지 1980년대에만 품었던 시대 인식이라기보다는 1960년 교육 사업에 헌신하기 시작한 때부터 그의 생애 말기까지를 관통하는 전체적인 시대 인식이라고 할 수 있다. 그리고 그러한 시대 인식은 이흥운 장로님이 가난한 농촌 학생들을 위해 학교를 설립하고 운영한 교육자로서, 그리고 그 이후 장애인 복지를 위해 헌신한 사회복지사로서 무엇을 위해 인생을 바쳤으며, 일평생 무엇을 추구하였는가와 직접적으로 연결되기도 한다. 그러면 그의 글을 잠시 살펴보자.

물질문명의 혜택으로 "살기 편한" 세상은 되었지만, 인간이 "살기 좋은" 사회는 이루지 못하였다. 물질의 풍요 속에 인간성과 사랑은 시들어가고, 과학 문명 속에 인간은 기계의 노예가 되고, 삶의 방향을 잃은 젊은이들 중에 정신질환자의 수는 증가하고 있으며, 문명의 발전과 급증하는 지식의 범람에 현기증을 느끼고 있다.

"삶의 행복을 부정에서 긍정으로"   〈직업재활 1988년 12월호〉

　우리 사회를 돌아보면 이웃과 이웃끼리 정을 그리며 음식을 나누고 살던 인정 어린 사회 풍토는 사라졌다. 물질문명이 고도로 성장함에 따라 개인주의는 성행하고, 인간의 삶은 물질에 가치 기준을 두게 되며, 독선주의는 더욱 깊이 뿌리내리고, 개개인의 이익을 위주로 인간관계가 형성되고 있다. 물질만능의 컴퓨터 시대가 인간 생활에 편리를 가져다주고 있으나, 애정이 흐르는 살기 좋은 세상은 못 된다. 교육의 선구자 페스탈로치는 "세상에서 가장 무서운 죄는 무관심"이라고 지적하였다. 가정과 사회의 무관심으로 불량 청소년 비행이 급증하고, 윤리와 도덕과 인정이 파괴되고, 마약과 향락, 인신매매의 죄악이 성행하고 있다. 끔찍한 범죄와 공포의 시대를 살고 있는 우리에게 공존의 아름다움이 아쉽기만 하다.

"공존의 아름다움과 관심"   〈직업재활 1989년 10월호〉

　　이러한 글에서 알 수 있는 이흥운 장로님의 시대 인식은 곧 그 시대를 변화시키기 위한 그의 과제와 연결된 것이다. 그것은 바로 하나님의 형상대로 창조된 선한 인간성의 회복, 하나님의 사랑에서 비롯되는 이웃 사랑의 회복, 그리고 모든 인간들이 서로의 다름과 차별성을 넘어 더불어 살아가는 공동체성의 회복이라고 할 수 있다. 이 세 가지 차원의 회복을 위하여 이흥운 장로님은 평생 가난한 농촌의 학생들을 사랑하고 섬겼으며, 이 사회에서 소외되고 무시당하는 장애인들의 인권 회복과 복지를 위해 여생을 바쳤다. 그에게는 바로 그것이 구체적인 생활 속에서 예수님을 섬기고 따르는 길이었던 것이다.

❷ 사랑을 통한 복지를 추구한 장애인들의 벗
　위와 같은 시대 인식과 평생의 사명을 지니고 사랑방 교장으로, 장애인들의 친구로 살아간 이흥운 장로님의 삶과 사상은 마침내 가장 단순하면서도 근본적인 한 단어로 귀결된다. 그것은 바로 '사랑'이다. 사랑이야 말로 기독교 신앙의 본질이라고 할 수 있다. "하나님은 사랑이심이다."(요한일서 4:8) 하나님의 독생자로 인류 구원을 위하여 성육신하신 예수 그리스도께서 제자들에게 주신 새 계명은 "서로 사랑하라"(요한복음 13:34)였다. 사도 바울의 말씀처럼, 그리고 그가 자주 인용했듯이 "예언도 폐하고, 방언도 그치고, 지식도 폐할 것이나 사랑은 언제까지나 떨어지지 아니할 것이다. … 그런즉 믿음, 소망, 사랑, 이 세 가지는 항상 있을 것인데 그 중의 제일은 사랑이다."(고린도전서 13:8-13)

이렇듯 기독교 신앙의 핵심인 사랑은 가난한 농어촌 청소년들을 위한 이홍운 장로님의 헌신과 우리 사회의 대표적인 소외 계층인 장애인들을 위한 섬김을 가능하게 만든 원동력이었다. 아래에 소개되는 또 하나의 칼럼은 일차적으로는 사회복지에 관한 그의 관점과 통찰력을 보여주지만, 더 나아가 그가 일평생 무엇을 추구했고, 무엇을 실천했으며, 무엇을 위해 기도했는가를 분명하게 요약해주는 글이기도 하다. 여기에 칼럼 전문(全文)을 소개한다.

괴테(Goethe)는 "하늘에서 가장 아름다운 것은 별이요, 땅에서 가장 아름다운 것은 꽃이요, 인간에게 가장 아름다운 것은 사랑"이라고 말하였다. 인간에게서 사랑을 빼면 무엇이 남을 것인가? 사람이 세상에 태어날 때는 남녀의 뜨거운 사랑과 합리적인 결합을 통해 하나님의 섭리에 따라 출생한다. 한 생명의 출생과 동시에 하나님께로부터 받은 인권과 생존권의 모체도 사랑이며, 성서 사상에서 뜻하는 복지의 근본이 되는 하나님의 형상(Image of God), 즉 복지의 본질도 사랑이다.

참다운 사회복지란 사랑으로 시작하여 사랑으로 창의 번성할 수밖에 없다. 사랑은 알파와 오메가이다. 있는 자와 없는 자, 즉 비장애인과 장애인의 화합은 하나님의 지상 명령이며, 상호 공존하는 사랑의 복지에 하모니가 이루어질 때 성숙한 복지사회로 창의 발전할 수 있는 것이다.

복지사회란 인간 상호 간에 존엄성이 존중되고, 행복하고 건강하여 애정으로 화합하고 번영하는 평화로운 사회를 말한다. 우리 사회에는 자신의 잘못이 아님에도 불구하고 슬픔과 괴로움을 홀로 겪어야 하는 장애인들의 괴로운 그늘이 곳곳에 산재해 있다. 태어난 생명, 스스로의 잘못이 없는 한 그들에 대한 이해와 관심과 협력, 그리고 애정으로 보살피는 우선적인 일은 장애를 가진 부모의 관심에서 시작하여 사회 구성원 전체가 장애인의 잠재 능력을 계발하고 촉진하는 일에 협력해야 한다.

　　자연계의 모든 생물들이 성장 발육하는 데는 영양소가 필요하듯이, 특히 사람은 물질만능으로 풍요로운 생활이 갖추어졌다고 할지라도 사랑을 먹지 못하면 마치 그늘에 놓여 빛을 보지 못한 화분과 같이 온전한 인격을 형성할 수 없다. 사회복지란 사회 사업학의 이론과 기술로만 이룩되는 것은 결코 아니다. 숨은 봉사자들의 따뜻한 애정과 인내와 믿음으로 화합하여 인생에 대한 확고한 소망을 심어주는 데서 비롯된다.

　　오늘날 사회악의 범람과 윤리 도덕의 타락으로 온 세계를 공포로 몰아넣고 있는 후천성면역결핍증(AIDS)은 극도로 발달된 의술로도 고칠 수 없는 무서운 불치병이다. 그러나 후천성면역결핍증보다 더욱 무서운 것은 "후천성사랑결핍증"이다. 선진 사회란 경제 성장으로 물질문명이 발달된 사회가 아니다. GNP가 높고 문명이 발달할수록 이혼, 질병, 알콜 중독, 정신질환, 살인 등 여러 가지 어두운 죄악이 현대를 사는 우리에게 삶의 공포감과 위험을 안겨주고 있다. 성서에는 "마른 떡 한 조각만 있고도 화목한 것이 육선이 집에 가득하고 다투는 것보다 낫다"(잠언 17:1)고 하셨다.

　　복지사회를 실현하자는 사람은 많아도 몸소 사랑을 실천하는 사람은 매우 적다. 말하는 '입'은 많아도 일하는 '손'이 적다. 복지시설 종사자로서 항상 아쉬운 것은 많은 후원자들의 따뜻한 손길이 있음에도 불구하고 원생들과 종사자 간에 사랑의 이야기를 나누는 애정이 부족하다는 사실이다. 가정과 시설과 국가가 함께 힘을 합쳐 마련해야 할 근본적인 대책은 사랑을 밑거름으로 장애인의 재활 능력을 조기에 계발시키고, 재활에 필요한 물질과 기술을 습득하도록 적극적으로 도움으로써 장애인과 비장애인 모두 공동 운명의 일원으로 화합하여 행복한 삶을 누리는 리듬이 계속되도록 하는 것이라고 믿는다.

　　핵가족화와 산업사회의 급진적 변화가 진행되는 삶의 현장 속에 "없는 자들", 즉 장애인들의 비명 소리는 높아만 가고 있다. 선천적이건 후천적이건 간에 장애인의 아품과 절망과 고뇌는 그들만의 것이 아니다.

"병든 조개에서 값비싼 진주가 발견된다"는 스탕달의 말처럼, 육체적 정신적 장애로 몸부림치는 장애인의 마음속 깊은 곳엔 진주보다 더욱 고귀한 영혼의 정기가 흐르고 있음을 알아야 한다. 장애인 고용촉진법과 복지법 개정이 장애인들에게는 더할 나위 없이 기쁜 소식이지만, 이러한 법이 성취된다고 반드시 장애인의 생존권이 보장되는 것은 아니다. '법' 이전에 복지의 근원인 '사랑'이 없이는 진실한 복지사회를 기대할 수 없다. 장애인은 동정의 대상이 결코 아니다. 그들도 비장애인과 등등한 존엄성과 인권과 평등으로 사회에 참여함으로써 그들이 지향하는 목적을 달성할 수 있도록 서로 돕고 공존함으로써만 행복한 삶을 누릴 수 있는 것이다.

사랑은 늙지도 않고, 병들지도 않고, 죽지도 않는다. 사랑은 영원한 것이다. 사랑은 봄철 새벽에 내리는 이슬이다. 그 이슬을 머금은 꽃잎은 아침 햇살의 도움을 받아 위대한 생명력을 발휘한다. 참으로 사랑은 복지를 이루는 어머니의 젖샘이다.

"사랑은 복지의 어머니"　　　　　　　　　　　　　　　〈경인일보 1992년 5월호〉

마무리하면서

마태복음 25장에는 세 개의 비유가 소개된다. "열 처녀의 비유"와 "달란트 비유"에 이어서 소개되는 세 번째 비유의 제목은 "최후 심판의 비유"이다. 그런데 그 비유를 읽어보면 심판 때에 심판자께서 심판하시는 근거가 참으로 의미심장하다. 심판자께서는 '양'(구원받을 이들)을 오른쪽에, '염소'(멸망당할 이들)를 왼쪽에 세워놓으신다. 그리고는 먼저 오른쪽에 있는 이들에게 자기가 주릴 때에 너희가 먹을 것을 주었고, 목마를 때에 마시게 하였고, 나그네 되었을 때에 영접하였고, 헐벗었을 때에 옷을 입혔고, 병들었을 때에 돌보았고, 옥에 갇혔을 때에 와서 보았다고 말씀하신다. 오른쪽에 있는 이들은 자기들은 결코 심판자께 그렇게 해드린 적이 없다고 반문한다. 그러자 심판자께서 말씀하신다. "내가 진실로 너희에게 이르노니 너희가 여기 내 형제 중에 지극히 작은 자 하나에게 한 것이 곧 내게 한 것이니라."(마태복음 25:40) 왼쪽에 있는 이들은 그와 똑같은 기준으로 심판의 메시지를 듣게 된다.

　　사랑방 교장 이흥운 장로님의 삶의 족적을 되돌아보면서 위의 말씀이 떠오르는 것은 결코 이상하거나 의외의 일이 아니다. 그의 삶이 바로 이 땅의 형제자매들 중에 "지극히 작은 자"에게 선을 베푼 삶이었기 때문이다. 그런 신앙 실천의 인생을 삶으로써, 이흥운 장로님은 주님께서 - 그리고 주님의 사랑받는 이 땅의 형제자매들이 - 주릴 때에 먹을 것을 주었고, 목마를 때에 마시게 하였고, 나그네 되었을 때에 영접하였고, 헐벗었을 때에 옷을 입혔고, 병들었을 때에 돌보았고, 옥에 갇혔을 때에 방문한 것이다.

　　오봉산 바라보며 오롯이 앉은 인천 논현동 은봉의 배움터 선명학교에서 시작되어 사랑에 기반한 장애인 복지사업가로서 마감한 '사랑방 교장' 이흥운 장로님의 신앙 실천과 섬김의 삶은 그가 떠난 지금도 그와 한 시절을 공유했던 수많은 학생들과 장애인들, 그리고 그의 가족들과 친구들과 이웃들의 마음속에 뜻깊은 메아리를 울리고 있다. 남편으로서, 아버지로서, 친구로서, 이웃으로서, 교우로서, 선생님으로서, 그리고 일평생 '장애'라는 십자가를 짊어지고 고단하고 서러운 삶을 살아간 이들의 벗으로서, 이흥운 장로님은 하나님의 선물이었다. 그를 우리 모두에게 보내주신 하나님께 감사와 찬양과 영광을 돌린다.

▲ 2016년 여름 논현교회 주일 예배 후 장남 이진호 장로 가정과 찍은 사진. 이 사진 속의 모습이 고인의 영정 사진이 되었다.

● **이흥운 장로님과 이옥자 권사님은 슬하에 오 형제를 두었다.**

장남 이진호는 아버지의 뒤를 이어 논현감리교회의 장로로서 모교회를 신실하게 섬기고 있다.

차남 이윤호와 삼남 이현호는 아버지가 한때 꿈꾸었던 목회자의 길을 걷고 있다.

사남 이선호는 교사가 되어 옛 선명고등공민학교 터에 세워진 논현고등학교에서 교편을 잡고 있다.

오남 이명호는 화상 과외 및 멘토링 회사인 '수파자'를 창업해 운영하고 있으며, "교육 불평등 해소"라는 부모님의 뜻을 이어가기 위해 사회적 소외 계층 및 저소득층 가정 자녀들을 위한 장학사업을 병행하고 있다.

약 력

1933년 10월 01일	출생, 인천내리감리교회에서 유아세례
1954년 02월	수원농림고등학교 축산과 졸업
1954년 03월	감리교신학교(현 감리교신학대학) 신학과 입학(2학년 중퇴)
1956년 03월	중앙신학교(현 강남대학교) 사회복지학과 편입
1958년 02월	중앙신학교 졸업
1958년 03월	인천기독교사회관 (현 인천기독교종합사회복지관) 근무
1958년 11월 28일	이옥자 권사와 결혼
1960년 12월	생활농민학원 설립
1968년 03월	선명고등공민학교로 승격 및 교장 취임
1977년 11월	인천축산업협동조합 총대 취임
1981년 02월	선명고등공민학교 폐교 및 교장 사임
1985년 03월	사회복지법인 인천 성린직업재활원 사회사업부장 취임
1987년 09월	국립사회복지연수원 사회복지사업 종사자 교육과정 수료
1990년 04월	성린직업재활원 사직
1990년 05월	사단법인 한국장애인재활협회 사무국장 취임
1990년 09월	대한예수교장로회 총회신학(인천 캠퍼스) 사회복지학과 주임교수 임명
1992년 02월	한국사회교육원 강사
1994년 05월	사단법인 한국장애인재활협회 사직
1995년 02월	대한예수교장로회 총회신학(인천 캠퍼스) 사회복지학과 주임교수 사직
2022년 01월 16일	주님의 부르심을 받다

● 포상

1964년 05월 26일	농촌계몽 향토문화공로상(상록수상) 수상(문화공보부장관상)
1970년 08월 15일	국민포장 수상(대통령상)

이현호 목사

감리교신학대학 및 동 대학원 졸업
기독교대한감리회 목사 안수 및 육군 군목
버클린신학대학원 석사
샌프란시스코신학대학원 목회학박사
미국연합감리교회 정회원
현, 버지니아주 화이트 메모리얼 (White Memorial) 연합감리교회 담임

삶의 현장에서 항상 웃음과 온유함
으로 나보다는 이웃을 먼저 섬기고
배려하여 주변 사람들이 임 장로님
이 돌아가셨을 때, 작은 예수가 돌아
가셨다며 애통해하고 아쉬워하던 것
을 기억한다. 임 장로님은 보합교회
를 세우고 오늘날까지 부흥 발전하
게 하셨으며, 항상 기뻐하고, 쉬지
말고 기도하며, 범사에 감사함으로
믿지 않는 많은 심령들을 교회로 인
도하여 구원받을 수 있도록 하는 일
을 최상의 목표로 삶고 충성하셨다.

임의섭 장로 | 보합교회

임의섭(林義燮) 장로가 걸어오신 길

임태환 장로_보합교회

삶 그리고 사역

임의섭 장로님의 출생과 청년 시절

임의섭 장로님은 황해도 장연군 해안면 선교리의 유교 집안에서 부친 임창집 님과 모친 홍일관 님의 장남으로 1901년 12월 10일에 출생했다. 어린 시절에 아버지가 세상을 떠나셨으므로 어머니를 도와 농사일을 하면서, 마을에 있는 서당에서 한글과 한자를 공부하셨다. 천자(千字), 한문(漢文)은 물론 특별히 논어(論語)와 명심보감(明心寶鑑)에 심취(深趣)하여 열심히 공부했을 뿐만 아니라, 공부한 것을 일상생활에서 언어(言語)와 행동(行動)으로 실행하셨다.

임 장로님이 어린 시절과 청년기를 보낸 곳은 몽금포 타령과 심청이가 아버지의 눈을 뜨게 하기 위해서 몸을 던졌다고 전해지는 곳으로 심청전에 나오는 유명한 인당수가 있는 장연군 몽금포(夢金浦)이다.

몽금포 동남쪽에 구미포가 있는데, 이곳의 승경(勝景)을 처음 발견하고 개발에 착수한 사람이 미국인(美國人) 선교사 언더우드였다. 언더우드는 1900년에 가족과 함께 여름 피서를 이곳에서 보냈고, 그 뒤 중국(中國), 일본(日本) 선교사들과 함께 구미포 해수욕장 일대의 대지를 점유하는 수속을 밟아서 별장과 휴양 시설 50여 채를 지었다. 그 덕에 제2차 세계대전이 일어나기 전까지 일본 총독부 관리들과 여러 나라의 선교사님들을 비롯하여 수많은 외국인들이 여름에 이곳에서 피서를 즐기기 위해 찾아와 세계적인 해수욕장으로 이름이 알려지기도 했다.

구미포 해수욕장으로 인해 황해도 장연군은 서울이나 평양과 같이 큰 도시가 아님에도 불구하고 이곳을 찾는 여러 나라의 선교사들을 통해서 비교적 일찍 기독교가 전파되고, 여러 마을에 기독교 교회당이 세워지게 되었다.

임 장로님은 1926년 먼저 믿은 친구 이원묵(이후에 장로 임직)의 전도로 몽금포교회에 새로운 교인으로 등록하고, 그 교회에서 세례를 받은 후 믿음 생활을 하면서 집사와 영수로 봉사하셨다.

임 장로님은 그곳에서 지인의 소개로 윤대덕 여사를 만나 몽금포교회에서 결혼식을 올리고 신혼살림을 하며, 두 분이 열심히 교회에서 봉사하며 믿음 생활을 하셨다.

1940년 당시 장연군에는 교육 환경이 열악했으므로 임 장로님은 자녀들의 교육을 위해 해주사범, 해주고보, 그리고 해주공고 등 유능한 인재들을 많이 배출한 학교가 있는 황해도 도청 소재지인 해주(海州)로 온 가족을 데리고 삶의 터전을 옮겼다.

해주로 이사함

임 장로님은 해주로 이사 한 후 항부 김응순 목사님이 시무하시던 해주제일교회에 등록해 신앙생활을 하시다가 1943년 거처를 해주항 근처로 옮기셨다. 마침 그때는 김응순 목사님이 세운 12개 교회 중 하나인 해주항교회를 개척하여 설립했을 때이므로 임 장로님은 김 목사님의 목회 방침을 따르며 해주항교회에서 신앙생활을 하셨다.

그 당시 일본제국(日本帝國)은 미국(美國)과의 태평양전쟁을 준비하기 위해 쌀을 비롯하여 전쟁에 필요한 군수 물자를 한국에서 싹쓸이해 갔으며, 심지어 한국인 가정을 찾아다니며 강제로 놋그릇과 철로 만든 솥 등을 공출해 인천(仁川) 부평(富平)에 있는 일본 육군 조병창으로 가져가 놋으로는 총알을 만들고, 철로는 대포 등을 만들었다. 민심은 극도로 흉흉했고, 특히 한국인들의 삶은 말로 표현할 수 없을 정도로 피폐했다. 그렇게 경제적으로 어려운 가운데서도 하나님의 은혜로 여러 성도들이 힘을 모으고 협력하여 일본으로부터 해방된 이듬해인 1946년에 60평 규모의 아담한 해주항교회 건축을 완성하고 하나님께 감사드리며 헌당 예배를 드리게 되었다. 그리고 1949년 4월 28일 임 장로님은 해주항교회의 당회장이신 김응순 목사님으로부터 장로 장립을 받으시고, 시무장로로서 해주항교회에서 봉사하며 신앙생활을 하셨다.

1950년 6월 25일 주일날 새벽 4시, 북한 공산군의 남침으로 발발한 한국전쟁은 초반에 한국군이 남쪽으로 밀렸으나 1950년 9월 15일 맥아더 장군이 지휘하는 UN 연합군의 인천상륙작전 성공으로 인해 승승장구(乘勝長驅)하며 압록강까지 치고 올라갔다. 하지만 중공군(中共軍)의 개입으로 유엔군은 다시 후퇴했다. 1950년 12월 중순 한참 성탄절 준비하시던 임 장로님은 가솔(家率)들을 데리고 같은 교회에서 신앙생활 하던 홍순탄 집사님이 갖고 있던 배로 연평도로 피난을 가려고 해주항 부두로 나가셨다. 그러나 배를 타려는 사람이 너무 많아 다 태울 수가 없어서 부득불 부녀자와 어린아이만 태우기로 하여 임 장로님은 부인 되시는 윤대덕 권찰님과 어린 자녀들만 배에 태워주고 발길을 돌릴 수밖에 없었다. 그 후에 임 장로님은 공산군의 엄중한 감시하에서도 그들의 눈을 피해 어렵사리 다른 배를 수배해 연평도로 가서 먼저 도착해 있던 가족들과 다시 만날 수 있었다.

그곳에서 월동한 후 1951년 8월 4일에 인천으로 나오게 되었다. 일가친척이 하나도 없는 낯선 인천(仁川)이었지만, 먼저 피난 나와 인천제2교회에서 시무하는 김응순 목사님을 찾아뵙고, 김 목사님의 권유로 교회의 사택을 임시 거처로 정하시고 신앙생활을 계속하실 수 있었다.

보합교회

1952년 10월 17일 보합교회를 설립했다. 중앙여자상업고등학교 강당에서 임 장로님을 비롯한 몇몇 피난민 신도들이 모여 하나님께 감사와 감격의 눈물을 흘리며 보합교회 설립 예배를 드렸다.

보합교회는 김응순 담임 목사님의 목회 계획에 따라 임의섭 장로님을

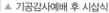
▲ 기공감사예배 후 시삽식

건축된 예배당 ▶

주축(主軸)으로 여러 성도들이 합심하고 협력하여 1955년 4월 20일에 예배당 건축을 위한 부지 300평을 인천광역시 미추홀구 숭의동에 구입했다. 그 후 1955년 6월 5일부터 목조 예배당 건축 공사를 시작하여 동년 10월 9일에 완성하고, 모든 성도들이 기쁜 마음으로 입당 예배를 드렸으며, 그때 김응순 목사님은 '예수가 계신 집'이라는 제목으로 설교를 하셨다.

임 장로님은 1956년 8월 8일 보합교회의 장로로 취임하시고, 1989년 2월 28일까지 시무 장로로 봉사하시다가, 1994년 5월 8일 주일날 하나님의 나라에 가실 때까지 평생을 원로 장로로 매일 새벽 교회에 나와 보합교회의 부흥은 물론이고 남북통일과 국가의 발전을 위해 기도하셨다.

임의섭 장로님의 가족

임 장로님은 슬하에 6형제를 두셨으며, 첫째 임태진 장로님(박인덕 권사님)은 한국전쟁 때 병기 장교로 참전하셨고, 전역한 후에는 보험회사에서 간부로 근무하시다가 은퇴하셨다. 보합교회의 시무 장로로 봉사하시다가 지금은 원로 장로로서 보합교회에서 신앙생활을 계속하고 있다. 둘째 임태은 장로님(이애순 권사님)은 신일고등학교 등에서 교직 생활을 하셨으며, 하늘나라에 가는 날까지 서울 번동교회에서 시무 장로로 봉사하셨다. 셋째 임태환 장로님(이인숙 권사님)은 중앙여자상업고등학교에서 교직 생활을 하셨으며, 보합교회에서 시무 장로로 봉사하시다가 지금은 원로 장로로 보합교회에서 신앙생활을 이어가고 있다. 넷째 임태석 장로님(김필순 권사님)은 수의사로서 동물병원과 젓소 목장을 경영하셨으며, 서곳교회의 시무 장로로 봉사하시다가 지금은 원로 장로로 서곳교회에서 신앙생활을 하고 있다. 다섯째 임태하는 한국전쟁 때 피난하지 못하고 북한에 남아있었기 때문에 현재는 생사도 모르는 상태에 있다. 임 장로님께서는 매일 같이 북에 있는 임태하를 만나 볼 수 있기를 염원하며 기도하셨다. 그리고 여섯째 임태주 안수 집사님(정순실 집사님)은 고려아연(주)과 영풍정밀(주)에서 간부로 근무하면서 국가 경제발전에 기여하시다가 은퇴했으며, 지금도 갈보리교회의 안수 집사로 신앙생활을 하고 있다.

아! 기도의 사람 임의섭 장로님!!!

평생을 기도하시고, 기도한 대로 실천하시고, 교회를 위해 그리고 나라를 위해 기도하시다가 성도들의 품에 안겨 하나님께로 돌아가신 아버지 임의섭 장로님, 그분의 삶은 우리 모두에게 삶의 본이 되셨다. 눈으로 보여주시고, 마음에 심어주고 가셨다.

첫째, 기도의 본을 보여주셨다.

사시사철 매일 새벽 4시경에 일어나 냉수로 온몸을 깨끗이 마찰하고 교회에 가서 기도를 드리셨다. 기도는 다음과 같은 내용으로 드리셨다.

"상한 갈대를 꺾지 않으시며 꺼져가는 등불을 끄지 않으시고, 진실로 정의를 실행하시는 주 여호와 하나님, 주님의 은혜에 진심으로 감사드립니다. 부족하고 연약한 이 죄인과 저희 가족들을 오늘날까지 사건과 사고가 많고, 질병과 죽음이 많은 이 세상 가운데서 온전하게 지켜 주심을 진심으로 감사드립니다. 특히 지금 봄철의 파란 새싹처럼 세상살이를 준비하는 어린 손자 손녀들이 여럿이 있습니다. 저들이 모두 모두 하나님의 은총 가운데 건강하게 자라며, 세상 공부도 열심히 하여 장차 목사, 박사, 의사, 대학교수, 교사, 기업인 등이 되어 세미한 저희 가문을 빛낼 수 있는 자녀들이 되고, 국가와 민족의 발전에 크게 기여할 수 있는 인물들이 될 뿐만 아니라, 더 나아가 하나님을 경외하며, 하나님께 영광을 드리는 생활을 하는 믿음의 자녀들이 되길 간절히 바라옵고 원하옵니다."

둘째, 기도드린 대로 하나님의 은혜 안에서 생활하셨다.

드린 기도는 실행될 것이라는 믿음의 삶을 사셨다. 말씀에서 하라 하신 일이면 지키고, 하지 말라 하신 일은 하지 않으시며, 교회의 기둥이요 가정의 가장으로서 일을 잘 감당하시고, 자손들을 믿음으로 잘 양육하셨다. 비록 양식이 떨어져 먹을 것이 없을 때도 주신 소찬을 들고 축복하시고 영적인 일을 기대하며 감사 기도드린 것은 "사람이 떡으로만 살 것이 아니요 하나님의 입으로부터 나오는 모든 말씀으로 살 것이라"(마태복음 4:4)는 말씀을 믿음으로 견지한 생활이셨다. 먹을 식구들은 많아도 솥단지에는 감자 몇 개 정도가 전부였지만, 감사 기도하며 범사에 하나님 앞에 원망치 않고 살아야 한다는 교훈을 자녀들의 마음에 심어주셨다.

"항상 하나님 앞에 서라는 코람데오"의 신앙으로 하나님 앞과 사람 앞에 정직한 삶을 사셨다. 주일성수와 십일조와 감사 생활, 목사님 앞에서 하는 일들이 곧 하나님을 기쁘게 하는 일이며, 교회를 위해 드리는 헌신과 충성된 종의 일이며, 택함 받은 성도의 사명이라 고백하며 순종의 삶을 살아오셨다. 일평생 하나님 앞에 서는 그날까지 교회 중심, 말씀 중심의 삶을 살아 내셨다. 그리고 1994년 5월 어버이 주일 성도들과 함께 주일 예배를 드리고, 성도들과 함께 계시다가 천국으로 옮겨 가셨다. 임 장로님은 그렇게 주일날 예배를 드리고, 성도들과 어버이 주일 식사를 마친 후 사랑하는 자녀들과 성도들의 품에서 하나님께로 가셨다. 앰뷸런스가 와서 길병원으로 가셨을 때는 이미 소천하셨다는 소식을 들었다.

셋째, 작은 예수란 칭호를 들으셨다.

삶의 현장에서 항상 웃음과 온유함으로 나보다는 이웃을 먼저 섬기고 배려하여 주변 사람들이 임 장로님이 돌아가셨을 때, 작은 예수가 돌아가셨다며 애통해하고 아쉬워하던 것을 기억한다. 임 장로님은 보합교회를 세우고 오늘날까지 부흥 발전하게 하셨으며, 항상 기뻐하고, 쉬지 말고 기도하며, 범사에 감사함으로 믿지 않는 많은 심령들을 교회로 인도하여 구원받을 수 있도록 하는 일을 최상의 목표로 삶고 충성하셨다. 이에 그 자손들은 물론이고, 보합교회의 많은 성도들이 임 장로님이 가신 길을 생각하고 기도하며, 삶의 현장에서 예수 향기를 날리는 삶을 살겠다고 다짐하는 계기가 되었다. 살아서는 젊은 이들에게 충성하는 본을 보이셨고, 천국에 가신 후에는 이 땅에서의 삶이 얼마나 아름다운 이별인지를 보여 주셨다. 장로님을 볼 수 없는 것은 아쉽지만, 감사하며 천국을 사모하며 갈망하는 소망의 길이 되어 주셨다.

넷째, 기도하신 대로 응답받으셨고, 넘치는 은혜를 통하여 아름다운 삶을 사는 것이 어떤 것인지를 성도들에게 남겨 주셨다.

말씀대로 여호와를 경외하며 사셨고 하나님이 주시는 복을 누리셨다. 피난살이의 어려움 속에서도 기도하는 일과 하나님의 말씀을 지키면서 시편 128편의 말씀을 새기고 대를 이어가며 복을 누리셨다. 북녘의 고향을 바라보면서 돌아갈 날을 기대하며 기도했지만, 눈으로 통일을 보지는 못한다고 해도 이루어질 것을 믿고 감사하며 기도하셨다.

일화로 1983년 9월 1일 뉴욕에서 서울로 향하던 대한항공(KAL) 여

객기가 사할린 부근 상공에서 소련 전투기의 미사일 공격을 받고 사할린 모네론섬 부근에 추락해 탑승자 269명 전원이 사망한 사건이 있었을 때, 지금은 권사님이 된 손녀가 그 비행기에 스튜어디스로 탑승하도록 예정되어 있었으므로 그 비행기에 탑승한 것으로 알고 근심하고 염려했지만, 할아버지인 임 장로님은 그가 살아있다고 주변 사람들을 위로하셨다. 나중에 연락이 닿은 손녀는 곧 결혼을 앞두고 있어서 기장이 휴가를 주어 다음 비행기를 타게 되었다는 소식을 전했다. 손녀의 전화를 통하여 살길을 열어주시는 하나님을 증거하는 기회가 되기도 했다.

　보합교회 모 장로님은 임의섭 장로님은 기도의 사람이고, 끝까지 믿음을 지키신 분이고, 사람들에게 믿음의 본을 보인 사람으로 영적으로나 육적으로나 승리하신 분이었다고 회상한다. 또한 보합교회를 설립할 때 담임 목사님이 주신 "십자가 없는 일은 참 일이 아니요, 일할 것이 없는 때는 산 때가 아니라"는 교훈의 말씀을 평생 삶의 목표로 삼고, 오직 예수만 바라보는 삶을 사셨다. 임 장로님은 믿음의 역사와 사랑의 수고와 소망의 인내를 이루어가는 일의 증인이 된 삶을 살다가 아름답게 하나님 나라로 돌아가신 분이라고 증언하셨다.

현재의 보합교회 전경 ▶

임의섭 장로님은 나라와 민족을 위해 매일 쉬지 않고 기도하셨다.

나라를 위해 드리는 기도

"주여! 그동안 우리나라가 주님의 은총으로 정치적으로나 경제, 사회적으로 많이 발전했음을 진심으로 감사드립니다. 하오나 아직도 정치적으로나 외교적으로 난제들이 많이 있고, 경제적으로도 어려움을 겪는 기업과 가정들이 많이 있습니다. 사회적으로도 이곳저곳에서 갈등과 분쟁과 투쟁이 이어지고 있을 뿐만 아니라, 남북 간에는 서로 총을 겨누고 있는 상황으로 언제 또다시 한반도에서 전쟁이 일어날지 모르는 매우 불안한 상황입니다. 이러한 일들은 다 저희 인간들의 잘못된 생각과 생활, 그리고 욕심으로 인하여 초래되었음을 잘 알고 있습니다.

주여! 저희들의 잘못된 생각과 생활, 그리고 욕심들을 용서하여 주시고, 우리나라 대한민국의 모든 일들을 주님께서 친히 주관하여 주시옵기를 간절히 바라옵니다. 그리하여 머지않은 장래에 정치적으로나 외교적으로 어려운 현안들이 원만하게 해결이 되고, 경제적으로도 더욱더 발전하고, 사회적으로는 모든 국민들이 단결하고 합심할 뿐만 아니라, 남북 간의 모든 문제도 대화와 외교적으로 해결함으로써 동족 간에 비참하고 참혹하였던 한국전쟁과 같은 전쟁이 없이 남북이 평화적으로 통일이 되어 우리나라 대한민국이 이 지구상에서 제일 안전하고, 이 세계에서 가장 살기 좋은 금수강산이 될 수 있도록 이 민족과 이 땅 위에 주님의 한없는 복을 내려 주시옵기를 간절히 바라오며 기도하옵나이다. 오늘도 주님께서 저희 가정과 나라를 평강하고 안전하게 지키어 주시옵기를 간절히 바라오며 주 예수 그리스도의 이름으로 기도드립니다. 아멘"

임 장로님께서 매일 새벽에 드린 기도를 하나님께서 들으시고 응답해 주셔서 손자 손녀들과 그들의 배우자 중에는 임 장로님께서 가장 자랑스럽게 생각하시는 한 명의 목사를 비롯하여, 장로가 2명, 대학교수 3명, 박사 4명, 의사 2명, 교사 2명, 그리고 다수의 기업가와 회사원 등이 배출되었다.

임의섭 장로님은 고종황제의 무능과 이완용과 같은 간신배들이 국권을 좌지우지하며 나라를 혼란으로 이끌던 국운이 다한 대한제국 말에 태어나 일본제국의 식민지 국민으로 혹독한 삶을 사셨다. 해방 후에는 남북으로 나라가 분단되면서 공산당 치하에서의 극난한 생활과 연이어 일어난 한국전쟁으로 인해 남한에서의 피난살이로 말로 표현할 수 없는 어려움을 겪었다. 이 많은 어려움 가운데에서도 주님만을 의지하는 믿음으로 간난(艱難)의 시대를 극복하실 수 있었다. 임의섭 장로님은 사망의 음침한 골짜기를 지날 때도 환경에 위축되지 않으시고, 하나님의 의로운 오른손에 붙들려 찬송하고 감사하며 살아온 산 증인이셨다.

임의섭 장로님이 생존해 계실 당시 늘 찬송가 301장을 부르셨다.

"지금까지 지내 온 것 주의 크신 은혜라, 한이 없는 주의 사랑 어찌 이루 말하랴, 자나 깨나 주의 손이 항상 살펴 주시고, 모든 일을 주 안에서 형통하게 하시네"

마무리하면서

보합교회의 임의섭 장로님은 정치인도, 학자도, 큰 부자도 그렇다고 큰일을 한 족적을 남기지도 않으셨다. 하지만 하나님의 택함을 받아 하나님의 사랑을 받고, 그 사랑에 감사하며, 주신 가정과 교회와 주변의 이웃들을 위해 기도하며, 섬김의 삶을 살고, 하나님의 은혜를 누리고, 하나님이 주신 복에 감사하며 살다가 하나님의 나라로 자리를 옮겨가신 하나님의 사람이셨다.

약 력

몽금포교회에서 세례 및 집사, 영수 피택
1940년   해주제1교회 신앙생활
1949년   해주항교회 장로 장립
1952년   인천보합교회 건축
1989년   원로장로 추대

임태환 장로

임의섭 장로의 3남
인천보합장로교회 은퇴 장로
고려대학교 교육대학 졸업
인천중앙여자상업고등학교 근무

의과대학을 졸업하고 딱 2~3년만 의사 생활을 한 후 무의촌 의료 선교를 하겠다고 결심한 내가 햇수로 의사 생활 35년을 지낸 후이며, 환갑의 나이에서 한발 더 나아간 후에야 소원이 이루어지게 되었다. 모세가 40세에 민족을 구하려는 생각을 가지고 있었으나, 하나님은 80세가 된 모세를 부르시어 이스라엘의 출애굽이라는 하나님 뜻을 이룬 것처럼, 나는 20대의 무의촌 의료선교의 꿈을 하나님은 60세가 넘어서 몽골에서 의료사업과 선교 사업을 개척할 수 있게 해 주셨다.

기억하고 싶은
**하나님의
사람들**

전의철 장로 | 세광병원 원장

전의철 장로의 삶과 신앙

전우택 교수_연세대학교 의과대학 교수

시작하면서

필자는 고(故) 전의철 장로님의 아들 전우택입니다. 아버님의 삶과 신앙에 대한 글을 써달라는 요청을 받고 잠시 고민했습니다. 2019년에 돌아가신 아버님께서 지금도 살아계신다면 자신의 삶과 신앙에 대한 훌륭한 글을 쓰셨겠지만, 불민한 제가 지금 그것을 쓰기에는 여러모로 너무도 부족하기 때문입니다. 그러나 다행히도 아버님께서는 살아생전에『나의 갈 길 다 가도록』(2013, 햇빛과단비기획)이라는 제목의 자서전을 내신 바 있습니다. 그래서 저는 그 책의 원고 내용 중 아버님의 삶과 신앙을 잘 나타낼 수 있는 부분들을 발췌하여 여러분께 보여드리고자 합니다. 이렇게 하고 보니 아버님께서 직접 쓰신 원고처럼 되어서 저로서도 큰 다행이라 생각이 됩니다. 감사합니다.

삶 그리고 사역

출생과 어린 시절

나는 1931년 11월 28일(음력) 강원도 철원군 금화에서 태어났다. 당시 아버님 전재풍 목사님은 그곳에서 목회를 하고 계셨다. 나는 2남 4녀 중 셋째이며 장남으로 태어났다. 그러나 나에게 금화에 대한 기억은 별로 없다. 그곳은 어디까지나 부모님을 통해 구전으로 전해 들은 출생지이지 나하고는 아무 연고도 기억도 없는 고장이다. 아버님은 내가 4살 때인 1934년에 당시 경기도 시흥군 반월면 사리(샘골) 93번지에 있는 천곡교회(지금의 안산시 본오동)로 목회지를 옮겼고, 그래서 온 가족이 이사를 했다. 거기부터가 나의 기억과 추억이 있는 곳이다.

아버지 전재풍 목사님

아버지 전재풍 (全在豊)목사님은 1887년 12월 12일 (음력) 서울 인사동에서 태어나셨다. 아버지는 일찍이 조실부모를 하셨는데, 9살 때 아버지를 여의셨으며, 그 후 증조부, 고조부님 밑에서 자랐으며, 어려서부터 한학을 공부하며 자라났다. 그 후 관립한성외국어학교에 입학하여 프랑스어를 공부하셨다.

그러나 나라가 망하면서 집안도 기울어지게 되었는데, 그때 당시 집안에서 청지기 일을 하셨던 분이 예수님을 잘 믿는 분이셨고, 그분이 아버님께 전도를 하여 아버님은 예수를 믿게 되었다. 그러면서 서울 승동교회에서 교사로 일을 하시면서 1919년 감리교 협성신학교(지금의 감리교신학대학 전신)에 들어가시게 되었다. 그리고 1921년 12월 21일 5명의 졸업생과 함께 제7회 졸업생이 되었다. 감리교 목사로 1920년 준회원에 허입되었고, 1926년에 정회원이 되었다. 그 후 서울 자교교회, 강원도 금화교회, 서울 광희문교회, 개성 남부교회 등에서 목회하시다가 어머님과 결혼을 하셨으며, 그 후에는 원산 중리교회, 강원도 금강산 고성읍교회, 강원도 김성읍교회, 강원도 철원군 금화 및 장단읍교회에서 목회를 하시다가 1934년 경기도 화성군 반월면 천곡교회(샘골교회)로 부임하셨다.

아버님은 가는 교회마다 공부해야 된다는 원칙을 가지고 많은 이들을 돕고, 교회학교는 물론 많은 가난한 집 아이들을 학교에 다니게 하셨다. 그리고 책이 많기로 유명해서 웬만한 작은 교회에서는 책 보따리를 다 풀어 놓을 수가 없었다고 한다. (1965년 10월 26일 소천)

어머니 김복희 장로님

나의 어머니 김복희 장로님(인천 숭의감리교회)은 1901년 충남 아산 백암리에서 외조부이신 김윤필 씨와 외조모이신 박씨 부인의 슬하에서 태어나셨다. 자녀교육에 무지했던 시절이었는데도 외조부님(백암교회 장로)은 집 근처 백암교회(1901년 최봉현 씨가 세움) 안에 설립된 '영신보통학교'에 어머니를 입학시켰다.

그런데 당시 공주지방에서 내려와 선교를 하던 미국인 선교사 사애리시 부인의 눈에 띄었고, 어머니를 이화학당의 교비 학생으로 천거해 이화보통학교 4학년에 편입하게 되었다. 이어 이화고등보통학교 제1회 학생으로 입학하여 1919년 3월 졸업했다. 어머니가 졸업반이 되던 해 3월 1일 독립만세운동이 일어났다. 이화학당의 선생님과 학생들은 종로경찰서로 줄줄이 잡혀갔고, 게다가 총독부의 휴교령으로 인해 기숙사에 있던 학생들과 어머님도 함께 고향으로 내려갈 수밖에 없게 되었다. 당시 유관순은 1학년이었다고 한다.

충남 아산 고향에 내려오신 어머니는 영신학교 선생님으로, 전부터 친하게 지내던 한연순 선생님을 만나 서울에서 있었던 독립만세운동 이야기를 하고, 백암리에서도 이 일을 함께 일으키자며 동의를 얻은 뒤 동네 유지들과 차례로 만나 독립만세운동을 논의하기 시작했다. 드디어 서울에서 만세운동이 있은 지 30일째가 되던 3월 31일 저녁, 어머니는 모든 마을 사람들에게 횃불을 들고 동네에서 가장 높은 산인 방화산으로 모이게 하고(약 50여 명의 주민들과 당시 여자는 김복희 장로님과 한연순 선생님뿐이었다고 한다) 산꼭대기에서 모닥불을 피우고 목이 터져라 '대한 독립 만세'를 외쳤다. 대낮처럼 활활 타오르는 불 앞에서 장정 50여 명이 있는 힘을 다해서 외치는 '대한 독립 만세' 함성은 산골짜기와 인근 마을까지 크고 우렁차게 메아리치며 퍼져나갔다. 당시 온양온천에 주둔하고 있던 헌병대가 수많은 병력을 이끌고 몰려와서는 주민들이 만세를 부르고 있는 산을 포위하고 총을 쏘아대며 올라왔다. 결국 그때 그곳에 있던 사람들은 강제 해산당하고 대부분 잡혀갔는데, 어머니와 한연순 선생님은 헌병들의 눈을 피해 지척을 분간하기 어려운 산속으로 달아나다가 낭떠러지에서 굴러떨어져 얼굴과 온몸에 큰 부상을 당하고 친척 집에 숨어서 치료를 받던 중 헌병대의 집요한 수사로 끝내 붙잡혀 공주감옥에 투옥되었다고 한다. 공주감옥에서 미결수로 있으면서 매일 같이 심문을 받던 어머니는 결국 재판에서 3개월 형을 언도받았고, 미결수로 있었던 시기까지를 합하여 총 1년여 옥고를 치렀다.

1921년 3월 이화학당에 다시 들어간 어머니는 이화여자전문학교 보육과에 진학해 제3회 졸업생이 되었고, 사애리시 선교사님의 부름을 받아 충남 강경의 황금정여학교 부속유치원 설립에 관여하는 한편, 강경 만동여학교 교사, 공주제일교회의 영명여학교 부속유치원 교사와 영명여학교 시간 교사로 일하기도 했다. 이미 감옥에 갔다 왔고, 일제의 요시찰 인물이기도 했기에, 결혼을 하기는 쉽지 않은 상황이었다. 그런 상황에서 먼저 부인이 세상을 떠나 상처하였던 아버지 전재풍 목사님과 혼담이 오고 가게 되었다. 아버지는 그 당시로는 상상도 할 수 없는 감옥에 다녀온 여자에게 매일 엄청난 양의 편지를 보냈고, 결국 그것으로 결혼에 이르렀다고 한다.

1925년 아버지 전재풍 목사님과 결혼한 후 남편의 목회지를 따라 강원도를 거쳐 1934년에는 경기도 화성군의 천곡교회로 오게 되었다. 이 교회는 당시 농촌 계몽운동의 선구자이자 심훈의 장편소설 '상록수'의 주인공 모델인 최용신 선생님이 계몽운동을 하던 곳으로 어머니는 일본으로 유학을 간 최용신 선생님의 후임 교사로 학생들을 가르쳤다. 그 후에도 유치원과 탁아소에서 일하며 어린이 교육의 기초를 쌓는 일을 계속해 왔으며, 1980년 인천숭의감리교회 원로 장로가 되셨다. (1987년 소천)

고향 샘골과 최용신 선생님 이야기

● 고향 샘골과 최용신 선생님에 대해서는 홍석창 목사님의 귀한 글을 아래에 게재한다.

"1931년 10월 최용신(崔容信, 1909~1935)이 학업을 중단하고

YWCA 사람들과 샘골학원 선생으로 왔을 때, 밀러(Miller, Miss Lula A. 美羅, 1870~?), 장명덕(張明德, 1901~2001) 전도사에 이어, '새로운 선생이 왔구나!'하고 대수로이 생각지 않았다. 최용신의 조수로 잠시 함께 가르치던, 지금 미국 산호세에 생존하고 있는 98세의 황종우(黃鍾宇, 1916~) 장로는 농담 반 진담 반으로 말했다. "그때 최용신 선생이 도와 달라고 해서 좀 가르치는 일에 참여했다. 그때는 지금처럼 최용신이 유명 인사가 될 줄은 아무도 몰랐다. 그럴 줄 알았다면 더 열심히 도와 줄 껄 후회가 된다."

1935년 1월 23일 최용신이 꽃다운 나이 26세에 별세하자 그 당시 샘골 교회 담임 목사였던 고 전재풍 목사는 조선중앙일보의 사주로 있던 친구 여운형(呂運亨, 1886~1947) 선생에게 부탁하여 최용신의 삶과 애틋한 러브 스토리를 세상에 널리 알렸다. 이 기사를 본 작가 심훈(沈熏, 1901~1936) 선생은 때마침 동아일보 창간 15년을 기념하기 위해 공모한 장편소설에 최용신을 모델로 하여 '상록수'라는 작품을 썼는데, 이것이 동아일보가 시작한 브나로드운동의 성공사례로 인정을 받아 당선됨으로써 당시 식민지 치하에서 신음하고 있는 국민들에게 신선한 청량제가 되었다."

여기서 보듯이, 최용신 선생님이 일본으로 유학을 간 사이 천곡학원을 운영할 후임자로 나의 어머니(김복희)가 초빙되었다. 그래서 어머니는 쾌히 초청을 수락하고 최용신 선생님의 후임자로 천곡학원을 운영했다. 후일담이지만, 어머니 역시 최용신 선생님 못지않은 열성과 정성을 가지고 학원을 운영했다는 평가를 들었다. 어린 시절 이러한 환경 속에서 자란 내가 최용신 선생님 같은 훌륭한 사람이 되겠다는 꿈을 가지게 된 것은 너무나 자연스러운 일이었는지도 모른다.

퇴학당한 소학교 소년
내가 초등학교 4학년 때 담임 선생님은 일본인이었다. 스스끼라는 이름의 남자로서 비교적 온화하고 양순하셨던 선생님으로 기억된다. 이 시기에 제2차 세계대전(일본인이 일으킨 대동아전쟁, 1941년 12월 8일 개전)이 시작되자 일본은 모든 전쟁에서 승승장구했고, 승리의 기쁨은 하늘을 찌르는 것 같았다. 이때 우리 학교 각 교실에는 일본인 아홉 군신의 사진이 걸려 있었다. 학교에서는 군신을 군대의 신(神)이라고 가르쳤다. 그러나 교회를 다니던 나는 그 말을 믿지 않았다. 나는 그 사진을 바라보면서 "하나님은 한 분이시다. 전사한 군인을 신이라 하는 거짓말이다. 사람은 한번 죽으면 그만이다. 그런 신은 있을 수 없다."하고 친구들에게 말했다. 이렇게 이야기를 하고 있을 때 마침 담임 선생님이 교실에 들어오다가 나의 이야기를 듣게 되었다. 그리고 나에게 "지금 너 뭐라고 했지? 다시 말 해봐!"라며 소리 질렀다. 나는 그대로 말씀드릴 수밖에 없었다.

그는 나의 따귀를 때리고, 계속해서 호되게 매를 때린 후에 "당장 나가! 내일부터 학교에 나오지 않아도 돼."라고 하는 것이었다. 정말 날벼락이었다. 하늘이 무너지는 것만 같았다. 아버지께서 이 일을 아시면 어쩌나 하고 눈앞이 캄캄했다. 내가 어떻게 집에 도착했는지도 모르게 돌아와서 부들부들 떨면서 아버지 앞에서 울며 말했다. "선생님이 내일부터 학교 나오지 말래요." 나는 고개를 푹 숙이고만 있었다. 아버지께는 정말 죄송했다. 나는 학교에서 퇴학당한 불효자였다. 아버지는 묵묵히 침묵으로 나를 내려다보시다가 나의 등을 토닥거리시며 "가서 자거라" 하시고 아무 말씀도 하지 않으셨다.

그다음 날 아버지는 수원으로 가시어 삼일소학교 김병오 교장 선생님을 만나셨고 나를 그곳으로 전학을 시켜주셨다. 퇴학을 당하면 더 이상 다른 학교에도 다닐 수 없다고 알고 있었는데, 이 어려운 문제를 단번에 해결해 주신 아버지가 그저 놀랍고 한편으로는 무척 기뻤다. 후에 안 일이지만 아버님과 김병오 교장 선생님은 오랜 친분 관계가 있으셨었다.

얼마 안 되어 수원경찰서에서 연락이 왔다. 형사들이 아버지와 나를 호출했다. 형사들은 먼저 나에게 다그쳤다. "아버지가 그렇게 하라고 하지 않았느냐?" 했고, "아니요!"라고 나는 대답했다. 사실이 그랬었다. 내 어려운 처지를 모면해 보려고 거짓으로 부모님에게 돌릴 순 없었다. 무서워 떨고 있었지만, 사실을 사실대로 말할 수 있는 용기가 생겼다. 교장 선생님도 같이 호출되었다. 형사들은 김병오 교장 선생님에게도 다그쳐 물었다. "왜 이런 나쁜 아이를 받으셨습니까?" 형사의 이 말은 나를 전학생으로 받아들이지 말라는 지시였다. 그러나 김병오 교장 선생님은 그 자리에서 태연하게 이렇게 대답하시는 것이었다. "아, 교육이라는 것이 원래 나쁜 아이를 받아 좋은 아이로 키워내는 것 아닙니까? 저는 교육자로서 이 아이를 좋은 아이로 만들어 보겠습니다." 나는 어렸지만 교장 선생님의 그 말씀을 듣고 감격했다. 그리고 다시 한번 용기를 갖게 되었다. 김병오 교장 선생님은 배재학당 재학 시 3.1만세운동에 참여해 옥고를 치른 애국지사였으며, 그때는 수원종로교회 장로였다. 나는 어린 내 마음으로도 정말 훌륭하신 교장 선생님이라고 우러러보게 되었다. 그리고 그때 나도 부모님과 똑같이 일본의 요시찰 인물이 되었다는 것을 깨닫게 되었다.

6.25사변

● 그 후 전의철 장로님은 개성의 송도중학교를 다니다가 해방이 되어서 서울의 배재중학교로 전학을 갔다. 1950년 6월, 세브란스의학전문대학에 합격하여 대학 생활을 시작하였으나, 채 한 달도 되기 전에 6.25 전쟁이 나면서 홀로 부산까지 피난 갔다가 카투사로 지원했다.

미군에 편입되고 나니까 바로 부두로 인솔해 가더니 한 기선에 승선시켰다. 커다란 상선인데 바로 일본으로 가서 훈련을 받고 부대편성을 했다. 요꼬하마 후지산에서 가까운 곳인데, 고덴바(일본군 훈련장) 훈련소 연병장이 있었다. 2주 정도의 군사 기본 훈련(M1소총을 사용할 수 있는 정도)을 마치고 이번에는 군함을 타고 태평양 어디론가 나가다가 잠시 머무는 것으로 알았는데 중대장이 우리들에게 설명했다. "이 군함은 한국으로 가 인천에 상륙할 것이다." 우리는 이로부터 얼마 안 되어 인천상륙작전에 투입되었다. 먼저 미 해병대가 상륙작전에 나섰고, 그 후속으로 우리가 속해 있는 미 7사단이 상륙하여 그 후방을 담당하게 되었다. 좋기도 하고 겁도 났지만 싸움 한번 제대로 하지 않고 인천에 상륙했다. 부산에서 부대를 재정비하고 다시 북진하기 위해 부산항을 떠나 함경남도 함흥 흥남에 상륙하고, 이원(해변)과 황수령, 고토리, 하갈리를 거쳐 도착한 곳은 사수리였다. 그동안 별 싸움도 없이 계속 북진했었는데, 이런 추세로 나간다면 며칠 안 되어 대망의 압록강을 바라보게 될 것 같았고, 한국의 통일도 머지않아 이룩하게 될 것이라는 기대에 가슴이 부풀었다. 그때 그곳에 숨어 있던 중공군 낙오병 한 명을 잡았는데, 그 때문에 앞으로 중공군이 참전할 것이라는 소문이 돌았다.

장진호에 진격하기 전, 우리 부대는 사수리에 포진을 하고 하룻밤을 머물렀다. 중공군이 침투해 가까이 와 있다는 소문이 돌았다. 날은 겨울날씨라 일찍이 경험해 보지 못했던 영하 30도를 오르내리는 추위가 계속되었다. 나는 미군 준위의 통역병이며 호위병이기 때문에 늘 함께 지프차를 타고 이동했다. 마침 지프차가 사소한 충돌로 더 이상 운행할 수 없어 트럭으로 옮겨 타고 가게 되었다. 준위가 여기서 자고 가자고 지시해서 면사무소를 찾아 들어가 스토브를 피워 놓고 방을 따뜻하게 해놓았다. 그런데 준위는 중대장과 같이 계속 이동하기로 하고, 내게는 갈 필요가 없으니 이곳에서 쉬고 내일 자기가 연락하면 오라고 말했다. 나는 수행하려고 했으나 준위가 굳이 만류해 그대로 머물렀다. 그의 호의와 약자를 보살펴 주려는 배려를 마음속 깊이 느낄 수 있었다. 이런 준위의 호의와 배려로, 나는 다음 날 아침에 일어난 중공군의 기습 공격과 백병전의 사지에서 벗어날 수 있게 된 것이다. 다음 날 아침에 준위가 있는 곳으로 가려고 하는데 중간에 길이 차단되었다. 준위가 있는 곳까지 4킬로 정도의 거리였는데, 예기치 못한 중공군의 기습 공격을 받고 백병전이 벌어졌다는 것이다. 이 기습 공격으로 준위는 대퇴골을 관통하는 총상을 입고 바로 후송되었고, 중대원 100명 중 50여 명의 사상자가 발생했다.

그러나 후퇴도 후퇴지만 어디로 가는지 전혀 모르고 운전자에 의해 가고만 있었다. 추위도 대단해 후퇴라는 위험한 상황에서도 트럭 위에서 추위를 감당하기가 너무 힘들었다. 밤이 되면 기온이 영하 30도 아래로 떨어졌다. 얼마나 지난 후에 트럭이 정차하고 하차해 보니 어느 항구에 도착해 있었다. 알고 보니 흥남 항구였다. 그곳에서 수송선을 타고 안전 지역으로 후퇴하기 위함이었다. 우리가 이곳에 도착했을 때, 우리보다 먼 저 도착한 수많은 피난민이 이남으로 가는 수송선을 먼저 타려고 아우성 을 치고 있었다. 그 가운데 미군들도 같이 대기하고 있었다.

의사로서의 삶과 인천

(1957년) 세브란스의과대학을 졸업하자 김명선 학장님은 나더러 전 주에 있는 예수병원의 인턴으로 갈 것을 권했다. 김명선 학장님은 우리 동문들이 그의 말이라면 절대복종할 만큼 존경을 받는 분이다. 내 입장 에서는 더 말할 필요가 없었다. 나에게 4년간의 장학금을 주신 분이셨다. 불 속에라도 뛰어 들어가라 해도 복종할 것 같은 신뢰를 갖게 하신 분이었 다. 학장님은 나를 극진히 사랑해 주셨고, 내 장래까지도 생각하고 계셨 던 분이다. 나는 우선 예수병원에서 2년간의 레지던트 수련을 끝내고 무 의촌으로 가기로 마음을 정했다.

그런데 뜻밖에도 아버지의 전갈을 받았다. 인천에 기독병원이 있는데 인천에 와서 근무하라는 내용이었다. 노령이신 아버지는 아들이 지근거리 에서 생활해 주기를 바라셨던 것이다. 나는 아버지가 원하시는 일이라 그 명을 거역하지 못하고 순종하여 어떤 병원인지도 모르고 인천기독병원으 로 가게 되었다. 아버지 말씀에 순종해 인천기독병원에 와서 근무하게 된 것을 기쁘게 생각하며 하나님께 감사를 드렸다. 나는 본래 무의촌으로 나가 봉사하기로 마음을 먹고 의사가 되고자 했다. 그래서 지금까지 모든 행동을 무의촌에 가는 일에 초점을 맞추고 생각하고 진행해 왔다. 인천기독병원에 와서도 소아과 담당을 희망했다. 왜냐하면 무의촌 봉사를 위해 가장 좋은 과라는 생각이 들었기 때문이다. 그러나 인천기독병원 강석봉 원장님은 나에게 외과 근무를 명하셨다. 나로서는 생각해 보지도 않은 과였지만 원장님 지시에 따르기로 했다. 무의촌에 가더라도 맹장 수술 정도는 할 수 있어야 할 것 같았다. 그래서 먼저 외과 2년, 다음에 소아과 2년을 마치고 후에는 무의촌 행을 염두에 두게 되었다. 그런데 2년 후 강석봉 원장님은 소아과에 가게 해달라는 나의 요청을 거절하며 "닥터 전은 인천기독병원 외과에 더 필요한 의사이니 계속 외과에서 근무해요."라고 하셨다. 결국 나는 외과 근무를 계속하면서 외과 레지던트를 끝마치게 되었다.

1963년, 나는 기독병원을 방문해 주신 김명선 선생님을 뵙게 되었다. 검소한 분이라 마음먹고 식사 대접도 해 드릴 수가 없었다. 선생님은 내게 미국 유학 시험이 있으니 응시해 보라고 했다. 레지던트 2년 차 때 응시를 했는데, 첫해는 실패하고, 다음 해에 합격을 했다. 시험에 합격하고 미국 감리교에서 주는 십자군 장학금을 받아 미국 펜실베니아대학 의과대학원에 입학했다. 수료 후에 미국 의사 수련을 받아야 하기 때문에 미국에 있는 외국 의사들이 받아야 하는 미국 의사면허시험(ECFMG)을 치러 합격을 했다. 꽤 어려운 일이었는데 시험을 칠 때마다 모두가 하나님의 은혜로 통과가 되었다. 그리고 대학원을 수료했기에 인턴 과정은 면제를 받게 되었다. 나는 미국 세인트루이스의 미조리 침례병원에서 외과 레지던트 과정을 시작했다. 나는 다행히도 내가 원하는 외과에서 레지던트를 시작할 수 있게 되었다. 그러면서 1년 반의 시간이 바쁘게 지나갔다.

그러던 어느 날, 나의 미국 생활에 갑자기 큰 변화가 오고 말았다. 속히 귀국하라는 아버지의 연락이 있었던 것이다. 나이가 많아지신 아버님은 장남이 한국에서 자신과 함께 살기를 간절히 원하셨다. 그분으로서는 참고 참다가 나에게 마침내 편지를 하셨다. 나는 많은 생각을 했다. 누구나 다 미국에 와서 공부를 하고 싶어 하던 시기였다. 더구나 나는 이미 외과 레지던트 생활을 시작하여 순조롭게 수련을 받고 있던 상황이었다. 차라리 아버님을 잘 설득하는 것이 더 현실적인 방법처럼 생각도 되었다. 그러나 긴 고민 끝에 마침내 나는 아버님의 뜻에 순종하기로 결심했다. 지금 돌이켜 생각해 보면 나와 아버님의 관계는 참으로 특별했다. 그리고는 아버지의 말씀에 순종하기 위해 레지던트 과정 중 1년 차만 마친 아쉬운 상태에서 1965년에 귀국했다. 귀국하지 못할 사정은 많이 있었지만, 노령이신 아버지의 말씀에 순종하기로 했던 것이다.

그 후 10년간(1972년~1982년) 기독병원에서 근무하면서 인천 앞바다에 있는 무의도 등 섬을 찾아다니며 진료하는 "기독병원 무의촌 순회진료" 팀에서도 닥터 라빈슨과 함께하며 계속 외과 치료를 거의 담당했다. 간질 환자의 크리닉에도 많이 나갔다. 당시에는 의료인들이 무의촌 무료 진료를 일반적으로 원치 않았는데, 나는 기쁨으로 알고 그 순회 진료에 참가했다. 그 후에 나는 인천기독병원 근무를 그만두고 세광병원을 열게 되었다.

나의 사랑 인천중앙교회

내가 전주예수병원에서 인턴을 마친 후에 전주를 떠나 인천에 와서 거주하면서 제일 먼저 소개를 받아 출석하게 된 교회는 인천중앙감리교회였다. 이피득 목사님이 담임 목사셨고, 주일 낮 예배에 약 120여 명이 모이는 교회였는데, 신실하고, 덕망 있고, 영향력 있고, 봉사와 헌신의 열성이 넘치는 교인들이 많이 계셨다. 당시의 교인들을 살펴보면, 인천시장이었던 김정열 시장님, 인천신문사 사장 허합 장로님, 인천(교육) 사범 최00 교장님, 보육위원장 양계석 장로님, YMCA 총무 이재덕 장로님, 인천

경인일보 김원봉 주필님, 차태열 회장님, 인천기독병원 강석봉 원장님 등 인천에서 유력한 많은 분들이 주님을 섬기고 성도들을 섬기며 교회의 버팀목 역할을 하고 계셨다.

그 후 세월이 지나 이피득 목사님 후임으로 전덕일 목사님이 오셨고, 그다음으로 이춘직 목사님이 오셨다. 그 후 교회는 차츰 교인 수가 증가하여 기존 건물이 협소해 기존 건물을 헐고 새로 교회 건물을 건축하기로 했다. 나는 건축위원장이라는 어려운 직책을 맡았고, 먼저 건축 공사 비용을 적게나마 감당하기 위해 가지고 있었던 조그마한 가게를 처분해 700만 원을 헌금했다. 그 후 많은 성도들이 정성을 다해 건축헌금을 바쳤으며, 김도라 장로님(차태열 회장 부인)의 재정적 도움이 컸다. 그래서 마침내 공사가 잘 끝나고, 300여 명의 성도들이 모여 감사와 찬송을 부르며 새 예배당 봉헌 예배를 하나님 앞에 드렸다. 그 후 이춘직 담임 목사님이 은퇴하시고, 후임으로 김명완 목사님을 모시게 되었다.

의료선교사로의 활동

60세 환갑(1991년)을 맞으면서 나는 세광병원의 미래와 자신의 삶을 되돌아보았다. 그리고 지금 벌어지고 있는 전국적인 노사 분규가 하나님이 나로 하여금 하나님의 일을 되새기게 하는 일이라고 생각하게 되었다. 만일 세광병원이 잘 운영되었다면 나는 편안한 병원장의 자리에서 안이한 생각을 가지고 태만에 빠져 종신토록 그 자리에 머물러 있었을지도 모른다. 마침 그때 하나님의 음성이 들려온 것이다. "나는 네가 선교로 나가는 것을 원한다." 그렇다. 의료선교가 내가 갈 길이었다. 처음에 의사 생활을 시작하면서 하나님께 무수히 무의촌 봉사를 서원하지 않았던가? 하는 생각이 들었다. "이제라도 내가 젊은 시절에 꿈꾸었던 무의촌으로 가자" 하고 마음먹었다. 그러나 내가 과거에 생각했던 의사가 없는 마을이 이제 한국 땅에는 없다. 대신에 하나님의 음성은 나로 하여금 병원장직을 떨쳐

버리게 하시고, 무의촌도 아니고, 의료선교라는 새로운 길을 가게 하셨다. 이 생각이 들면서 나는 즉각 세광병원 병원장직을 사퇴했다.

의과대학을 졸업하고, 딱 2–3년만 의사 생활을 한 후 무의촌 의료 선교를 하겠다고 결심한 내가 햇수로 의사 생활 35년을 지낸 후이며, 환갑의 나이에서 한발 더 나아간 후에야 소원이 이루어지게 되었다. 모세가 40세에 민족을 구하려는 생각을 가지고 있었으나, 하나님은 80세가 된 모세를 부르시어 이스라엘의 출애굽이라는 하나님 뜻을 이룬 것처럼, 나는 20대의 무의촌 의료선교의 꿈을 하나님은 60세가 넘어서 몽골에서 의료사업과 선교 사업을 개척할 수 있게 해 주셨다.

나는 환갑을 넘기면서 무의촌도 좋고 해외 어느 곳이라도 선택을 해서 과감하게 의료선교를 떠나기로 결심을 하고, 이것을 아내(김광신 장로 인천중앙교회)에게 고백했다. 사실은 아내가 이 일을 거부하고 안 간다고 그러면 어떻게 하나 걱정을 하며 이야기했다. 그러나 아내는 즉각 "좋습니다"하고 대답했다. 그리고는 이렇게 이야기하는 것이었다. "언제고 그런 이야기를 할 줄 알았습니다." 나는 정말 아내의 그런 답변에 놀랐고 한편 감사했다. 이 여인은 평생 나의 절실한 부탁을 마음에 맞든 안 맞든 거절한 적이 없다.

우리의 해외선교의 뜻을 알게 된 아들이 찾아와 다음과 같이 말했다. "연세의료원에서 '에비슨 내한 100주년 기념사업'으로 의료 선교사를 해외로 파송하려고 합니다. 선교지는 몽골로 정하였고, 몽골 의료선교를 준비하기 위해 현장 시찰을 계획 중에 있습니다. 그곳으로 가시면 어떻겠습니까?" 1992년 나는 나의 모교의 하계 의료봉사 및 몽골 선교 현장 시찰 프로그램에 참가하게 되어 몽골을 돌아보았다. 몽골의 의료 현황은 기본적인 소모품, 주사기, 수액 제제 등의 부족이 심각했다. 쓰다 남은 빈 병을 약병으로 사용하는 것이 일반화될 정도로 열악한 형편이었다. 게다가 주민들의 삶은 비참했다. 쓰레기통을 뒤지며 먹을 것을 찾는 아이들이 많앉다. 당시는 여름이었지만, 겨울이 되면 영하 30도를 오르내리는 강추위를 이기며 잠을 자기 위해 도로의 맨홀 속에서 처참한 삶을 살고 있다고 했다. 나는 몽골 선교지 답사 중에 그곳의 생활상을 목격한 후 너무나 비참한 이 상황을 남겨두고 되돌아 나올 수가 없었다. 지금이라도 이곳에 눌러앉아 그들과 같이 생활하고 싶었다. 큰아들의 몽골 선교 권유가 "모세여, 가라!"고 하신 거절할 수 없는 하나님의 명령으로 들렸다. "소자 한 사람을 돌봄이 곧 나를 사랑함이라"는 말씀을, 내 눈으로 그 소자들을 보고 그 소자 한 사람의 의미를 깨닫게 되었다. 몽골에서 쓰레기통을 뒤지며 다 클 때까지 혼자 살아가는 아비 어미도 없는 비참한 아이들이 소자다. 몽골에서의 단기 선교 시찰 프로그램 후 나는 한국으로 돌아가야 했지만, 반드시 조속히 돌아올 것이라고 다짐을 했다. 내가 지금 돌아가는 것이 더 큰 준비를 하기 위함이라는 것을 생각할 때, 한국으로 돌아가는 길에서도 말할 수 없는 기다림과 기쁨을 느낄 수 있었다. 라마교와 유목민의 나라, 드넓은 초원의 나라라는 상식 외에 몽골에 대해 알고 있는 것이 아무것도 없었지만, 나는 선뜻 이곳이 마지막 10년의 삶을 바쳐야 할 의료 선교지로 결정했다.

우리 부부는 1994년 5월 17일, 다른 의료 선교사들과 합류해서 미지의 몽골 땅을 향해 떠났다. 1994년에 개원한 연세친선병원은 몽골에서 가장 좋은 사립병원으로 이미지를 굳혀갔다. 처음 연세친선병원의 병원 상황은 내과, 외과, 부인과, 소아과 등 4개 과뿐이었다. 이렇게 시작한 이 외래병원에는 현재 치과와 비뇨기과까지 6개 과가 설치되어 있다. 한국인 의사 7명 등 모두 23명의 의사와 간호사 9명이 있게 되었다. 나는 자원봉사 의사로 병원을 찾는 많은 환자들을 돌보는 한편 의료혜택을 전혀 받지 못하는, 의료진의 손길이 필요한 무의촌 곳곳을 찾아 진료에 나서게 되었다. 하루 평균 내원 환자는 200~300명이 되었다. 병원은 적절한 진단과 치료가 되는 병원으로 소문이 났다. 그뿐만 아니라 친절한 병원, 잘 고쳐

주는 병원으로 소문이 자자하게 되었다. 나는 이 병원이 복음을 전파하는 역할을 잘 담당할 수 있게 되기를 간절히 바라면서 진료를 해 나갔다. (중략) 연세친선병원은 병원 안에서 치료 사역뿐만 아니라, 몽골의 구석구석을 누비며 의료진의 손길이 필요한 곳을 직접 찾아다니며 의료 봉사활동을 폈다. 매월 국립양로원을 비롯해 거리 아이들 진료, 현지인 교회 순회 진료, 단기 시골 진료 활동 등 지방을 이동하며 폭넓게 활동을 했다. 난생 처음 받아보는 이부자리를 받고 기뻐하는 만달양로원의 할아버지들을 보았고, 또 양로원에 침대 메트리스를 기증하고 다양한 재활 프로그램을 제공하면서 즐거워하는 그들을 보았다. 어느덧 수백 Km 떨어진 시골에서도 연세친선병원의 소문을 듣고 도움을 요청해 오거나 진료를 받으러 오게 되었다. 그 시골 사람들에게 전도 책자를 주었더니 그들 역시 기뻐했다.

한국에 돌아와서

2001년 만 70세가 되면서 하나님께서는 돌연 내가 가는 길을 막으시고 내가 알지 못하는 길로 새로이 인도해 주셨다. 아내의 지병인 당뇨병이 더 나빠져서 나는 몽골에서 더 이상 선교 활동을 지속할 수 없는 상태가 되었다. 아내의 고생을 덜어주고 싶은 일념으로 계속된 설득 끝에 마침내 나는 2001년 귀국하게 되었다. 청년 시절에 가졌던 무의촌 의료 봉사의 꿈을 60세가 지나서야 몽골에서 이루어 보겠다고 했는데, 겨우 7년 동안 일하고 70세가 되어 다시 내 고향에 돌아오게 된 것이다. 그렇다고 꿈을 접을 수는 없었다. 70세에 나는 어릴 때처럼 다시 새로운 꿈을 꾸기 시작했다.

귀국 후 1년여 동안 아내를 돌보면서, 한편 하나님이 또 다시 나를 부르시는 그 시간까지 아내의 간병이 나의 재충전의 시간이라고 생각했다. 마음속에는 항상 "하나님 앞에 서는 날까지 어려운 이웃을 돌보겠다"는 생각이 있었다. 그러다가 몽골에서 돌아온 지 얼마 안 되어 몇몇 존경하는 목사님, 장로님들을 통해 외국인 근로자들의 딱한 이야기를 듣게 되었다. 1960년대와 70년대 외국에 나간 우리 동포들이 당한 인종차별의 수치와 대우, 그 작은 봉급까지도 고국에 보내야 했던 현지 근로자들의 바닥 생활, 그때 차별받은 한국 근로자들과 똑같은 외국 근로자들이 지금 인천에서 우리 한국 사람들의 부당한 대우를 받고 견디면서 살아가고 있다는 것이었다. 그러면서 그들을 위한 무료 진료소를 설립하면 어떻겠냐는 의견들을 주셨다. 다시 그 요청이 들어왔을 때, 그 요청이 하나님께서 이제는 그만 쉬고 진료소를 개소하라는 말씀으로 들렸다. 마치 나를 기다리고 있었던 일처럼 생각이 들었다.

몽골을 떠나왔지만, 나의 도움을 필요로 하는 사람들은 어디나 있었다. 그리고 그들을 돕는 것이 이제부터 내가 가야 할 길이라고 생각했다. '딱한 사람, 병든 사람'이 있는 곳에 나와 내 아내가 있으면 된다고 생각했다. 그리고는 곧 준비에 착수했다. 인천 남동공단의 외국인 근로자들이 거주하는 가까운 곳에 무료 진료소를 세워야 하기에 남동공단 주변의 건물을 물색했다. 그때 그곳에서도 하나님의 도움의 손길이 나타났다. 제일 먼저는 감사하게도 자식들이 보탠 돈 1,000만 원이었다. 그리고 2004년 3월 건국대학교에서 설립자 유석창 박사를 기념해 제정된 상허(常虛)상 제15회 의료대상 수상자로 내가 선정되어 2,000만 원의 상금을 받았다. 자식들이 보낸 1천만 원과 상금 2천만 원이 진료소 설치 종잣돈이 되었다. 그리고 그 돈으로 남동공단 내에 있는 건물의 한 부분을 구할 수 있었다(인천시 남동구 고잔동 731 남동공단 160블럭 1루트, 전화번호 032-814-6620). 그래서 마침내 외국인 노동자 무료 진료소인 '인천자선클리닉'이 개소되었고, 내가 진료소 초대 원장직을 맡았다.

개소를 하고 나니 의료 약품과 의료 장비를 구입해야 되는데, 여러 가지 어려움이 많았다. 그런 어려운 일들을 서두르지 않고 하나하나 정비해 나갔다. 시간이 흐를수록 필요한 것들이 구비되고 병원으로서의 자리가 잡히자 환자들이 찾아왔다. 그러면서 하나님의 특별한 은혜로 평생에 두 번째 꿈을 실현하는 일이라고 생각할 때 새로운 용기가 생겼다.

뇌졸중과 갑작스러운 은퇴

그러나 얼마 지나지 않아 열심이 지나쳐서 였을까? 나에게는 갑자기 뇌졸중이 일어나고 말았다. 그리고 긴 기간 병석에 눕게 되었다. 평소 고혈압이 있었으나 나에게 이런 일이 있을 것이라고는 사실 생각하지 못하였었는데, 그만 그런 일이 생긴 것이었다. 뇌수술을 받았고 중환자실에서의 긴 시간과 병실에서의 더 긴 시간, 그리고 재활병원에서의 재활치료 기간 등을 보내야만 했다. 그리고 결국 나는 좌측 반신 마비가 오는 장애의 몸이 되었다.

인생은 참으로 신비로운 일들로 구성되었다. 몽골에서의 사역을 마치고 아내의 병으로 인하여 한국에 돌아온 것이었는데, 막상 한국에 온 후에는 나의 건강 상태가 아내보다도 더 심각하게 된 것이었다. 나는 몽골에서 돌아온 후 아내와 함께 인천 집에서 생활을 했다. 그러나 뇌졸중이 오고 내가 아내를 더 이상 도울 수 있는 상황이 되지 못하여 우리 부부는 좀 더 편히 도움을 받으며 살 수 있는 곳을 찾게 되었다. 그러면서 알게 된 곳이 공주원로원이었다.

공주원로원은 사회복지법인 대한예수교장로회총회 한국장로교복지재단에서 만든 사회복지법인이다. 충남 공주시 금흥동 산 16-5번지에 위치한 공주원로원은 처음에는 은퇴한 목사님들과 선교사들을 위한 공간으로 사용되었으나 그 후에는 일반 교인들에게도 열렸다. 내가 과거부터 잘 알던 존경하는 목사님과 장로님들이 이미 들어와 계셨던 것도 처음에 나에게는 매우 큰 도움이 되었다. 공주원로원에서의 생활은 모든 것이 편안하고 평화로워서 나는 감사하고 만족하게 살게 되었다. 그리고 공주원로원에 들어오면서 나는 장애인으로서 도움만 받는 존재가 아니라 주변 사람들에게 무언가 도움을 줄 수 있는 사람으로 역할을 할 수 있게 된 것에 대하여도 감사하고 있다.

그곳에서의 평온한 삶은 나에게 큰 기쁨을 주었지만, 슬픈 일도 있었다. 2009년 아내의 병세가 다시 급격히 나빠지면서 아내는 세브란스병원에 오랫동안 입원하게 되었고, 그 기간 중 나는 홀로 공주원로원에서 살게 되었다. 그리고 2009년 12월 1일, 아내는 마침내 긴 인생의 여정을 마치고 하나님 나라로 돌아갔다. 아내가 떠나자 나는 정말 아쉽고, 잘못한 것만 같고, 그저 미안한 것들만 느껴졌다. 나는 아내에게 늘 아내보다 내가 먼저 하나님 나라에 가야 한다는 것을 입버릇처럼 말했으나, 그만 아내가 먼저 혼자 떠나게 내버려 두었던 것이다.

나는 마음속으로 우리가 결혼을 하게 되면, 우리를 백발이 되도록 일평생 같이 살게 해달라고 기도했었다. 그런데 그의 나이 77세에 나보다 먼저 소천했다. 하나님이 알아주시고 정해 주신 하늘나라의 영원한 집에서 기쁘고 즐겁게 지내며, 지금 나를 기다리고 있을 것이다. 나도 다시 만날 그날을 기다리며 주님께 감사를 드리고 있다. 아내가 세상을 떠난 후에도 나는 지금 공주원로원에서 살고 있다. 나에게 익숙하고, 조용하며, 아름다운 공간에서 많은 분들의 도움과 격려를 받으며 살고 있는 것에 감사드리고 있다.

마무리하면서

아버님께서는 이 자서전을 2013년에 출간하셨고, 그 후에도 공주원로원에서 지내시다가 2019년 12월, 갑작스럽고도 편안한 임종을 맞으셨습니다. 이 자서전 원고를 다시 보면서 저도 새삼스럽게 아버님의 삶과 신앙을 생각합니다. 모든 인간은 연약하지만 하나님께서는 그 영혼 속에 작은 믿음의 불빛을 주시어 어두운 삶의 여정 위에 비추어 주셨고, 길을 인도해 주셨음을 고백하게 됩니다. 그 여정의 불빛이 오늘 아버님의 모든 지인들과 저희 후손들에게도 이어지기를 기도드립니다. 아버님의 저서는 본 자서전 이외에 몽골 선교 서신 모음집인 『몽골에서 온 편지』(2009, 임마누엘인쇄출판사)가 있습니다. 감사합니다.

약력

1957년	연세의대 졸업 / 일반외과 전문의, 의학박사
1972년~1982년	인천기독병원 외과 과장 및 의무원장
1982년~1993년	인천세광병원 병원장
1986년~1994년	학교법인 배재학당 이사장
1994년~1998년	몽골연세친선병원 원장
1999년~2001년	연세사회복지재단 몽골지부 지사장
	인천중앙교회 장로

전우택 장로

1985년　연세의대 졸업 / 정신건강의학과 전문의, 의학박사
1994년~현재　연세대학교 의과대학 교수
(소속: 의학교육학교실, 정신건강의학교실, 인문사회의학교실)
2016년~2019년　한국자살예방협회 이사장
2014년~2019년　통일보건의료학회 이사장
2020년~2022년　한국의학교육학회 회장

집에서 예배당에 갈 때는 밭길을 지나 먼지 나는 비포장도로를 거쳐서 약 30여 분 정도를 걸어서 가야 했는데, 부친은 매일 새벽기도회, 주일 새벽, 낮, 저녁 예배, 수요 예배, 금요 철야 기도회 등을 빠지지 않으셨다. …… 어느 주일에 부친과 예배를 드리러 가면서 여느 때처럼 종소리를 들었는데, …… 부친은 저 종소리는 그냥 종소리가 아니라며 별라고 들리나 잘 들어 보라고 하셨다. 그러면서 저 종소리는 내 귀에는 "천~당~, 천~당~, 천~당~"하는 소리로 들리는데 너는 어떻게 들리느냐고 질문하신 것이다. 부친은 교회 종소리조차도 천국의 소리로 들으셨던 것이다.

기억하고 싶은
**하나님의
사람들**

정정섭 장로 | 주안장로교회

주님의 일이 먼저이셨던
정정섭 장로

정규원 목사_주안소망교회

삶 그리고 사역

신앙 이전의 삶

주안장로교회 정정섭 장로님은 1920년 2월 3일 충청북도 청주의 빈 농인 집안에서 태어났다. 어린 시절과 청소년기를 부모님의 농사일을 도우며 지내다가 청년 시절에 무작정 혈혈단신(孑孑單身) 인천으로 상경했다. 그 당시에는 외국에서 인천항으로 석탄을 들여왔고, 배에서 석탄을 하역하는데 하역장비가 없었기 때문에 일일이 사람의 등짐으로 하역했다. 청년의 몸으로 쉽게 할 수 있는 일 중 하나가 석탄을 하역하는 일이기에, 청년 정정섭은 장대 바구니를 어깨에 메고서 하루 종일 하역하는 일을 했고, 그렇게 온몸이 시커먼 채로 하루하루를 보냈다.

그 후 1942년 이세영과 결혼하여 세 자녀를 낳아 어려움 속에서도 다복한 가정을 꾸리며 열심히 잘 살고 있었다. 그러던 중 갑자기 6.25 사변이 발발했고, 인천상륙작전 때 밤낮없이 퍼붓던 전투기들의 오폭으로 배밭으로 피신했던 장로님의 소중한 부모님과 세 자녀를 모두 잃는 큰 충격과 슬픔을 겪게 되어 가정이 암울했었다. 전쟁 끝난 후에는 농업을 생업으로 하면서, 다시 3남 2녀를 낳아 아픔을 딛고 일어서서 다복하고 남부럽지 않게 가정을 꾸려나가셨다. 장남과 차남은 현재 목회자로, 장녀와 막내는 권사로, 삼남과 첫째 사위는 개인 사업가로, 둘째 사위는 주안장로교회 장로로 섬기고 있다.

당시에는 밭농사는 주로 인분을 농작물의 비료로 사용했는데, 부친은 시내에서 인분을 수거해 5톤 트럭에 싣고 온 것을 밭 한구석에 파놓은 큰 구덩이에 부어놓았다. 그것이 온전히 발효가 끝나면 부지런한 정 장로님

▲ 뒷줄 왼쪽부터 차녀 사위: 임기운, 차녀: 정규숙, 장녀 사위: 김원근, 장녀: 정규문, 삼남: 정규민
앞줄 차남: 정규원, 차남 자부: 이강혜, 부친: 정정섭, 모친: 이세영, 장남 자부: 권석남, 장남: 정규학
아이들 차남 손자: 정회환, 차남 손녀:정회미, 외손녀: 임지혜

은 새벽에 밭에 나가서 어깨에 메는 통으로 구덩이에서 인분을 운반해 천여 평이나 되는 밭에다 비료 대용으로 뿌리는 일을 하고, 다 마치신 후 집에 오셔서 아침 식사를 했다.

그리고 담배에 얽힌 이야기는 정 장로님의 의지력과 결단력을 보여주는 대표적인 사건이다. 정 장로님은 당시 거의 누구나 그랬듯이 자연스럽게 배운 담배를 어릴 때부터 습관처럼 피우고 있었다. 당시에는 담배를 아무 때나 살 수 있는 것이 아니라 며칠에 한 번씩 담배를 팔 때 줄을 서서 구입하곤 했다. 한번은 담배를 사기 위해서 줄을 서서 오랫동안 기다렸는데, 자신 앞에 와서는 담배가 다 팔려서 오늘은 더 이상 팔 것이 없다고 문을 닫았다는 것이다. 그래서 너무 화가 나서 '내가 담배 안 핀다고 죽기라도 하겠냐' 하시면서, 그 자리에서 장죽의 곰방대라는 담배 피는 도구를 꺾어버리시고는 그 뒤로 담배와는 손절했다는 것이다. 그만큼 의지력과 결단력이 대단했다.

정 장로님의 자녀 사랑 또한 각별하셨다. 당시에 살고 있던 주안동 석바위에서 숭의동 새벽시장까지는 부지런히 걸어서 약 40분 정도 걸리는데, 그 시장에 채소와 농작물을 팔기 위해서 손수레로 운반하셨다. 그때 필자도 수레를 밀면서 장로님을 따라갔던 기억이 있다. 그때에는 왜 형님은 빼고 나만 일찍 일어나게 하고 힘들게 하셨나 하는 불평도 했는데, 장로님은 형님 위로 자녀 3명을 6.25사변 때 다 잃고, 형님이 그다음에 태어났기에 더욱 귀하고 애지중지하셨던 것이라 생각된다. 그런 장로님이 필자가 초등학교에 다니던 어느 겨울날 아주 고급스럽고 값나가는 스케이트를 사주셨다. 농부의 어린 자식으로는 상상이 잘 안 가는 일이었다. 당시에는 거의 대부분 아이들의 겨울 놀이가 논에 물이 얼면 썰매를 만들어서 탔고, 스케이트를 타는 아이들은 부잣집 아이들이나 타는 아주 드문 것이었기 때문이다. 그런데 재미있는 것은 양말을 세 겹 정도는 신어야 맞을 정도로 커서 형님과 동생들까지도 탈 수 있었고, 필자도 고등학교 때까지 사용한 것으로 생각난다.

그리고 정 장로님은 필자에게 공부 잘해서 규원(圭元)이라는 이름대로 훌륭한 사람이 되라고 초등학교 6학년 때 주안초등학교에서 동인천에 있는 인천제일교회 인성학원 재단인 인성초등학교로 전학을 시켜주셨다. 그뿐만 아니라 과외 공부로 뒷받침해 주셔서 다른 형제들과 달리 시내버스로 통학을 한 기억이 난다.

신앙생활 시작과 집사 시절

당시 같은 마을에 먼 친척이 되시는 정태섭 집사님과 부인 이운 집사님은 주안교회에서 초창기부터 신앙생활을 하고 있었다. 부친을 열심히 전도하셨는데, 친척 어르신이고 한동네에 사시기에 거절할 수가 없었고, 또 어렵고 힘든 시절에 믿음이라는 것을 가져 볼 필요도 있겠다 싶어서 따라나선 것이 계기가 되어 주안장로교회에서 신앙생활을 하시게 되었다.

◀ 1950년 중반 주안장로교회 제직들,
뒷줄 왼쪽 첫 번째 정태섭 집사, 두 번째 정정섭 집사

부친은 그렇게 신앙을 가지게 된 이후로 소천할 때까지 평생을 오로지 한 교회만을 50여 년 섬기면서 살았다. 한 가지 안타까운 것은 1965년 주안 장로교회의 사택에 화재가 났고, 그곳에 보관하던 교회 문서들이 전부 소실되어 정 장로님의 신앙 이력(교회 등록, 세례받은 날 등)을 더 이상 알수가 없게 된 일이다.

그러나 남다른 하나님의 은혜로 부친은 신앙생활 시작부터 원래 가지고 있던 부지런함과 결단력으로 주위 많은 사람들에게 귀감이 되었다.

김원종 원로 장로님(현 93세)의 증언에 의하면, 당시에 변변치 못한 예배당 건물 지붕이 함석으로 되어 있었는데, 정 장로님이 이를 수리하기 위해서 지붕에 올라가는 일이 한두 번이 아니었다고 회고하셨다. 올라가서 일하시는 것을 보고 위험하고 힘드신데 내려오라고 하면 언제나 괜찮다고 하셨고, 항상 망치를 들고 다니면서 예배당 곳곳을 고치시며 헌신하셨다고 하셨다. 또 교회에 초상이 나면 부친께서는 언제나 돌아가신 분들의 가정에서 수의를 손수 입히시고, 장지까지 가서 매장하는 장례 절차까지 돌보셨다고(당시에는 상조회나 장례식장이 없었기에) 한다. 그렇게 부친은 집안일과 교회일 중에 당연히 먼저 교회 일을 선택하는 신앙생활을 하셨다.

▲ 초도, 성광, 순애보육원과 교인들, 목사관의 화재로 새로 건축, 1963년

　　집에서 예배당에 갈 때는 밭길을 지나 먼지 나는 비포장도로를 거쳐서 약 30여 분 정도를 걸어서 가야 했는데, 부친은 매일 새벽기도회, 주일 새벽, 낮, 저녁 예배, 수요 예배, 금요 철야 기도회 등을 빠지지 않으셨다. 과거에는 교회에 종탑을 세워놓고 예배 시작 30분 전에 초종, 예배 시작 때 재종을 쳐서 예배 시간을 알렸다. 어느 주일에 부친과 예배를 드리러 가면서 여느 때처럼 초종 소리를 들었는데, 그때 부친께서 필자에게 물으셨다. "규원아, 저게 무슨 소리인 줄 아느냐?" 하셨다. 저는 "아버지 이제 교회에 예배 시작이 30분 남았으니 준비하고 늦지 않게 빨리 예배에 나오라는 것을 알리는 종소리지요." 하고 대답했다. 그런데 부친은 "아니다 저 종소리를 잘 들어봐라. 네 귀에 뭐라고 들리니?" 필자는 항상 듣는 종소리로 그렇게 깊게 생각해 본 적이 없었다. 그런 제게 부친은 저 종소리는 그냥 종소리가 아니라며 뭐라고 들리나 잘 들어 보라고 하셨다. 그러면서 저 종소리는 내 귀에는 "천~당~, 천~당~, 천~당~"하는 소리로 들리는

제3회 주일학교 졸업기념, 1956년 4월 ▶

데 너는 어떻게 들리느냐고 질문하신 것이다. 부친은 교회 종소리조차도
천국의 소리로 들으셨던 것이다.

　　정 장로님은 송아지를 사다가 키워서 논밭 일도 하셨고, 또 석바위 사
거리에서 연탄(19공탄) 장사도 부지런히 하셨다. 그때 함께 하셨던 정 집
사님이라는 분이 계셨는데, 그 가정이 신앙생활을 잘할 수 있도록 이끌어
주시기도 하셨고, 생활도 잘할 수 있도록 주거지도 마련해 주셨으며, 거
의 20여 년을 가족같이 지내셨다. 정 집사님은 박성문 목사님께서 부임하
실 때 우마차로 이삿짐을 옮겨 주셨다고 박 목사님께서 알려주셨다. 또한
주안장로교회 가까이에는 6.25사변 이후부터 미국의 후원을 받아 운영하
던 전쟁 고아원이 두 곳(초도고아원, 성광고아원) 있었다. 그 고아원의 아
이들이 모두 주안장로교회에 나오자 교사가 부족한 상황이 되었고, 부친
께서는 비록 배움은 짧았지만 반사(교사)를 하셨고, 주일학교 부장으로
헌신하셨다.

　　그 중에 기억나는 것은 매년 열린 여름성경학교이다. 부친께서는 냉
장고가 없고 선풍기조차 하나 없는 시절에, 모친을 통해 여름성경학교를
위해 수고하는 20여 명의 교사들을 위해 해마다 정성껏 점심을 만들어 대

접하셨다. 또한 토요일에는 교육전도사님들이 외지에서 오셔서 중고등부 학생들과 청년들을 지도하셨는데, 토요일 밤에는 그분들에게 숙식을 함께 하시며 극진히 섬기셨다.

김원종 원로 장로님께서 회고하시기를, 그 당시 집사였던 부친은 고 아원과 교회 유초등부 어린이들에게 매년 성탄절마다 자비로 먹을 것, 학용품, 입을 것 등을 이름 없이 지원하셨고, 그 외에도 이웃 사랑에 열심이어서 당시 어려운 분들이 부친의 도움을 받지 않은 이가 없을 정도였다고 하셨다. 또한 김원종 원로 장로님은 모 성도가 목공 일을 아주 잘하셨는데, 부친께서 점포 한 칸을 무상으로 임대해 주셔서 목공소와 가정생활을 할 수 있었다고 전하셨다. 또 다른 모 집사님은 형편이 너무 어려워 살길이 막막할 때, 부친께서 집사님의 재능을 아시고 점포 한 칸을 내주시면서 철공소 일을 할 수 있도록 도움을 주셨다고 한다. 교회와 관련된 어려운 성도들과 이웃들이 많이 있었는데, 부친의 덕을 안 보신 분들이 없을 정도로 어려운 모든 성도와 이웃을 사랑과 긍휼한 마음으로 살펴주셨다고 한다. 부친의 금전출납부에 기록된 것을 본 것이 생각난다. 부친께서 소천하셨을 때, 교회의 어느 부교역자 한 분이 문상을 오셔서 하는 말씀이 주안장로교회에 부임해 오면서 아직 거처를 마련하지 못하고 있을 때 정 장로님께서 집을 마련해 주셨다고 너무 감사해하며 그리워하셨다.

형제와 친척들에 대한 사랑
형제들과 친척들에게도 많은 사랑을 나누셨다. 당시 큰집은 부친과 가까운 이웃 동네에 사셨는데, 부친께서 본인 소유의 밭 중에서 한쪽을 선뜻 내주셔서 농사를 지어 가족들이 생활할 수 있도록 해주셨다. 큰집의 세 형제들은 지금도 부친의 영향으로 신앙생활을 잘하고 계신다. 그리고 외가에도 그리하셨다. 둘째 외숙이 6.25사변 때 전쟁이 일어난 사실도 모를 정도의 깊은 산골에 사셨는데, 인천으로 올라와 고등학교를 마칠 수 있도록 하셨고, 그 후 신문사에 취업을 해서 가정을 이루기까지 도우셨다. 첫째 외숙의 여섯 식구들 역시 시골에서 올라와서 생활할 수 있도록 집을 마련해 주셨고, 같이 농사도 짓고 일하며 살 수 있도록 도우셨다. 둘째와 넷째 외숙들도 적지 않은 물질로 어려울 때마다 돌보셨기에 지금까지도 가깝게 지내고 있다. 부친의 여동생은 언제 어떻게 헤어지셨는지 알 수 없으나 생사를 모르다가 50대에 만나게 되었다. 그런데 남편을 잃고 두 자녀들은 고아원에 보내고 남의집살이하며 어렵게 살고 있었는데, 장조카에게 방 한 칸을 내주면서 당시에 농사와 연탄 장사와 소를 키우는데 같이 하도록 하여 그가 가정을 이룰 수 있도록 도우셨다.

장로 장립 후의 신앙과 헌신
집사로서 모범을 보이신 부친은 박성문 목사님이 새로운 담임 목사로

▲ 정정섭, 김찬욱 장로 장립식, 1968년. 창립 20년만에 두 분의 장립으로 당회 구성함. 왼쪽 끝 필자.

부임한 이듬해인 1968년 11월 24일에 주안장로교회 제1대 장로로 김찬욱 장로님과 함께 장립을 받으셨다. 당시 부임하신 박성문 목사님(현 93세)은 부친을 회고하기를, 그때 교회에서 신앙생활을 누구보다 제일 열심히 하셨고, 눈에 띄도록 잘하셨으며, 모든 예배 시간에는 절대 빠지는 일이 없었다고 하셨다. 그리고 주안장로교회가 자리 잡고 부흥 성장할 수 있었던 이면에 부친의 헌신과 충성이 매우 지대했다고 해도 과언이 아니라고 하셨다. 또 교인들을 심방 할 때마다 함께 했고, 어려운 자들을 찾아갈 때마다 장로님의 손에는 뭔가가 들려있었고, 그걸 가만히 놓고 오셨던 적이 여러 번 있었다고 하셨다. 또 부친은 장립 기념으로 교회 예배당에 있던 낡은 풍금을 대신할 수 있는 피아노를 마련하셨다. 김찬욱 장로님은 전화를 개설하여 교회 전화가 있는 시대를 여셨다. 박 목사님께서 부친을 장로로 세우게 된 배경을 현재 우리가 사용하고 있는 찬송가 431장(주안에 기쁨 있네) 가사에 수록하셨다. 이 찬송가는 1967년 5월부터 1978년까지 주안장로교회를 시무하시던 박성문 목사님이 직접 작사하고 백태현 장로님이 작곡하셨는데, 작사 배경이 당시 부친의 신앙생활과 삶을 보시며 만든 것이라고 말씀하셔서, 인터넷에서 찬송가 해설서를 발췌하여 그대로 옮겨 적어봤다.

「박성문 목사님은 1929년 평안남도에서 태어나셔서 경희대 국문과와 장로회 신학대학교를 졸업하시고 목회를 하셨다. 1967년 5월 5일부터 1978년까지 주안장로교회를 담임하셨다. 박성문 목사님이 주안교회 시무하실 때, 당시 정정섭 집사님이라고 계셨다. 정 집사님의 집에서 교회까지 거리는 1.5km의 거리였는데, 하루도 빠지지 않고 걸어서 새벽기도회를 오셨다. 중요한 것은 찬송을 부르시면서 왔다는 것이다. 그리고 겨울에 눈이 오면 눈을 쓸면서 오셨는데, 역시 찬송을 하면서 새벽예배에 참석했다. 기쁘지 않고는 그럴 수 없는 삶이다. 그렇게 열심히 섬겼더니 장로가 되셨고, 장로가 되신 이후에도 변함없이 늘 새벽마다 찬송을 부르며 오셨고, 얼굴에는 기쁨이 충만했다고 한다. 얼마나 늘 기쁨이 충만했기에 목사님이나 성도들이 정 장로님을 부를 때 '기쁘다 장로님!'이라고 불렀다고 한다.

정 장로님에게는 한 가지 특징이 또 있었다고 하는데, 성탄절 새벽 송을 다닐 때면 장로님이 맨 앞장을 서고 곡조가 잘 맞지는 않았지만 "기쁘다 구주 오셨네!" 하며 언제나 선창을 하셨다고 한다. 청년들이 아무리 장로님보다 앞장서려고 해도 따라갈 수가 없었다고 한다. 박성문 목사님은 정정섭 장로님을 보면서 '주님 안에서 산다는 것은 바로 정 장로님과 같은 모습이야!'라고 느끼게 되었고, 그것을 시로 쓴 것이 지금 우리가 부르는 찬송가 431장의 가사가 되었다.」

▲ 새문안교회에서 열린 찬송가 작사 기념 발표회, 1979년
작사자 박성문 목사님, 작곡자 백태현 장로님, 새문안교회 강신명 목사님, 찬송가 위원장 박봉배 님.

장남 정규학 목사(안동 의일교회 시무)는 증언하기를 "부친은 신앙생활과 교회 생활을 항상 기뻐하셨으며, 구원받아 하나님의 자녀가 되어 천국 가는 것을 기뻐하셨다. 그야말로 사도 바울이 '항상 기뻐하라'(데살로니가후서 5:16)고 한 대로 정말 기쁨의 삶을 손수 보여주셨기에 교우들로부터 '기쁘다 장로님!'으로 불리지 않았을까, 431장 가사가 정말 은혜가 넘친다. 기쁨이 있는 사람만이, 감사가 있는 사람만이 진정으로 주님 안에서 사는 사람이리라. 그런 신앙인은 누가 말려도 기뻐할 수밖에 없고, 감사하며 살 수밖에 없고, 바로 그런 사람이 성경대로 산 부친이신 정정섭 장로님이다."라고 하며 감격스러워 했다.

김원종 원로 장로님은 정 장로님을 회고하시는 중, 박성문 목사님 때나 나겸일 목사님 때나 당회를 할 때마다 선임 장로로서 목사님께서 내놓는 안건에 대해서는 무엇이든지 이의 제기가 없었다고 전하셨다. 늘 "목사님께서 기도하고 계획하신 대로 하세요. 힘닿는 대로 전폭적으로 뒷받침하겠습니다."라고 하셨다고 한다. 그러기에 당회에는 시간이 걸릴 것이 없었다고 하시면서 김원종 원로 장로님도 그것을 배우셨다고 전해주셨다. 오늘의 주안장로교회가 이렇게 세계적인 교회가 될 수 있었던 것에 중 하나도 당회가 담임 목사님을 중심으로 하나가 되도록 정 장로님께서 적극적으로 나서서 기초를 잘 만들어 놓으신 결과라고 말씀하셨다.

그리고 부친께서는 예배 시간 설교 때마다 '아멘'을 많이 하셨기에 또한 별칭이 집사 시절에는 '아멘 집사'요, 장로 시절에는 '아멘 장로'라고 불리셨다고 한다. 부친께서는 자신이 그만큼 경건한 생활을 하셨다. 그 방증이 애지중지하시던 찬송가와 성경책을 보면 알 수 있다. 장로님이 사용하셨던 성경과 찬송가를 보면 책의 한쪽 면이 손자국에 의해 움푹 파여있다. 기쁘다 집사요 장로로 찬송가를 그만큼 많이 부르셨고 성경도 많이 보셨던 것이었다. 지금 형님과 필자와 그리고 필자의 아들과 딸이 함께 목회의 길을 걸어가고 있는 것도 다 부친의 '아멘' 신앙과 삶에서 본을 보여주신 결과라고 생각된다.

예배당 건축과 헌신

부친께서 신앙생활 할 때 여러 번에 걸쳐서 예배당을 건축하게 되었는데, 그때마다 건축을 위해서 헌신하셨다. 이것은 부친의 남다른 교회 사랑이 있었기 때문이다.

첫 번째는 부친의 자택 근처에 석바위장로교회가 세워졌는데, 그 교회 담임 목사이신 이예구 목사님과 교제를 나누셨다. 어느 해 여름, 소나기가 억수 같고 천둥 번개가 요란할 때 예배당에서 종소리가 크게 들렸다. 예배 시간이 아닌데도 종소리가 나는 것을 이상하게 여겨서 한걸음에 달려가 보니 피뢰침이 없어 번개에 의해 바위산에 세워진 예배당이 파손되었던 것이었다. 어떻게 손을 쓸 수가 없게 되었고, 그래서 부친께서는 자택을 임시 예배 처소로 사용토록 하여 예배를 드릴 수 있게 했다.

두 번째는 지금의 수봉산침례교회, 당시 주안동 302-21, 23번지 소재의 건물을 부친께서 소유하고 있었는데, 그곳에서 교회가 시작되고 부흥하여 수봉산으로 이전하게 되는 데도 일조하셨다.

세 번째는 일심교회의 김연신 목사님께서 성도들과 개척하기 위해서 당시 주안동 950번지, 부친의 3층 건물에 임대로 시작하셨는데, 바로 옆에 땅을 구입해 건축해서 나가기까지(1977년 6월 3일부터 12월까지) 예배 장소로 사용하도록 도우셨고, 건축 헌금과 더불어 장의자를 구입할 때도 일조하셨다.

네 번째는 주안장로교회가 건축을 위해 예배 처소가 마땅치 못할 때 (1969년 10월부터 1970년 3월까지) 주안동 302-21, 23번지 본인 소유 건물 2층집을 급하게 3층으로 증축하여 예배를 드릴 수 있도록 임시 예배 처소를 마련하는 일에 헌신하셨다.

다섯 번째는 주안장로교회가 주안동 302-21, 23에서 나가고 그 자리에 새로운 건물을 지었는데, 경인제일교회(이정식 목사, 1985년 9월 8일부터 1992년 1월 20일)가 그 건물에서 자리 잡고 성장해서 당시 신도시라 할 수 있는 연수동으로 옮기기까지 예배 처소로 내주셨다(김원종 원로 장로님도 증언해 주셨다).

여섯 번째는 필자가 경기도 퇴계원에서 군 복무를 할 때, 그 부대에는 예배당이 없어서 장병들이 군부대 밖에 있는 퇴계원장로교회로 주일과 수요예배를 드리러 나갔다. 이를 안타깝게 여기던 필자는 옆 중대의 하사와 함께 예배당 건축에 관해 기도하면서 대대장님께 건의를 했는데, 대대장님은 자신도 도울 테니 힘써서 해 보라고 했다. 그래서 그 당시에 건축 설계일을 하는 형님께 부탁을 드려서 예배당 설계 도면을 가지고 서울에 큰 교회들을 여기저기 찾아다니며 도움을 요청했으나 진전이 없었다. 다행히 당시 대대장님께서 현신애 권사님을 통해서 치유의 은혜를 받으셨고, 현 권사님을 통해서 영내에 예배당 건축이 이루어지게 되었다. 필자는 이미 제대한 후였지만 입당 예배에 초청을 받았는데, 그때 부친께서 군부대 수송제일교회에 강대상 일체를 헌물하셨으며, 부친과 김원종 장로님과 필자

◀ 왼쪽 첫 번째 필자, 세 번째 부친, 대대장님, 현신애 권사님, 군복 곽 하사.

도 함께 참석했다.

일곱 번째는 주안동 302-21, 23번지에서 필자가 1992년 3월 1일에 주안소망교회를 설립하는데, 부친께서 지대한 헌신을 하셨으며, 설립 예배 때 부친의 부탁으로 대단히 바쁘신 중에도 나겸일 목사님이 오셔서 축사를 해주셨고, 주안교회의 여러 장로님들, 집사님들도 오셔서 축복해주셨다.

이렇듯 부친은 교회를 향한 남다른 사랑과 헌신이 있었으며, 교회를 위한 것이라면 기꺼이 물심양면 모든 것을 아끼지 않으셨기에 주안장로교회의 네 번(한 번은 증축)에 걸친 건축에도 힘써서 헌신하실 수 있었던 것이라고 본다.

주안장로교회 건축

주안장로교회의 건축은 초창기 김의주 목사님이 시무할 때 기존의 건물의 강단 쪽으로 증축을 하여 평수를 넓히고, 사택도 건축했다. 그런데 당시에는 경제적으로 어려운 시절이었고, 성도들도 그리 많지 않았고 형편도 넉넉하지 못했다. 따라서 증축을 하지만 사실상은 부친께서 직영으로 하다시피 했다.

주안교회의 첫 번째 건축은 박성문 목사님 때인 1969년에 신축 기공 예배로 시작했다. 이때 교회는 예배를 드릴 처소가 없어서 부친은 가지고 있던 2층 건물의 한 개 층을 급하게 증축하여 교회가 건축하는 동안 임시로 예배를 드릴 수 있도록 제공했다. 그리고 김원종 원로 장로님(당시 집

◀ 예배당 화재로 목사관이 소실, 목사관을 새로 짓고 예배당도 12평 증축하였다. 1965년

사님)에 의하면, 부친께서 건축위원장으로 수고하시며 담임 목사님과 함께 여러 교회들을(고척동에 고척교회, 고잔감리교회 등) 탐방하셨고, 그 교회들을 참고하여 여러 교회들 가운데 아름다운 예배당을 건축하게 되셨다고 회고해 주셨다.

박 목사님은 다음과 같이 회고해 주셨다. 예배당을 건축할 때, 부친은 거의 매일 출근하다시피 하셨다. 그리고 일일이 하나하나를 꼼꼼하게 살피셨고, 손수 다니며 자재들도 구입해 공급하는 일에 헌신하셨다고 한다. 그래서 부친의 손길이 미치지 않은 곳이 없을 정도였다고 하셨다. 구 예배당을 철거할 때도 폐기물로 나오는 붉은 벽돌을 건축에 재사용하기 위해서 두 주간 정도 많은 성도들이 나와서 이물질을 제거하는 등 수작업을 하는데, 이때도 시작할 때는 부친께서 꼭 기도하고 시작하자고 하셔서 항상 그렇게 기도로 시작했다고 하셨다.

당시에는 예배당 설계도도 없었다. 담임 목사님의 친구 동생 목사가 예배당을 많이 건축해 본 경험이 있다고 소개받아서 건축하게 되었다고 전해주셨다. 그리고 당시에는 주안감리교회와 쌍벽을 이루었는데, 주안장로교회가 그에 못지않은 예배당을 건축했다고 대단한 자부심을 피력하셨다. 그러기에 부친께서 건축에 더욱 신경을 쓸 수밖에 없었겠구나 하는 생각이 들었다.

건축하는 동안에 성도님들은 노동 봉사하러 오실 때마다 무엇인가 손에 들고서 오는데, 어떤 이는 감자로, 누구는 고구마로, 어느 집사님은 떡을 만들어서, 또는 식혜를 만들어 오셨다. 서로 누가 시키지 않아도 그렇게 하면서 즐겁게 예배당을 건축했다. 그때마다 담임 목사님도, 부친도 그분들을 향해서 가정과 일터에, 자손들에게 건강과 축복을 간절히 기도하곤 하셨다. 그때마다 여기저기서 집사님, 성도들의 '아~멘!' 소리가 울려 퍼졌는데, 지금도 그때를 생각하면 눈시울이 뜨거워진다.

▲ 건축 중인 성전 및 완공 후 모습. 교회 앞에 사택도 함께 지었다. 1970년 3월

　　이렇게 예배당이 완공되고, 교회는 점점 안정되어갈 뿐만 아니라 부흥 성장이 매주 눈에 띄도록 일어났으며, 온 교회에 생기가 돌고 은혜가 넘치며, 서로 간에 격려와 위로가 오가는 정말 초대교회와 같았다고 박 목사님은 회고하시며 감격스러워 하셨다. 주안장로교회가 교회다워지고 이렇게 부흥하게 되는 것에는 부친의 지대한 헌신이 있었다고 해도 과언이 아니라고 하시며 기념비라도 세워야 한다고 말씀하셨다. 그렇게 예배당이 완공되어 1970년 3월에 입당 예배를 드릴 때는 김원종 집사님이 장로 장립을 하게 되었고, 모든 성도들이 너무나 감격스러워서 눈물을 흘렸다고 한다.

　　그 후 박 목사님이 사임하시고 1978년 10월 15일에 나겸일 목사님께서 부임하셨는데, 목사님께서 특별 새벽기도와 일 년에 몇 차례씩의 부흥회, 총동원 주일 등으로 교회가 부흥될 때, 부친은 가정에서 식사할 때마다 항상 담임 목사님이신 나 목사님에 대해 빼놓지 않고 기도하셨다. 어떤 때는 건강을 위해서, 어떤 때는 하나님의 말씀을 잘 전하게 해 달라고, 어떤 때는 세계를 다니면서 복음 전하는 목사님이 되게 해 달라고, 어떤 때는 나 목사님의 가정을 위해서 기도하셨다. 부친의 목회자에 대한 사랑과 교회의 부흥을 간절히 원하는 기도가 오늘날의 세계적인 주안장로교회를 이루는 데 일조를 한 것이라는 생각이 든다.

두 번째 현 주안장로교회의 주안 예배당 건축에 대해서는 필자가 목회자로 임지에 가서 사역하는 시기여서 자세하게 알지 못하고, 그 외의 여러 가지 일들은 형님께서 부친에 대해 회고한 내용과 김원종 원로 장로님의 회고로 대신하려고 한다.

부친에 대한 자녀들의 회고

장남 정규학 목사

부친은 여전도회 헌신예배 설교를 하기도 하셨는데, 기억이 나는 것은 "~~ 이렇게 믿어서 되겠습니까?" 하며 열정적으로 설교를 하신 것이다. 부친은 그만큼 열심이셨고, 열정이 있으셨다. 주일성수는 물론이고, 수요예배와 구역예배까지 자녀들을 데리고 다니셨을 정도로 신앙을 중요시하셨다.

박성문 목사님 후임으로 나겸일 목사님이 부임을 하시고 난 후에 주안장로교회는 정말 많은 부흥을 이루었다. 나겸일 목사님의 한 영혼 구원 열정과 목회는 모든 성도들에게까지 교회를 사랑하고 영혼을 구원하고자 하는 열정으로 이어졌다. 나 목사님은 주안장로교회 성도들을 먼저 은혜를 받게 하고자 하는 열정으로 가득했는데, 이에 특별새벽기도회를 통해 많은 성도들이 모이기 시작했다. 부친은 새벽기도회를 다녀와서는 너무 기뻐하시는 모습과 교회 부흥을 그렇게 좋아하시며 감사하던 모습은 지금도 눈에 선하다. 특별 새벽기도와 함께 나 목사님은 성도들을 은혜받게 하기 위해 자주 부흥회를 하셨다. 부흥회를 거의 매달 하다시피 했고, 한 달에 두 번 부흥회를 하는 때도 있었다. 당시 필자는 안수 집사인지라 당회원인 부친께 "부흥회를 이렇게 자주 하느냐, 무계획으로 부흥회를 하는 게 어디 있느냐"고 물었다. 그때 부친이 하시는 말씀이 "나는 목사님이 무엇을 하시든지, 하시고 싶은 것 다 하시게 해 드리는 것이 내 마음이다." 라고 하신 말씀이 지금도 귀에 쟁쟁하다.

부친이 교회를 섬길 때, 부흥으로 세 차례나 예배당을 신축하게 되었는데, 그때마다 가정에서 감당할 수 없는 건축 헌금을 하셨다. 1969년 10월 교회 건축을 할 때는 자택 건물에 임시 예배 처소를 마련하기도 했고, 1982년도 지금의 현재 주안성전을 건축할 때는 본인이 가지고 계셨던 건물을 매매하여 건축 헌금을 하셨다. 또한 현재 주안성전의 지구본을 본뜬 동판으로 제작된 지붕 공사비 일체를, 모친의 이름으로는 본당에 시설된 방송 장비 시설 일체를, 또 자녀들의 이름으로도 건축 헌금을 하셨다. 이때도 건축에 남다른 애정을 쏟으면서 참관하시고 조언하시고, 하루에 한 번은 꼭 건축 현장을 돌아보면서 선임 장로로서 그 소임에 최선을 다하셨다고 김원종 원로 장로님께서 증언해주셨다.

그리고 지금의 부평 예배당 건축은 1998년 12월 30일에 기공 예식에서 테이프 커팅과 첫 삽을 떴는데 부친도 함께 하셨다. 그 이후에는 원로 장로로서 묵묵히 뒤에서 기도하면서 건축이 순조롭게 진행되도록 최선을 다하셨고, 네 개의 예배당을 건축하는데 헌신하여 쓰임 받는 은혜를 입게 되셨다. 하지만 부친께서는 2001년 6월 24일 하나님의 부르심으로 부평 예배당 완공을 보지 못하고 가신 것이 아쉬움으로 남는다.

▲ 현재 주안 성전의 당회원들의 테이프 커팅   ▲ 주안 성전의 골조지붕

어떤 때는 부친이 가정과 자녀들 일보다 교회 일에 너무 열심이셔서 자녀들이 서운할 때가 있었다. 그러나 지금 지난날을 돌아보면 오히려 부친의 그러한 헌신과 충성의 결과가 지금의 자녀들에게 말할 수 없는 축복이었기에, 부친이 너무나도 자랑스럽고, 존경스럽고, 감사하다고 말하고 있다.

필자는 지금 안동에서 목회하고 있는데, 교회에서 장로님들이 담임 목사님의 목회를 돕는 것이 얼마나 중요한지를 부친께서 주안장로교회 1대 장로로서 그런 모습을 보여주신 것을 통해 새삼 깨닫고 있다. 그리고 부친께서는 주안예배당에서 예배를 마친 후에는 항상 밖에 계단 맨 아래쪽에 서서 성도들과 애정 어린 정겨운 악수를 하셨다. 그만큼 부친은 교회와 목사님과 성도들을 사랑하셨고, 교회가 부흥하기를 끊임없이 기도하였고, 그렇게 기도한 대로 교회가 부흥되었다.

히브리서 11장에는 40절까지 믿음으로 산 선진들의 자랑스러운 이름들이 기록되어 있는데, 이어서 41절을 개인적으로 써 본다면 '주안장로교회 정정섭 장로님은 이 땅에 사는 동안 하나님을 기쁨으로 섬겼을 뿐만 아니라 믿음으로 주의 종들과 교회와 성도들을 사랑하고, 기도하며, 헌신하고, 충성하여 그리스도인의 본이 되었고, 하나님이 기뻐하시는 삶을 사셨다'라고 감히 덧붙여 보고 싶다.

◀ 주안 성전 완공 후 성도들 모습

차남 정규원 목사

필자가 신학교를 다닐 때 주안장로교회에서 부흥회를 했다. 지금의 주안예배당이 건축되기 전에는 예배당에 앉을 자리가 없을 정도로 성도들이 모였는데, 예배 전 찬양을 인도하는 때가 몇 차례가 있었다. 그렇게 찬양을 인도하고 예배가 끝나고 집에 돌아오면 부친께서는 기쁨과 흐뭇함으로 필자를 바라보면서 칭찬을 하셨던 것이 생각이 난다.

또한 필자가 일심교회에서 10년의 부교역자 사역을 마쳤을 때, 지금의 주안동 302-21, 23번지에서 예배를 드리며 부흥한 경인제일교회가 1992년 1월 20일에 연수동으로 이사를 가게 되었다. 그때 부친께서는 필자에게 그 자리에서 목회를 하라고 권면하시면서 자리를 내주셨다. 그때 형제들과 지인들을 통해서 함께 예배당 기물들을 준비하게 되었는데, 특별히 부친께서는 필자가 할 것이 아무것도 없도록 일체를 준비해 놓으셨다. 그중에 한 가지는 교회 이름을 지어 놓으시고 간판까지 만들어 걸어 놓으셨다. 당시에 부친께서 좋아하시던 목사님 가운데 한 분이 강남의 소망교회 곽선희 목사님이셨다. 그래서 지금의 교회 이름을 그 이름을 빌려 '주안소망교회'로, 즉 주안에 소망이 있는 교회로 하셨다는 것이다. 그리고 한번은 필자가 엘림장애인선교회의 여름 산상성회(한국중앙기도원, 임석순 목사)에 강사로 가게 되어 포스터를 교회의 광고판에 붙여놓았다. 부친께서는 그 포스터를 보시고는 여기저기 다니시면서 우리 둘째 목사가 부흥사가 되었다고 자랑하셨다. 필자는 한참 후에야 그 이야기를 들었다. 그리고 복음을 전하는 것이 얼마나 귀하고 좋으셨으면 그러셨을까 하여 그때를 생각할 때마다 더욱 사명을 다해야겠다고 다짐해본다.

장녀 정규문

사랑하는 우리 아버지는 살아가시면서 믿음과 정직, 성실, 이웃사랑. 절약 하시는 분이셨습니다. 신앙이나 생활면에서 정말로 최선을 다하시는 모습은 저희들에게 귀감이 되어 모든 형제가 주님을 잘 섬기기 원하며, 절약하며 도우며 살아가는 것이 정말 주님께 감사드립니다. 또한 남다른 유머가 있으시며, 월요일 저녁과 주일 아침에는 가정 예배를 인도하시며 교회와 나라와 가족과 자녀들을 위해 기도하셨습니다.

예배드릴 때 항상 돌아가면서 개인 기도를 하게 하셔서 기도의 중요성을 알게 하셨습니다. 항상 주안교회를 위해 기도하시며 어렵고 힘든 교회일이 있으면 걱정하시며 주님께 아뢰었습니다. 또한 어머니께서 집안에 식재료가 필요하다고 하시면 곧바로 시장이나 연안부두에 가셔서 재료들을 사다 주시는 다정한 아버지셨으며, 제가 초등학교 때는 아버지 자전거 뒤에 타고 집으로 오곤 하였습니다.

그리고 제가 고등학교 1학년 때 아버지께서 교회에 다니시며 은행에 지점장으로 근무하시는 집사님에게 보증을 서주셨는데 사고가 발생하여 라디오뉴스에 매시간마다 톱뉴스로 나오곤 했다. 그는 결국은 검거 되어 교도소에 가게 되었다. 그 이후 아버지께서는 항상 면회를 다니시면서 철저히 회개하고 예수님을 더 잘 믿기를 권고하셔서 나중에 교도소에서 나온 후에는 아버지 사는 집으로 찾아와 용서를 빌고 다른 교회에 참석하겠다고 얘기를 했다고 한다. 다행히 그분이 보증기간이 끝난 뒤에 사건을 일으켜서 저희에게는 물질적 피해는 없었습니다. 그 당시 저희 집엔 기자들이 취재를 위해 많이 왔었기에 가족 모두가 맘고생은 하였지만 잘 해결되어 아버지께서 감사하다고 말씀하셨습니다.

그리고 제가 결혼 생활할 때 항상 오시면 신앙과 건강과 가게 번창하기를 기도해 주신 아버지의 사랑으로 많은 어려움이 있었지만 풍요로운 삶으로 이웃과 함께 할 수 있어 감사드리며, 처음에는 사업 자금이 없어서 힘들 때 40년 전 아버지께서 2천만 원(그때는 APT 한 채 값)을 흔쾌히 빌려 주셔서 저희는 감사한 맘으로 매달 은행이자 만큼 드렸는데 거절하셨다. 그러나 용돈으로 쓰시라고 드리고 삼년동안 열심히 벌어서 아버지에게 이천만 원을 갚을 수 있게 되었을 때 아버지도 좋아하시고 저희도 감사했습니다.

그것이 밑거름이 되어 좋은 결과를 낼 수 있게 되어 아버지와 주님께 다시 한 번 감사드립니다. 아버지가 50대에 위장이 안좋으셔서 병원에 다니시고 입원도 하셨는데, 어머니의 정성과 두 분의 기도로 괜찮아지셔서 살아 계신동안 큰 탈없이 잘 지낼 수 있었던 게 주님의 은혜라고 생각하며 감사드립니다.

지금은 천국에서 주님을 찬양하며 항상 기쁨이 넘치시리라 믿으며 감사한 마음입니다.

막내 정규숙 권사
"보고 싶은 아버지!"
아버지, 하늘나라에서 어머니와 함께 즐겁게 지내고 계신지요? 그곳이 아무 근심 걱정이 없어서 저희들을 잊고 계신 건 아니겠죠. 요즘 이 땅, 지구촌 곳곳에는 이상 기후와 전쟁, 코로나 등으로 아주 불안하고 힘든 세상이랍니다. 게다가 인생사는 왜 이다지 굴곡이 심한지 신앙이 아니었으면 어찌 살아가나 싶습니다. 저에게 신앙을 유산으로 물려주심에 진심으로 감사드립니다. 저도 아버지와 어머니께서 물려주신 신앙을 제 자식들에게 당연히 유산으로 주려는데, 철없는 자식들이 순종을 모르네요. 살면서 한때 반항이라 생각하고, 분명히 주님 앞에 돌아와 감사로 살아갈 날이 있으리라 확신합니다. 어렵고 힘든 삶이지만, 주님을 의지하고 아버지와 어머니를 만날 것을 기대하며 살아갑니다.

"고맙습니다. 사랑합니다. 보고 싶습니다."

손녀 회은

할아버지께서 돌아가신 지 20년 정도 흐른 것 같습니다. 책을 만든다고 하여 그동안 잊고 있었던 할아버지를 생각해보았습니다. 아버지께서는 장남이고 저 또한 장녀이기에 어릴 때 사진 속에는 할아버지가 많이 계셨습니다. 입학, 졸업할 때도 꼭 오셔서 축하해 주셨습니다.

할아버지는 20분도 더 되는 거리를 걸어서 우리 집에 자주 오셨었는데, 그때 어머니께서는 통장 일에, 교회 일에 바쁘셔서 안 계실 때가 종종 있었습니다. "엄마 안 계시냐?" 하며 조금 기다리다가 가셨는데, 어릴 때는 "왜 또 오셨지?" 하는 생각이 들곤 했습니다. 그런데 결혼하고 아이를 낳고서는 그때 할아버지께 한마디 말이라도 더 걸어드릴 걸, 말동무해드릴 걸 하는 후회만 남습니다. 그래도 오셔서 가기 전에는 꼭 우리를 위해 기도를 해 주셨습니다.

할아버지께서 돌아가신 날을 기억해 봅니다. 할아버지께서 몸이 안 좋으셔서 집에 계셨는데, 목사님이 오셔서 예배드리고, 축도하신 뒤에 바로 눈을 감으셨다는 것을 전해 들었습니다. 너무 은혜롭게 천국으로 가셨다고, 또한 장례식을 하면서 수많은 교인들과 여러 목사님들이 오셔서 칭찬만 하시는데, 정말 훌륭하고 멋진 장로님으로 사셨다는 것을 몸소 느끼게 되었습니다. 이렇게 또 '기억하고 싶은 하나님의 사람들'이라는 책으로까지 출판된다고 하니, 할아버지가 더없이 보고 싶어집니다. "할아버지, 나중에 천국에서 뵐게요!"

손자 회준

제가 주안장로교회 주일학교 예배가 끝나고 나오면 어른들 예배도 끝나고 성도님들이 교회 입구 큰 계단으로 내려오시는데, 그때마다 항상 할아버지가 가장 마지막 계단에서 마지막까지 성도님들께 인사하시는 모습을 매주 봤습니다. 할아버지가 제일 밑에 계시니까 제가 가서 인사드리면 항상 반갑게 맞아주시고, 다른 성도님들께도 우리 장손이라고 소개도 해주셔서 너무 좋았습니다. 그런데 문득 담임 목사님과 다른 장로님들은 계단 위쪽에서 인사하시고 할아버지만 가장 낮은 계단에서 인사하시는 모습에 "왜 우리 할아버지만 매주 힘들게 계단 밑에까지 내려오실까?" 하는 생각이 들었습니다. 예배당에서는 강대상 옆 장로님 석 제일 앞자리에서 예배드리고, 제일 먼저 계단 마지막까지 내려오셔서 성도님들과 일일이 악수하시며 인사를 하셨습니다.

제가 어릴 적 교회에서 본 할아버지는 항상 낮은 곳에 계셨던 할아버지셨습니다. 그때는 그렇게 지나갔던 모습이 지금 생각해보면 하나님과 교회와 목사님과 많은 성도님들을 섬기시는 모습이 아니었나 하는 생각이 듭니다. 그런 할아버지의 믿음과 섬김과 기도 덕분에 지금 저와 자녀들까지 복을 받고 있다는 생각을 합니다.

둘째 며느리

예전 주안장로교회 청년부, 교사, 성가대로 봉사하고 있을 때, 초대 장로님이신 시아버님 정정섭 장로님에 대해 회상해 본다. 당시 매년 여름 성경학교와 중고등부 수련회가 끝나면 모든 교사들을 집으로 초대해 삼계

탕으로 대접해 주셨고, 성가대원들에게도 간식을 사다 주시는 섬김을 앞장서서 하셨다. 저희 어머님이신 김옥자 권사님께서 교회 일로 힘들어하실 때 정 장로님을 뵙고 신앙 상담을 하고 오신 적이 있음을 들었으며, 이로 인해 성도들의 신앙 상담도 하시며, 답답한 문제를 시원스럽게 풀어주시는 장로님이신 것을 알게 되었다.

또한 결혼 후 가까이서 뵙는 아버님은 참으로 주 안에서 아주 검소하게 사시는 분이심을 알게 되었다. 시집와서 함께 살 때, 당시 집에 선교사님들이나 목사님들이 찾아오시면 절대 빈손으로 보내지 않는 것을 목격했다. 그런데 정작 아버님께서 입고 계신 점퍼는 너무 낡아서 옷소매가 헤졌는데도, 자신을 위해서는 쓰지 않고 주의 종들을 위해서 아낌없이 대접하고 후원하시는 모습이 눈에 선하다. 언제인지 기억은 희미하지만, 교회 성도님의 장례식을 마치고 함께 버스로 돌아오다가 교통사고가 크게 나서 병원에 입원하여 병문안을 가게 되었는데, 아버님은 자신의 기도 부족으로 인해 이러한 일이 발생했다며, 깊은 고뇌와 회개하시는 모습이 떠오른다.

며느리로서 옆에서 뵙는 우리 아버님은 열심으로 뛰어다니며 섬기는 일에 절대 망설이지 않으시고, 늘 앞장서서 달려가 먼저 교회와 성도들을 위해서 일하시는 분이셨고, 집안일과 식구들을 위해서 열심히 사신 존경받으신 분이셨다.

"아버님 사랑합니다. 속히 뵙고 싶습니다."

사위 임기운 장로

아버님은 우리 주안교회의 초대 장로님으로 사역하는 동안 교회를 섬기고, 목회자와 동역하며 초창기 교회의 모든 어려운 상황을 극복하여, 주안교회가 오늘날 한국교회에 선한 영향력을 끼치며 모범이 되는 데 기초를 다지게 한 진정한 교회의 어른이셨다.

무엇보다도 아버님은 신앙생활에 있어서 성도들에게 모범을 보이셨다. 하루를 여는 새벽기도회부터 주일예배, 수요예배, 금요 철야기도 등 모든 예배 시간에 참석하며, 교회에서 신앙생활을 누구보다 열심히 잘하셨다. 특별히 새벽기도회에는 매일 기도회 시작 전에 일찍 오셔서 성전 맨 앞줄에 앉아 기도하셨는데, 장로님의 이 모습을 통해 성도들의 신앙생활에 많은 은혜를 끼치셨다. 정정섭 장로님 하면 새벽기도가 생각난다고 하는 교인들이 많이 있다.

아버님은 교회와 성도 섬기는 일에도 최선을 다하셨다. 물질과 시간, 달란트, 심지어 건강까지도 우리를 위해 주님이 물과 피를 다 흘리신 것처럼 교회와 성도를 위해 아낌없이 내드리셨다. 20~30년 전만 해도 교회 특성상 형편이 어려운 교인들이 많았는데, 장로님의 도움을 안 받은 분들이 없을 정도로 장로님은 어려움을 당한 성도들과 이웃들을 섬기고 베풀어 주셨다. 사랑과 섬김, 긍휼과 자비로 상처 난 마음을 위로하고 어루만지며, 삶에 지친 성도의 마음에 희망을 안겨주고 용기를 불어넣으신 선교적 삶을 사신 분이다.

아버님은 또한 목회자의 최고 동역자셨다. 선임 장로로 교회를 섬기는 동안 당회가 담임 목사님 중심으로 하나가 되어 서로 소통하고 존중하며 협력하도록 리더십을 발휘하셨으며, 특별 새벽기도, 부흥회, 총동원 주일 등 교회 여러 가지 행사에 목사님 사역을 적극적으로 지원하고 기도하신 하나님의 영광과 기쁨이 되는 장로님이셨다,

부친의 소천

부친께서 2001년 6월 24일 주일 새벽, 소천하실 즈음 담임 목사님께서는 해외에 복음을 전하러 나가셨기에 부재중이셨다. 이에 형님께서는 부교역자들과 장로님들께 연락을 드렸다. 필자는 그 시간에 새벽기도를 인도하러 갔기 때문에 자리에 없었다. 김원종 원로 장로님은 그때를 이렇

◀ 박성문(93세) 목사님을
모시고 추도예배,
1922년 9월 27일

게 회고해 주신다. 새벽기도회 시간 전이라 아직 부교역자들이 오지 못했고, 그래서 김 장로님께서 임종 예배를 인도하게 되었고, 함께 오신 김영집 장로님께서 기도하였다. 김 장로님이 찬송가를 인도하는 중에 이불 밖으로 부친의 발끝이 보였는데, 임종 직전인데도 찬송가에 맞추어서 움직이시면서 장단을 맞추는 것을 두 눈으로 똑똑히 보셨다고 증언하시는 말씀을 하셨다. '저렇게 신앙으로 사시고, 믿음의 본을 보이신 장로님은 하나님의 부르심을 받으시는 중에도 찬송하시며, 예배하시면서, 우리에게 천국의 확신을 주시는구나.' 하는 마음이 들었다고 하셨다. 이후 부친께서는 부교역자들과 많은 분들이 온 것을 보셨고, 그 예배가 끝나자 숨을 거두고 하나님의 부름을 받으셨다고 김원종 원로 장로님은 증언해주셨다.

이렇게 부친께서 2001년 6월 24일 주일 새벽에 신실하시고 열심히 주님을 섬기던 이 땅의 삶을 마치고 하나님의 부르심을 받으셨는데, 주안장로교회에서는 처음으로 교회장으로 장례를 진행했다. 소천하신 날이 마침 주일이어서 모든 예배 시간에 광고가 되었고, 교인들이 거의 다 조문을 와주셨다. 이후 교회장으로 교회에서 발인할 때, 아버님이 장로로 임직할 때 설교해 주셨던 인천 제3교회 김광식 목사님께서 설교해 주셨고, 축도는 초대 장로로 세우신 박성문 목사님께서 해주시는 은혜도 입었다. 그리고 장지에서 하관 예식에 찬양대까지 참석했으며, 많은 성도들이 참석해 위로해 주시며 가족들에게 "정 장로님이 열심히 교회와 성도들을 섬기셔서 이렇게 은혜롭고 영광스러운 장례가 이루어지는 것을 보니, 우리도 장로님을 본받아 더 잘 믿어야 하겠다."고 하시며, 가족들에게 "하나님이 복 주시고 잘되게 해주실 것입니다."라며 위로해 주셨다.

마무리하면서

주안장로교회 첫 교회장으로 모셨다는 것 자체가 자녀들에게는 감사한 일이요, 큰 은혜요, 영광이요, 축복이요, 자랑스러운 일이다. 그리고 장지를 만나는 복도 받았다. 당시 인천공원묘지는 매장지가 거의 없었을 때여서 가족공원 묘지를 받게 되었다. 그래서 어머니도 함께 모실 수 있었고, 때마다 지금도 그곳에서 모일 수 있으며, 필자는 틈날 때마다 갈 수 있는 곳이 되었다. 부친의 그 기도와 믿음과 삶의 열매로 자녀 중에 장남과 차남이 목회자로 섬기고 있고, 차남의 손자가 현재 강도사로, 손녀가 교역자 사모로, 그리고 자녀들은 장로와 권사, 집사로 교회를 섬기고 있다. 부친의 신앙이 자손에게 이어지며 4대에 걸쳐 모두 주님과 교회를 잘 섬기며, 복을 받은 가정들이 되었음을 하나님께 감사하며 찬양과 영광을 올립니다.

약 력

1920년 02월 03일   청주 출생(부인 故 이세영 권사) 슬하에 3남 2녀
1968년 11월 24일   주안장로교회 제1대 장로 임직
1991년 01월 20일   주안장로교회 원로 장로 추대
2001년 06월 24일   하나님 부르심

정규원 목사

안양대 신학대학원 졸업
아세아연합신학대학원 목회연구원 졸업
(사) 한중친선교류협회 이사역임
G. D. M 이사
대한예수교 장로회 경서노회 노회장 3회 역임
현, 주안소망교회 개척 후 30년 시무

"하나님, 저희 부부는 더 이상 바랄 것이 없습니다. 바울이 로마 압송을 자처한 것이 전도의 확장이었듯 오늘 우리 부부의 평양 압송이 하나님 나라 확장에 기여하는 기회가 되게 하옵소서." 부부가 손을 맞잡고 드리는 기도는 간절하고 뜨거웠다. 한참 기도하다 보면 부부는 얼싸안고 펑펑 울었다. 하나님의 은혜로 이만큼 살아온 것이 감사해서 울었고, 이 땅 백성들이 앞길을 열어달라고 떼를 쓰듯 매달리며 울었다. 지도자에게 지혜를 달라고 구했고, 남쪽과 미국이 열린 자세로 북한을 대할 수 있기를 기도하였다.

기억하고 싶은
하나님의
사람들

최성원 장로 | 동부교회

염소몰이 통일몰이, 최성원 장로

최광열 목사_하늘교회

삶 그리고 사역

태환(泰煥) 최성원의 삶과 신앙

도문 해관(海關) 2002년 10월 4일, 그날은 금요일이었다. 벌써 두 주째 최 목사는 같은 걸음을 하고 있다. 이른 새벽, 새벽대학(延邊黎明農民大學)에서 동성용진(東盛涌鎮)까지 캄캄한 어둠을 뚫고 걸어 나오면 개산툰(開山屯)에서 출발하여 연길 로잔(延吉老站)까지 가는 첫 버스를 탈 수 있었다. 연길에서 다시 도문 가는 버스를 타고 두서너 시간을 달리면 두만강변 해관에 닿을 수 있었다. 그날도 변함없이 중국과 북한의 접경 도시 남양 위로 솟아오른 해가 늦가을 햇볕을 따스하게 비쳤다. 중국과 북한을 오가며 장사하는 보따리 상인들의 움직임이 부산했다. 최 목사는 지난 보름 여를 그랬듯이 해관 옆 양지바른 계단에 앉아 두 손을 모았다.

"하나님, 시간이 별로 없습니다. 엄혹한 시간을 잘 이길 수 있도록 두 분에게 강한 의지와 인내할 수 있는 믿음을 주십시오. 민족을 위해 선한

▲ 중국 도문과 북한 온성을 잇는 국경 다리

일을 하다 당한 고난 앞에서 하나님을 더 의지하게 하옵소서. 이 환란과 어려움을 불평하지 않게 하시고, 하나님을 기뻐하는 은총에 이르게 하옵소서. 하지만 춥고 배고픈 나날이 이어지고 있습니다. 알 수 없는 두려움이 점점 커지고 있습니다. 날이 더 추워지기 전에, 일이 더 수습할 수 없는 사태로 번지기 전에 귀환의 은총을 주십시오…."

최 목사가 긴 기도를 마치고 눈을 떴을 때, 최 목사 앞으로 하얀 맨보차(面包车)가 미끄러지듯 굴러와 섰다. 자동차의 번호가 '함북'인 것을 보아 국경 다리를 건너 북한에서 온 차임을 최 목사는 알아봤다. 조수석에서 한 남자가 내리더니 뒷문을 열었다. 문이 드르륵 열리고 베이지색 버버리 코트를 걸친 노신사가 내렸다. 모자를 쓰고 있었는데 허연 수염이 덥수룩했다. 최 장로, 아버지였다. 잠시 후에 어머니 백경애 권사도 내렸다. 조수석에서 내린 사내가 두 노인 앞에 넙죽 절을 했다.

"아바이, 우리가 아바이 마음을 다 헤아리지 못해 할 말이 없습네다. 저희를 용서하시고 조국을 위해 더 큰일 해주시라요. 아매, 용서하시라요."

온성군 보위부 간부인 그는 사람들의 시선을 아랑곳하지 않고 땅바닥에 한참을 엎드려 있었다. 지난 한 달여간 두 노인을 간첩죄로 몰아 억류하고 의심하고 신문하며 고통을 준 것에 대하여 백배사죄하였다. 그의 눈에는 눈물이 그렁그렁했다. 70이 넘은 노부부를 생고생시킨 것도 미안한 일이지만 노인들의 진심을 몰라준 것에 대하여 뉘우치는 기색이 역력했다.

❶ 통일의 강, 화해의 다리

1992년 한국과 중국이 수교가 되면서 함경북도 온성군 남양은 좌불안석이 되었다. 그동안 한반도의 가장 북쪽에 위치한 남양은 조용하고 적막한 국경 마을이었다. 가끔 친척 방문차 두만강 다리를 건너는 중국 교포[1]나 보따리 장사꾼이 전부였다. 그런데 한·중 수교 후 어느 날부터 한국 관광객이 두만강변에 몰려들기 시작하였다. 관광객들은 북한을 불쌍

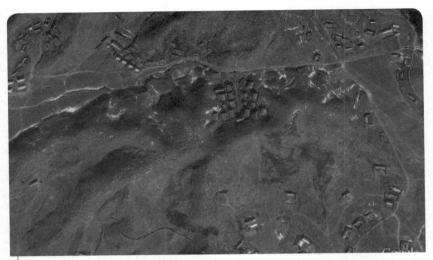
▲ 북한 신의주 상공 모습. 공동묘지가 지천이다.

하고 측은한 눈으로 동물원 원숭이 보듯 하였다. 북한 주민으로서는 그런 눈총을 받는다는 사실이 여간 불편한 게 아니었다. 인내가 요구되었다. 특히 정보를 다루는 보위부로서는 성가신 일이 아닐 수 없었다. 그렇게 지도상에만 위치한 온성군 남양은 남한 사람에게도 익숙한 도시가 되었다.

그런데다가 1990년 중반부터 북한이 '고난의 행군[2]'에 접어들면서 이 지역은 굶주림에 지친 북한 동포들의 탈북 루트가 되었다. 두만강의 국경 다리는 상류에 삼봉–개산툰, 회령–삼합, 무산–남평, 연사–숭선에 있고, 하류에는 경흥–경신에 있는데 남양–도문 다리는 물류와 인적 교류가 가장 많은 곳이다. 북한이 식량난을 겪을 때 많은 동포가 이 다리로 몰려와 중국의 친척에게 도움을 호소하여 희망을 잇기도 하였고, 절망의 죽음에

---

01 중국에 살면서도 북한 국적을 유지한 동포를 말한다. 중국에서는 조교(朝僑)로 통칭한다.
02 북한이 1990년대 중·후반 국제적 고립과 자연재해 등으로 극도의 경제적 어려움을 겪은 시기에, 이를 극복하기 위해 제시한 구호를 말한다. 이 무렵 100만~300만 명의 아사자가 발생하였고, 생존을 위한 탈북 현상이 일어났다. 이는 중국의 사회문제로 등장하였고, 중국에서 활동하는 한인 선교사의 일감이 되기도 하였다.

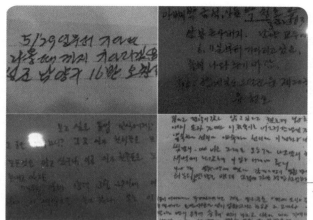

▲ 북한 동포들은 이런 편지
를 중국의 친척에게 수없
이 보냈다.

이르기도 하였다. 게다가 중국 도문에 설치되어있는 탈북자 수용소를 통하여 몰래 중국에 들어온 탈북동포들이 공안에 붙잡혀 수시로 송환되었다. 이를 처리하는 과정에 비인격적이고 반인권적인 일들이 비일비재하였다. 온성군 보위부는 본의 아니게 그 중심에 놓여 세간의 화제가 되었다.[3]

　　최성원·백경애 부부가 161마리의 젖염소를 몰고 남양 다리를 건넌 것은 여름이 지나고 난 다음이었다. 고난의 행군에 처한 동포의 다급한 현실을 안타깝게 여긴 최 장로는 1998년부터 북한에 '평화의 젖염소 보내기 운동'을 시작하였다. 성경에는 에서와 갈등을 겪던 야곱이 에서에게 젖염소 220마리를 보내는 장면이 있다(창 32:14). 이에서 영감을 얻어 젖염소가 곧 평화의 제물이라고 인식한 그는 가장 먼저 암염소 200마리와 숫염소 20마리를 평양특별시 강동군 구빈리에 보내면서 이 운동에 시동을 걸었다. 게다가 최성원은 청년기에 제주도에서 젖염소로 자립한 경험이 있어 고난에 처한 북한 동포를 돕는 것이 자신의 사명이라고 인식하였다. '이때를 위함'이라는 에스더적 사고가 그를 자극하였다.

　　1998년 이후 최성원은 북한 땅 가보지 않은 곳이 없을 정도로 종횡무

03 https://www.youtube.com/watch?v=0PcNeDZVr90

진 누볐다. 다급히 손을 들어 희미하게라도 구원을 청하는 곳이라면 어디든 갔고, 고난을 극복하는 의지가 있는 곳이라면 어디라도 마다하지 않았다. 북한 당국은 그 걸음을 막지 않았다. 막기는커녕 적극적으로 도왔다. 비슷한 시기에 북한을 도운 이들이 비싼 숙박비와 식비 등을 자비로 냈다고 하는데 최성원 부부에게 그런 일은 한 번도 없었다. 북한 당국은 평양호텔에 그를 머물게 하였고, 지방에 갈 때는 정갈한 초대소로 그를 모셨다. 자동차를 제공하여 가고 싶은 곳은 어디든지 가도록 하였다. 숙소에는 식당과 청소와 세탁 등의 일꾼이 최성원·백경애를 위하여 출근하였다. 백발의 노인을 위하여 기쁨으로 수고하는 일꾼들에게 최성원은 늘 미안해하였다. 일을 마치고 떠날 때는 동포들이 된장과 고추장 등을 싸주며 고마움을 표하기도 하였다.

북한 농업성은 성 산하에 〈종축개량연구소〉를 만들고 최성원에게 명예소장직을 맡겼다. 젖염소는 우유보다 좋은 젖을 생산하고 고기와 퇴비를 제공한다. 하루 10kg의 알곡 사료를 먹어야 20kg의 우유를 생산하는

▲ 평양시 강동군 구빈리 젖염소목장 일꾼들과, 1999년 5월 17일

젖소와는 달리 풀만 먹고도 하루에 2kg 이상의 양유를 낸다. 번식력도 놀라울 정도여서 한해에 두 마리의 새끼를 낳는다. 적응력과 생명력이 좋아서 어디든지 잘 산다. 그래서 젖염소는 오래전 인류로부터 사랑을 받은 가축이다. 하지만 젖염소에게도 약점이 있다. 퇴화가 빠르다는 점이다. 젖염소가 가난한 이들에게 더 없이 좋은, 아주 이로운 가축인 것은 분명하지만 퇴화가 빨라 젖 생산량이 줄어든다는 것은 아쉬운 점이다. 그래서 최성원은 이 운동을 시작하며 북한 농업성 당국자에게 젖염소 개량 사업을 병행할 것을 요구하였다. 우수한 수컷을 잘 관리하고, 뉴질랜드와 스위스 등에서 좋은 품종의 정자를 들여와 인공 수정하는 방안을 제시하였다. 농업성은 최성원의 제의를 흔쾌히 수용하여 과학적이고 실용적이며, 지속 가능한 낙농을 실현하고자 하였다. 그의 진정성을 알아서였는지 평양을 방문할 때면 꼭 백남순 외무성 부장이 만찬을 베풀고 감사를 표하였다. 그때마다 최성원은 젖염소가 위기에 처한 인민을 살릴 수 있다고 강조하였다.

한 가정에 한 마리의 젖염소만 있어도 굶어 죽는 슬픈 일은 없다는 것이 최성원의 생각이었다. 구황작물이 있듯 구황 가축이 있는데, 젖염소는 가장 훌륭한 구황 가축이라는 것이 최성원의 신념이다. 젖염소는 가난한 자에게 하늘이 내려주신 가장 좋은 선물이다. 불각시처럼 닥친 재해와 경제난으로 북한은 배급이 일시에 중단되었다. 백성은 하루아침에 기근에 내몰렸다. 경제난은 자본주의와 사회주의를 차별한다. 자본주의의 경제난은 부자로부터 가난한 자에게 서서히 찾아온다. 하지만 사회주의 경제난은 하루아침에 해일처럼 덮쳐온다. 심각한 경제난이 닥치면 당장 아사자가 속출하는 것이 사회주의이다. 북한이 그랬다. 배급이 그친 생활을 백성은 버티기 어려웠다. 하루 이틀은 버티지만 한 주간 한 달을 버텨내기란 불가능했다. 이를 알고 있는 집안의 노인들이 걸망을 메고 무작정 집을 나왔다. 갈 곳이 있어서가 아니라 남아있는 어린 손자들이라도 하루

더 살게 하려면 그 방법 말고는 없었다. 노인들은 초근목피로 연명하다가 길에서 죽었다. 참으로 안타깝고 눈물겨운 현실이었다. 자연재해는 연이어 찾아왔고 나라 살림은 무너졌다. 믿었던 지도자의 지도력은 도깨비방망이가 아니었다. 개인은 자기 삶에 대한 준비가 전혀 없었다.

더위가 수그러진 하늘은 청청했다. 이번 방문을 통하여 동포들이 신심을 얻고 용기를 갖는 계기가 되기를 최성원은 기도하며 추석 전에는 돌아오리라 예상하였다. 교두에는 온성군 위원장이 마중을 나왔다. 여러 차례 만난 적이 있어 반갑게 인사를 해왔다. 최성원은 위원장에게 농민들을 한자리에 모여 줄 것을 청하였다. 집회 결사의 자유가 제한된 사회긴 해도 여기도 사람 사는 세상이었다. 꽉 막힌 곳은 아니었다. 최성원의 진심을 알고 있다는 듯 위원장은 흔쾌히 다음날 사람들을 모이게 하였다. 군중 앞에서 최성원은 희망과 개척을 외쳤다. 사람들은 해외에서 온 백발의 노인이 궁금하였다. 더러는 조국을 위해 좋은 일을 하고 있다는 것을 아는 이들도 있었고, 그중에는 중국을 방문하였을 때 최성원 부부에게 도움을 받은 이들도 있었다. 최성원은 자신이 존경하고 삶의 모델로 삼았던 덴마크의 사상가이자 실천가인 그룬트비 이야기를 꺼냈다.

"아무리 훌륭한 지도자라도 한계가 있습니다. 민족이 나갈 방향을 설정하고 미래를 위해 계획을 세울 수는 있으나 인생의 모든 것을 다 해결해 줄 수는 없습니다. 지금 우리는 세상을 원망하고 누구를 탓하기보다 지금 우리가 할 수 있는 최선의 일을 찾아야 합니다. 그것이 내가 살고 내 자녀가 살 수 있는 길이고, 조국이 가야 할 길입니다. 지금 힘들다고 무너지면 다시 일어설 기회가 없습니다. 땅을 사랑하면 자신은 물론, 가족이 살 수 있고, 조국이 살 수 있습니다. 우리는 다 농군의 자식들입니다. 땅을 사랑하면 결코 하늘이 외면하지 않습니다."

실의와 절망에 처한 백성에게 최성원은 희망과 용기의 사람 그룬트비를 빌어 삶을 개척하고 난관을 극복하자고 말했다. 냉랭하던 무리에 조용한 움직임이 일고 있음을 최성원은 감지했다. 희망보다 절망이 익숙한 사람들, 이 지경에 이른 운명을 탓할 줄 모르는 순박한 사람들, 그러면서도 끈질긴 생명력을 이어가려는 질경이 같은 사람들이었다. 사람들은 점차 최성원의 말에 귀를 기울이고 추임새를 놓으며 박수로 화답하였다. 이어서 최성원은 젖염소 사육에 대하여서도 자세히 가르쳤다. 그리고 이 말을 빠트리지 않았다.

"젖염소는 한 해에 보통 두 마리 새끼를 낳습니다. 반드시 한 마리는 이웃에게 분양하십시오."

듣고 있던 위원장이 한마디 거들었다.

"거 최 교수님 말씀을 듣다 보니 최 교수도 우리 사회주의자 같습네다. 우리 생각과 다를 게 하나도 없시요."

그날 밤 숙소로 50대의 한 농민이 찾아왔다. 농민은 오늘 최성원의 연설을 듣고 깨닫는 바가 크다며 젖염소를 잘 키워 이 고난을 이기고 싶다고 했다. 그러면서 황해북도 황주군 장천리와 함경남도 정평군 사수리에 사는 친척에게도 이런 기회가 주어지면 좋겠다고 했다. 최성원은 친척들의 주소를 달라고 하여 수첩에 적었다. 기회가 되어 그곳에 갈 일이 있으면 꼭 챙겨보겠다고 약속하였다.

최성원의 수첩에는 빼곡하게 북한 동포의 이름과 주소가 적혀 있었다. 북한의 방방곡곡을 다니며 만난 사람들의 이야기와 사연이 요약되어 있었다. 그 가운데에는 탈북한 동포들이 최성원을 찾아와 나눈 이야기도 있었다. 물론 수첩에 북한 사람만 기록된 것은 아니다. 중국과 한국과 호주, 그리고 얼마 전 LA-CEM의 초청을 받아 다녀온 미국의 주소도 빼곡하였다. 〈평화의 젖염소 보내기 운동〉과 관련하여 기도하고 후원하고 있는 교회, 연변려명농민대학 교수와 직원, 교류하고 있는 연변 사회의 주

▲ 1934년 5월께 인천 영화유

요 인물들, 중국의 열차 안에서 만나 교류하는 중국 지식인들, 중국에 일하는 한국 사업가, 북경–평양행 국제열차에서 만난 북한 외교관, 평양에서 만난 스웨덴 선교사와 교사, 젖염소를 구입하는 과정에서 만난 각 지역 대학의 농학 교수들과 검역 일꾼들 … 등 그의 수첩은 깨알 같은 글씨로 이름과 전화번호가 적혀 있었고, "결핵약 필요", "농약 요청", "비니루 절실", "비료와 농약과 콩 종자", "영양제" 등의 글도 있었다.

바쁘고 분주한 일을 마치고 9월 13일 최성원 부부는 온성군 위원장의 배웅을 받으며 남양 해관에 도착하여 출국 절차를 기다렸다. 소지품 검사를 마치고 보위부 검사대 앞에 섰다. 의례적인 검사를 하고 두만강 다리를 건너 1992년에 부름받아 살고 있는 새벽대학 숙소로 돌아가면 2002년 함경북도로 보내려고 계획했던 젖염소 사업은 일단 마무리가 된다. 남은 일은 10월 초에 캘리포니아 비즈니스 유니버스티의 박문규 학장 등 미국 대표단을 이끌고 평양을 방문하는 일이 있었고, 평안남도에 보낼 젖염소를 검역하여 북송하는 일이 남았다. 출국 심사를 기다리는 동안 한 아낙이 와서 반갑게 인사를 건넸다. 젖염소 기지가 있는 동명촌(東明村)에 친정을 둔 여인인데 북한과 중국을 오가며 무역을 한다고 하였다.

그러는 동안 보위부 사람은 벌려진 가방에서 수첩을 꺼내 유심히 살폈다. 한 장 한 장 들쳐가며 살피던 보위부 직원이 어디론가 전화를 걸더니 "아버이, 오늘은 나가기 어렵겠습니다. 조사할 게 좀 있으니 함께 갑시다" 하는 것이었다. 의외의 말에 기분이 상했지만 단순한 헤프닝이거나 오해라고 생각하고 '왜 그러느냐'고 물었다. 보위부 직원은 아무 소리도 안 하고 강제로 연행하려고 하여 출국 심사장은 갑자기 소란해졌다. 최성원은 위원장을 찾았지만, 그는 이미 슬그머니 사라진 뒤였다. 보위부에서 말하는 최성원 부부의 죄는 '그동안 조국을 위해 좋은 일을 한다고 위장하고 뒤로는 조국이 가장 싫어하는 특무질을 했다'며 '큰 특무를 잡았다'고 스스로 치하하였다.

최성원 부부는 남양 시내 3층 건물의 2층에 가두고 입구에는 문지기를 세웠다. 보위부는 수시로 신문하였다. 두 사람이 함께 불려가기도 하고, 따로따로 불려가기도 하였다. 일신상의 소소한 문제부터 중국에 오게 된 배경, 지금 몸담고 있는 연변려명농민대학에서 하는 일과 대학의 사정, 관계하고 있는 중국 인사들 중에 가장 높은 정치인은 누구인지? 왜 조국을 버리고 남으로 피난을 갔는지? 전공은 무엇이고 남쪽에서는 무슨 일을 하였는지? 최근에 한국은 언제 방문하였고 누구를 만났는지? 한국에서 만난 가장 고위직은 누구이고, 어떤 이들과 교제하는지? 미국은 무슨 일로 다녀왔고, 방문한 곳은 어디인지? 호주로 이민 가게 된 이유는 무엇인지? 시드니에서 주로 한 일은 어떤 일인지? 자녀들은 무슨 일을 하는지? 수첩에 기록된 북한 동포들은 어떻게 알게 되었고 연락은 무엇으로 하고 그들에게 무슨 임무를 주었는지? 등등 보위부의 신문은 끝이 없었다.

그들이 묻는 내용을 보아 최성원 부부는 자신들이 무슨 죄로 신문을 받는지 알 수 있었다. 하지만 최성원 부부는 1992년 처음 북한을 방문한 후 10년이 되도록 한 번도 북한의 체제를 부정하거나, 지도자를 폄하한 적이 없다. 그것은 한국이나 미국, 호주 등에 가서도 마찬가지였다. 북한이 하는 일이 마음에 들어서만은 아니다. 그저 측은하고 가엾고 도와야겠다는 마음만 있을 뿐이었다. 다만 금수산 궁전의 김일성 동상 앞에 머리 숙이기를 거부한 적은 있지만, 그것 때문에 북한이 불쾌해하는 언질을 주거나 문제 삼지도 않았다. 북한을 돕는 이들 중에는 대개가 북한에 대한 증오심을 유발하며, 북한 정권을 부정하는 발언하는 이들이 있었지만, 최성원은 전혀 그러지 않았다. 평양에서 주일을 지날 때면 꼭 봉수교회나 칠골교회를 찾아가 주일예배를 드리고, 식사 때마다 기도를 빠지지 않았지만, 누구에게 말로 전도하거나 기독교 가르침을 설득하지도 않았다. 복음은 말로 전하는 것이 아니라 몸으로 전하는 것이라고 생각했다. 그래서였는지 도리어 외무성의 백남순 부장 같은 이는 "최 교수님, 행사 한번 하시라요. 지난번 최 교수 기도 듣고 감동 많이 받았습니다. 우리 공화국 생각과 다르지 않습니다"며 만찬 때마다 기도를 재촉하기도 하였다.

다행히 물리적 고문이나 육체적 괴롭힘은 없었다. 그러나 정신적이고 심리적인 괴롭힘은 집요하였다. 때도 없이 불려가고 잠을 재우지 않기도 하는 등 오랜 시간을 시달렸다. 평생 처음 겪는 일이었다. 처음에는 강하게 부정하며 억울함을 호소하였다. 그들은 자신들이 요구하는 답을 듣기 위하여 강압적으로 대했다. 최성원도 지지 않고 책상을 치며 맞섰다. 그러나 날이 갈수록 보위부의 신문 강도가 커지고 집요해졌다. 평양 압송을 서두르는 기색이 역력했고, 그들도 숨기지 않고 위압적으로 대했다. 노부부는 서서히 낙심하였다. 9월이라고는 하였지만 낮은 서늘했지만 밤의 한기는 견디기 힘들 만큼 심했다. 밥을 주기는 하지만 자기들 먹거리도 모자라는 판에 죄인에게 주는 끼니가 오죽했겠는가? 노부부는 차츰 희망을 포기하고 있었다.

며칠 동안 최성원이 수염을 깎지 않았더니 너구리(능글능글하여 사람
의 속을 뒤집어 놓는 나쁜 재주가 있다고 해서 백 권사가 붙인 별명이다.
김일성대학을 다니다가 왔다고 했다. 그 외에도 검은 곰, 붉은 늑대가 있
다)가 잔소리를 하며 윽박질렀다.

"우리 조국에서는 누구도 수염을 기르지 않습니다. 당장 깎으시라요."

최성원이 조용히 말했다.

"조국에서 이런 자유도 누리지 못한단 말이오. 세상천지에 그런 나라
가 어디 있소? 누가 그럽디까? 그게 지도자 동지의 교시요? 나는 내가 결
백하다는 사실을 이렇게라도 시위할 테니 마음대로 하시오."

나중에 붉은 늑대도 성질을 부리며 수염 깎을 것을 요구했지만 최성
원은 단호하게 거부하였다.

"조국이 자유로운 나라라는 것을 이것으로라도 증명하고 싶으니 두말
하게 하지 마오."

기세등등하던 보위부도 결국 더 이상 어쩌지 못하였다.

해가 넘어가면 곧 사위는 칠흑 같은 어둠이 밀려왔다. 두만강 건너 도
문은 환한 불빛을 드러내며 강 하나를 사이에 두고 전혀 딴 세상이 펼쳐있
다. 최성원과 백경애는 어두운 밤에 손을 맞잡고 기도를 시작하였다. 낮
에 수시로 불려가 신문을 받느라 몸은 피곤하고 지쳤지만, 이상하게도 어
둠이 내리면 마음이 차분해지고 담대해졌다. 하나님을 향하여 속삭이듯
하는 기도는 하나님이 귀를 기울이고 듣는 듯 싶었다.

"하나님, 저희를 여기까지 이끄셨습니다. 처음에는 분하기도 하고 억
울하기도 했습니다. 몇 날 지나면서 주님께서 마음에 평정을 주셨습니다.
지금은 아무렇지도 않습니다. 도리어 저희 부부 붙잡은 것을 큰 공로로
생각하는 보위부 사람들이 불쌍합니다. 그리고 아직 희망을 보지 못하는

동포들이 안타깝습니다. 농민들은 열심히 일은 하지만 향방을 몰라 갈팡질팡하고 있습니다. 주님, 이 땅에 좋은 지도자를 선물하여 주시기를 간절히 기도합니다. 지도자가 진정으로 백성을 위하고 평화를 추구하여 누구나 평안을 누리는 세상을 이 땅에 주십시오. 지도자를 통하여 농민들의 소박한 열정과 희망이 실현될 수 있도록 위정자들을 지혜롭게 하시고, 백성을 선대하는 시대를 열어 주소서. 하나님, 저희 부부는 더 이상 바랄 것이 없습니다. 바울이 로마 압송을 자처한 것이 전도의 확장이었듯 오늘 우리 부부의 평양 압송이 하나님 나라 확장에 기여하는 기회가 되게 하옵소서."

부부가 손을 맞잡고 드리는 기도는 간절하고 뜨거웠다. 한참 기도하다 보면 부부는 얼싸안고 펑펑 울었다. 하나님의 은혜로 이만큼 살아온 것이 감사해서 울었고, 이 땅 백성들이 앞길을 열어달라고 떼를 쓰듯 매달리며 울었다. 지도자에게 지혜를 달라고 구했고, 남쪽과 미국이 열린 자세로 북한을 대할 수 있기를 기도하였다.

"여보, 우리가 동포를 위해 일한다고 한 지 벌써 10년이나 됐구려. 처음 이 땅을 밟았을 때 한숨이 나올 정도로 답답했는데, 그래도 이만큼 일하면서 무엇을 해야 할지 알게 되었으니 다행이오. 그런데 요즘 기도하면서 느끼는 건데 하나님께서 '그만하면 됐다'는 것 같은데 당신 생각은 어떻소?"

"그러게요. 당신 만나 고생은 많이 하였지만 이런 경우가 있으리라고는 상상도 못했군요. 우리가 처음 목포 공생원에서 만나 무안 피난민 정착 농장으로, 제주도 애월 하귀교회로, 다시 함덕교회로 그리고 해남 목장교회로 다닌 일이 어제 일 같네요."

"그렇지? 당신이 함께해서 고생도 즐거웠지. 고맙소. 우리가 처음 중국에 왔을 때 공안과 안전부에서 얼마나 집요하게 감시했는지 지금 생각해도 진절머리가 나는데, 그래도 우리의 진심을 알고는 안전부장이 찾아와서 '이제 좋은 일 마음껏 하시라'던 말이 생각나는구려. 하나님께서 은혜를 주시면 저들도 그러지 않겠오? 그러니 이제 우리 마음 정리하고 저들과 더 이상 대거리하며 싸우지 맙시다. 하나님이 우리를 여기까지 이끄셨으니 감사합시다."

"그래요. 그래도 자식들 얼굴 한번 보지 못하고 끝이라고 생각하니 안타까워요. 귀여운 세희, 진협이, 다희, 재희 얼굴이 떠올라요"

"손자, 손녀들이 예쁘게 크는 게 우리 낙이지만 그래도 여한이 없구려. 아이들은 반드시 잘 자랄 거요. 우리는 곧 평양으로 압송될지도 모르니 놀라거나 두려워하지 맙시다. 살 만큼 살았으니 여한이 없고, 당신과 함께이니 난 행복하오."

부부는 손을 모으고 찬송을 불렀다. 조그맣게 부르는 부부의 찬송 소리는 밖으로 새어 나왔다.

주님 뜻대로 살기로 했네 주님 뜻대로 살기로 했네
주님 뜻대로 살기로 했네 뒤돌아 서지 않겠네
이 세상 사람 날 몰라줘도 이 세상 사람 날 몰라줘도
이 세상 사람 날 몰라줘도 뒤돌아서지 않겠네

세상 등지고 십자가 보내 세상 등지고 십자가 보내
세상 등지고 십자가 보내 뒤돌아서지 않겠네
주님 뜻대로 살기로 했네 주님 뜻대로 살기로 했네
주님 뜻대호 살기로 했네 뒤돌아 서지 않겠네

이 세상 사람 날 몰라줘도 이 세상 사람 날 몰라줘도
이 세상 사람 날 몰라줘도 뒤돌아 서지 않겠네
세상 등지고 십자가 보내 세상 등지고 십자가 보내
세상 등지고 십자가 보내 뒤돌아서지 않겠네.

주님께 모든 것을 맡기니 삶이 초연해졌고, 두려움도 사라지고 평정심을 찾을 수 있었다. 도리어 자신들을 이해하지 못하고 자신들의 공로를 위하여 혈안이 된 보위부원들이 불쌍해졌다. 시대를 잘못 만난 북한 동포들이 가엾고 안쓰러웠다. 지난 몇 년간 북한에 보낸 젖염소들이 좋은 관리인들을 만나 잘 자라주기를, 그래서 평화가 이어지기를 간절히 기도하였다. 10년 동안 1만 마리의 젖염소를 보내리라 다짐한 것을 이루지 못하는 것이 아쉬웠다.

그렇게 낮에는 신문 당하고 밤에는 기도와 찬송을 부르며 지냈다. 이때 노부부가 반복하여 부른 찬송은 '내 주여 뜻대로'와 '주님 뜻대로 살기로 했네' 였다. 찬송을 부르다 보면 처음의 억울함과 분노는 사라지고 마음에 평화가 찾아왔다.

억류된 지 나흘 되던 날, 보위부의 검은 곰이 다짜고짜 "아들이 기자요?" 물었다. 가만히 있었더니 "아들이 도문 교두에 와 있는 모양입니다"

▲ 최 장로와 백 권사는 둘도 없는 평생 동지였다. 북한에 보낸 젖염소가 낳은 새끼를 안고 기뻐하는 모습, 1999년

고 하였다. 최성원과 백경애는 깜짝 놀랐다. 어떻게 아들이 알고 왔을까? 검은 곰은 아들이 보냈다는 반찬 담은 그릇과 큼지막한 옷 보따리를 내밀었다. 옷 속에는 아들이 보낸 쪽지도 있었다. 쪽지를 읽고서야 아들이 어떻게 왔는지를 알 수 있었다.

"한 여성이 국제전화를 걸어와 두 분이 붙잡히는 과정을 남양 해관에서 보았다고 알려와 한달음에 달려왔습니다. 생각보다 추운 날씨에 얼마나 고생이 심하십니까? 두 분이 그동안 하신 착한 일에 이렇게 모질게 대하는 것이 공화국의 도의인지 묻지 않을 수 없습니다. 상을 주어도 모자랄 판에 말입니다. 기회가 되면 그곳 보위부 일꾼들에게는 명토박아 말하겠습니다. 연로한 노인들 신상에 무슨 문제가 생기면 국제사회에 이 일을 알리겠다고요. 마침 뉴욕 유엔본부에 아는 이가 있어 이런 경우에 어떻게 대처해야 하는지를 알아보고 있습니다. 그리고 북한과 호주가 외교관계를 수립한 지 얼마 안 되니 북한대사관에도 강력히 항의하겠습니다. 오늘 새벽에 개산툰에서 오는 첫차를 타고 연길에 왔습니다. 다시 버스를 타고 도문에 와서 남시장을 들렀습니다. 조선족 반찬가게가 있어 음식을 조금 샀습니다. 마음은 많이 사서 보내드리고 싶은데 거기 오래 계시라는 것 같아 마음이 흔들렸습니다. 그리운 아버지, 보고 싶은 어머니, 너무 걱정하지 마세요. 요나가 물고기 배 속에 있었던 40일처럼 두 분도 오래지 않을 것입니다. 그날이 꼭 올 것이니 희망을 버리지 마십시오…."

아들의 편지를 읽으며 노부부는 참았던 울음을 터트렸다. 어떻게 알고 아들이 그 먼 길을 한달음에 달려왔는지, 그리고 어떻게 보위부에 갇혀있는 것을 알고 음식과 옷가지에 편지까지 보낼 수 있었는지 의문이었다. 이 과정도 하나님이 하시는 일이라고 생각하니 희망이 되살아났다.

아들이 보낸 물건을 받은 후 검은 곰과 붉은 늑대의 신문 주제가 아들에게 모아졌다. 그들도 아들의 등장이 궁금하였다. 어떻게 알게 되었느냐? 뭐 하느냐? 기자가 맞느냐? 몇 살이냐? 학교는 어디를 나왔느냐? 중국에는 자주 오느냐? 성격은 어떠하냐? 같은 질문을 수없이 반복하였다. 답변이 조금이라도 달라지면 그것을 빌미로 노부부를 괴롭혔다. 그렇게 집요하게 물으면서도 아들의 직업이 기자라는 점을 은근히 두려워했다.

보위부는 노부부를 신문하면서 한편으로 수첩에 기록된 이름들 가운데 함경북도에 있는 이들을 줄줄이 소환하였다. 잔뜩 주눅이 들린 농민들이 끌려와 신문을 받았지만, 보위부는 자신들이 듣고 싶은 답변을 들을 수 없었다. 농민들의 대답은 거의 한결같았다. 당장 먹을 것이 떨어지고, 가족들이 아사에 몰리자 무작정 두만강을 건넜다가 누가 새벽대학을 찾아가면 방조 받을 수 있다고 하여 찾아갔다. 최성원 부부로부터 식사 대접을 받고 돈을 얼마 받은 게 전부다. 최 교수가 마음씨 좋은 주인이 경영하는 식당을 소개해 주어 거기서 일했을 뿐이다. 어디에 사느냐고 물어 고향 주소를 알려주었다. 젖염소가 좋다고 하여 기르고 싶다고 하였다. 군대에 갔다가 결핵으로 제대한 아들을 걱정하며 결핵약을 사달라고 했다. 명년 봄에 심을 콩 종자를 사달라고 했다. 비료를 보내달라고 부탁한 게 전부다. 친척을 찾아 중국에 갔다가 만나지 못하고 돌아오는 길에 최 교수 부부의 도움으로 친척을 만날 수 있었다. 순박하고 우직한 동포들이었다.

억류된 지 열흘쯤 될 무렵 늦은 밤에 붉은 늑대가 30대의 젊은이를 데리고 왔다. 젊은이는 방에 들어서자 노부부에게 넙죽 절부터 하였다. 젊은이는 한참 동안 엎드려 일어나지 않았다. 백경애가 의아해하며 부축해서 일으키자 젊은이의 눈에는 눈물이 흥건히 흐르고 있었다. 젊은이를 안정시키자 그가 차근차근 이야기를 시작하였다.

3년 전 저의 두 아들이 굶어 죽었습니다. 폐병을 앓던 처마저 세상을 떠났습니다. 아비로서 자식을 위해 할 수 있는 일이 아무것도 없었습니다. 죽어가는 처를 위해 남편으로서 아무 일도 못 했습니다. 그저 물끄러미 자식과 처가 죽는 것을 보기만 했습니다. 저는 이 땅을 저주하며 두만강을 건넜습니다. 다시는 돌아오지 않겠다고 다짐했습니다. 두만강 건너는 딴 세상이었습니다. 너무 판이한 세계가 있다는 사실이 믿을 수 없었습니다. 내 고향에서는 상상할 수 없는 세상이 눈앞에 펼쳐져 있지만, 누구 하나 반겨주지 않아 막막했습니다. 그러던 중 누군가 룽정에 가면 새벽대학이 있는데 거기에 최 교수라는 오달리아에서 온 아바이가 탈북자들의 마음을 헤아리며 방조해 줄 것이라는 귀띔을 들었습니다. 하루 종일 걸어 이른 아침에 새벽대학에 도착하였습니다. 커다란 백양나무 사이를 자유롭게 거니는 학생들을 부러운 눈으로 바라보고 있을 때, 남루한 복장을 한 낯선 저를 한눈에 알아본 경비원이 다가와 물었습니다.

"니시쉐이?(你是谁? 당신은 누구요?)"

"니웨이셈마자이즈?(你为什么在这? 여긴 무슨 일로 왔오?)"

제가 중국말을 알아듣지 못해 무슨 말을 해야 할지 머뭇거리자 경비원이 거칠게 저를 몰아붙였습니다.

"즈부쉬니라이디디팡. 마쌍츄치(这不是你来的地方. 马上出去. 여기는 당신이 올 곳이 아니오. 당장 나가시오.)"

저는 경비원에 의해 내몰리다시피 쫓겨나고 있었습니다. 이때 근처에서 비를 들고 쓰레기를 모으던 한 남루한 노인이 경비원에게 물었습니다.

"리씬생, 웨이셈마?(李先生, 为什么? 리선생, 무슨 일입니까?)"

"처이지아수, 제이씨에티안라이 모셩런라이쉐쌰오.(这些天来, 陌生人来学校. 최 교수님, 요즘 낯선 이들이 학교에 마구 출입을 합니다.)"

노인이 저에게 눈길을 돌리며 말했습니다.

"젊은이, 북에서 오셨구먼. 고생이 많았오."

아, 저는 노인이 건네는 조선말이 그렇게 반가울 수가 없었습니다. 순간 눈물이 핑 돌았습니다. 같은 말을 쓰는 동족이 주는 일체감이 이런 것이라는 사실을 처음 알았습니다. 무슨 말을 하기는 해야 할 텐데 저는 여전히 아무 말도 하지 못했습니다. 물끄러미 저를 바라보던 노인이 제 마음을 알고 있다는 듯 말했습니다.

"날 따라오시오. 조반을 못 하였을 텐데 시장하겠구려."

앞서가는 노인은 덕지덕지 기운 작업복 바지를 입고 있었습니다. 노인을 따라간 곳은 대학 동편에 있는 유치원이었습니다. 유치원 마당에는 고향 집에 심었던 백일홍이 가득 피어있었습니다. 마치 고향 집에 온 듯한 착각이 들었습니다. 마당에는 아이들이 미끄럼틀과 그네를 타며 즐겁게 놀고 있었습니다. 아이들을 보자 먼저 세상을 떠난 아이들 생각에 울컥했습니다. 노인은 제 등을 밀며 2층으로 안내했습니다. 2층에는 작은 책상이 있었고 책상 위에는 검은색 책이 한 권 펼쳐져 있었습니다. 벽에는 작은 십자가가 붙어있었고 가족사진인 듯 커다란 액자가 있었는데 활짝 웃는 모습이 딴 세상 사람들 같았습니다. 그때 부엌에서 노인의 부인인듯한 자그마한 할머니가 밥상을 들고 들어왔습니다. 국과 김치와 밥이

▲ 최 장로의 숙소에는 손님이 끊일 날이 없었다. 최 장로 부부는 그들을 주님이 보내신 천사처럼 환대하였다.

전부인 조촐한 식탁이었습니다. 제가 머뭇거리며 할머니에게 목례를 하자 할머니가 반갑게 맞아 주었습니다. 할머니는 이런 손님을 자주 대접했는 지, 부엌에 다시 나가서 시라지 돼지갈비찜을 한 냄비 뜨겁게 익혀왔습니다. 그리고 그릇에 수북이 밥을 담아 밥상에 올렸습니다. 밥상에 앉았을 때 노인이 말했습니다.

"우리는 식사 때마다 하는 게 있오. 아마 처음일 텐데 어색하지 않다 면 잠시 같이 눈을 감읍시다."

저는 할 말이 없었습니다. 노인의 말대로 눈을 감았습니다.

"하나님, 이 아침에 따뜻한 식사를 주셔서 고맙습니다. 음식 때문에 걱정하는 이들이 많은 세상에서 오늘도 일용할 양식을 주신 하나님께 감 사 올립니다. 특히 이 아침에 귀한 젊은이와 겸상하게 하셨습니다. 아픈 사연이 있고 피치 못 할 곡절이 있겠지만 하나님께서 젊은이를 붙잡아 주 십시오. 그 앞길을 인도하여 주십시오. 조국의 동포들에게도 은혜의 때를 허락하여 주옵소서. 민족의 유일한 희망이신 주 예수님 이름으로 기도합 니다. 아멘"

저는 눈을 감고 있는 동안 이 노인이 말로만 듣던 그리스도교도구나 하는 생각이 들었고, 그 백해무익한 것을 신봉한다는 것이 의아했습니다. 그런데 다른 한편으로 그 짧은 순간 저는 무엇인가 크게 위로를 받는 기분 이었고, 알 수 없는 커다랗고 따뜻한 힘이 나를 지켜준다는 느낌을 받았 습니다. 저도 모르게 눈물이 왈칵 났습니다. 애써 눈물을 지우고 식사를 하였는데 평생 처음 달게 먹는 조반이었습니다. 식사하는 동안 노부부는 아무것도 묻지 않았습니다. 저는 허겁지겁 입에 음식을 쑤셔 넣다시피 먹 었습니다. 이밥은 기름기가 흘렀고 잘 익은 배추김치는 어릴 적 어머니가 해주던 그 맛이었습니다. 냄비 가득한 돼지고기는 생전 처음 먹는 음식처 럼 맛있었습니다. 처음 대하는 노인들 앞이라 체면을 차려야 한다는 생각은 드는데 손과 입이 따라주지 않았습니다. 폭풍처럼 식사하는 모습을 두 노인은 물끄러미 보기만 하였습니다.

식사를 물린 후 저는 저의 이야기를 간단히 말씀드렸습니다. 그렇게 저는 아침 식사를 잘 대접받고 노부부가 쥐어 주는 거마비를 뿌리치지 못하고 받았습니다. 인사를 하고 나서는 저에게 할머니가 말했습니다.

"건강 잘 지키세요. 마음도 흩트리지 말고요. 지내다가 어려운 일 생기면 다시 오세요. 우리는 한겨울 동삼(冬三)을 제외하고는 늘 여기 있어요."

아마 제게 어머니가 살아계셨으면 이런 말을 해주셨을 것입니다. 다 늙으신 할머니가 젊디젊은 제게 건강을 조심하라니, '세상에 이런 경우도 있구나' 생각했습니다.

중국에서 2년여를 지나며 저는 고생이란 고생은 다 했습니다. 어렵게 일자리를 구해 죽어라 일해도 돈 벌기는 하늘의 별 따기 같았습니다. 문제는 아무리 억울한 일을 당하여도 하소연할 데가 없었습니다. 남의 나라에 몰래 들어온 입장이니 공안이나 법원을 찾아가 억울함을 호소할 수도 없었습니다. 중국에서 나는 사람이 아니었습니다. 짐승만도 못한 존재였습니다. 주린 배를 움켜쥐고 잠든 날이 부지기수였고, 동삼의 추위에 불기 없는 방에서 벌벌 떨기를 예사로 하였습니다. 아무리 아파도 병원에 갈 수도 없었습니다. 그렇게 사람 이하로 살다가 문득 떠나온 고향을 생각했습니다. 고향에서 이렇게 일했으면 잘 살지는 못하더라도 이렇게 비참하지는 않았을 것이라는 생각에 이르자 더 머뭇거릴 필요가 없었습니다. 저는 그날 밤 다시 두만강을 건넜습니다. 고향은 여전히 막막했고 2년 만에 돌아온 집은 폐허로 변해있었습니다. 달라진 것은 없었습니다. 고달픈 삶은 어디나 일반이었습니다. 하지만 저는 불평하지 않았습니다. 허물어진 집을 고쳤습니다. 여전히 외롭고, 힘들고, 가난하지만, 열심히 살려고 노력했습니다.

그러다가 며칠 전 남양에 왔다가 사람들이 모여있길래 궁금해서 기웃

거렸습니다. 한 노인이 사람들에게 무엇인가 열심히 설명하는 모습이 여기 사람 같지 않았습니다. 관심있게 다가갔는데, 아, 바로 3년 전 뵈었던 새벽대학 최 교수와 사모님이셨습니다. 한눈에 알아볼 수 있었습니다. 최 교수님 말씀을 들으면서 그때 밥상에 앉아 하시던 말씀이 떠올랐습니다. 그날 바로 찾아뵈었어야 하는 데 용기가 없었습니다. 그러다가 온성 일대에 큰 특무가 붙잡혔다는 소문을 들었고, 바로 그 특무가 최 교수님과 사모님이라는 것을 알게 되었습니다. 그래서 결심했습니다. 최 교수를 찾아뵙자고요. 마침 평양 김일성대학을 다니다가 보위부에 온 동무가 있어 기별하고 찾아왔습니다. 3년 전 그날 아침에 먹은 밥은 세상에서 가장 맛난 식사였습니다. 저는 두 분이 무고하다고 굳게 믿습니다.

정확히는 아니지만, 그 무렵부터 보위부의 태도가 조금 누그러진 듯했다. 특히 붉은 늑대의 앙칼지고 매서운 모습은 한결 부드러워졌다. 건물 입구를 지키는 문지기가 보잘것없는 음식이나마 보위부 몰래 가끔 갖다주었다. 문지기는 '너무 걱정 말고 신체를 잘 보전하라'며 '아바이가 특무로 잡혔다는 이야기를 들은 사람들이 음식을 가져왔다'고 귀띔했다. 경원, 샛별, 강양, 나선, 멀리서는 청진에서도 누가 다녀갔다고 전해주었다. 최성원 부부는 조금만 먹고 나머지는 문지기에게 주었다. 제 먹을 것 없어 하는 도둑질은 죄로 취급되지도 않는 세상, 지옥 같다고 여겨지는 세상에 이런 일이 있다는 사실이 믿어지지 않았다. 여기도 사람이 사는 세상임을 확인하니 희망이 생겨났다.

그리고 마침내 10월 4일 아침에 두만강 다리를 건너왔다. 맨보차에서 내렸을 때 아들 최 목사가 이런 일을 예견이라도 한 듯 기다리고 있었다. 일일여삼추(一日如三秋)처럼 할 일 많은 때에 불각시처럼 당한 억류 생활이 힘에 부치기는 했지만 그렇다고 인생이 억울하다거나 상대가 밉다는 생각은 들지 않았다. 아직 할 일이 남아있어 기회를 주신 것이라 생각하니 감사하기 그지 없었다. 새벽대학 숙소로 돌아왔을 때 두 마리 새끼를 낳은 풍산개 부부가 꼬리를 치며 주인을 반갑게 맞았다. 도움을 준 풍산 사는 동포가 감사한 마음으로 지난해에 다시 강을 건너와 전해준 풍산개 한 쌍이 주인이 없는 사이에 새끼를 낳은 것이다.

❷ 새벽대학의 늙은 젊은이

1992년 11월 최성원은 아내와 함께 북한을 방문하고 돌아오는 길에 중국에 들렀다. 그가 섬기는 교회에서 길림성(吉林省) 통화시(通化市)에 있는 현급시(縣級市)인 매하구(梅河口)에 유치원을 지어 완공을 축하하기 위하여 참석하였다. 거기에서 연변조선족자치주 지도자들을 만나게 되어 그들의 권유로 연변(延邊)을 방문하였다. 당시 연변은 조선족이 전체 인구의 65% 이상을 차지한다고 했다. 연변조선족자치주는 연길(延吉), 룡정(龍井), 화룡(和龍), 도문(圖們), 훈춘(琿春), 돈화(敦化) 등 여섯 개의 시와 안도(安道), 왕청(汪淸) 등 두 개의 현으로 구성하고 있었다.

연변조선족자치주 농업위원회(서기: 이장섭)는 최성원이 평생 땅과 가까이 살아왔다는 사실을 알고는 중국에 사는 동포들을 위하여 그간의 경험과 지혜를 나누어 달라고 부탁하였다. 그러면서 그들은 연변려명농민대학(延邊黎明農民大學)[5]으로 안내하였다. 이 대학은 1958년에 김시룡이라는 조선족 모범농민에 의하여 세워진 중국 최초의 농민대학이다. 연길에서 모아산을 넘어 해란강을 건너자 룡정시 동성벌 백양나무 울창한 숲에 대학이 있었다. 최성원 부부가 대학에 안내받아 갔을 때 교장과 교직원이 기다리고 있었다. 평일이었는데도 학생들은 보이지 않았다. 사연인즉 등소평(鄧小平)의 개혁개방 정책이 실현되면서 새벽대학은 기울기 시작하였다고 했다. 그동안 집단농장 체제에서 이 대학 출신의 학생들은 농

■■■■ 05 연변에서는 **延邊黎明農民大學**을 우리말로 새벽대학이라고 불렀다.

촌 사회의 지도자로, 농업 교사로, 농기구 기술자, 수의사로 인기를 누렸다. 그런데 집단농장 제도가 중단되고 개체농(個體農)이 되면서 더 이상 이 대학 출신들이 갈 곳이 없어졌다. 새벽대학의 쇠락은 수년 사이에 현실이 되었다. 그래서 마지막 졸업생을 내보내는 내년 여름이면 더 이상 대학은 존속이 불가능한 형편에 이르렀다. 최성원은 이런 사정을 들으면서 갑자기 피가 끓는 감정에 휩싸였다. 최성원이 말했다.

"이제까지 새벽대학이 농촌과 농업을 위한 대학이었다면 시대의 변화에 발맞추어 생각을 바꿔보세요. 여전히 연변은 농업이 주산업이고 농업인구가 많으니 대학을 농업을 위한 대학이 아니라 농민의 자녀를 위한 대학으로 방향을 전환해보세요. 농민의 자녀들도 대학 공부의 기회가 주어져야 하지 않겠어요? 이제야말로 농민의 대학이 되어야 하지 않을까요?"

최성원은 이미 이 대학 설립자의 정신과 상통하였고 개혁개방의 길을 걷는 중국의 현실에서 대안을 제시하고 있었다. 계획하거나 예상하였던 일이 아니었다. 최성원은 이번 발걸음을 바울의 마게도니아인의 부름으로 이해하고 있었다. 아니나 다를까. 이야기를 듣던 새벽대학 김철훈 학장이 최성원의 손을 꼭 잡으며 말했다.

"선생님, 우리를 좀 도와주세요. 우리는 세상을 보는 안목이 단순하고 미욱합니다. 우리를 도와주세요."

연변조선족자치주 농업위원회 이택종 국장도 간절히 부탁하였다.

"선생님의 그 지혜를 빌려주시라요. 그렇게만 하면 새벽대학은 재건할 것입니다. 이것이 민족을 위한 일 아니겠습니까? 부탁합니다."

룡정은 백경애 권사의 고향이다. 백경애는 1934년 11월 21일 룡정 해방거리에서 백대복과 이복녀의 장녀로 태어났다. 기독교 1세대인 평양 감리교회 박일삼 전도사가 그녀의 외할머니이다. 당시 룡정에는 동산교회

▲ 백경애가 해방을 맞기 전에 다녔던 발해소학교를 67년 만에 찾아가 어린이들에게 선물을 한 아름씩 안겼다. 이 학교는 백경애의 이모 이기정이 교사로 있기도 하였다. 천 명이 넘던 학생은 오십여 명에 불과하였고, 2019년에는 여덟 명에 불과했다. 2012년 9월 17일

와 룡정중앙교회가 있었다. 백경애는 동산교회를 다녔다. 그녀는 동산교회 이성구 목사에게 유아세례를 받았다. 룡정중앙교회는 문승하(문재린) 목사가 담임목사였다. 백경애는 캐나다 선교사가 꾸린 병원이 있던 영국덕이를 기억하고 있었고, 일본 순사에게 쫓기는 외삼촌 이기덕이 급히 찾아와 외할아버지 이운희에게 인사를 하고 다급하게 뒷문으로 떠나던 장면, 뒤이어 칼을 차고 총을 멘 일본 순사들이 집에 들이닥친 일을 기억하고 있다. 팔도(八道)와 조양천(朝陽川) 등에 결혼식이 있으면 화동으로 참석해 꽃을 뿌리곤 했다.

이모 이기정(1917년~2015년)은 명신여학교를 졸업하고 개산툰소학교의 교사로 있다가 발해소학교로 갔다. 이모는 일본 고베중앙신학교를 마친 강응무(1919년~1986년) 목사와 결혼하여 흑룡강성 자무스(佳木斯)에서 목회를 하였다. 문익환 목사를 오빠라고 부르며 따랐고, 윤동주 시인의 동생 윤혜원은 훗날 시드니에서 만나 시드니우리교회를 함께 다녔다.

백경애의 가족은 동경성(東京城)으로 이사를 하였다. 이모가 교사로

있는 발해소학교를 다녔다. 이모가 결혼하여 쟈무스로 떠난 후 1945년 방학을 맞아 이모 집에 갔다가 그곳에서 해방을 맞았다. 해방은 반가운 일이었지만, 당시 중국인에게 조선인은 일본인 다음으로 미움받는 존재였다. 중국인의 악화된 대일감정은 내선일체와 만주국 설립으로 조선인에게까지 미쳤다. 함께 항일운동을 하고, 모택동이 "오성홍기에는 조선인의 피가 슴배어 있다"며 중국 국가 건설에 조선인의 헌신과 역할이 있었음을 인정하였음에도, 해방 정국에서 일반 중국인의 인식은 그랬다. 무심코 거리에 나갔다가 중국인에게 살해당하는 일이 많았다. 이모부 강응무 목사는 교인들을 이끌고 조국으로 가기로 결심하였다. 개인으로 행동하기에는 너무 위험하여 교인들과 조선인들이 뜻을 모아 집단 이동을 결행하기로 한 것이다. 강응무 목사 일행은 1945년 9월 쟈무스를 출발하여 봉천(奉天, 瀋陽의 옛 이름)을 향하여 걷기 시작하였다. 마적단의 위험도 위협적이었지만 황량한 대륙에서 길을 잃기가 다반사였다. 봉천에 도착하여서는 룡정에서 온 문승하 목사 일행과 합류하였다. 해방된 조국을 향한 열망의 무리는 크게 늘었다. 그들은 길 안내자를 앞세워 안동(安東, 丹東의 옛 이름)을 거쳐 압록강을 건넜다. 긴 여정이었다. 그렇게 하여 마침내 그리운 조국 땅을 밟은 것이다. 백경애는 쪽배를 타고 압록강을 건넜을 때의 기억을 지금도 생생하게 말한다.

"그때 우리는 쪽배를 나누어 타고 의주로 들어갔지. 의주 사람들이 마중 나와 강가에서 우리를 기다렸어. 고맙게도 의주 사람들은 우리에게 네모난 통에 보리밥을 담아 주었어. 그 넓은 만주 벌판을 지나온 우리는 얼마나 반가웠는지 몰라. 꿀맛 같은 보리밥이었어. 그런데 보리밥을 물에 말아 먹으려고 물에 담그면 아, 글쎄 하얀 벌거지들이 둥둥 물에 뜨는 거야. 꿀맛 같던 보리밥을 더 먹을 수가 없더라구. 그래도 굶주린 우리는 벌거지들을 건져내고 보리밥을 먹었어. 가난하고 슬픈 시절이었지. 그렇게 해서 다시 우리는 걸어서 평양에 들어왔어. 평양에 들어갈 때는 디디티

(DDT) 가루를 몸에 쏟아붓듯이 퍼넣었지. 참 무지한 시절이었어. 피난길에 제일 아쉬운 것은 발해에 있는 아버지와 어머니 소식을 듣지 못한 거야. 나는 그때 어렸을 때니까 혼자 발해에 갈 수 없었어. 이모부 강 목사님이 그러다가 큰일 난다며 만류하신 거지. 그래서 나는 이모부와 이모를 부모로 삼아 어린 시절을 보냈지. 그 은혜를 다 갚을 수가 없는데, 이제는 다 고인이 되셨어. 그분들이 아니었으면 나는 살 수 없었을 거야. 참 고마운 분들이시지.

훗날 들은 바에 따르면 아버지와 어머니도 평양으로 왔다고 해. 할아버지와 아버지는 평양에서 돌아가셨고 어머니는 내 동생 금애가 있는 함경북도 강양으로 가셨어. 두만강 건너 강양역 뒤에 어머니 묘가 있어. 내가 룡정 새벽대학에 왔다는 이야기를, 지금은 돌아가신 도문교회 김 장로가 듣고 북한에 있는 자기 고모 김보을에게 내 소식을 알려주었어. 보을이는 어릴 적 내 친구이기도 했는데, 내 동생 금애가 강양에 산다는 것을 알려주었어. 참 슬프고 기구한 운명이지. 김보을과 남편 김요셉은 중국 문화혁명을 앞둔 즈음에 북한으로 들어갔다고 해. 어려서부터 믿음이 좋은 사람들이었어.

그들의 아들 김순철은 새벽대학에 몇 번 찾아왔고 최 목사가 여러 차례 도와주기도 하였지. 북한에서도 믿음을 간직하던 김순철은 2008년 회

◀ 백경애 권사와 김순철. 순철은 백 권사의 어릴 적 친구 보을의 장남이다.

령 장거리 감옥에서 죽었다고[5] 최 목사가 말해서 알았어."

  백경애의 추억과 슬픔이 묻혀있는 땅 룡정은 그렇게 최성원에게도 제
2의 고향이 되었다. 최성원·백경애 부부는 연변려명농민대학의 일원이
되었다. 대학이 부여한 교직은 교수 및 고문이었다. 이듬해인 1993년 3월
2일 부부는 가방 두 개를 달랑 들고 새벽대학 허름한 교수 기숙사에 짐을
풀었다. 하지만 막막했다. 어디서부터 손을 대야 할지 알 수 없었다. 교직
원들은 낯선 이방인의 등장에 반신반의하였다.

  가장 먼저 최성원·백경애는 새벽같이 일어나 비를 들고 학교를 청소
하기 시작하였다. 교정에는 교직원들이 피고 버린 담배꽁초와 쓰레기가
널려있었고, 학생들도 위생 관념이 없기는 마찬가지였다. 부부는 새벽에
일어나 청소하는 시간이 부부의 기도 시간이었다. 부부는 2008년 대학을
떠나기까지 대학 안에서 가장 먼저 새벽을 깨우는 사람으로 살았다. 이른
새벽에 학교 마당을 청소해놓으니 처음 며칠은 누가 했는지 모르고 지나
갔지만, 곧 직발실 직원에 의하여 누가 청소하는지를 알게 되었다. 점차
교직원들도 담배꽁초를 함부로 버리지 않았고, 학생들도 눈치를 보며 조
심했다. 5월이 되자 최성원은 학교 캠퍼스에 줄을 맞추어 꽃모종을 심기
시작하였다. 생명력이 강한 백일홍과 봉숭아와 과꽃과 코스모스를 구석구
석에 심었다. 아침마다 꽃에 물을 주었다. 학교 분위기가 조금은 달라지
기 시작하였다. 최성원은 대학의 사정을 이해하고 교직원들과 안면을 익
혔다. 그리고 청사진을 준비하였다. 1993년 첫해에는 장학회를 설립하였
다.[6] 가난한 농민의 자녀들이 자비로 공부하는 것은 현실적으로 불가능하
다고 생각하였기 때문이다.

1994년 봄, 최성원은 영도회의에서 대학에 영어학과를 설치하자고 제안하였다. 영도들은 의아해하였지만, 최성원은 교직원을 설득하고 기획팀을 구성하고 이를 밀어붙였다. 영어학과 설치에 대한 계획서를 작성하여 길림성 교육위원회에 승인을 청구하였다. 교무처장이 서류를 들고 장춘(長春)에 있는 성 교육위원회에 갔는데 '새벽대학은 곧 문을 닫을 대학인데 무슨 새로운 학과를 설치하냐'며 핀잔만 듣고 시무룩하여 돌아왔다. 최성원은 이튿날 다시 교무처장을 교육위원회로 보냈다. 장춘은 기차를 타고 12시간을 가야 하는 곳이어서 한번 출장 가면 2-3일이 소요되는 길이었다. 역시 교육위원회는 어처구니가 없다며 퇴짜를 놓았다. 교무처장이 불쾌한 얼굴로 돌아오자 최성원은 다시 보냈다. 이번에는 그냥 돌아오지 말고 영어학과 설치에 어떤 시설과 기자재가 필요한지를 묻고 그 답을 가져오라고 했다. 교무처장은 한 뭉치의 서류를 들고 돌아왔다. 서류에는 영어를 전공한 교수요원이 확보되어야 하며, 실습실도 필요하고, 실습실에는 듣기와 말하기를 위한 여러 기자재의 품목이 빼곡하게 적혀 있었다. 최성원은 이 서류를 앞에 놓고 기도하기 시작하였다. 호주 시드니에서 영문학을 전공한 실력 있는 교수 요원을 초청하기로 하였다. 영어 듣기와 말하기에 필요한 교실을 따로 마련하고 필요한 기구들의 목록을 작성하고 필요한 경비를 산출하였다. 새벽대학은 국가의 재정으로 운영되지만 새 학과의 신설에 돈을 쓸 여력이 없었기에 이를 조달하기 위하여 최성원은 먼저 호주머니를 털었다. 그리고 모자라는 재정을 위해 간절히 기도하였다. 지성이면 감천이라고 협력자들이 나타나기 시작하였다. 이 일에 특히 주안감리교회 한경수 감독이 힘을 보태주었다. 마침내 영어학과가 길림성으로부터 비준되자 학교 분위기는 일어서기 시작하였다. 안 된다고만 생각했는데 되는 일도 생겼다는 사실이 교직원과 남아있던 학생에게 큰 격려가 되었고, 대학의 가치를 높이는 계기가 되어 신입생들이 하나둘 모여들기 시작하였다.

최성원은 이듬해인 1995년에는 전산학과를 신설하자고 제안하였다. 영어학과는 어찌어찌 되었지만 전산학과는 고가의 컴퓨터를 구입해야 하는 문제가 있어 선뜻 동의하지를 못했다. 이에 최성원은 영도들을 설득하였다.

"우리 학교를 살리자는 것이 아니고, 우리 자리를 보전하자는 것이 아닙니다. 농민의 자녀들을 살리자는 것입니다. 아이들을 자라게 하여 사회의 쓸모있는 일꾼이 되게 하자는 것입니다. 어렵고 힘들기는 하겠지만 한번 해봅시다."

그는 대학에서 나이가 가장 많은 노인이었지만 생각과 창의력은 가장 젊은이기도 하였다. 영도들은 다시 최성원의 말에 설득당하여 성 교육위원회의 문을 두드렸다. 성 당국은 호의적이지 않았다. 어떻게 해서 시골 대학이 영어 실습실을 마련하여 영어학과를 허가받았지만, 전산학과는 영어학과와 질이 다르다며 퇴짜를 놓았다. 최성원은 다시 교무처장을 성에 보내기를 반복하여 '전산시스템을 완벽히 갖추어 놓으면 허가하겠다' 하는 약속을 받아냈다. 최성원의 기도는 다시 간절해졌다. 주님은 적절한 때에 적절한 이들을 준비시켜 주셨다. 이번에는 염광학원 학원장인 김정렬 장로 등의 도움을 힘입어 당시로서는 최첨단 시설인 386 컴퓨터를 설치하였다. 성 교육위원회에서 답사를 왔다가 깜짝 놀랐다.

새벽대학은 신바람이 났다. 다시 대학의 전성시대가 오는 것 같았다. 학생들은 넘쳐났고 교직원들은 분주하였다. 1996년에는 유아교육과를 신설하였고, 2000년에는 음악학과를 세웠다. 유아교육과와 음악과는 선교를 목적으로 기도하며 만든 학과였다. 물론 대학 당국자들로서는 모르는 일이지만, 최성원과 백경애는 이 두 학과를 통하여 기독교 가치를 가진 유치원 교사와 교회 반주자를 양성하려는 의도로 공을 들였다. 방학 때가 되면 학생 모집을 하기 위하여 시골 교회를 찾아 농촌에서 놀고 있는 청년들을 독려하여 학교로 데리고 왔다. 이들은 3년 동안 장학금을 받으며 공

▲ 려명농민대학 부설유치원에 찾아온 손님들과

부하고 유아교육 전문가로, 피아노 전공자로 살 수 있게 하였다.

　　1993년 대학 안에 설립하였던 장학생위원회는 2002년에 태환장학회로 이름을 바꾸고 동포사회의 어려운 학생들을 돕는 일을 하는가 하면 연변일보, 길림신문, 중학생신문, 중국 조선족소년보, 연변인민방송국 등과 함께 우리말 글짓기와 모범적 삶의 수기 공모, 모범 학생과 교사 표창, 창작동요대회 등의 프로그램을 진행하였다. 이 일에는 시드니의 홍길복 목사, 오상원 원장, 캐나다의 계화삼 목사, 인천의 가흥순 목사, 채돈 목사, 정규원 목사, 클리브랜드의 강기석 목사, LA의 유용석 장로, 임동선 목사, 박문규 학장, 박국희 권사, 뉴저지의 이용준 장로, 필라델피아의 백의흠 목사, 뉴욕의 한진관 목사 등 여러분의 물심양면 도움이 있었다. 최성원과 백경애는 일제강점기 독립운동하는 마음으로 이 일에 임하였고, 뜻을 같이하는 고마운 이들의 동참을 끌어내었다.

　　"철없든 그 시절엔
　　하루가 한 달같이 길더니

지금은 어떤지 한 달이 하루보다 더 짧아
안타까워라, 안타까워라, 안타까워라
할 일은 많고 많은데
흐르는 세월은 내 마음 몰라주네"

1993년 3월 26일 수첩에 남긴 최성원의 글이다. 그가 중국 동북의 국경 도시 룡정에 터를 잡고 동포사회와 고난의 행군 중인 북한 백성을 위해 선교의 삶을 산 지 15년, 그리스도를 닮은 그의 선교사로서의 삶은 2008년까지 이어졌다. 2004년에 신장암 진단을 받았지만, 하나님을 사랑하는 마음과 동포를 향한 뜨거운 선교 열정을 막을 수는 없었다. 15년, 길지 않은 시간이지만 여든셋 그의 인생에서 가장 뜨겁고 강렬했던 시간이다. 현장에서 물러선 이후에도 최성원은 병상에 눕기 전까지 매년 중국 현장을 방문하여 어린 꿈나무를 격려하였다.

❸ 홀로 아리랑

반 아이들은 태환을 잘 따랐다. 태환은 또래 아이들보다 나이가 두어 살 많았다. 나이가 많은 형들이 태환 말고도 여럿 있었지만, 그들은 자기들끼리 놀거나 아이들을 자주 골리곤 했다. 그런 때마다 태환은 괴롭힘을 막아주었다. 믿음이 가고 의지가 되었다.

태환은 무척 가난했다. 여기저기 이사를 다니느라 학교 공부도 들쑥날쑥해서 나이보다 급을 낮추어 한 반이 된 것이다. 도시락을 싸 오는 날이 거의 없었다. 점심시간이 되면 어디론가 사라졌다가 오후 교과가 시작되면 슬며시 들어왔다. 그때는 사는 것이 다 궁하던 때라 변변치 못한 도시락이었지만 그마저도 싸오지 못하는 친구들이 많았다. 태환은 키만 컸을 뿐 매우 말랐다.

태환 아버지는 기미년 만세운동 때 일본 순사에게 붙잡혔다가 요행히 탈출하여 북간도로 갔다가 해방이 되어서야 돌아왔다. 태환은 장남이었다. 동생이 넷이나 되었다. 아버지는 배를 탔고, 어머니는 동발목을 벗기는 일에 나섰다. 동발목은 철로를 놓을 때 레일을 고정하는 나무였고, 갱도가 무너지지 않게 버티는 목재였다. 일제의 수탈에 이 땅의 가난한 백성이 동원된 셈이다. 태환은 동생을 돌보고 어머니를 도와야 했다. 학교에 빠지는 날이 많았는데 어떤 때는 보름 넘도록 보이지 않을 때도 있었다.

태환은 장산곶매 이야기를 동학들에게 즐겨 해주었다. 학교에서 서쪽으로 40리를 가면 장산곶이 있는데 태환은 거기를 가 보았다고 했다. 구월산 줄기가 바다를 만나 절벽을 이룬다는 이곳은 워낙 기운이 세어서 약한 것들은 살아남지를 못한다고 했다. 그곳에 사는 매를 장산곶매라고 하는데, 작고 약한 동물을 괴롭히지 않고 일 년에 딱 두 번만 대륙으로 사냥을 간다고 했다. 사냥 가기 전날 장산곶매는 둥지를 자기 부리로 부숴버린다. 사냥은 워낙 위험한 일이고 생명을 건 싸움이기 때문에 부리질은 마지막 훈련이자 보금자리까지 부수어버림으로 사냥에 임하는 임전무퇴의 정신이라고 태환은 설명했다. 아이들은 태환 주변에 모여 귀를 쫑긋 세우고 그가 들려주는 이야기에 빠져들었다. 한번은 태환의 이야기에 집중하느라 선생님이 들어온 것도 몰랐다. 선생님도 뒤에 서서 태환의 이야기를 한참 동안 들었다. 이윽고 선생님이 와있는 것을 눈치챈 우리가 자리를 정돈하자 선생님은 태환에게 '앞으로는 그런 이야기를 하지 말라'고 하였다. 하지만 화를 내지는 않았다.

학교에서는 일본말을 사용해야 했다. 일본 말과 일본 글을 쓰는 것이 싫었지만 선생님이 엄하여서 따르지 않을 수 없었다. 아이들이 배우는 공부는 수신, 국어, 조선어, 산수, 국사, 지리 등이었는데, 여기서 국어는 일본어이고 국사도 일본 역사를 말한다. 선생님은 무서웠다. 특히 조선말을 하다가 들키면 심하게 혼을 내곤 했다. 그래도 아이들은 일본 말보다 조선말이 익숙했다. 우리끼리 있을 때는 자연히 조선말을 하였다. 그러다가 선생님에게 들켜 여러 차례 야단을 맞기도 하였다. 한번은 선생님이 조회 시간에 나무로 만든 조그만 패를 급장에게 주었다. 조선말을 한 아이에게 이 패를 건네라는 것이다. 패를 가진 아이는 우리 말을 하는 다른 아이를 찾아 패를 건네줄 수 있었다. 그리고 마지막으로 패를 가진 아이는 종례 때 선생님으로부터 벌을 받았다. 이 패 때문에 아이들은 우리 말을 못 하고 일본 말만 써야 했다. 패 때문에 아이들 사이가 냉랭해졌다.

한주 내내 결석한 태환이 학교에 온 월요일 아침, 아무것도 모르는 태환에게 패가 돌아갔다. 그런데 태환은 그 패를 아무에게도 주지 않았다. 조선말을 한 아이가 없었던 것은 아니지만, 그는 그 패를 호주머니에서 꺼내지 않았다. 그날 저녁에 태환은 선생님으로부터 여느 때처럼 손바닥을 다섯 대 맞았다. 다음날도 패는 태환이 차지하였다. 태환은 아무 내색도 하지 않았다. 종례 때에 선생님은 매우 화를 내면서 태환의 종아리를 열 대나 때렸다. 그 후로 태환이 학교에 오는 날은 늘 패를 독차지하였다. 그런 날 아이들은 마음대로 조선 말을 할 수 있었다.

해방 후 태환의 가정은 황해도 송화군 풍해면 성상리에 살았다. 아버지는 풍천우체국에 근무하였다. 남과 북이 나뉘어 있던 터라 우편물이 많았다. 글을 읽고 쓰지 못하는 사람들을 위해 아버지는 남에서 온 편지를 북의 가족에게 읽어주고, 북의 가족이 말하는 대로 대필하는 일도 했다. 아버지는 그 일을 매우 훌륭한 일이라고 생각했다. 그리고 북한 정권이 수립되었다. 한번은 아버지가 태환에게 말했다.

"태환아, 내게 고민이 하나 있다. 그동안은 별말이 없었는데 우체국 일을 계속하려면 당에 입당해야 한다는구나. 네 생각은 어떠냐?"

아버지는 북간도에서 돌아온 후 변변한 일자리가 없었다. 기미년 독립운동 때 태극기를 만들다 일본 경찰에 붙잡혔는데, 마침 돕는 손길이 있어 탈출할 수 있었다. 아버지는 중국 북간도에서 청년 시절을 보냈다.

고향에 돌아온 후에는 고기잡이배를 타는 일 외에는 다른 일거리가 없었
다. 그러다가 읍내에 우체국이 생기면서 편지를 배달하는 일을 하게 되었
다. 아버지는 그 일을 매우 보람된 일이라고 생각했다. 해방정국을 지나
고 남과 북에 각각 정권이 들어서면서 북한은 공직자들에게 조선노동당
입당을 권한 것이다. 아버지는 가장으로서 일자리가 필요했고, 우체국 업
무가 즐겁고 만족했다. 계속 그 일을 하고 싶었다. 그 문제를 큰아들인 태
환과 의논하려는 것이다. 아버지 스스로 결정해도 무방하지만, 아버지는
태환이 숙성한 모습이 보기에 좋았고 든든했다. 아들을 어른 대접 삼아
말을 꺼낸 것이다.

그러나 십대의 아들 태환은 생각이 달랐다. 아버지가 당에 입당하는
것을 반대하였다. 그 이유는 예배당에서 들은 이야기에 근거하였다. 태
환이 살던 송화군에는 교회가 여럿 있었다. 특히 진풍면에는 교회가 많았
다. 덕안리교회(1893년), 장촌교회(1898년), 태을리교회가 있었는데, 이
는 만주에서 스코틀랜드 선교사 존 로스에게 복음을 전해 들은 의주 청
년 서상륜·서경조 형제가 장연군 소래에 우리나라 최초의 교회를 세웠

▲ 최 장로의 고향 황해북도 과일군을 방문하다. 1992년 11월

고, 그 주변으로 기독교가 확장한 것이다. 당시 조선은 암울한 시대를 살고 있었다. 오백 년 조선시대는 성리학이 가져다준 폐해로 양반에게만 좋은 세상이었지 일반 백성은 죽느니만 못한 절망을 반복하여야 했다. 반상의 차이, 남녀의 차별은 물론 세상은 온통 힘을 숭배하는 이들의 각축장이었다. 이런 세상에서 힘없는 백성은 희생과 피해와 억울한 일을 당하는 일이 다반사였다. 이런 때에 의주 청년 몇 사람이 만주 고려문에서 스코틀랜드 선교사 로스 일행을 만나 복음을 들었다. 서상륜 형제가 로스를 만나 복음을 들은 것도 이 무렵이다. 로스는 조선인 청년들에게 조선말을 배워 조선에 들어올 선교사들을 위한 〈조선어 문법〉을 썼다. 그리고 의주 청년들과 함께 우리말 성경 번역을 시작하였다. 드디어 1879년 매킨타이어에 의해 이응찬, 백홍준, 김진기, 이성하 등 4명의 의주 청년이 중국 우장(牛莊, 營口의 옛 이름)에서 세례를 받았다. 조선 최초의 세례였다. 이때 서상륜이 세례에서 빠진 것은 더 굳건한 믿음의 사람이 되기까지 기다리다가 〈누가복음〉 번역이 끝난 후 로스에게 세례를 받았다. 그리고 1882년, 마침내 봉천 동관교회에 있는 문광서원에서 우리말 〈누가복음〉 3,000권이 발행되었다. 서상륜은 이 성경을 숨겨 고려문을 통과하려다가 관리에게 붙잡혔다. 다행히 먼 친척 김효순의 도움으로 십여 권의 성경을 품에 안고 도망에 성공할 수 있었다. 의주에 들어오기는 하였지만, 신변의 위협을 느낀 그는 외가가 있는 황해도 장연군 소래로 피신하게 되었고, 그곳에서 친척들에게 성경을 전하므로 소래교회가 시작된 것이다. 그때가 1883년 5월 16일이라고 전해진다.[7]

1903년에 세워진 풍천읍교회는 김태석 목사에 이어 황금천 목사와 이찬영 전도사가 시무하고 있었다. 교회는 그 지역의 자랑이었다. 특히 찬양대와 24인조 밴드가 유명하였다. 태환은 교회를 열심히 다녔고 성경

━━ 07 『풍천향토지』 이찬영 편, 풍해면민회, 1992년, 130.

을 알아가는 기쁨이 컸다. 태환의 이모는 재령에 살았는데, 신앙생활을 열심히 하는 분으로 태환에게 공부 열심히 해서 목사가 되라고도 하였다. 십대의 태환은 미국이 주도하는 자유세계가 소련을 극복할 것이라는 말을 들었고 그것이 틀리지 않을 것이라고 짐작했다. 그래야 신앙생활도 자유롭게 할 수 있다고 믿었다. 그렇다고 공산주의가 나쁘다거나 틀렸다고는 생각하지는 않았다. 어떤 이념이든 장단점이 있기 마련이고, 이상과 실제 사이에는 괴리가 있을 수 있는데, 그것을 잘 해결할 수 있는 것이 자유세계에서 그 가능성이 크다고 보았다. 동서냉전이 시작되던 시점에 신앙생활을 자유롭게 할 수 있다는 것 역시 태환의 생각이었다. 훗날 노인이 된 태환은 자신의 수첩에 이렇게 적었다.

"나는 主義가 싫다. 자본주의! 민주주의! 공산주의! 사회주의! 국가주의! 민족주의! 주의자가 되면 상대는 적이 된다. 용서, 화해, 협력만이 살 길이다."

태환이 아버지에게 말했다.

"아버지, 안 됩니다. 다 좋은데 당에는 들어가지 마세요. 잘은 모르지만, 국제 정세가 요동쳐서 앞으로 세상은 급변할 텐데 앞장서서 어느 편에 서면 나중에 어쩌지도 못하게 될 것입니다. 끝까지 견뎌보세요."

아버지는 태환의 말을 기특하게 들었다. 하루가 다르게 정세가 변하는 세상에서 자신과 가족의 신변을 보호한다는 것이 생각처럼 쉽지 않다는 점을 아버지도 알고 있었다. 사람이 사람을 미워하고 적대시하지 않으면서 살 수 있는 세상이 아련하였다. 하지만 아버지는 태환의 말을 들을 수 없었다. 입당에 대한 강요가 점점 강해졌고 이를 거부하면 직장을 잃을 수밖에 없었다. 결국 아버지는 조선노동당에 입당하였다. 이를 안 태환은 밤새 울며 아버지를 원망하였다. 그것은 아버지에 대한 원망이 아니라 입당 외에는 길이 없는 사회에 대한 슬픔이었다.

태환이 아버지의 마음을 아프게 한 적도 있다. 한국전쟁이 터지고 한동안 잠잠하던 고향에 국군과 연합군이 몰려들었다. 그리고 얼마 후에는 다시 인민군이 들어왔다. 치열한 공방이 계속되었다. 하루 만에 진영이 바뀌는 일도 잦았다. 미군기의 기총사격은 정말 무서웠다. 진영이 수시로 바뀌면서 치안대의 무차별적인 학살도 있었고, 아버지가 출장을 가 있는 사이에 태환네 가족이 치안대에 끌려가 고초를 겪기도 하였다. 토굴에 갇혀있으면서도 태환은 가족이 풀려날 것을 믿었다. 자신이 치안대에 갇힌 것을 풍천교회 황금천 목사님이 알면 반드시 심방 와서 '이 사람은 공산당이 아니다'며 편들어주실 것이라고 믿었다. 하지만 구원은 다른 곳에서 왔다. 기다리는 목사님의 심방은 이루어지지 않았다. 치안대의 지도자 중 한 사람인 박권형이 굴속에 갇혀있는 태환의 가족을 알아본 것이다. 평소 길 하나를 사이에 두고 살던 사이라 태환네 사정을 누구보다 잘 아는 박 씨 어른은 당장 태환네 가정을 석방하였다. 후에 박 씨 어른의 딸 박명자는 태환의 아우 태철과 부부의 연을 맺게 되었다. 그래서 태환은 목사가 된 두 아들에게 심방은 사람을 살리는 길이라며 심방을 게을리하지 말라고 당부하곤 하였다.

혼미한 시대였고 믿을 것이 없는 때였다. 총성과 포성이 그치지 않자 태환은 아버지에게 물었다.

"아버지, 어떻게 하시겠어요. 그냥 여기에 계실 거예요. 아니면 피난 가실 거예요. 이미 마을의 절반은 다 떠났어요."

"그러게 말이다. 전쟁이 쉬 끝날 것 같지가 않구나. 하지만 나는 이제 늙었으니 고향을 등지기가 쉽지 않구나. 가려거든 어머니하고 동생들을 데리고 가려무나. 길어야 한 달 정도 초도에 가 있으면 전쟁이 그치지 않겠니?"

초도에는 큰아버지가 유지로 있었고 미군이 주둔하고 있었다. 그렇게 여러 날을 지내다가 1953년 10월 10일, 갑자기 미군 아구리선(LST)이 서

해안에 접안하고 피난을 독촉하는 방송을 하였다. 동네 사람들은 너도나도 짐보따리를 싸고 집을 나왔다. 마지막 피난 기회라고 했다. 더 이상의 피난은 없다며 서둘러 해안으로 나오라고 방송하였다. 태환은 난감하였다. 아버지는 출장 중이었고 막내 동생 태식은 이모가 있는 재령에 보낸 상태였다. 그 짧은 순간 태환은 인생에서 가장 힘들고 어려운 결단을 하여야 했다. 생각은 생각에 이르고 고민은 끝이 없었다. 만약 남는다면? 떠난다면? 태환은 어머니에게 물었다.

"어머니, 어떻게 하시겠어요?"

"글쎄다. 아버지가 없으니 쉽지 않은 결정이기는 하지만 이 난리가 곧 멎지 않겠니? 아버지 말씀대로 한 달여 지나면 돌아올 수 있지 않을까 싶다. 이미 네 아버지도 평소에 반 허락한 상태이니. 나는 네가 결정하면 따르마. 멀리 가는 것도 아니고 초도면 코 앞이니….."

결국 태환은 고향을 떠나기로 하였다. 아버지와 어머니의 말씀처럼 한 달 정도 후에 돌아올 수 있다는 기대를 갖고…. 그러면서도 아버지와 고향을 배신한 것 같은 죄책감을 떨칠 수가 없었다. 게다가 네 살 된 막내 동생을 두고 간다는 것이 못내 안타까웠다. 아버지를 배신했다는 자책감과 동생을 책임지지 못했다는 죄책감, 그리고 고향을 등졌다는 후회는 훗날 최성원이 통일운동에 헌신하는 가장 중요한 이유이기도 하였다. 그때 그 아버지는 아니지만, 고난에 직면한 동포를 돕는 것이 아버지와 동생에 대한 죄책감을 더는 일이라고 생각했다. 노인이 되어서나마 북한을 드나들며 자기 몸을 아끼지 않고 그 백성을 위해 남은 힘을 다한 것은 아버지와 동생에 대한 죄를 씻고자 함이었고, 고향에 대한 그리움의 표현임이 분명하다. 그 과정에서 억울한 억류 생활을 하였지만, 최성원은 그것을 섭섭해하지 않았다. 혹독한 신문 과정을 상기하며 분노하지 않았다. 괘념치 않았다. 도리어 그들의 무지와 열린 세상을 보지 못하는 안목을 슬퍼하였다.

마을이 텅 빈 것을 알고 뒤늦게 인민군들의 총격이 시작되었다. 귓가를 스치는 총알은 무서웠지만 이미 탈출하는 무리 속에서 선택할 수 있는 다른 길은 없었다. 바다를 향해 죽을힘을 다해 달려야 했다. 논두렁을 지날 때는 다 익은 벼가 종아리에 칭칭 감겨 자꾸 넘어졌다. 논과 밭에 거둘 것 투성이인데 하나도 거두지 못하고 떠나는 피난민들의 속사정이 가슴 아팠다. 때맞추어 바닷가에 와 있는 미군 함정에서도 포를 쏘았다. 인민군의 총격과 비교할 수 없는 화력이 고향 마을을 향하여 퍼부었다. 떠나온 고향 위로 시커먼 포연이 가득하였다. 고향을 쑥대밭으로 만들고 있는 미군함에 몸을 의탁하는 것이 과연 옳은 일일까 하는 생각도 들었지만 이제 다른 길은 없었다. 바다에 도착하니 아구리선이 기다리고 있었다. 그렇게 태환의 가족은 피난민이 되어 초도로 들어 왔다.

한 달이면 돌아갈 것이라는 생각은 순진했다. 전선의 포성은 여전했고 밀고 밀리는 소문은 더 긴장했다. 초도에서 겨울을 지낸 후 피난민들은 미군 함정을 나누어 타고 월남을 감행하였다. 일부는 군산으로 갔는데, 태환의 큰아버지는 그편에 섰고, 태환네 가족이 탄 배는 목포를 거쳐 진도를 향했다. 진도항에 도착하자 진도 주민들이 고구마와 감자를 쪄서 나왔다. 허기진 피난민들의 허기를 달래주려는 진도 주민의 동포애가 따뜻했다. 그뿐만 아니라 진도 주민들은 배에서 내리는 피난민 가족들을 자기 집으로 안내하였다. 방이 둘 있는 이들은 피난민에게 하나를 내어주었고, 방이 없는 집은 헛간을 내주기도 하였다. 그렇게 해서 태환의 가족은 진도 죽림의 허름한 외양간을 개조하여 피난살이를 하게 되었다. 그 어려운 피난살이도 누군가 자기 집 한 켠을 내주어 가능하였다. 피난살이를 경험한 태환은 그 옛날 진도 사람들이 그랬던 것처럼 북한 사회에 닥친 한파를 자신의 몸으로나마 막아보려 하였다.

노년의 태환은 〈독도 아리랑〉을 즐겨 불렀다. 그가 끝까지 부를 수 있는 유일한 노래이기도 하다. 그는 이 노래를 찬송가처럼 불렀다. 이 노래를 부르며 연변려명농민대학을 일떠세웠고, 이 노래를 부르며 북한의 산골을 다녔다. 중국에서 가장 좋은 젖염소를 구입하기 위하여 산동성(山東省)과 산서성(山西省)과 섬서성(陝西省), 동북삼성(東北三省)을 다니는 험한 길에서 이 노래를 불렀다. 한겨울 위해(威海)에서 단동(丹東)으로 오는 배에 실은 젖염소가 관리인의 실수로 질식하여 폐사할 때는 자식의 죽음을 보듯 눈물을 흘리며 이 노래를 불렀다. 섬서성의 성도인 서안(西安)에서 젖염소를 구입하여 한겨울에 고속도로를 달릴 때 그는 젖염소와 함께 짐칸에 앉아서 이 노래를 불렀다. 10년간 1만 마리의 젖염소를 보내겠다는 의지를 거반 실천하고서 2008년 시드니 한적한 시골에서 남은 삶의 호흡을 정리하면서도 이 노래를 불렀다. 노래 속에 담겨있는 한과 희망이 태환을 쏙 빼닮았다,

▲ 최 장로는 북한이 고난의 행군기에 내걸었던 '가는 길 험하여도 웃으며 가재!'를 좋아했다.

저 멀리 동해 바다 외로운 섬
오늘도 거센 바람 불어오겠지
조그만 얼굴로 바람 맞으니
독도야 간밤에 잘 잤느냐
아리랑 아리랑 홀로 아리랑
아리랑 고개를 넘어가 보자
가다가 힘들면 쉬어 가더라도
손잡고 가보자 같이 가보자

금강산 맑은 물은 동해로 흐르고
설악산 맑은 물도 동해 가는데
우리네 마음들은 어디로 가는가
언제쯤 우리는 하나가 될까
아리랑 아리랑 홀로 아리랑
아리랑 고개를 넘어가 보자
가다가 힘들면 쉬어 가더라도
손잡고 가보자 같이 가보자

백두산 두만강에서 배 타고 떠나라
한라산 제주에서 배 타고 간다
가다가 홀로 섬에 닻을 내리고
떠오르는 아침 해를 맞이해보자
아리랑 아리랑 홀로 아리랑
아리랑 고개를 넘어가 보자
가다가 힘들면 쉬어 가더라도
손잡고 가보자 같이 가보자[8]

08 〈홀로 아리랑〉은 한돌이 작사, 작곡의 노래로 남북통일을 염원하는 노래다. 가수 서유석이 불렀고, 조용필이 2005년 평양공연 마지막 곡으로 이 노래를 불렀다. 2018 평창올림픽 아이스 댄스 프리댄스 종목에서 민유라와 알렉산더 겜린 팀이 소향이 편곡한 이 노래에 맞춰 경기하였다.

▲ 공생상 시상식을 마치고, 2017년 12월 5일

❹ 태환을 기억하는 방법

2016년 4월 23일, 최성원이 세상을 떠난 후 그의 자녀들은 아버지를 기억하는 방법으로 몇 가지 일을 하고 있다. 하나는 1993년에 설립한 '태환장학회'(이후 꿈나무장학회로 이름을 바꿈)를 지속하는 일이다. 이 일은 LA-CEM(대표: 박문규)과 협력하여 매해 100여 명의 장학생을 선발하여 그 뜻을 이어가고 있다. 다음은 중국 조선족 사회에서 남모르게 선행을 베푼 이들을 찾아 표창하는 '공생상'을 지속하는 일이다. 2017년에 김철훈(연변자연농업협회 주석) 선생과 비영리민간단체 〈사이다〉를 선정하여 표창하였고, 2019년에는 연변독서사(대표: 조선순) 와 리광 교장(발해소학교)을 선정하였다. 그리고 '공생강좌'[9]를 매해 열어 그의 삶의 가치를 이으려고 하고 있다. 그 외에도 중국 조선족 작가 류연산 교수와 최광열 목사의 『신철, 문화대혁명을 이긴 한국인』(여울목, 2014)과 역사학자 박정신 교수의 유고집 『두 눈으로 세상보기』(동연, 2019)와 시드니우리교회

▬▬ 09 '공생강좌'는 1회를 2017년 4월 23일 시드니에서 실시한 후 2018년부터는 '아리랑인문지식연구소'의 이름으로 모이고 있다.

홍길복 목사의 『홍 목사의 잡기장』(여울목, 2018), 『상처 없는 자작나무는 없다』(동연, 2020)를 출판하였다. 태환 최성원의 철학과 삶을 알고 제1회 공생강좌에서 그를 추억한 구미정 교수의 기억 속에 있는 최성원을 소개한다.

　　그는 황해도 사람이다. 황해도는 한국교회사에서 한반도 내 최초의 교회로 알려진 소래교회가 있던 곳이다. 그렇게 개신교 전통이 강한 곳에서 그 역시 일찌감치 개신교인이 되었다. 6·25 전쟁 때 그는 한반도 남녘으로 피난을 왔다. 전라도 목포에 자리한 '공생원'이라는 고아원에서 전쟁 중에 부모를 잃은 아이들을 돌보며 목회자의 꿈을 키웠다. 그러던 어느 날 북간도 용정 출신의 한 여인이 공생원 교사로 들어왔다. 둘은 누가 먼저랄 것 없이 서로에게 이끌렸다. 전쟁도 사랑을 막지는 못했다.
　　전쟁이 끝난 뒤 두 사람은 전남 무안의 한 난민정착촌에서 첫 목회를 시작했다. 그러나 20대의 젊은 목회자는 곧바로 쓰디쓴 실패를 맛보아야 했다. 전쟁이 사람들의 마음속에도 '38선'을 그어 놓았기 때문이다. 6·25의 아픈 상처를 그대로 안은 채 서로 삿대질하고 싸움질하기 바쁜 사람들 틈에서 그는 백기를 들 수밖에 없었다.
　　난민정착촌을 떠난 그가 새로 부임한 곳은 제주도 애월면에 있는 작은 교회였다. 그에게는 어머니와 아내, 그리고 동생들과 갓난아이까지 일곱 식구가 딸려 있었다. 전도사의 적은 사례로는 생활을 꾸리기에 턱없이 부족했다. 할 수 없이 '투잡'을 뛸 수밖에 없었다. 급한 대로 한라산 기슭의 억새풀과 갈대를 베어 땔감으로 내다 팔았다. 그렇게 모은 돈으로 염소 두 마리를 사서 정성껏 길렀다. 염소 두 마리는 곧 네 마리로 늘어났다. 그러더니 급기야 서른 마리가 됐다. 실로 놀라운 축복이었다.
　　만약 이게 전부라면, 한국교회 교인들이 듣기 좋아하는 식으로 그의 이야기가 '그리하여 저는 부자가 됐습니다' 하고 끝났다면, 그저 흔하디 흔한 간증담에 지나지 않았을 것이다. 하지만 그의 이야기는 그런 통속의 길로 나아가지 않았다. 그가 제주도에서 맺은 염소와의 인연은 전혀 다른 맥락에서 새로운 이야기꽃을 피웠다.

우리나라가 88 올림픽의 열기에 취해있던 무렵 그는 불현듯 호주로의 이민을 결심했다. 시드니 근교에 농장을 구입해 부지런히 사슴을 키웠다. 한국 관광객들은 그의 튼실한 사슴에서 나온 질 좋은 녹용에 열광했다. 그렇게 번 돈으로 젖염소 500마리를 사서 굶주리는 북녘 동포들에게 선물했다. 번식력이 강한 염소만큼 북한의 식량문제를 단박에 해결할 만능 특효제가 없음을 그는 경험을 통해 알고 있었다. '이 일을 하라고 하나님이 염소 공부를 시켜주셨구나.' 그저 하나님의 섭리에 탄복할 따름이었다. 그가 물꼬를 튼 '평화의젖염소보내기운동'은 이렇게 시작됐다.

　　내가 그를 처음 만난 건 지금부터 7년쯤 전이다. 시드니우리교회에 출석하던 그는 주일 낮 예배 때 우연히 내 설교를 들었다. 그로부터 몇 년이 지나 이번에는 시드니예닮교회에서 내 설교를 들었는데, 그 교회는 그의 아들이 담임하는 교회였다. 예배가 끝나자 그는 나를 자신의 농장으로 초대했다. 구석구석 그의 손길이 밴 농장에서 나는 아주 오랫동안 그의 '설교'를 들었다. 말이 아닌 삶으로 하는 설교, 입이 아닌 손으로 하는 설교를.

　　평생 통일의 길을 닦던 '염소 할아버지' 최성원 장로님이 작년 봄 하늘

▲ 최성원 장로와 백경애 권사가 세운 태환장학회는 중국의 동포 어린이에게 꿈과 희망을 심었다. 그 정신은 지금도 잇고 있다.

로 돌아갔다. 자녀들은 아버지를 기리기 위해 아버지의 농장에서 '공생 강좌'를 열었다. 아버지의 부재를 메우는 길은 아버지의 뜻을 잇는 길밖에 없음을 잘 아는 까닭에 마련된 모임이었다. 강연 초대를 받아 다시 찾은 농장, 어디선가 "땅을 사랑하는 자가 하늘과도 가깝다"고 나직이 말씀하시는 최 장로님의 목소리가 환청처럼 들려왔다. 그를 기억하는 모두가 '우리는 하나'라는 기이한 연대의식에 사로잡힌 건 분명 하늘의 은총이었다. 그날 우리는 통일의 그림자를 보았다. 손에 잡힐 듯 가까이에서 평화가 우리를 향해 손짓했다.[10]

2016년 4월 23일, 태환 최성원이 세상을 떠난 후 중국 길림신문에 소개된 기사 한 대목을 따왔다.

"려명농민대학이 걸어온 50여 성상에는 곡절도 많고 사연도 많다. 그 중에서 가장 잊을 수 없는 일은 오스트랄리아 국적의 한국인 최성원 교수가 려명농민대학의 발전을 위해 기울인 심혈이다. '남을 돕는다'는 말은 하기는 쉬우나 행동에 옮기기는 쉽지 않다. 하물며 자기 자식도 아닌 중국 조선족들을 위해 타국에서 고생을 사서 한 최성원 교수이다. (중략) 고생을 밥 먹듯이 한 최 교수는 곤난한 사람을 보기만 하면 지나쳐 버리지 못하는 습관이 생겼다. 남을 돕기 위해 최 교수 부부는 배를 탈 수 있으면 비행기를 타지 않았고, 호텔 대신 민박에 들고, 양말도 기워 신으면서 돈을 아꼈다. (중략) 10년이면 강산이 변한다고 최 교수가 려명농민대학에 온지도 17년 세월이 흘렀다. 최성원 교수의 연변려명농민대학에 대한 사랑, 그리고 동포에게 쏟아부은 사랑은 영원히 우리 마음속에 살아있을 것이다."[11]

▬▬ 10 구미정, '염소 할아버지', 〈국민일보〉, 2017년 6월 23일
11 김삼철, '오스트랄리아적 한국인의 연변, 그리고 조선족 사랑', 〈길림신문〉, 2017년 3월 29일

◀ 최성원의 청년 모습과 노년의 모습

약 력

1933년 5월 21일	황해도 장연군 오채에서 최성준과 김대녀의 장남으로 출생하다.
1952년 10월 10일	황해도 송화군 풍해면 성상리에서 월남 결행하다.
1956년	전남 무안군 피난민정착농장 총무 일을 하다.
1956년 12월 14일	목포 공생원 교사인 백경애와 결혼하다.
1958년 5월	제주도 애월읍 하귀교회 전도사로 섬기다.
1961년	제주도 조천면 함덕교회 전도사로 섬기다.
1964년	전남 해남군 청룡리 목장교회 전도사로 섬기다.
1966년	제주도 산천단 젖염소목장 〈시온목장〉 운영하다.
1974년	인천 만수교회 장로 임직하다.
1977년	김용기 장로의 가나안농군학교 운동에 참여하다.
1980년	경기도 양평군 삼성교회 섬기다.
1985년	동부교회 장로 취임하다.
1986년	나팔소리선교회 이사장 취임하다.
1988년	민족통일운동을 위하여 호주 이민 결행하다.
1990년	시드니 동산교회 장로 취임하다.
1990년	시드니 파라마타한글학교 교장 취임하다.
1992년	북한과 중국 연변조선족자치주 방문하다.
1993년	연변려명농민대학 교수 및 상임고문 초빙받다.
1993년	중국 룡정시 동성교회 설립하다.

1993년	중국 태환장학회 설립하다.
1998년	중국 연변려명농민대학 명예교장 추대되다.
1998년	고난에 처한 북한을 돕기 위하여 〈평화의젖염소보내기운동〉 전개하며 북한 전역을 방문하다.
1999년	북한 농업성 〈조선종축개량협회〉 명예소장 추대되다.
2001년	한중친선교류협회(회장: 김철수 교수) 고문 추대되다.
2001년	연변가나안농군학교 유치에 협력하다.
2002년 9월 13일	간첩 혐의로 함경북도 온성군에서 구금되다.
2003년	요녕성 금주시 금주기독교회 건축에 협력하다.
2003년	룡정시 동성용진 노인복지관 건축하다.
2008년	중국과 북한 동포돕기 사역을 마감하고 호주 시드니로 돌아오다.
2008년	연변일보, 길림신문, 중국조선족소년보, 중학생신문 등 민족기관과 단체로부터 동포사회를 위한 헌신을 기려 감사패 받다.
2016년 4월 23일	주님의 부름을 받고 주님의 오심을 기다리고 있다.
2023년 10월	현재 부인 백경애 권사는 최 장로와 함께 일군 호주 시드니 근교에서 자손들의 효도를 받으며 자손들과 조국을 위하여 기도하고 있다.

최광열 목사

안양대학교, 총신대학 대학원, 숭실대 대학원에서 공부하다.
대한예수교장로회 하늘교회 목사이며, 사단법인 한중친선교류협회 이사장,
성서한국(인천·부천) 공동대표, 경서노회 노회장 등을 지냈고, 기독교윤리실천운동(인천)과
한국기독교역사문화연구회 공동대표와 새날을여는사람들 대표를 맡고 있다.
쓴 책으로는 『코스모스와 에클레시아』, 『그리스에서 바로크까지』, 『클래식에서 이동파까지』 등이 있다.

아버지는 젊은 시절부터 대지근로 (大志勤努) 정신을 가훈으로 강조하셨는데, 대지(大志)는 처음에는 우리가 큰 뜻을 품고 꾸준히 노력하라는 교훈이었지만, 신앙으로 거듭나신 후에는 "대지(大志) 정신이란 하나님의 뜻을 품는 것"이라고 가르치셨고, "근로(勤努)는 인간적인 열심뿐만 아니라 사람의 눈에 보이는 것에 의지하지 않고 하나님에 대한 '순종의 길'을 꾸준히, 열심히 걸어가는 것"이라는 새로운 의미를 부여하셨다.

기억하고 싶은
**하나님의
사람들**

황돈주 장로 | 인천교회

아내의 손을 잡고 순종의 길을
가신 황돈주 장로

황우승 목사_기독교성결교회

시작하면서

　2017년 10월 22일 아버님은 본향으로 돌아가셨다. 1925년생이시니 식민 지배, 한국전쟁, 민주화와 산업화 등 우리나라 역사의 현장을 몸으로 다 겪으셨다. 그래서 그 시대의 사람으로서 쉬는 법을 모르시는 듯 밤낮으로 나라와 가족을 위해 달려가셨다.

　말 한마디라도 조심하셨고, 배우기를 멈추지 않으셨으며, 몸을 철저하게 살피셨다. 아버지는 평생 자식에게 싫은 소리를 하지 않으셨으며 매를 드는 것을 몹시 경계하셨다. 연약하신 어머니를 그분의 방식으로 지극히 사랑하셨으니, 그래서인지 나는 부모님이 큰소리 내시는 것을 본 적이 없다. 조금이라도 심각한 이야기는 애들이 들을까 하여 일본어로 하셨다.

　칠 남매를 낳고 하나도 잃지 않으신 것을 무척이나 감사하게 생각하셨으니, 살아오면서 얼마나 많은 죽음을 겪었기에 그것을 그리 자랑스럽게 여기셨을까 싶다.

　스물한 살에 결혼하셔서, 삼십에 방이 여섯이고 마당이 넓은 기와집을 목수와 함께 손수 지으셨는데, 그 집에서 예수님을 만나 거듭나신 후 자식 일곱을 오직 하나님 말씀만 바라보며 키워내셨다. 세상살이의 고됨과 쓰라림을 그리스도 신앙으로 이겨내신 아버지는 신앙의 반려자인 어머니가 몸이 쇠약해지자 수년간 정성으로 돌보시다가 어머니가 기도하신 대로 어머니보다 두 달 먼저 하나님 나라로 떠나신 후 외로움이 많은 어머니를 기다리셨다.

　주님 품 안으로 돌아가시는 그날, 모든 자식은 마치 아버지의 신앙을 이 땅에서 사는 동안 이어가겠다고 다짐하듯이 아버지의 손을 꼭 잡았다. 마지막 가시기 전까지 날마다 말씀과 기도로 예배 일지를 쓰신 아버지는 평생을 하나님 말씀을 붙들고, 아내와 함께 하나님 나라를 향한 순종의 길에서 벗어나지 않으신 신앙인이셨다.

삶 그리고 사역

출생과 어린 시절

황돈주 장로님은 일제 강점기인 1925년 2월 10일 인천 강화도 월곶리에서 부친 황수희와 모친 문석완 사이의 오 남매 중 넷째이자 둘째 아들로 태어나셨다. 할아버지는 당시 양조장을 경영할 정도의 수완으로 가정을 일구었으나, 아버지가 다섯 살 되었을 때 갑자기 돌아가신 후 집안이 급격하게 기울었다. 가난한 집에서는 입에 풀칠하는 것이 큰일이었으므로 학교에 가는 것은 언감생심이었다. 그러나 아버지는 낙심하지 않고 배우고자 하는 열망에 공부할 기회를 찾던 중, 열 살이 넘어 1936년 강화보통학교에 입학할 수 있었다.

학교에 다니면서 다른 아이들보다 월등하여 한 번도 반장을 놓치지 않았고, 전 학년 모든 과목을 모두 '갑(甲)'으로 마치셨다. 일본인 교장은 좋은 학생이 왔다며 아버지를 반겼다. 학교 다닌다고 공부만 할 수는 없었다. 학교 다닐 때도 지게를 지고 가서 하굣길에 나무를 한 짐씩 해 부엌에 부려 놓고, 멀리 있는 공동 우물에서 먹을 물을 길어 와야만 했다. 가난한 집안의 바쁜 농사일에 나 몰라라 할 수도 없었다. 어리광이나 부릴 나이에 어른 흉내가 아니라 어른 한몫을 했다. 이때 경험으로 아버지는 근검절약 정신을 체득하셨고, 평생 아끼고 절약하여 한푼도 허투루 쓰는 법이 없으셨다.

일본으로 건너가다

보통학교를 마치신 아버지는 우수한 성적에도 불구하고 집안 형편상 상급학교에 진학할 방법이 없었다. 아버지의 딱한 사정을 알고 있던 일본

▲ 일본에서 교복을 입고

▲ 일본 선생님과 함께

인 교장은 이렇게 총명한 학생은 잘 가르쳐야 집안을 일으킬 수 있으니 졸업하면 일본으로 데려가서 공부시키겠다고 가족을 설득했다. 그래서 졸업하던 1943년 봄에 일본에 가기로 했으나 가난한 집에서 고생하시는 홀어머니를 남겨 두고 떠나야 하는 아버지는 마음이 편치 않아 망설이셨다. 그래서 할머니와 큰아버지는 꾀를 내어 아버지에게 같이 간다고 함께 부산에 내려가 일본으로 떠나는 배에 같이 오르신 후 함께 가는 줄 알고 안심한 아버지가 잠든 사이에 몰래 배에서 내렸다. 나중에 잠에서 깨어 홀로 남은 것을 알게 된 아버지는 "어려운 집안에서 저를 일본으로 보내주신 것을 잊지 않겠습니다. 꼭 성공해서 집안을 일으키겠습니다."라고 굳게 다짐하셨다. 그리고 이 다짐은 내면에 깊이 각인되어 약해질 때마다 용기를 내는 채찍이 되었다.

일본에서의 생활은 고생의 연속이었으며, 타국에서 느끼는 향수는 갈수록 더해갔다. 그 신산한 삶을 아버지는 이렇게 표현하셨다. "나는 늘 배고팠다. 낮에는 들에 나가 손이 갈라지도록 농사를 배우고, 저녁에는 중등 과정을 사숙으로 공부했다. 밥은 언제나 반 공기에 절인 무와 된장뿐이었다. 고아처럼 하늘 아래 나 혼자라고 생각하니 더 배고팠다. 그러면

▲ 경찰관 정복을 입으신 모습　　　　▲ 홍익대학교 시절

우물가로 가서 바가지로 물을 떠서 벌컥벌컥 들이키며 고픈 배를 채우곤 했다. 저 멀리 있는 아름다운 고향이 그리워 서글퍼지면 밤하늘에 외로이 걸려 있는 달을 보며 여기서 성공하여 고향 땅을 밟겠다고 굳게 마음을 다지고는 공부에 매진하였다.” 그러나 불행은 홀로 오지 않는다고 총명한 아버지의 능력을 알아보고 자기 사위로 마음에 두기까지 하셨던 교장 선생님이 갑작스럽게 세상을 떠나게 되어 아버지는 더욱 고달픈 생활을 이어가야만 하셨다.

귀환과 해방 그리고 경찰공무원

1944년 일제는 모든 조선인에게 총동원령을 내리고 전면 징용을 시행했고, 아버지도 이 소나기를 피할 수 없으셨다. 1945년 초여름, 해방을 앞두고 아버지는 징집 영장을 받아 들고 고향으로 돌아오셨는데, 다행히 군대에 끌려가기 전에 해방을 맞이했다. 당시 국민 대다수가 그러했듯이 광복은 아버지 인생을 송두리째 바꿔놓았다. 일본에서 공부를 계속하고자 꿈을 키워가셨던 아버지에게는 실망할 겨를도 없이 해방된 나라에서 집안을 가난의 굴레에서 벗어나게 하는 일이 급선무였다.

▲ 해방된 조국에서 경찰로서 봉사하신 것을 언제나 명예롭게 생각하셨다.

기회는 길을 찾는 자에게 오는 법이다. 일본에서 농업기술을 배운 아버지는 동네를 거닐다가 한창 농사에 바쁜 사람들에게 자신이 배운 지식을 바탕으로 일손을 보태고자 하였으나 들으려 하지 않았다. 그러나 농사에 뭘 아느냐고 핀잔을 주던 사람들도 아버지 말대로 하니 그해 가을 수확이 좋아진 것을 눈으로 직접 보게 되었다. 그래서 아버지의 재능을 알아본 여러 사람의 주선으로 아버지는 강화군 내 산림관리 직책을 맡아 근무하게 되셨다. 그리고 광복 몇 달 후 대한민국 경찰이 신설되고 경찰공무원을 뽑는다는 공문을 본 아버지는 망설임 없이 시험에 지원하여 강화군 경찰서에서 근무하게 되셨다. 독립한 나라의 공무원인 경찰로서 근무하게 된 아버지는 이것을 언제나 국가로부터 받은 명예로 자랑스럽게 여기셨다.

결혼과 한국전쟁

해방된 다음 해인 1946년 겨울에 스물한 살 아버지는 강화도 덕포리에 사는 부친 류복만과 모친 구정희 사이의 2남 2녀 중 장녀인 류숙화와 결혼하셨다. 이 결혼은 하나님의 인도 하심이었으니, 나중에 아버지뿐만 아니라 친, 외가 모든 사람이 어머니의 회심(回心)으로 교회로 나오게 되었기 때문이다.

어머니는 맏딸이 귀여워 늘 옆에 두려는 외할아버지의 고집으로 초등학교만 나오셨지만, 어려서부터 총명하여 글도 잘 쓰고 무엇보다 기억력이 대단하셨다. 그리고 어렸을 때부터 부엌에서 부지깽이 숯으로 커다란 집을 그리며 "나는 앞으로 이렇게 큰 집에서 살 거야!" 하며 꿈을 꾸셨다. 그렇다고 어머니가 시집가기까지 농사일을 모르시지는 않았다. 포목상을 했던 여유 있는 집안의 맏딸로서 가난한 집으로 시집온 어머니는 장녀로서 충분한 실력을 쌓고 밭일도 척척 해내는 품이 보는 이들을 미덥게 했다.

얼마 후 아버지는 인천으로 발령이 나서 그곳에 셋방을 얻어 생활의 터전을 잡으셨고, 1947년에는 장남이 태어났다. 첫째를 난 후 아버지는 가장으로서 집을 가져야겠다고 결심하시고 1948년 화평동에 집을 사셨다. 아버지는 이 집을 늘 우리 집안의 시작이라고 말씀하셨다.

하지만 해방된 나라에는 또 다른 시련이 기다리고 있었다. 1949년 둘째가 태어난 다음 해인 1950년 6월 25일 동족상잔의 비극 한국전쟁이 터졌다. 경찰관이기에 가족에게 알리지도 못한 채 헤어져 부산으로 홀로 내려가셨던 아버지는 가족의 안전이 큰 걱정이셨다. 그러다 1951년 1.4후퇴 때 단신으로 올라와서 가족을 부산 영도 섬으로 피난시키셨다. 아버지는 피난한 부산에서 경찰학교 교관으로 부족한 경찰관 교육을 맡아 가르치셨고, 일본어에 능통하셔서 일본어로 된 교재들을 번역하기도 하셨다. 또한 여러 전투에 직접 참여하셨다. 1952년 전투에서 공헌한 것과 총상을 입은 희생을 보훈처로부터 인정받아 국가유공자가 되셨다. 당시 피난살이의 고난은 말할 수 없는 고달픈 생활이었고, 그저 죽지 않고 살아남는 것이 축복이었던 시대였다. 젊은 나이에 여러 번 죽음의 고비를 넘기신 아버지는 당신이 몸소 겪은 동족상잔의 아픔을 평생 입에 올리지 않으셨고,

세상사에 대해 의견을 내실 때도 여기가 옳고 저기가 그르다고 말씀하지 않으셨다. 그 쓰라린 경험이 얼마나 마음에 사무치셨으면 그러했을까 생각한다.

어머니의 회심과 아버지의 순종

서울 수복 후, 전쟁으로 초토화된 인천으로 다시 돌아와 가정을 살피셨다. 그리고 자식들이 태어나 점점 늘어나는 가족을 위해 적은 월급을 아끼고 저축하여 서른을 넘긴 해에 송림동에 커다란 집을 목수인 친척 어른과 함께 손수 짓고 이사했다. 그곳에서 친척과 함께 7남매가 1980년까지 오랫동안 살았다. 아버지는 적은 공무원 월급을 불평하지 않으시고, 지혜롭게 근검절약하시는 어머니께 늘 고마워하셨다. 어머니는 다음과 같이 일기에 기록하셨다.

"생활비가 항상 부족하므로 설이나 추석 명절을 치르지 못하고 생일날도 밥만 해 먹기 때문에 애들이 명절을 잘 모르는데, 하루는 큰아들이 초등학교에서 공부하고 오더니 '엄마 오늘이 추석이라고 애들이 새 옷을 입고 왔어'라고 하기에 엄마 노릇을 못 한 마음이 뭉클하는 것을 꾹 참고 '그래, 추석이냐. 그래서 너 입은 셔츠를 엄마가 깨끗이 빨아서 다려준 것이야.'라고 했더니 매우 좋아하는 것을 보고 부엌에 들어가서 혼자서 눈물을 흘린 적이 있다. 그러나 박봉의 직장 생활을 천직으로 알고 절제 생활을 하는 것이 주부의 도리라 생각하여 빚을 내서 생활하는 것은 일절 금하였다. 가정주부는 곗돈 모임을 하거나, 빚을 내서 가정 살림을 하거나, 남의 사업에 보증하는 일은 일절 금해야 한다. 이것이 가정생활의 도리다. 이러한 어미의 가르침을 잊어서는 아니 될 것이다."

인천에 집을 마련하고 난 후, 아버지는 여러 곳으로 전근 다니셨는데, 먼 곳으로 전근 가신 후에도 기회가 되는대로 토요일 퇴근 후에 기차를 타고 아직 어린 자식이 살고 있는 송림동 집으로 밤늦게 오고는 하셨다. 그 밤에 첫째와 둘째와 함께 가정에 관한 여러 가지 이야기를 나누셨는데, 먼저 여러 가지 물어보고 두 아들이 어떠한 대답을 하더라도 칭찬을 아끼지 않으셨다. 묻고 스스로 답을 구하도록 하여 자녀에게 자신감을 심어주려는 아버지의 독특한 교육방식이었다. 그리고 다음 날에 다시 지방으로 가시고는 했다. 잠깐이라도 자식을 보고 이야기하려고 그 먼 길을 마다하지 않고 오셨다가 다음 날 내려가시던 아버지의 모습은 자식에 대한 지극한 사랑을 보여주는 한 단면이었다.

어머니는 둘째를 낳고부터 이유도 모르게 시름시름 편찮으셨다. 그러다 어디에서 들으셨는지 "예수 믿으면 낫는데요." 하고는 교회에 나가겠다고 아버지에게 말씀하셨다. 당시 여자가 집안에서 자기 의견을 내세우는 게 큰 흠이 되는 분위기였지만, 아버지는 어머니의 뜻에 반대하지 않으셨다. 아픈 사람이니 병이 낫는다고 하면 무엇이라도 하는 게 좋다고 생각하셨기 때문이다. 그렇다고 아버지가 어머니와 함께 교회에 나가신 것은 아니었다. 어린 나이에 시집와서 가난한 살림을 감당하느라 약해질 대로 약해진 어머니는 기독교 신앙을 접한 후 기적적으로 건강해지셨다. 그리고 어머니는 1962년 10월 23일 성령 체험을 하신 후 아래와 같이 기록하셨다.

"그러다가 수요일 새벽에 갑자기 내 입에서 '아버지!' 하는 것이다. 내 몸은 항상 병약해 있었다. 위장병에다 여러 가지 병에 짓눌려 있었다. 그런데 어디에서 그 큰 힘이 온몸에 임하는지 큰 나무라도 단번에 뽑을 것 같은 힘이 오면서 대성통곡이 터지는 것이 아닌가. 전에는 '하나님'하고 기도를 드리고 불렀는데, '아버지, 아버지 안 계신 줄 알고 37년을 고아처럼 고생했노라'라고 하면서 땅을 치고 몸부림치는데 절제도 안 되고 도무지 감당할 수 없어서 마음껏 울고 나니 눈물 콧물이 말이 아니었다. 나는 성령을 들어본 일도 없는데, 성령님께서 강력한 힘을 주셔서 회개를 시키더니 각양 은사를 주시고, 성령의 말씀을 따라 기도를 시키시는데 첫째, 무릎을 꿇고 자세를 바로잡고 두 손을 모아 가슴 중심에 대고 고개는 약간 숙이고 전신에 힘을 모으니까 됐다고 하시면서 동시에 기도가 서론, 본론, 결론을 다 하게 만드시고 다시 됐다고 하셨다."

뜨겁게 성령을 체험한 어머니의 신앙은 아버지 집안을 뒤집어 놓았다. 그 당시는 촌사람이 출세해 도시에 자리 잡으면 집안 식구를 불러올리는 게 상식이었던 시대이었으니, 반듯한 직장을 가진 아버지에게 이런저런 사정을 가지고 도움을 청하는 친척들이 늘 찾아왔었다. 그래서 송림동 집 한 곳은 언제나 친척들이 머무는 곳이 되었다.

그렇지만 어머니가 교회를 나가고부터는 집안을 돌보지 않는다는 터무니없는 말로 친척들이 불만을 대놓고 드러내기 시작했다. 이는 대대로 내려오는 집안의 질서를 무너뜨린다고 생각해 반기지 않았기 때문이다. 그러나 아버지는 마치 예수님을 이미 만나 영접한 사람처럼 어머니의 신앙에 대해 끝까지 지켜주시고 지지하셨다.

어머니는 변함없이 친척들에게 성심껏 대접하면서도 당신의 신앙은 굽히지 않으셨고, 믿음의 동지들과 함께 모여 기도와 찬송을 부르며 가정에서 부흥회를 여시기도 하였다. 아버지도 큰일을 당하여서는 어머니에게 의견을 먼저 물으시며 기도를 부탁하셨고, 기도의 응답에 대해서는 망설임 없이 그대로 따르셨다. 성령을 체험하신 어머니의 기도 능력은 놀라웠다. 아버지께서 어머니의 이러한 은사를 직접 체험하신 일화가 있다.

1970년 가을, 아버지가 갑자기 편찮으셔서 인천기독병원에 실려 가신 적이 있다. 그때 의사들은 원인을 찾지 못해 당황하며 가망이 없으니

▲ 시나피중국선교회 황우관 목사와 함께

▲ 선교사와 함께

▲ 큰아들 사법고시 합격 기념 가족사진

▲ 가정예배 후

마지막으로 서울 세브란스병원으로 가보라고 했다. 그때 어머니는 세브란스병원으로 가면서 인천에 남은 가족들에게 다른 것 다 관두고 모여서 기도하라고 하셨다. 그래서 우리끼리 가정예배를 드리면서 기도를 했고, 어머니는 세브란스병원에 계시면서 쉬지 않고 기도하셨다. 세브란스병원에서도 온갖 검사를 다 했는데도 별 진전이 없자 비관적으로 어머니께 얘기했다. 기도의 용사이신 어머니는 의사의 말에도 실망하지 않으시고 밤새 방언으로 기도를 드리면서 진심으로 깊은 속에서 솟아나는 소원, "아버지 하나님 지금의 기도는 황돈주의 처로서 하는 기도가 아니고 아버지의 딸로 내 생명을 바쳐 드리는 기도니 들어주십시오. 살려주시면 일생을 바쳐 주를 위해 살게 해주세요." 하고 눈물로 소원을 올리셨다. 어머니가 기도하는 동안 통증으로 잠시도 견디지 못하셨던 아버지는 밤새 고통 없이 주무셨고, 다음 날 회진하던 의사들은 아버지가 편안히 앉아계시자 놀라면서 의학적으로는 고칠 수 없는 병이 나았다고 했다. 병원에서 퇴원하신 아버지는 어머니 기도의 힘으로 나았다고 하시며 어머니를 따라 기도에 열심을 내신 계기로 삼으셨다.

어머니 신앙에 대한 아버지의 흔들림 없는 지지 덕분에 온 가족과 일가친척이 교회에 나가게 되었다. 어머니는 복음이 들어가지 않은 친정 고

◀ 기도의 능력을 체험하신 아버지는 평생 기도에 열심을 내어 어떤 일을 만나면 작정기도 책을 만드셨다.

향에 교회를 세우고자 오랫동안 눈물로 기도하셨는데, 그 응답으로 1969년 김만효 전도사와 함께 덕포성결교회를 세우셨다. 이 교회는 강화도의 첫 성결교회이자 아버지와 어머니의 첫 개척교회가 되었다. 이후 아버지와 어머니는 성경에 나오는 '브리스길라와 아굴라'같이 아버지가 묻고 어머니가 기도로 답하며 한 몸처럼 한뜻으로 사셨다. 부모님은 신앙과 삶이 일치하는 어른이셨다.

인천교회 개척과 순종의 삶

오랜 전근 생활을 하셨던 아버지는 1972년에 인천으로 오셨다. 1960년~70년대에는 가난에서 벗어나고자 온 나라가 애쓰던 시대이었다. 한국의 압축적 경제성장이 시작되는 그 시기에 잘살아 보자는 꿈을 가지고 많은 사람이 도시로 모였으며, 당시 낯선 도시에서 소외감과 정체성의 위기를 느낀 사람들에게 교회는 그리스도 신앙으로 새로운 영적 소속감과 공동체성을 제공하는 좋은 장이 되었다. 곳곳에 새로 설립하는 교회들은 늘어나는 교인들로 가득 찼고, 단기간에 여러 곳에서 많은 사람이 모인 교회는 당연히 여러 문제에 부딪혔는데, 어머니가 나갔던 교회도 마찬가지였다. 그때마다 아버지는 어머니의 부탁으로 사소한 법률적인 문제들에 자문하셨고, 때로는 간첩으로 억울하게 큰 곤욕을 치를 뻔한 어느 장로님 집안도 남모르게 도움을 주셨다. 이러한 일은 경찰로서는 극히 조심스러운 일이었으나 아버지는 마다하지 않으셨다. 그 당시 공무원은 박봉에다 퇴근이 없는 그런 열악한 근무조건이었음에도 집에 들어오시는 날에 밤늦게까지 손님과 이야기를 나누시던 모습이 기억난다.

1974년 둘째 아들 황우관 목사가 그동안 기도로 준비하던 중공(당시에는 중국을 그렇게 불렀다)을 선교하기 위한 교회를 개척하고 「중공선교회」라 명명했다. 둘째 아들은 매우 총명하여 아버지가 서울대를 목표했으나 교회에서 성령 체험을 한 후 신학의 길로 돌아섰다. 아버지는 이를 섭섭하게 생각하셨으나, 둘째 아들이 목사가 된 이후에는 세상보다 하나님을 우선으로 하는 아들을 일심으로 도와주셨다.

　　진보적인 한국신학대학에 입학한 황우관 목사는 신학생 시절 이여진 학장님, 그의 부인이신 신연식 교수님과 함께 성령의 불길을 학교에 일으켰던 뜨거운 신앙의 신학생이었다. 그리고 하용조 목사님, 홍정길 목사님과 형제같이 지내며 인천에 복음 전도의 불길을 위해 대학생 선교회(CCC) 인천지부를 설립하고 헌신하였다. 당시 국가 간 수교가 되지 않은 중국은 중공이라 불리던 시대였기 때문에 이 이름이 문제가 되었다. 중국은 적성 국가였기에 반공을 국시로 하는 시기에 왜 중공이라고 하느냐고 경찰관이 조사하러 나오기도 하였다. 경찰 간부셨던 아버지로서는 매우 곤란한 일이었으나 하나님 일이라고 하는 어머니의 주장에 순종하여 당신이 근무하는 경찰국에 직접 해명하여 어렵게 1974년 11월 6일 겨자씨 중공선교회를 설립할 수 있었다. 선교회 간판을 건물 밖에 걸어두니 지나가는 사람마다 신기해서 쳐다보곤 하였다.

　　중국을 향하여 기도하며 청년들을 훈련하고자 설립한 중공선교회는 날로 성장하여 청년들과 선교의 꿈을 품은 일반 성도들로 가득 찼다. 점

▲ 인천성결교회

▲ 인천성결교회 앞에서

차 교인들은 중국선교를 지원할 근거지로서 교회를 개척하기 원했다. 교인들은 날마다 선교회에 모여 한마음으로 기도했고, 그 열매로 1978년 4월 9일에 드디어 인천성결교회(성결교회에서는 '인천'의 이름을 건 최초의 교회가 되었다)를 개척했다. 그리고 겨자씨 중공선교회는 시나피선교회(시나피는 헬라어로 겨자씨라는 뜻이다)로 명칭을 변경했다.

인천성결교회는 성령의 뜨거운 열기가 식지 않는 교회로 소문이 나고, 젊은 청년들이 더 모이기 시작하면서 모두가 한자리에서 예배를 드리지 못할 정도로 부흥되었다. 황우관 목사님은 새롭게 교회를 건축하여 옮기기로 하고 교회 부지를 알아보러 다니다가 당시 아직 개발되지 않는 인천시 남구 주안 2동에 있는 대지 100평의 땅을 만나게 되었다. 이 땅을 교회 대지로 매입하고자 어머니가 기도하는 가운데 아버지에게 요청했고, 아버지는 어머니와 함께 평생을 아끼고 저축하여 산 땅을 팔아 만든 큰돈을 아낌없이 헌금하여 그곳에 80평의 벽돌 예배당을 건축했다.

숭조시대가계(崇祖時代家系)에서 춘강회성원 성종시대가계(春江檜聖院 聖鐘時代家系)로

아버지는 가정을 직장과 사회의 출발점으로 보셨다. 그러므로 호주는 가정의 모범으로 그 책임이 막중하다는 것을 잊지 않으셨다. 올바른 가정을 세우기 위해 아버지는 독특한 방법으로 자식을 가르치셨는데, 묻고 스스로 답을 구하도록 하는 문답식 교육을 하셨다. 다음으로 자식을 하대하지 않으시고 언제나 공대하셨으며, 부모는 자식에게 폐가 되면 안 된다고 하셨다. 그리고 남을 도와주는 자가 도움받은 사람보다 더 부자가 된다고 하셨다. 더욱 놀라운 것은 자식이 교만하지 않도록 직장에서 집으로 오실 때는 경찰정복에서 사복으로 갈아입고 오셨다. 아버지의 모범을 직접 보면서 자란 우리는 밖에서 험한 말을 하는 법이 없었고, 경제적 자립에 힘을 다하였으며, 공부도 남에게 뒤떨어지지 않았다. 그리고 가정을 꾸리면

◀ 늘 기도하시고 말씀을 보
시던 아버지

부모로서는 세 가지를 해야 마땅하다고 가르치셨다. "첫째는 굶기지 말
것이며, 둘째는 아플 때 고칠 것이며, 셋째는 잘 가르쳐 꿈을 키워주라."

　　1978년 9월 16일, 아버지는 가족을 모아 가정예배를 드리면서 "오늘
부터는 이 집의 호주는 내가 아니고 하나님이시다."라고 선언하셨다. 이
선언은 다섯 살에 육신의 아버지를 여의신 아버지께서 그리스도 신앙 안
에서 하나님을 아버지로 모신다는 선언이었다. 그리고 이날 이후 부모님
은 가정예배를 시작했고, 집안의 모든 일을 말씀과 기도로 결정하셨다.
"내 인생의 호주는 내가 아니고 하나님이시다."라는 가르침은 자녀들 마
음에 새겨져서 살아가는데 불기둥, 구름 기둥이 되었다. 또한 아버지는
족보에 따른 가계도인 숭조시대가계(崇祖時代家系)에서 벗어나 아브라함
처럼 하나님을 따르는 새로운 신앙의 가계도인 성종시대가계(聖鐘時代家
系)를 시작한다고 강조하시면서 부모님이 하나님을 따르는 성종시대(聖鐘
時代) 제1대라 하셨다.
　　성종(聖鐘)은 "거룩한 종으로 복음을 온 세상에 널리 펼친다"라는 뜻
을 내포하고 있다. 그리고 신앙의 원천이신 어머니의 호 '춘곡(春谷)'에서
'춘(春)', 하나님 말씀에 따라 순종의 길을 걸으시는 아버지의 호 '회강(檜

江)에서 '강(江)'을 붙여 '춘강(春江)', (아버지가 어머니의 호 '春'을 아버지의 호 '江'보다 먼저 쓰신 것은 어머니의 신앙 유산이 아버지보다 우선이기 때문이라고 하셨다) 그리고 나라의 일꾼으로 봉사하는 큰아들의 호 '회천(檜泉)'의 '회(檜)'(아버지의 호 '회(檜)'를 큰아들에게 주신 것이다) 그리고 하나님 나라를 상징하는 교회의 일꾼으로 헌신하는 둘째 아들의 호 '성천(聖泉)'에서 첫 글자를 따서 붙여 '회성(檜聖)', 이 두 단어를 모아 오직 신앙으로 순종하여 교회와 나라를 위해 힘써 섬기는 가정을 소망하며, 우리 집을 '춘강회성원(春江檜聖院)'으로 부르셨다. 이와 같은 아버지의 올곧은 신앙의 모범은 어머니 유숙화 권사님의 글에 잘 나타나 있다.

우리 집의 가훈 정립과 가정예배

나의 남편은 가난한 집에서 자라난 분이라 내가 가정생활을 하는 형편을 모를 리가 없지만, 가정을 일으켜 세우겠다는 집념이 매우 강한 분이다. 그래서 어느 날 나보고 너무 고생이 많다고 위로의 말을 하면서 기왕 고생하는 것이니, 가정을 잘 성장시키자고 하면서 가훈을 대지근로(大志勤努)라고 정했다.

첫째, 당신이 먼저 하나님을 믿고 우리 집 식구를 다 구원하였으니, 대지(大志)를 근간으로 하자고 했다. 대지(大志)는 우주 만물을 창조하신 하나님의 뜻을 깨달아 하나님을 경외하고, 그 생명의 말씀에 순종하면서 경천순종(敬天順從)의 수신제가(修身齊家)를 하자는 것이다. 솔로몬은 여호와를 경외하는 것이 지혜와 지식의 근본(역대하 1:12)임을 깨닫고 하나님께 구함으로 부와 재물과 존영도 아울러 주셨다. 그러므로 우리 가정은 최상, 최고, 최선의 하나님을 절대 믿고, 그 말씀대로 순종하는 식구들이 되어야 한다. (시편 23; 잠언 1:7)

둘째, 정직의 등대(正直燈臺)로서 솔로몬 왕이 자기 부왕 다윗의 성실과 공의와 정직을 신조로 나라를 치리한 것을 본받아 나라를 부강케 한 것같이, 우리 자손들은 이 세대를 본받지 말고 정직한 마음으로 성장해야 하므로 내가 제언을 했다. 나는 당신의 얼마 되지 않은 봉급이지만 그것을 가지고 7남매와 살아왔는데, 자식들이 불순하여 사회에 빛과 소금의 역할을 못 한다면 내가 그 고생을 하면서 기른 보람이 없으니, 마음이 정직하고 올바른 행실을 하여 세상에 비치는 빛이 되어야 하니 정직의 등대가 되자고 했다. (잠언 14:1; 아사야 60:1)

셋째, 칠천부강(七泉富江)이다. 칠천은 7남매요, 부강은 많고 청결한 샘물이 한 사람 한 사람 솟아 나와 강물이 되고, 나아가서 5대양(大洋) 6대주(大洲) 바다가 되어야 한다는 것이다. 그러자면 지혜의 근본이 되는 하나님의 약속을 붙잡고 근면성실(勤勉誠實)하게 부지런히 일하고, 열심히 노력하여 자기 자신이 날로 발전되어야 한다. 또한, 영육간에 강건하고 부단히 학문에 전심전력하여 여호수아 1장 3절부터 9절의 말씀대로 따라야 한다고 남편이 주장했다. (창세기 2:10; 에스겔 47:9)

그래서 우리 가정은 1978년 9월 16일 온 식구가 춘강회성원(春江檜聖院)이란 가정 모임을 구성하여 매년 신년원단에는 신년가정축복예배를 드리고, 추석 명절이면 선조들의 추도 예배를 드리며, 7월 17일 날은 회성원 총회 축복 예배를 드린다. 이와 같은 모임을 통해 가족의 친목을 이루고, 가정마다 기도 제목을 서로 의논하며, 합심으로 기도하여 별 어려움 없이 생활하게 되니 항상 감사하여 감사헌금을 드렸다. 기도가 멈추면 아니 되니 '717기도'라 하여 매일 7시가 되면 아무리 바빠도 7분 이상 기도를 꼭 하라고 온 가정에 선포하기도 했다. 그리고 회의할 때는 온 가족 일동이 다음 '우리의 가훈 제창'을 손자들이 장손 모세부터 매년 돌아가면서 선창하면서 온 가족이 따라 제창했다.

1. 우리는 하나님의 택한 백성으로 주의 말씀을 주야로 묵상한다.
2. 우리는 춘강회성원의 정당한 가족으로 가훈을 잘 준수한다.
3. 우리는 항상 기도로써 성령 받아 기쁨과 감사의 생활을 한다.

아버지는 그리스도 신앙을 바탕으로 가훈 7조를 정하고 가정교육을 하셨는데 아래와 같다.

● 춘강회성원의 가훈 7조

❶ 하나님을 경외하고, 예수 그리스도 사랑의 계명을 준수한다.

❷ 새 생명의 성령으로 구원과 복음의 빛을 발한다.

❸ 부모를 진심으로 공경하고, 부부간 상호 존경하고 사랑하며, 형제간 화합과 자손을 사랑으로 주안에서 양육하고 훈계한다.

❹ 대지근로의 정신으로 춘강회성원의 정관을 준수하고, 예절과 질서를 정립하여, 가정의 평강과 번영을 성화한다.

❺ 성령 충만하고, 효친우대하며, 정직의 등대를 장학 이념으로 등대장학회를 설립, 운영한다.

❻ 세월과 시간을 아껴 주경야독하면서 수신, 장학하고, 범사에 감사하며, 근면 성실하여, 분수에 합당하고 건강한 생활을 한다.

❼ 7월 17일 가훈절(家訓節)을 각 가정마다 준수하고, 춘강회성원 정관과 가훈 7조를 명심하여 가정의 기조를 정립하며, 3년에 1회는 국내외 전 가족이 총 회합하여 대동총회를 개최하고, 가족 간의 화합친애(和合親愛)하고 협력하는 가풍(家風)을 더욱 성화(聖化)한다.

가정을 하나님의 선물로 여기신 아버지는 가정예배 드릴 때 말씀과 함께 늘 찬송가 "사철에 봄바람 불어있고", "지금까지 지내 온 것" 그리고 "눈을 들어 산을 보니"를 부르시며, 가정을 허락하고 인도하신 하나님의 은혜에 대한 감사와 찬양을 잊지 말 것을 강조하셨다.

뜻하지 않은 시련을 겪다

인천교회에 출석하면서 교회의 부흥과 복음 전도에 더욱 열중하셨던 아버지의 삶에 예기치 못한 일이 닥쳐왔다. 그것은 1980년 군사정권에 의한 공무원 강제 해직이라는 시련이었다. 당시 주변에서 몸조심하라는 말을 들었음에도 주일성수를 엄수하셨던 아버지는 희생양을 찾던 이들에게 좋은 먹잇감이었고, 하루아침에 강제로 퇴직할 수밖에 없었다.

해방된 나라에서 경찰공무원을 자신의 천직으로 여기셨던 아버지는 국가와 민족을 위해 수십 년 봉사한 자신을 내팽개친 국가 폭력으로 모욕과 수치를 느꼈다고 하셨다. 그러나 아버지는 결코 강제 퇴직의 한을 좌절과 절망으로 삭이거나 실패로 끝내지 않으셨다. 오히려 이 시련을 더 큰 세상의 복음화를 위하여 당신을 쓰시고자 하나님께서 세우신 섭리라고 생각하셨다. 나아가 국가는 하나님 신앙 위에 세워야 한다는 믿음을 가지셨다. 비록 아버지는 해직공무원이라는 것이 큰 걸림돌이 되어 다른 직장을 구하기 어려웠으나, 이미 신앙으로 굳세게 무장하셨기에 절대 호락호락하지 않았던 사회를 원망하기보다는 스스로 일거리를 찾아서 맨손으로 다시 일을 시작하셨다.

경찰 간부로 지내시던 아버지는 자신의 행정 능력과 운용 능력을 살려 인천지역을 총괄하는 석유 유통 일을 시작하셨고, 국가로부터 받은 퇴직금으로 작은 땅을 사서 상가 건물을 목수와 함께 직접 지으셨다. 그리고 그 건물의 지하를 기도의 처소로 삼으시고 어머니와 함께 날마다 그곳에서 기도하셨다. 그곳에서 "우리 가정은 하나님께서 보호하시고 인도하지 않으신다면 일순간도 견디기가 어려운 것이므로, 다윗이 고백한 것과 같이 우리 하나님이 나의 반석이시고, 나의 구원이시며, 나의 산성이심으로 우리 가정 기도원이 필요하다."라고 선언하시고는 그곳을 미스바기도원이라 부르셨다.

그리하여 모든 일의 시작과 끝을 미스바기도원에 와서 기도로 정하셨다. 이렇게 아버지는 그리스도 신앙으로 온전히 귀의하시고서 비로소 강제 퇴직의 인간적 억울함에서 벗어나 하나님 자녀로서 생의 즐거움을 느끼며, 마음 놓고 하나님을 위하여 복음 전도 활동을 하며 행복을 누리셨다.

장로가 되시다

퇴직 이후 교회와 선교에 전념하신 아버지는 1985년에 인천성결교회의 장로로 안수를 받으셨다. 이때 가나안농군학교 김용기 장로님이 오셔서 축사하셨는데, 김용기 장로님은 큰아들 황우여 장로님을 수양아들로 여길 만큼 사랑하셔서 자연스레 아버지와도 친밀한 관계를 유지하시며 자주 왕래하셨다. 장로로 안수받으신 아버지는 "① 새벽예배와 말씀 공부, ② 매일 예배일지, ③ 매일 가정예배, ④ 40일, 100일 작정 기도"를 돌아가시는 날까지 멈추지 않으셨고, 자식들에게도 권고하셔서 집안의 전통이 되었다. 한문으로 쓰신 예배일지는 수십 권이 넘었는데, 아버지는 하루도 거르지 않고 하루가 끝나면 꼭 책상에 앉으셔서 하루의 일을 정리하고 기록하셨다.

장로가 되신 후 선교에 더욱 열심을 내서 기도의 응답에 따라 '영국

▲ 영국 시나피 Mission Centre

▲ 영국 시나피 선교회

시나피미션센타(1987년)’, ‘안디옥교회(1996년)’, ‘시나피선교교회(2004
년)’, ‘십자가교회(2013년)’ 설립에 헌신하였다. 또한 기드온 문서선교에
열심을 내서 이른 새벽에 모이는 기드온 모임에 빠짐없이 참석하셨고, 기
드온 모임 장소도 제공하셨으며, 무엇보다 성경 배포하는 일에도 성심껏
봉사하셨다. 아버지는 기드온 회원이신 것을 자랑스러워하셨고, 가슴에
단 기드온 휘장을 하나님께 받은 훈장으로 여기셨다.

교회와 국가

아버지는 젊은 시절부터 대지근로(大志勤努) 정신을 가훈으로 강조하
셨는데, 대지(大志)는 처음에는 우리가 큰 뜻을 품고 꾸준히 노력하라는
교훈이었지만, 신앙으로 거듭나신 후에는 “대지(大志) 정신이란 하나님
의 뜻을 품는 것”이라고 가르치셨고, “근로(勤努)는 인간적인 열심뿐만 아
니라 사람의 눈에 보이는 것에 의지하지 않고 하나님에 대한 ‘순종의 길’
을 꾸준히, 열심히 걸어가는 것”이라는 새로운 의미를 부여하셨다. 나라
를 잃은 고난의 역사를 지나온 경험은 자식에게 두 가지 교훈으로 가르치
셨는데, 첫째는 나라를 잃지 말라는 것이고, 둘째는 신앙으로 집안을 바
로 세우라고 하셨다. 신앙과 가정, 교회와 국가의 관계를 별개로 보지 않
고 하나의 눈으로 보게 된 것은 아버지의 신앙 유산이었다.

자식들은 이러한 아버지의 가르침을 잘 따라 공부를 열심히 하였는
데, 그중에서도 큰아들 황우여 장로님은 빼어났다. 어머니는 성령 체험을
한 후 ‘나라와 민족 그리고 황우여’를 위한 기도를 하루도 쉬지 않고 아침
과 저녁으로 기도하셨는데, 그렇게 기도하시는 부모님의 모습을 지켜보며
자란 황우여 장로님은 하나님 말씀에 이삭처럼 순종하였다.

황우여 장로님은 서울대 법대를 졸업한 후 판사로 근무하다가 1996
년 국회의원으로 정치에 입문하였다. 그리고 지역구 사무실에 토요일마
다 예배를 드리는 모임을 만들어 지역구의 목회자들을 초청해서 예배드렸

다. 아버지는 어머니와 함께 큰아들 사무실에서 드리는 국가와 민족을 위한 토요예배에 빠지지 않고 참석하셨다. 황우여 장로님은 인천 연수구에서 국회의원으로 봉사하면서 당 사무총장, 원내대표, 새누리당 대표 그리고 부총리겸 교육부 장관을 지내는 동안 어려운 일에 부닥칠 때면 부모님과 함께 기도로 하나님께 길을 물었고, 응답받은 대로 흔들림 없이 나아갔다. 또한, 국회조찬기도회장으로 봉사하는 것을 큰 영광으로 받아들였는데, 이 모든 것은 부모님의 신앙 유산 덕분이었다고 고백하였다.

아버지는 매일 신문 기사를 수집, 분석하여 정리하신 후 나라와 큰아들을 위해 기도하셨다. 매번 국회의원 선거에 앞서 기도하러 찾아온 황우여 장로님에게 아버지는 왜 정치를 하려느냐고 묻곤 하셨는데, 그 질문은 하나님 신앙에서 벗어나지 않도록 하시려는 아버지의 가르침이셨다. 아버지의 신앙 유산에 따라 황우여 장로님은 국가와 교회를 분리해서 보지 않았으며, 하나님의 부르심에 응답하기 위하여 최선을 다하였다. 황우여 장로님은 정치에서 은퇴한 이후 인천에 법률법인 「황앤씨」를 설립했는데, 이름을 영어로 하면 「Hwang and Christ Law Firm」으로 그리스도와 함께하는 법률회사라는 뜻이다.

회성원의 터를 세우다

아버지는 사람이 독립적인 삶을 살기 위해서는 교육이 가장 중요하다고 강조하셨다. 그래서 가정에서 지출하는 생활 소비에서는 아주 엄격하셨지만, 학교에서 필요한 책을 산다고 하면 아무것도 묻지 않으시고 필요한 금액을 주셨다. 대학에서 마음껏 공부할 기회가 없었던 것을 아쉬워하셨던 아버지는 정해진 퇴근 시간이 없는 바쁜 경찰공무원으로 근무하시면서도 야학으로 홍익대학교 법학을 전공하여 졸업하셨다. 퇴직한 이후에도 영어 공부와 컴퓨터도 배우시면서 배움을 멈추지 않으셨다. 또한 경제적 독립을 할 수 있는 능력을 강조하셔서 국가자격증을 가질 수 있으면 갖는 것을 바라셨고, 아무리 적은 금액이라고 할지라도 매달 꾸준히 수입을 가질 수 있는 직업을 가지는 것과 월 소득에서 얼마는 반드시 저축하는 것이 중요하다고 가르치셨다. 따라서 자녀들은 늘 그 충고를 따랐고, 부모님으로부터 경제적 도움 없이 경제적 자립을 이룩할 수 있었다.

아버지는 이러한 자립정신을 바탕으로 자신이 공부를 많이 못 한 대신 공부를 하고자 원하는 사람들에게 교육받을 기회를 만들어주고, 그들을 하나님의 복음의 일꾼으로 키워 더욱 큰일을 하게 하려는 소망을 갖고 계셨다. 어머니도 오랜 소원으로 집안이 흩어지지 않고 함께 예배를 드릴 수 있는 큰 집을 지을 수 있는 커다란 터전을 마련하려는 생각을 이야기하셨다. 어느 날 기도 가운데 하나님께서 더 큰 건물을 주신다는 응답을 받은 어머니는 무슨 뜻일까 답을 찾는 중 그 이야기를 들은 어느 분이 시골에 있는 초등학교가 폐교로 나왔다고 전했다. 폐교였던 이 학교는 부모님의 기도와 믿음과 소망을 디딤돌로 삼아서 지금은 학교와 가정 그리고 사회에서 소외당하는 아이들을 자립하는 사람으로 키워내는 대안학교로 성장하고 있다.

사랑하는 아내의 손을 붙잡고

아버지는 평생 강인하고 큰 산과 같은 분이셨다. 아버지는 건강을 유지하기 위해 어렸을 때부터 냉수마찰과 맨손체조를 하셨다. 이후엔 새벽기도를 하셨고 저녁에는 말씀을 읽으시고, 그때 성령으로 열린 생각을 기록해 놓으셨다.

아프셔도 아버지는 의사의 처방인 약(藥)보다는 식(食)으로, 그리고 행(行)으로 건강을 회복하고자 하셨다. 그러나 무엇보다도 새벽기도와 말씀 공부는 아버지의 비밀병기였다. 기도와 말씀으로 잡념을 끊고 기운을 보양하여 건강을 지키실 수 있었다고 말씀하셨다. 그리고 평생에 밥상에 대해서 이렇다 저렇다 하시는 법이 없으셨고, 언제나 마치 세상에서 제일

▲ 어머니 손을 꼭 잡고 순종의 길을 함께 걸어가셨던 아버지

▲ 새로운 생일로 정하신 회성원에서 있었던 가정예배, 2002년 10월 3일

맛있는 음식인 것처럼 드셨다. 이러한 생활 규칙으로 몸을 단련시키신 아버지는 2002년 9월 77세에 위암이 발병하였으나 서울대병원에서 수술 후 완치되셨고, 2012년에는 허리협착증으로 고생하셨으나 스스로 고치셨다.

처음으로 몸에 칼을 댄 2002년 위암 수술에 앞서 히스기야 기도처럼 살려주시면 새롭게 태어나서 하나님께 더더욱 순종하시겠다고 기도를 하셨다(정말 우연이라고는 보기 어렵게 히스기야처럼 정확히 15년을 더 사시고 2017년에 별세하셨다). 그리고 기도 응답으로 회복하신 2002년 10월 3일을 새로운 생일로 지정하셨는데, 이는 하나님께서 당신을 새로 태어나게 하신 생일이라는 아버지의 각오를 나타내신 것이다.

평생을 자신의 몸을 단련해오신 아버지이시지만 2010년부터 건강이 서서히 나빠지신 어머니를 돌보시면서 함께 쇠약해지셨다. 72년을 함께 사신 어머니에 대한 사랑을 다음과 같이 말씀하셨다.

> "어느 날 새벽기도회에서 기도 중에 '사랑하라, 사랑하라!'라는 음성을 마음으로 듣게 되었다. 그것이 무엇을 의미하는지 몰라서 '누구를 사랑하라는 말씀입니까? 주님을 더욱 사랑하라는 말씀입니까?'하고 물었는데 답을 얻지 못하였다. 그러다 다시 똑같은 꿈을 꿨는데, 그때에야 그게 어머니를 사랑하라 하는 뜻이라는 것을 깨닫게 되었다."

그 후로는 어머니를 다른 어느 가족에게 맡기지 않고 반드시 어머니를 돌보시겠다고 결심했다고 하셨다. 집에 상주하며 어머니를 돌보는 요양사가 있어도 아프신 어머니는 밤에 자주 깨서 아버지를 찾으셨다. 그때마다 아버지는 피곤해서 곤히 주무시는 한밤중이라고 해도 즉시 일어나서 기도와 찬송으로 어머니가 다시 잠드실 때까지 돌보셨다.

연세가 많아지면서 점차 쇠약해지신 아버지는 2013년부터는 만성신부전으로 고생하시다가 2017년 7월 회생 불가라는 청천벽력의 진단을 받았다. 그러나 아버지는 쉬지 않고 기도하시고 어머니를 더욱 살피시면서

의연하고도 담대한 모습으로 오히려 가족들에게 신앙의 모범을 보이시다가 2017년 10월 22일 오후 9시 45분 가족들이 지켜보는 가운데 하나님 나라로 올라가셨다. 그리고 매일 찾아와 어머니 머리를 쓰다듬으며 사랑한다고 말씀하시는 아버지를 만나지 못하게 되자, 그리움에 사무치신 듯 어머니도 57일 뒤인 12월 18일에 사랑하는 남편 황돈주 장로님 곁으로 따라가셨다. 기도의 어머니는 유언으로 다섯 가지 교훈을 우리에게 남기셨다.

1. 신최주의(神最主義) 하나님 제일주의
2. 형제화목(兄弟和睦) 형제간 화목하라
3. 무시기도(無時祈禱) 두려워 말고 기도하라
4. 항상전도(恒常傳道) 언제나 전도하라
5. 자중자애(自重自愛) 때가 악(惡)하니 몸조심하라

아버지의 유산

아버지는 2014년 손수 자녀에게 부탁하신 글로 아래와 같은 유산을 물려주셨다.

아내의 손을 잡고 순종의 길로 걸어온 나의 확신: 새벽은 밝아 온다

(1) 우리 인생은 이 세상에 한 번 왔다가 한 번 가는 것인데, 그 년수(年數)가 70이요, 강건하면 80이라도 그 년수(年數)의 자랑은 수고와 슬픔뿐이요, 신속(迅速)히 가니 우리가 날아가나이다(시편 90:10) 하였다.

(2) 사람의 70년 사회 생활은 8세부터 24세까지 16년간 학교 공부를 하고, 결혼을 한다면 70세까지 55년간 실질적인 사회 생활을 하는 것인데, 거기서 잠자는 시간을 하루 6시간으로 계산하여 뺀다면 사실상 행동하는 년수(年數)는 불과 42년밖에 안 되는 것이다. 그런데 이 42년

▲ 황우여 장로 의원사무실 토요예배

▲ 매년 새해 기도하시고 받은 말씀을 요약하여 붓글씨로 써서 가족 모두에게 선물로 주셨다.

▲ 평생을 일지를 써서 기록으로 남겨 놓으신 아버님 일지. 모든 기록을 남겨 놓으셔서 일지가 책장에 차고 넘친다.

◀ 어머니와 함께 세우신 미스바기도원

간의 생활이 순탄하고, 편안하며, 기쁘고 즐겁기만 한 것이 아니고, 수고와 슬픔이 있고 고통과 고난이 있으며, 환란과 핍박이 있어 자기의 꿈과 소망을 버리고 실망과 좌절하는 경우가 시시각각으로 다가오는 경우가 허다한 것이다.

(3) 이와 같은 세상에서 나의 경우는 21세에 결혼을 해서 89세까지 67년간을 7남매를 기르면서 가난한 생활과 6.25라는 국가적 환란을 겪으면서 살아올 때, 어찌 수고와 슬픔과 고통과 고난이 없었겠느냐마는, 이것을 다 극복하고 산 것은 오직 예수 그리스도를 영접하여 구원을 받아 부활의 새 생명으로 변화되어 인내와 관용과 주님의 사랑을 신조로 살았기 때문이다.

(4) "사람이 감당할 시험 밖에는 너희가 당한 것이 없나니 오직 하나님은 미쁘사 너희가 감당하지 못할 시험 당함을 허락하지 아니하시고 시험 당할 즈음에 또한 피할 길을 내사 너희로 능히 감당하게 하시느니라" (고린도전서 10:13)고 하셨으므로 나는 어려운 일을 당할 때마다 이 약속의 말씀을 붙잡고 기도하면서 생활함으로써 평강한 가정을 유지(維持)했던 것이다.

(5) 우리의 생사화복(生死禍福)은 하나님께서 주관하시는 것이므로 아무리 "우리가 사방으로 우겨 쌈을 당하여도 싸이지 아니하며 답답한 일을 당하여도 낙심하지 아니하며 핍박을 받아도 버린 바 되지 아니하며 거꾸러뜨림을 당하여도 망하지 아니하나니"(고린도후서 4:8-9) 하는 말씀대로 우리는 패망할 수가 없는 것이다.

(6) 가정은 온 가족이 평강하게 살 수 있는 보금자리가 되고, 자녀를 기르는 교육장이 되어야 한다. 이처럼 되려면 무엇보다도 하나님을 가정의 호주로 모시고 부부가 가장과 가부가 되어서 항상 화목하고 예절 있는 가정이 되어야 한다. 부부가 자식들 보는 데서 화를 내고 싸우거나 자식들이 잘못한다고 때리거나 욕설을 해서는 아니 된다. 누구든지 좋은

남편, 아내 만나서 부잣집에서 호의호식하며 호강스럽게 잘 살고 싶은 욕망이 있다. 그러나 세상은 그렇지 않음으로 성경은 "청결하고 정직하면 반드시 너를 돌보시고 네 의로운 처소를 평안하게 하실 것이라"(욥기 8:6), "네 시작은 미약하였으나 네 나중은 심히 창대하리라"(욥기 8:7)라고 하였으므로 가난한 집으로 시집을 갔다고 하여 실망하거나 좌절해서는 아니 된다. 나는 늘 감사한 마음으로 생활을 해왔다. 가정생활을 하는데 어찌 돈이 필요치 않겠는가! 그러나 "돈을 사랑함이 일만 악의 뿌리가 되나니 이것을 탐내는 자들은 미혹을 받아 믿음에서 떠나 많은 근심으로써 자기를 찔렀도다"(디모데전서 6:10) 하는 성경 말씀을 붙잡고, 돈이 필요할 때마다 기도하면서 인내로써 절제생활(節制生活)을 했던 것이다.

(7) 그러므로 나는 젊을 때 어떠한 어려움이 내게 닥친다 해도 하나님의 말씀을 붙잡고, 나에게는 반드시 어두운 세상이 지나가고 밝은 햇빛 받는 날이 있을 것이라는 확신을 하고, "일어나라 빛을 발하라 이는 네 빛이 이르렀고 여호와의 영광이 네 위에 임하였음이니라"(이사야 60:1) 하신 말씀이 내 마음에 이르게 되므로, 지금까지 나를 짓누르던 모든 마귀의 궤계와 병마의 고통, 근심, 걱정, 염려는 주님의 보혈로 깨끗이 씻고 이제는 '새벽이 밝아올 것'이라는 기쁨의 마음이 활천(活泉)한 것이다.

(8) 그래서 나는 "생명의 성령의 법이 죄와 사망의 법에서 너를 해방하였음이라"(로마서 8:2), "육신의 생각은 사망이요 영의 생각은 생명과 평안이니라"(로마서 8:6), "그런즉 누구든지 그리스도 안에 있으면 새로운 피조물이라 이전 것은 지나갔으니 보라 새것이 되었도다"(고린도후서 5:17) 하신 말씀대로 내 마음에 "새벽은 밝아 온다."라고 감히 고백하게 된 것이다.

(9) 우리 하나님은 나 같이 보잘것없는 피조물을 택하사 모든 고난과 역경

◀ 하나님 나라를 위해 봉사하라고 가
르치신 큰아들 황우여 장로는 늘 부
모님께 최고의 선물을 드렸다.

◀ 평생을 나라와 민족의 평화를 위해
기도하신 아버님은 백두산 정상에
서 무엇을 기도하셨을까?

◀ 서산시 산성초등학교 폐교를 춘강회성원 성지
로 매입하여 하나님 나라의 확장을 위한 대안
학교를 세우셨다.

을 극복하도록 용기와 소망을 주시고, 지금까지 이모저모로 사랑하시며, 눈동자와 같이 지켜주시고 양자로 삼아 인도하시면서, 마침내 (노년에 이르러) 신령한 은혜와 풍성한 물질의 복을 주시어 7남매를 다 출가시키고, 두 내외가 행복하게 주님을 모시고 살게 하시니, 오직 주님의 높고 넓은 은혜에 감사를 드릴 것밖에 없는 것이다.

(10) 하나님은 우리 생명을 주관하시고 복의 근원이 되시오니, 우리 칠 남매의 자손들은 하나님을 경외하고 주님의 부활의 새 생명을 깨달아 "너희는 이 세대를 본받지 말고 오직 마음을 새롭게 함으로 변화를 받아 하나님의 선하시고 기뻐하시고 온전하신 뜻이 무엇인지 분별하도록 하라"(로마서 12:2)는 말씀대로 살아가는 것을 생활의 신조로 하기를 바란다.

(11) 따라서 우리 가정은 대지근로(大志勤勞)의 가훈 정신을 가지고 자손들의 양육을 주안에서 훈계와 교육을 해야 하며, 온유하고 겸손하며 근면, 성실한 자세로 정직의 등대가 되어서 사회에 빛과 소금의 역할을 하는 사람들이 되기를 바라며, 나아가서 오대양 육대주에 선교의 씨가 되는 때가 다가올 것을 믿어온 것이다. 옛말에 세월은 유수와 같이 빨리 지나가도 마음은 화살과 같이 과녁에 적중해야 한다고 하였다. 아무리 세상이 혼탁하고 분주해도 세파에 편승해서 흘러가지 말고, 하나님 말씀 중심대로 정도(正道)를 걸어가야 빠른 길을 가는 것이고 반복하지 않고 소원을 성취하는 것임을 명심해야 한다.

(12) 우리 춘강회성원은 이 가훈을 실천하기 위하여

첫째, 근로선교학관(勤勞宣敎學館)을 설립하여

① "대지근로(大志勤勞)" 정신(精神)을 함양(涵養)하고

② 회성기념관(檜聖記念館)을 설치(設置) 및 유지(維持)하며

③ "건강(健康), 절제생활(節制生活)"을 영위(營爲)하여 칠천부강(七泉富江)을 이룩한다.

둘째, 춘강장학회를 설립, 운영하는 바 장학 이념으로

① 성령충만(聖靈充滿)하고

② 효친우애(孝親友愛)하며

③ 정직등대(正直燈臺)가 되도록 사람의 존엄성을 청소년들에게 함양하여 건전한 성품을 주안에서 양육하여 대도개문(大道開門)하고자 한다.

셋째, 산성새길센터를 건립하여 삼지삼능(三志三能)의 사업을 추진해 나가고자 하는 것인바

① 다민족(多民族) 건전교육(健全教育) 정립(鼎立)으로 하나님의 위대한 창조력(創造力)의 학교(學校)를 창립, 운영하고

② 새 생명(生命) 부활(復活) 재기(再起)로써 하나님이 주신 생명력(生命力)을 살리는 병원(病院)을 건립, 운영하며

③ 경천(敬天) 순종(順從)의 교화(敎化)로써 하나님의 계시력(啓示力)에 의한 교회(敎會)를 창립, 교화한다.

마무리하면서

이와 같은 사업은 내 대에 다 할 수 없겠지만, 나는 우리 칠 남매의 자손들에게 대대로 꿈을 가지고 실천해 나갈 것을 소망하고, 우리 춘강회성원 정관(定款)에 명기하여 실천하도록 하는 것이다. 그래서 우리 가정에서는 가정예배를 드릴 때는 반드시 "눈을 들어 산을 보니"(찬송가 433장)를 찬송하여 하나님의 도움을 받아 시행해 나가도록 하고 있다. 반드시 "새벽은 밝아 온다"라는 꿈은 이루어질 것을 확신하고 이 세상 떠날 때까지 기도할 것이다.

주님, 이제 나는 늙었나이다. "늙을 때에 나를 버리지 마시며 내 힘이

쇠약할 때에 나를 떠나지 마소서"(시편 71:9)

"하나님이여 내가 늙어 백발이 될 때에도 나를 버리지 마시며 내가 주의 힘을 후대에 전하고 주의 능력을 장래의 모든 사람에게 전하기까지 나를 버리지 마소서"(시편 71:18)

어려서부터 고단하고 고달픈 이 땅의 삶을 사셨던 아버지는 풍요와 평화를 오랫동안 염원하셨고, 그 꿈을 그리스도 신앙 안에서 구현하셨다. 그 열매로 슬픔보다 기쁨의 삶을 사셨고, 불평하기보다는 감사하는 삶을 사셨다. 아버지는 그리스도 사랑 안에서 아내 사랑, 자식 사랑이 대단하셔서 늘 아내와 자식을 배려하고 존중하셨으며, '소통'을 매우 중시해 물어보고 답을 찾도록 하셨다. 그리고 평생을 말씀에 순종하여 기도하시는 어머니를 등대로 삼아 집안을 신앙으로 세우셨다. 어머니를 만나 그리스도의 신앙으로 회심하신 후 어머니와 함께 손을 맞잡고 하나님을 아버지로 모시고, 교회를 고향으로 여기시며 평생을 말씀에 순종하셨다. 그리고 커다란 유산을 남겨주셨다. 이 유산을 실현하는 것은 남겨진 자손의 몫이다. 신앙의 사람은 야곱처럼 부모가 물려준 유산과 씨름해야 한다. 우리는 이 씨름에 넘어지지 않을 것이다.

◀ 아버님이 도안하신 춘강회성원 휘장

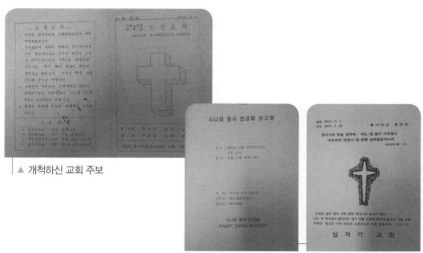

▲ 개척하신 교회 주보

가정예배지 ▶

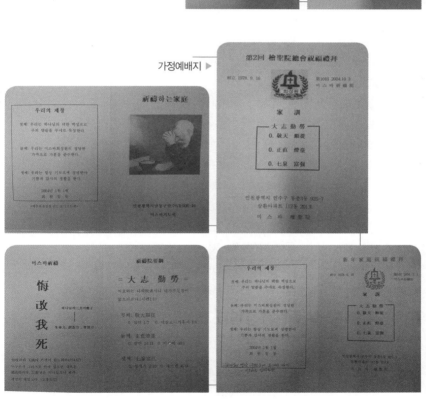

약 력

1925년	출생
1942년	강화보통학교 졸업
1942~1945년	일본 유학
1945년	귀국 후 해방
1945년~1980년	대한민국 경찰관으로 근무
1946년 2월 24일(음력)	결혼
1969년	덕포성결교회 건립
1974년 11월 6일	겨자씨 중공선교회 설립
1978년 4월 9일	인천성결교회 개척
1978년 9월 16일	집안을 하나님의 가계로 다시 세우기 위해 춘강회성원 구성
1981년	인천 석유, 가스유통협회 창립
1985년 6월 23일	장로 장립
1986년 8월 16일	인천교회 헌당예배
1994년 7월 31일	겨자씨선교회 영국센터 설립
1996년 8월 18일	안디옥 성결교회 개척
1999년 5월	시나피선교회 미국 법인체 등록
2004년 11월	시나피선교교회 개척
2010년	서산시 산성초등학교 폐교를 춘강회성원 성지로 매입
2011년	춘강회성 대안학교 설립
2013년 11월 3일	서산 지곡면에 십자가교회 설립
2017년 10월 22일	하나님 품으로 돌아가시다.

▲ 국가유공자증서

황우승 목사
기독교성결교회 목사
영국 랑카스터대학 종교학 전공
샨티씨알학교 이사장